世界记忆名录

国家重点档案专题保护开发项目

民国时期广东邮政管理局侨批档案选编（1929—1949）

第二册

广东省档案馆 编

SPM 南方传媒 广东人民出版社
·广州·

图书在版编目（CIP）数据

民国时期广东邮政管理局侨批档案选编（1929—1949）/ 广东省档案馆编. —广州：广东人民出版社，2024. 2
ISBN 978-7-218-17296-5

Ⅰ. ①民…　Ⅱ. ①广…　Ⅲ. ①华侨—档案资料—汇编—广东　Ⅳ. ①D634. 3

中国国家版本馆 CIP 数据核字（2023）第 250584 号

MINGUO SHIQI GUANGDONG YOUZHENG GUANLIJU QIAOPI DANG'AN XUANBIAN（1929-1949）
民国时期广东邮政管理局侨批档案选编（1929—1949）
广东省档案馆　编

出 版 人：肖风华

项目统筹：柏　峰
责任编辑：周惊涛　陈其伟
装帧设计：书窗设计
责任技编：周星奎

出版发行：广东人民出版社
地　　址：广州市越秀区大沙头四马路 10 号（邮政编码：510199）
电　　话：（020）85716809（总编室）
传　　真：（020）83289585
网　　址：http://www. gdpph. com
印　　刷：广东信源文化科技有限公司
开　　本：889mm×1194mm　1/16
印　　张：147. 25　　字　　数：800 千
版　　次：2024 年 2 月第 1 版
印　　次：2024 年 2 月第 1 次印刷
定　　价：4980. 00 元（全五册）

如发现印装质量问题，影响阅读，请与出版社（020-85716849）联系调换。
售书热线：020-87716172

目　录

稽查督查

广东邮务管理局关于取缔民局私运外洋信函各办法经奉令饬知处置之方法遵照通令第二六三号分别办理给汕头一等邮局局长的指令（一九三一年八月三十一日）

Chih-ling to Swatow.

102 Illegal posting of mail matter through C. P. mails, instfucting

廣東郵務管理局 指令 第 [illegible] 號 檔案戊字第十二號

為前據陳議取締民局私運外洋信函各辦法經奉令飭知處置之方法仰遵照通令第二六三號分別辦理由

令汕頭一等郵局長

案據第四一九號呈悉關於陳議取締民局私運外洋信函各節嘗經呈奉郵局指令第八七五號內開畧以所擬民局郵件改用布袋封裝一節查布袋不若紙封套為妥應毋庸議等因又於郵局核定處置寄往外洋信件內違章附裝之辦法經由本管理局通令第二六三號轉行知照嗣後對於各該民局投寄總包時除特飭經手人員加以嚴密注意外仰即遵照上開通令妥為分別辦理是為至要此令

廣東郵務長 [illegible] 簽

中華民國二十年八月卅一日

交通部邮政总局关于准和属东印度邮政函请取销处置具有内装走私信件嫌疑之民局信包办法按照以前通行之办法办理给广东邮政管理局的训令（一九三一年十一月三十日）

英文事由 U. 30.- Illegal posting of mail matter through letter mails, further concerning.

交通部郵政總局訓令第五七七/一一六九二號（檔案壬字第三十號）

令廣東郵政管理局

為准和屬東印度郵政函請取銷處置具有內裝走私信件嫌疑之民局信包辦法令仰按照以前通行之辦法辦理由

為令遵事查處置寄往外洋信件內違章附裝信函之辦法已經本總局指令第八七五/一九八三四號飭知在案茲准和屬東印度郵政函請取銷處置具有內裝走私信件嫌疑之民局信包辦法等由並附退汕頭局第九八號及第九九號驗證前來合亟檢發該驗證令仰該局嗣後對於寄往和屬東印度之民局信包無須依照前令飭知之辦法處置仍按以前通行之辦法辦理一面仍由該郵政總備按月報通知仰併知照此令

附譯文一件及驗證二件

收文 一八六八四 廿.十二.五

中華民國二十年十一月三十日

局長錢春祺

广东邮政管理局关于汕头一等邮局查获普通信函违章夹寄批信应如何取缔呈请核示致邮政总局的呈（一九三七年六月五日）

Ch'eng to D.G.

114 115

N. 9.- Suppression of illegal posting of PP letters, instructions re, soliciting.

廣東郵政管理局呈第 8410 / 11 4048 號　檔案戊字第九號

爲汕頭局查獲普通信函違章夾寄批信應如何取締之處呈請核示祇遵由

現據汕頭一等郵局二十六年五月廿五日第五四六四號呈稱：「據職局聯郵股僑批組組長蕭嘯農稱：『職組又於常信內檢出坭陂福記昌號寄往暹羅之嫌疑信共三件，查各件內容經駐局檢查員開驗後，確匿附信件多封，茲謹列表呈報察核』等情，附繳常信三件前來；據此，查該號屢次違章彙封寄遞，迭經呈報在案。現在每日均查有各未掛號之批局彙封夾寄情事，若仍照郵政規程第一四四條之規定辦理，並僅予警告，絕難發生效力。查職段各局收入，以各批信局（不論掛號及未掛號）批信郵資佔重要部份，對此等偷漏郵資惡習，亟應設定有效方法取締。茲據前情，理合備文呈請鈞局轉請郵政總局查核辦理，飭示祇遵。」

第二頁

等情，附信函三件；據此，當以「普通信函，違章彙寄批信，自屬不合。當經據情呈報郵政總局核辦，在未奉指覆之前，仍照郵政規程第一四四條之規定辦理」等詞指覆，并將原附信函三件檢退該局辦理。

查關於該汕頭局查獲普通信函違章夾寄批信（係由未掛號之批信局交寄），職局以此種夾寄批信與私運郵件性質不同，雖與郵政規程第一四四條有所抵觸，但規程內其他各條文及郵政法均無別項取締辦法。前據該局疊次呈報，曾以「應將信件分別交還原寄人，着其逐件補足郵票，再行交寄，不得彙作總包寄遞，并警告嗣後不得再有此種行為，以資取締。至各局收寄郵件，務須嚴密查察，以杜弊端」等詞指飭該局遵照。厥後并將此案辦過情形呈奉鈞局本年二月廿七日第三零零五／五五二八三號指令略以「可准依照郵政規程

117 116

第三頁

第一四四條之規定辦理」當部令知該局遵辦去後，又據該局呈議對於普通信函夾寄批信，屢次違犯，請與法律顧問研究應否函請法院究辦。亦經詢據本局法律顧問錢樹芬提出意見，亦以「此案祇可依照郵政規程第一四四條辦理，至郵政法第七條第三十六條不能適用」等語，復經令行該局知照各在案。綜查普通信函夾寄批信，雖係各商號希圖短納郵資，惟在制裁辦法尚未頒行之前，除依照郵政規程第一四四條之規定辦理外，究應如何取締之處，理合備文呈請

鈞局核辦，并祈

指令祇遵。

謹呈

118
117

第四頁

廣東郵政管理局局長龔克遜

郵政總局局長

中華民國卅六年六月五日

汕头一等邮局关于汕头嘉隆号批信局有将其执照转让情事之嫌疑一案与广东邮政管理局局长来往函件（组件）（一九三七年六月十九日至二十五日）

汕头一等邮局关于汕头嘉隆号批信局将其执照有转让之嫌疑一案查得实情致广东邮政管理局局长的呈（一九三七年六月十九日）

M.12.- Ka Loung, Swatow, Pi-hsin-chu, suspected of having allotted their licence to another, concerning.

[甲—11]

汕頭一等郵局呈第五五三九/九四一三號　戊　十二

為據報汕頭嘉隆號批信局將其執照有轉讓之嫌疑今將查得實情呈祈　核轉由

案查前據汕頭嘉隆號批信局填具聲請書請予換發新執照等情，業經據情呈奉

鈞局廿六年二月廿三日指令第二七二八/三零八五五號節開：關於嘉隆號更換營業人，應即查明有無頂替情弊具報等因，遵經飭據就地巡員張繼錫查復尚無頂替或轉讓情弊等情，經由第五二五一/八九三五號呈呈報，旋奉

鈞局指令第二八七八/三一七四一號頒發該汕頭嘉隆號批信局廿六年份執照，遵即轉給祇領各在案。茲據職局僑批處報稱：查獲汕頭利豐莊寄交廣安隆收信函一件，內載有「批局執照經已領到手，可以實行利用了，其用法亦計在前函，恐為忘紀，再書明用法列下如後，寄批信封面寫至汕頭仁和街九十一號交入利豐莊內蔡嘉隆批局收，以後寶號有寄批信來，邀以便將回批寄去，以合包封處定例為妥，可省郵費」。

6,000/11.vii.25.

〔甲—13〕

93

96

中華郵政

等語，似有將執照轉讓之嫌疑，報請核辦等情。當經飭據就地巡員張繼錫查明覆稱：

「關於僑批處查獲利豐莊信函所載，擬利用嘉隆批信局執照，以經營批信業務，犯有頂替嫌疑一案，兩奉鈞長命着即前往該莊調查係於何時開始營業，并有無頂替情事等因，奉此，職遵即馳往該莊調查一切並究問該莊司理人是何實情，據該司理蔡煥臣稱，伊於數年前創設利豐莊生意於鎮邦街，專營代駁內地匯款，並代各批局交投批款，經於上月遷移至仁和街營業，緣伊於兩年前曾湊股經營嘉隆批局生意，嗣於本年春擬擴張營業，故將伊份下股本增加，並親自經理，曾函請郵局准予將嘉隆批局執照更換營業人姓名并增加分號在案。嗣因一人兼理兩號生意，往返費

第二頁

4,000/11.vii.25.

94 [甲—13] 97

中華郵政

事，故始將利豐號遷移與嘉隆同店，以期便利，惟近日因有南洋友人函商代理，故曾請郵局准予發給批局執照，不料郵局不准所請，故無法之中，始函囑友人將批信暫寄由嘉隆轉發，以符本市各批局代理手續，蓋恐因郵局對於利豐並未請准註冊給照，將行取締，故改由嘉隆直接代理，作為利豐轉代嘉隆交投批款，不料因此有觸郵章之處等語。查該蔡煥臣係嘉隆批局經理人，亦即係利豐莊司理，此次顯係擬利用嘉隆批局執照，以經營利豐之業務，又查該利豐莊係於民國廿一年春開始營業，經由該莊司理繳驗營業牌照（民國廿一年四月所發）及部書單據為證，惟查本市批局慣例，雖有委託本市或內地錢莊為代理，代投批款（其手續即某一批局收到批信後，即轉發錢莊代為分發，俟回批收到後，即繳

第三頁

4,000/11.vii.25.

[甲—13]

95

~~88~~

中華郵政

回該批局，再由該批局寄往南洋），（參看職去年十二月四日報告II∞田
及III∞3-見汕局半公函第一四二九號）但該利豐所稱情形，是否與此
例吻合，實難斷定。又查郵局對於發給批局執照，自限定於民國廿三年
底截止後，因不論廿三年以前或廿三年以後經營匯兌業務者皆不准
給照，遂致商人對於批局執照有居奇之念，將來或有發生轉讓或頂替
之情事，其有所知悉者，遂不得不間接經營而為批局之代理，以期無觸
犯郵章，以茍安全，但在事實上，該商號雖無註冊領照，而仍可營業，
不過所有批信，須由批局收寄，而郵局方面，雖少發一張執照，但於
事實無所裨益，蓋批局之增減，係批業中人內部營業之競爭問題，
於郵局實際收益，並無相關，職意此項批局執照，應否限制發給問題，

第四頁

4,000/11.vii.25.

[甲—13]

96

99

中華郵政

應呈請 管理局轉呈 總局加以考慮，如 總局認為有考慮之處時，職當再擬具拙見呈奉，以資參考，奉令前因，謹將調查經過情形呈復，究應如何取締之處，統候鈞裁。」

等情；據此，查該嘉隆號所換領之批信局執照，依照該巡員查報事實，自不能斷定其有轉讓之情弊。惟該嘉隆號批信何故要寫明「利豐莊內蔡嘉隆批局收」，據報係因利豐號近在南洋經營業頗為發達，而蔡嘉隆招牌則并不著名，故所謂寄由利豐莊轉蔡嘉隆之批信，實即利豐莊之批信，與蔡嘉隆批信局毫無關係，不過因利豐號並未領得執照，故借蔡嘉隆名義取巧而已。至該巡員所謂：「該商號雖無註冊領照而仍可營業，不過所有批信須由批局收寄，而郵局方面雖少發一執照，但於事實無所裨益，蓋批局之增減，係批業中人內部營業之

4,000/11. vii. 25.

第五頁

97
~~100~~
［甲—13］

中華郵政

競爭問題，於郵局實際收益無關」等語，查汕頭地方，凡商店經營匯兌業務并領有執照之批信局，除代僑民匯款外，並收寄批信及回批，其未領有執照之批信局，則僅能間接經營批款（即代理批局交授批款），而所有批信則由批局轉遞，此項辦法，在郵局收入，雖不發生影響，在未領執照之批信局，實有重大妨碍，故近日查獲各未領執照之批信局夾寄回批之案甚多，迭經呈報，奉令着照郵政規程第一四四條處理，并警告原寄件人不得再有同樣事件發生，但警告自警告，而不生效如故，蓋僑民及其家屬多不識字，無法自寫信面清晰地址，其匯寄錢銀及往來信件，全憑各批信局探踪遞送，各批信局亦祇彙成總包寄交本號，不能逐封代書地址逐封交郵局寄遞。職意如果郵局如認為批信局之存在，於郵務發生不良影響，必須逐漸取締，使其在最近期間完全消滅，則取

第六頁

4,000/11.viii-25.

[甲—13]

98

中華郵政

締之方必須澈底，其法惟有佈告禁止各未領照批信局收寄及投遞信件，否則一經查出即控以擅營郵政業務、違犯郵政法之罪，惟如此辦理，則現在各未領照之批信局勢非十九停業不可，緣此項批局，若只能匯款不兼收信件，則不能寫讀之僑民，必感重大不便，須擇能兼收信件之批局匯寄也。職默察嶺東一帶歸汕頭局管轄之未領執照之批局者尚多，其勢力未可輕視，倘一律佈告禁止收遞信件，將來反動必大，或致引起重大糾紛，徃事歷歷，可資復案，可否通融辦理，若查明確在民國廿三年以前成立，現在營業旺盛，信用卓著之未領照批局，准予領照，依照郵政規章辦理，並限至本年底止。倘逾限不領執照，或營業無多，信用動搖者，即不准領照，嗣後禁止收遞信件，似此辦理，則取締較易收效，於批業僑民及郵政收入各方尚能顧全。是否有當，理合備文呈請

第七頁

4,000/11.vii.25.

[甲—13]

99

~~102~~

中華郵政

鈞局鑒核。二

謹呈

廣東郵政管理局局長。

附原函一件。

中華民國廿六年六月拾九日

汕頭一等郵局局長曾玉明

第八頁

4,000/11.vii.25.

汕头一等邮局关于汕头嘉隆号批信局有将其执照转让情事之嫌疑一案呈请将该号进口批信空套察核并案办理致广东邮政管理局局长的呈（一九三七年六月二十五日）

M.12.- Ka Loung, Swatow, Pi-hsin-chu, suspected of having allotted their licence to another, further concerning.

汕頭一等郵局呈第五五五五/九四四五號　戊十二

為關於汕頭嘉隆號批信局有將其執照轉讓情事之嫌疑一案，合將該號進口批信空套呈請察核併案辦理由

案查關於汕頭嘉隆號批信局有將其執照轉讓情事之嫌疑一案，經將查得實情繕具第五五三九/九四一三號呈呈報在案。關於本案，經飭僑批組將利豐莊轉蔡嘉隆號進口批信予以拆驗，以資考核。茲據僑批組組長蕭嘯農報稱：「本日（六月廿四日）適有該號批信六件到局，當着該號夥伴眼同開驗，查各件內附押函，其收件人姓名有寫明利豐莊蔡嘉隆者，有寫明利豐莊內蔡嘉隆者，理合檢同各批信空套六件報請鑒核」等情。理合將該批信空套六件隨文呈繳，敬祈察核併案辦理。謹呈

廣東郵政管理局局長。

附繳批信空套六件。

中華民國廿六年六月廿五日

汕頭一等郵局局長曾□□

6,000/11.vii.25.

汕头一等邮局关于查获普通信函夹寄批信空信封应如何办理致广东邮政管理局的呈（一九三七年十一月二十二日）

M.9.- Ordinary letter containing Pi letter's envelopes, seizure of, reporting; & instructions re, soliciting.

64

[甲一11]

三五七九二

三二五二

等郵局呈第五九四〇/一〇一四七號　戊九

爲查獲普通信函夾寄批信空信封應如何辦理之處呈祈　核示　由

據職局聯郵僑批組組長蕭嘯農呈稱：

「現由收發組什差趙承章檢獲香港致誠行寄本市張廣泉批信一件，經交駐局檢查員拆驗後，發覺內容夾附空信皮廿三個，封面書除明收件人住址外，概加蓋有『芙蓉萬和堂滙兑莊列字字第　號』字樣，詢據廣泉號辦事人面稱：該批信係由芙蓉航空郵件寄往香港，再由其香港聯號代填信皮封爲總包寄汕頭分號轉發收銀人，既得快捷又省郵資，法寶兩便等語，查該張廣泉批局對於入口批信，則由航空至香港聯號轉發，其回批亦未見到局寄遞，使職組對於該號出入批信無從登記稽核，故該號雖領有批局執照，而實際上未見有批信

6,000/11.vii.25.

[甲—13]

中華郵政

65

第二頁

往來、如此寄法、似有公家收入不無影响，未悉此項批信可否聽從各批局由航空郵件往來、倘發覺每一航空郵件如內容夾附批信多張、應否按照處理批信第十條辦法予以處罰、應如何處置之處、報請示遵」。等情、附香港致誠行寄張廣泉原函一件，據此、當經飭據本地巡員張維錫查明覆稱：

「據詢張廣泉號稱：信內所夾附之件，並非批信、不過根據南洋航郵付到之清單照代抄錄，以便按址將批款投交收銀人、故每封信皮均係空信壳並無信內在內、蓋客屬之批信、多不經由批局轉遞、而由匯款人及收銀人直接由郵局寄遞與潮屬之辦法不同等語、又該號聲稱：伊自領照後、均有暹羅批信及回批經由僑批處寄遞、至於

4,500 27. v. 25.

［甲—13］

66

中華郵政

英屬方面之批信，則如上述多不經由該批局轉遞，故無批信及回批來往，請為查明辦理等語。核查其簿書及一切信件，均無特殊證據足以證明該號有走私之嫌，惟該項空信皮應否處罰，素無專例，擬將情呈報管理局核辦。」

等情，附繳張廣泉理由書一張前來，理合抄錄理由書一份連同香港致誠行寄張廣泉原函一件（內裝信函一紙、清單一紙及空信皮廿三箇）具文呈報，應如何辦理之處，

敬祈

核奪批示祇遵。謹呈

廣東郵政管理局局長。

附抄理由書一件及原函一件。

中華民國廿六年十二月[illegible]日

第三頁

4,500 27. v. 25.

附：汕头张广泉关于证明香港致诚行寄来信件内所夹并非走私批信给汕头一等邮局局长的函（一九三七年十一月十八日）

[甲一13]

中華郵政

67

照抄

郵務局局長勛鑒：敬啓者，昨由僑批處通知有香港致誠行寄來信件內夾有批信未照章粘貼郵花，應即走私信論罰事。敬啓者，爲證明並非走私，謹將經過情形詳爲解釋，伏乞查照。懇請將留批發還，以恤商艱。查香港致誠行即係芙蓉萬和堂屬莊，最近始在港設立。敬啓者所代理該號批信向來均由芙蓉直接寄汕，最近因遭時局影響，敬啓者暫遷回梅縣，汕方無人料理，該號批信不得已付香港屬莊轉發，而港莊司理不明手續，致有此誤，此應請查明者一。該萬和堂外面所收批款，爲求快捷計，乃付航運，由寄款人直付，與潮人批信批款一并付來者不同，而港莊爲便利內地派信，乃將批款橫條逐條用信皮寫明某某家交某某收若干付回。敬啓者分發信皮內並無附帶信件，即此足見與走私者有所分別，此應請查明者二。敬啓者自領批局執照以來，素遵章辦理，貴局可查可考，但客屬批信與潮屬批信微有不同，除暹羅羅方面要付回批外，其他

第一頁

4,000/11.vii.25.

[甲—13]

68

中華郵政

68

第二頁

英、荷、屬概用收條付出為憑蓋外面收信時并於附加郵資照收批款況敵方
該代理批信均係寄屬間有回批亦由梅縣、畬坑、直接付出無須經汕轉付此種
請查明者三 敵方最近始回汕復業經有函達各處批信仍照原日付汕轉發殊
香港致誠行因不明辦理手續致被貴局誤指為走私追得據實呈明
亮察懇請查明將留批發還實叨德便專此敬頌
公安

廿六年十一月十八日 張牖民謹上

汕頭張廣泉書柬

三等一級郵務佐 照抄

4,000/11.vii.25.

广东邮政管理局曲江办事处等相关部门关于东镇邮差黎荣光并侨汇专差陈道行在途公款被劫一案来往函件（组件）（一九四〇年八月二日至二十四日）

广东邮政管理局曲江办事处关于东镇邮差黎荣光并侨汇专差陈道行在途被劫失去侨汇公款一千二百一十五元呈报鉴核备案致邮政储金汇业局局长的呈（一九四〇年八月二日）

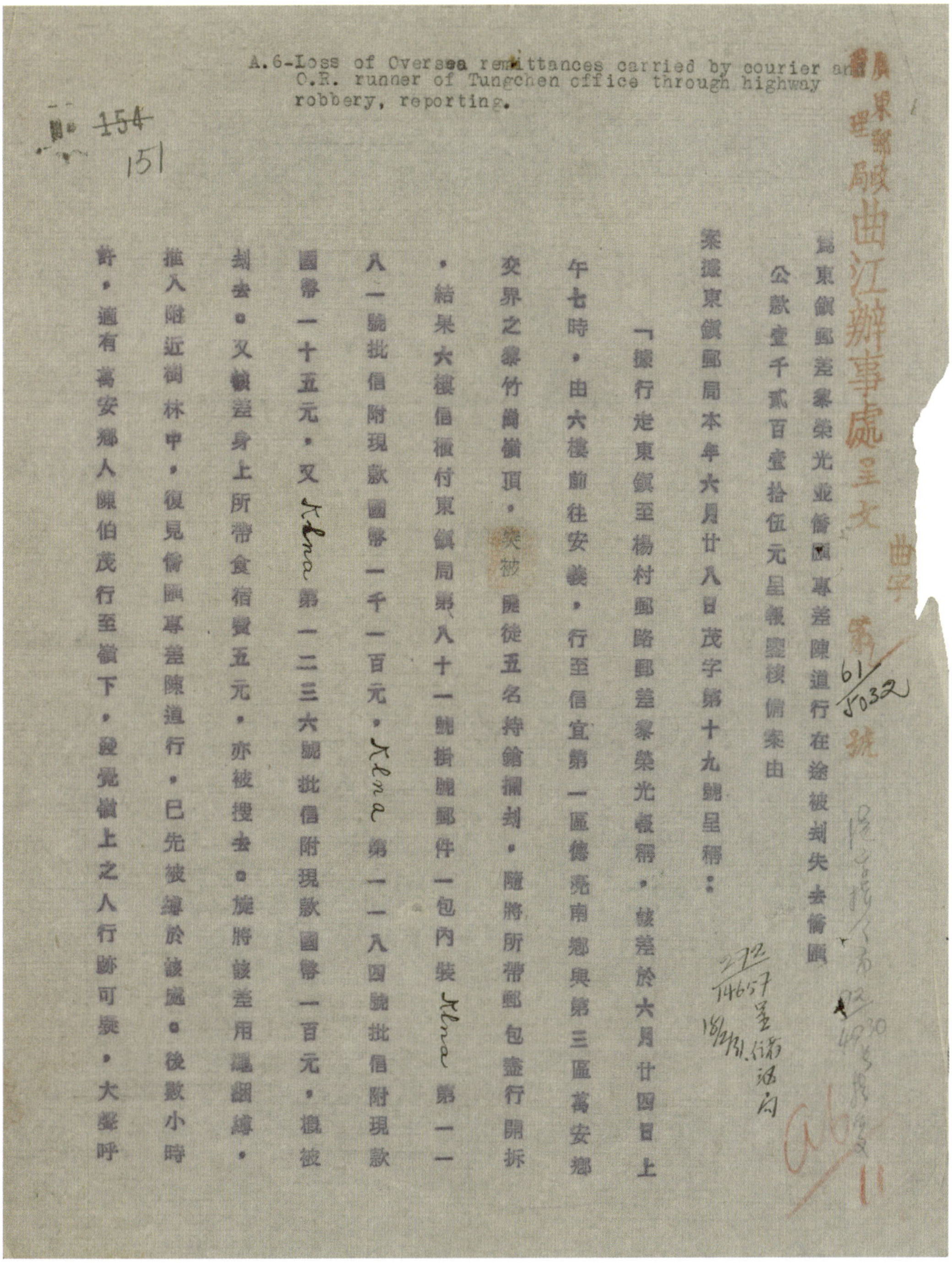

A.6-Loss of Oversea remittances carried by courier and O.R. runner of Tungchen office through highway robbery, reporting.

~~154~~ 151

廣東郵政管理局曲江辦事處呈文 曲字第 號 61/J032

爲東鎮郵差黎榮光並僑匯專差陳道行在途被刼失去僑匯公款壹千貳百壹拾伍元呈報鑒核備案由

案據東鎮郵局本年六月廿八日茂字第十九號呈稱：

「據行走東鎮至楊村郵路郵差黎榮光報稱，該差於六月廿四日上午七時，由六樓前往安義，行至信宜第一區德亮南鄉與第三區萬安鄉交界之黎竹崗嶺頂，突被匪徒五名持鎗攔刼，隨將所帶郵包盡行開拆，結果六樓信袱付東鎮局第八十一號掛號郵件一包內裝Klna第一一八一號批信附現款國幣一千一百元，Klna第一一八四號批信附現款國幣一十五元，又Klna第一二三六號批信附現款國幣一百元，概被刼去。又據該差身上所帶食宿費五元，亦被搜去。旋將該差用繩綑縛，推入附近樹林中，復見僑匯專差陳道行，已先被縛於該處。後數小時許，適有萬安鄉人陳伯茂行至嶺下，發覺嶺上之人行跡可疑，大聲呼

152

~~155~~

賊，該匪始過崗逃去，並得陳等代爲解縛，始得脫身。當由專差陳
進行奔赴萬安鄉公所報案，該專差亦向德亮南鄉鄉公所報請追緝，
並經各該鄉公所繕函證明係詭在案。除函信宜縣政府緝匪追贓外，
理合呈報核辦」

等情；據此，除再函請信宜縣政府緝匪追贓，或飭由鄰近劫失地點各鄉村
負責賠償損失款項，並請飭屬切實保護往來郵差及僑匯專差以維交通外，
理合具文呈報
備案。又僑匯專差陳進行被匪綑縛，未據呈報有何損失，合併陳明。＝

謹呈
郵政儲金匯業局局長

廣東郵政管理局
駐曲江辦事處　主任黎儀燊

中華民國廿九年八月貳日

邮政储金汇业局关于东镇邮差黎荣光并侨汇专差陈道行在途被劫失去侨汇公款一千二百一十五元已转请追缉仍将办理情形随时具报给广东邮政管理局的指令（一九四〇年八月二十四日）

153

156

[文-8乙]

打件

平件發往[illegible]　已打廿九年十月廿日送四樓[illegible]

郵政儲金匯業局指令　港　第九二/四九三〇號

令廣東郵政管理局

呈一件為東鎮郵差黎榮光並僑匯專差陳道行在途被劫失去僑匯公款國幣一千二百十五元請鑒核由

二十九年八月二日曲字第六一/五〇三二號呈悉。失款既已轉請追緝，仍將辦理情形隨時具報。此令。

局長劉攻芸

中華民國廿九年八月廿四日

郵政公事用紙　第　頁

3,600,000/13.vi.29.

廣東郵政管理局文件

广东邮政管理局曲江办事处与邮政储金汇业局等部门就源潭代办人遗失侨票公款一事来往函件（组件）（一九四〇年十月二十一日至一九四一年五月二十二日）

第七军邮总视察段第二分段军邮视察陈亮骏关于呈复源潭代办人所报一九三九年遗失侨票公款之负责赔偿情形致第七军邮总视察段军邮总视察劳杰明的呈（一九四〇年十月二十一日）

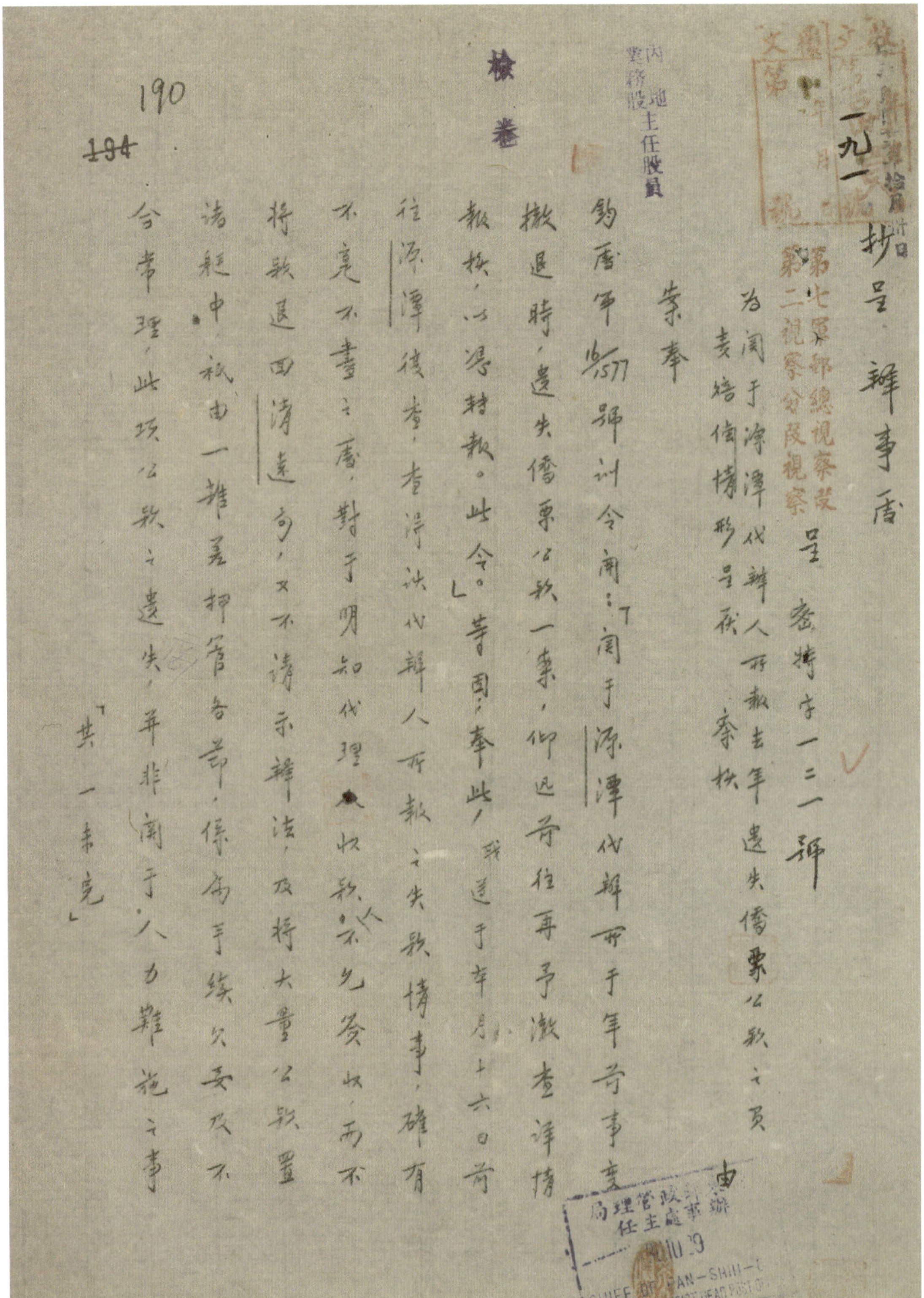

抄呈辦事處

第七軍郵總視察段第二分段視察

呈　密特字一二一號

為關于源潭代辦人所報去年遺失僑票公款之負責賠償情形呈候　察核　由

案奉

鈞座軍字577號訓令開：「關于源潭代辦所于年前事變撤退時，遺失僑票公款一案，仰迅前往再予澈查詳情報核，以憑核辦。此令。」等因，奉此，職遂于本月十六日前往源潭徹查，查得該代辦人所報之失款情事，確有不盡不實之處，對于明知代理人收款不允發收，而不將款退回清遠局，又不請示辦法，及將大量公款置諸飯中，祇由一雜差押管各節，係屬手續欠妥及不合常理，此項公款之遺失，并非關于人力難施之事

「共一未完」

檢卷

內地業務股主任股員

190

辦事處主任

CHIEF OF PAN-SHIH-C

191

~~195~~

副頁

第七軍郵總視察段第二視察分段視察　呈　密特字一二一號

純因該局長措置失當所致，經責成其負賠償之責，
該代辦人亦自知辦事疏忽，及手續缺乏，難辭其咎，
已知應當負責賠償，惟請求念其因公忙致誤，准予
減輕賠還。查該代辦人處理此項公款，手續係屬欠
妥，及似不合常理，惟矢口不認有乘機圖利，及宣誓
無此行為，可否准予減輕賠償之處，職不敢擅專，尚候
鈞核。又查該代辦人係電報局長，奉令兼理郵務，
並無保者可追，而其本人又係現役公務人員，在該處
並無產業，在當地一時無法能使之即時將賠款交出，
據稱：「本人在電局任職廿餘年，惟月薪祇得七十六

「其二未完」

192

~~196~~

副頁

第七軍郵總視察長
第二視察分段視察 呈 密特字一二一號

元，家有八口，負担甚重，現全無積蓄，若要即時將全數交出，確難為力，擬請准予在本人電郵之薪水內，按月以一半或六七成之數攤還。」等語，經向之交涉多時，終因該代辦人在源潭地方無法籌借，亦不能覓得殷寔商店保証此款之歸還，故未能即時就地解決。至結否應准減輕或要全數賠償，及要之一次過將款賠足，或准之按月將其薪水若干成陸續歸還之處，擬請鈞詩辦事處核奪，以將視察員張秉棠呈廣州計核股之呈文，並查報之情形及成之呈文抄送電政管理局請其代追，或代將款按月扣還，俾失款有着，而結

「其三未完」

193

~~197~~

副頁

第七軍郵總視察段第二視察分段視察　呈　密特字一二一號

此案，寔為公便。

謹呈

第七軍郵總視察段

副局長　辦事處

附繳添澤代辦人呈請書一件　缺

第七軍郵總視察段第二分段軍郵視察

呈

十月廿日

蔡自清達

「共四已完」

附：源潭邮政代办关于一九三九年底战时遗失之侨票公款情形致第七军邮总视察段第二分段军邮视察陈亮骏的呈（一九四〇年十月十七日）

第七總段第二分段視察陳亮駿卅年十月卅日密卅字呈第一二一號之附件

（並向第七總段上办事處呈第一二七號 廿九年十月廿日）

第七總視察段

照抄

頃奉

貴視察面詢關於去年底戰時遺失之僑票公款情形等因查當日敵寇北犯戰事異常混亂職確因維持最後通訊隨軍逐步進退責重事忙心形勞頓故未遑計及將該僑票公款一一退回致遭敵軍截搶事後經將詳情報清遠郵局有案職此次辦事之疏忽手續之缺乏雖咎有難辭然以當日確係應付非常急務該款亦確遺失此實出於不得已之事茲奉責令賠償自應遵命惟是因公致受虧損情有可原請体恤下情准予從輕賠還且職薪微負重仰事俯畜可否將月薪之成數按月賠還實感公德兩便

謹呈

陳視察

源潭郵政代辦黃[redacted]

十月十七日

第七军邮总视察段关于源潭代办人遗失侨票公款一案致广东邮政管理局曲江办事处主任的呈（一九四〇年十月三十日）

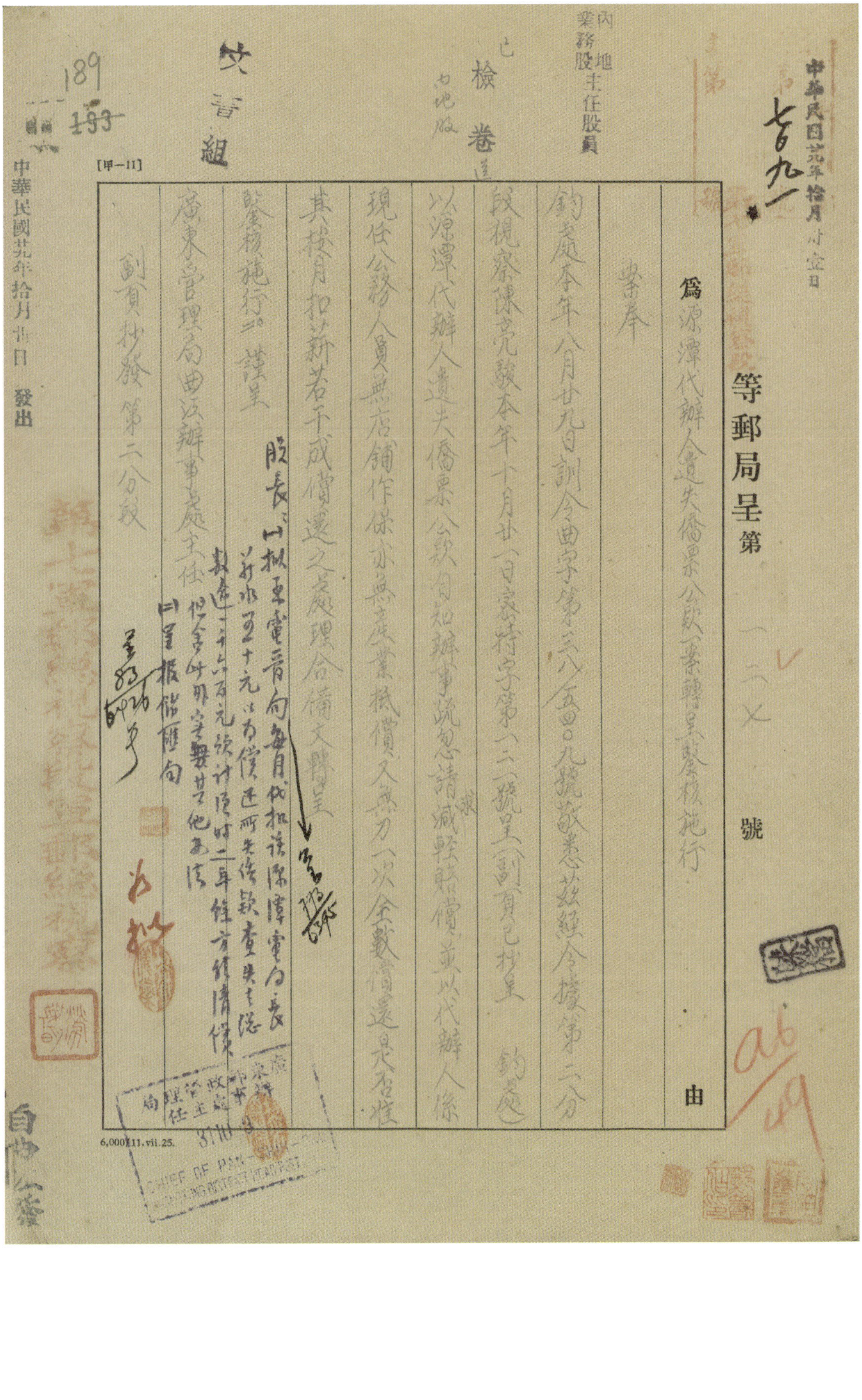
中華民國廿九年拾月卅日

七〇九一

為源潭代辦人遺失僑票公款一案轉呈鑒核施行由

等郵局呈第一二八號

案奉

鈞處本年八月廿九日訓令曲字第三八八/五四〇九號敬悉茲經令據第二分段視察陳亮駿本年十月廿一日密特字第一二一號呈（副頁已抄呈鈞處）以源潭代辦人遺失僑票公款自知辦事疏忽請減輕賠償並以代辦人係現任公務人員無店舖作保亦無產業抵償又無力一次全數償還是否准其按月扣薪若干成償還之處理合備文錄呈鑒核施行。謹呈

廣東管理局曲江辦事處主任

副頁抄發第二分段

中華民國廿九年拾月卅日發出

广东邮政管理局曲江办事处关于源潭代办人遗失侨票公款无力一次偿还经函电政管理局在其薪金项下按月扣出五十元至清偿为止致邮政储金汇业局局长的呈（一九四〇年十一月六日）

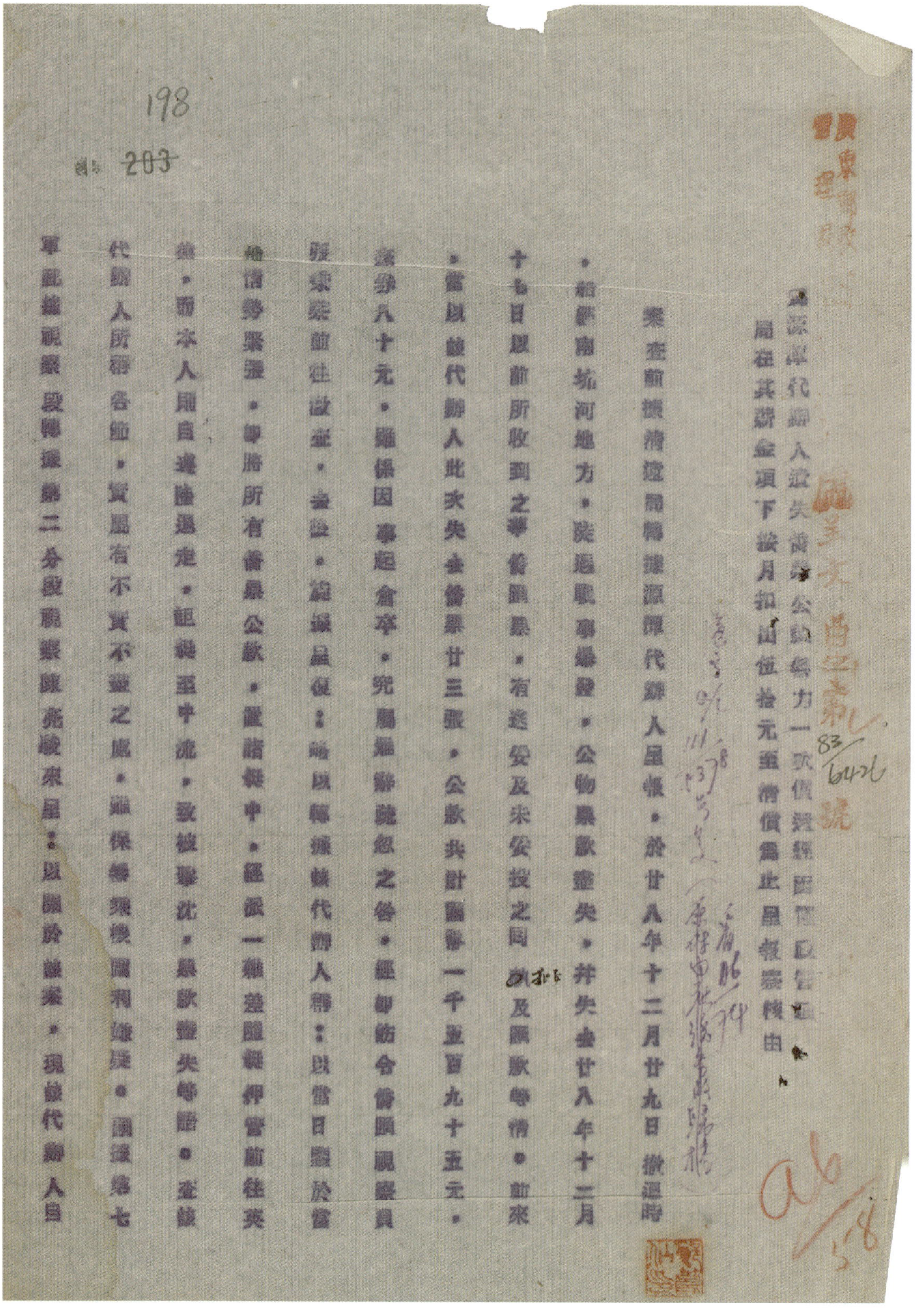
為源潭代辦人遺失僑票公款無力一次償還經函電政管理局在其薪金項下按月扣出伍拾元至清償為止呈報察核由

案查前據清遠局轉據源潭代辦人呈報，於廿八年十二月廿九日撤退時，趨經南坑河地方，陡遇戰事爆發，公物票款盡失，并失去廿八年十二月十七日以前所收到之華僑匯票，有送發及未發投之回批及匯款等情。前來，當以該代辦人此次失去僑票廿三張，公款共計國幣一千五百九十五元，毫券八十元，雖係因事起倉卒，究屬難辭疏忽之咎。經即飭令僑匯視察員張乘栗前往澈查，去後。旋據呈復：略以轉據該代辦人稱：以當日鑒於當地情勢緊張，即將所有僑票公款，置諸袋中，經派一雜差隨從押營前往英德，而本人則自遠陸逃走，距舟至中流，致被擊沈，票款盡失等語。查該代辦人所稱各節，實屬有不實不盡之處，雖保無乘機圖利嫌疑。關據第七軍郵檢視察段轉據第二分段視察陳亮緘來呈：以關於該案，現該代辦人自知辦事疏忽，請求減輕賠償，並以代辦人係現任公務人員，無店舖作保，亦無產業抵償，又無力一次全數償還，是否應准予按月扣薪若干成至清償為止之處，懇予察核施行，等情。先後據此；查該源潭代辦人原係當地電報局局長，對於此次遺失儋縣公款，係因其事前明知代運收款人不允簽收，不即將款退回該管局，又不請示辦法，竟將鉅量公款置諸案中，任令一綫差併管，手續既不嚴密，足見係執行業務上疏忽，應予負責賠償全數清償，現既據稱無力一次償還，茲為體恤公務及折衷辦法起見，經於本年十一月四日以第七七三／六三九五號公函函請廣東電政管理局在該源潭電報局局長月薪項下，按月扣出國幣伍拾元，逕交職處收，至清償該款全數爲止在案。除經補將所失等情函儋縣縣長查照外，理合將上述緣由備文

200

205

報，敬祈

鑒核示遵。謹

謹呈

郵政儲金匯業局局長

廣東郵政管理局

駐曲江辦事處 主任[illegible]

中華民國三十年十二月六日

3

邮政储金汇业局关于源潭代办人遗失侨票公款偿还办法准予所请给广东邮政管理局的指令（一九四〇年十一月二十八日）

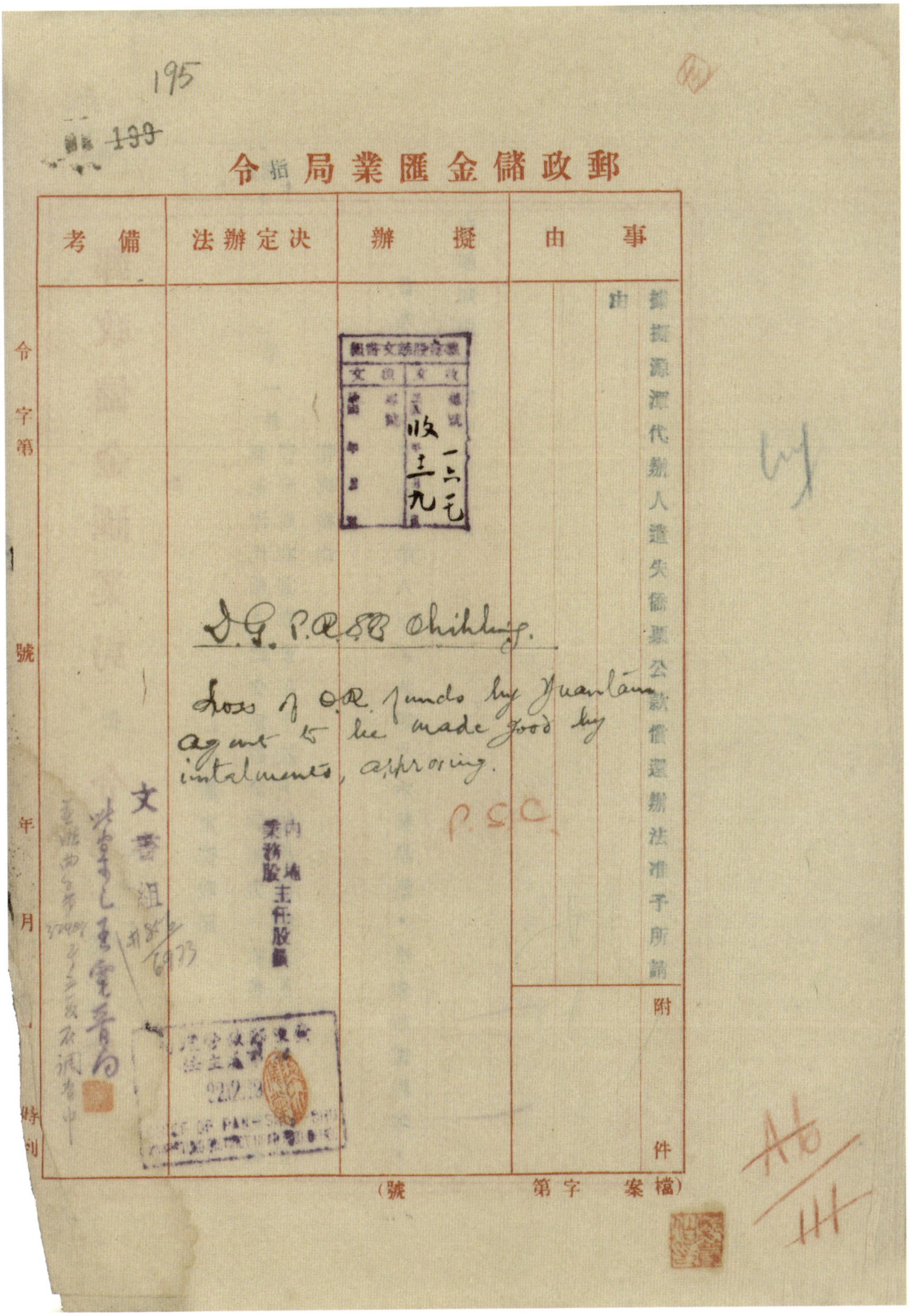
195

郵政儲金匯業局指令

事由	擬辦	決定辦法	備考
據擬源潭代辦人遺失僑票公款償還辦法准予所請由	D.G. P.R. & S.B. Chihking. Loss of O.R. funds by Yuantan agent to be made good by instalments, approving. P.S.C.	內地業務股主任股長	文書組

附件

（檔案 字第 號）

令 字第 號 年 月 日 時到

郵政儲金匯業局指令

港第一一/五三七號

令廣東管理局

呈一件爲源澤代辦人遺失僑票公款無力一次償還經函電政管理局在其薪金項下按月扣出伍拾元至清償爲止呈報察核由

廿九年十一月六日第八三/六四二六號呈悉。准如所擬辦理，仰即知照。此令。

[S.F.—5]

~~202~~ 197

中華民國十五年十一月二十八日

局長劉政芸

監印沈權

校對徐景元

5,000/ε.v.23

交通部邮政总局关于源潭代办人遗失侨票公款赔偿事项给邮政储金汇业局的训令（一九四一年三月六日）

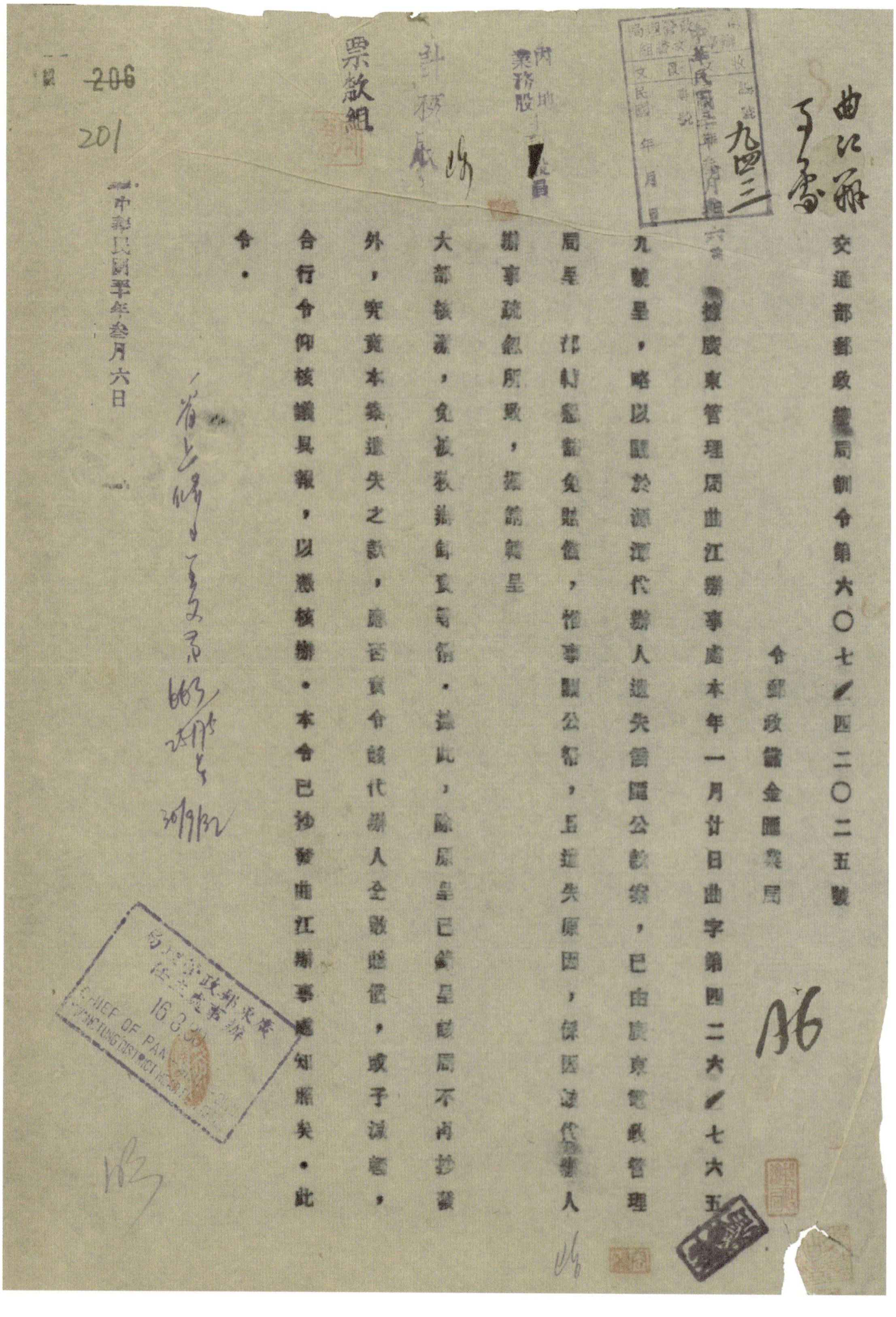

交通部郵政總局訓令第六〇七/四二〇二五號

令郵政儲金匯業局

據廣東管理局曲江辦事處本年一月廿日曲字第四二六/七六五九號呈，略以關於源潭代辦人遺失僑匯公款案，已由廣東郵政管理局呈

部斟酌免賠償，惟事關公帑，且遺失原因，係因該代辦人辦事疏忽所致，擬請轉呈

大部核示，免該代辦賠償等情。據此，除原呈已錄呈該局不再抄發外，究竟本案遺失之款，應否責令該代辦人全數賠償，或予減免，合行令仰核議具報，以憑核辦。本令已抄發曲江辦事處知照矣。此令。

中華民國卅年叁月六日

交通部邮政总局关于源潭代办人遗失侨票公款请免赔偿一案给邮政储金汇业局并抄发广东邮政管理局曲江办事处的训令（一九四一年五月二十二日）

曲江办事处

十一八八

訓令 六二八／四二五一七

三十 五 廿貳

為關於源潭代辦人遺失僑票公款請免賠償一案抄發本局致電政司移付一件令仰知照由

令郵政儲金匯業局

據廣東管理局曲江辦事處抄呈本年四月三十日上該局曲字第一三七／九三三三號呈略以，關於源潭代辦人遺失僑匯公款請免賠償一案，准廣東電政管理局函開，現奉電政司代電，飭與廣東郵政管理局協商等因，用特函請查照前案免究等由，應否准予豁免，或酌予減輕之處，呈祈核示等情。據此，查本案前據該局本年三月廿四日滬字第七

内地業務股主任股員

~~207~~ 202

~~208~~

203

二

四／一乀乀乀號呈報到局，業經本局於四月十日由郵會滬臨字第九一號移付據情移請電政司查照飭辦在案。合行抄發原移付令仰知照，並轉飭曲江辦事處遵照洽辦，惟查此案懸擱已久，如對方提出理由仍堅持不允照辦，可由該局查酌情形將賠款數額，略予減少，以期早日結束，併仰酌定限度逕行飭遵為要。本令及附件已抄發曲江辦事處矣。

此令。

附抄發移付一份

附：交通部邮政总局关于据广东邮政管理局曲江办事处呈报源潭电局长承办之邮政代办所因该代办人办事疏忽遗失侨票公款应责令全数赔偿致电政司的移付（一九四一年四月十日）

郵滙陸九一
會

三十　四　十

移付

為據廣東郵政管理局曲江辦事處呈報源潭電局長承辦之郵政代辦所因該代辦人辦事疏忽遺失僑票公款應責令全數賠償移請查照由

據廣東郵政管理局曲江辦事處來呈略稱：

「清遠郵局轄下源潭代辦所於廿九年十二月廿九日因粵北戰事撤退時，船經南坑河地方，陡遇敵人渡河，所有公物郵票及僑票回批，悉遭遺失，並失去匯款國幣一千五百九十五元，毫券九十元，業經軍郵觀察陳亮駿及僑匯員張乘棠分別澈查。據該僑匯觀察員呈復，略以：據該代辦人稱：因當時情形緊張

~~210~~
205

，即將所有僑票公款，置諸艇中，派一雜差隨艇押管前往英德，本人别趁陸退走，該艇駛至中流，被擊沉沒，原款因以盡失等語，查該項僑款，所佔地位無多，儘可隨身攜帶，不必置諸艇中，且以當情言，亦不應置諸艇中，所稱不合情理，難保無乘機舞弊嫌疑等情。復據該軍郵視察呈復，略以：查該代辦人所報失款情事，確有不盡不實之處，彼明知代理收款人不免蒙收，而不將該款退回清遠郵局，亦不請示辦法，及該款置諸艇中，又悉派一雜差押管，均屬措置失當不合常理，決非人力難施可比。該代辦人自知辦事疏忽手續欠妥，對於所失之款，業允負責賠償責任，惟請求念其公忙所致，准予減輕賠還。復查該代辦人係電報局長，奉令兼辦郵務，並無店保，當地亦無產業，據稱本人薪資微薄，負擔甚重，平素並無積蓄，懇請准予在本人電局薪水內，按月以一年或六七成之數攤還等語，經交涉多時，終因其在當地無法籌措，亦不能覓得殷實舖保，未能即時解決等情。查該代辦人雖因身任電報局長，在前方戰事緊張之際，難於兼顧郵務，但該項備款之損失，彼雖非乘機吞沒，究屬事前措置失當，臨時疏於保管，自難任其輕易飾卸，業經函請廣東電政管理局在其薪資項下，按月扣出國幣五十元，逕交本處核收，至清償全部失款為止，並已呈奉郵政儲金匯業局指令照准各在案。現准廣東電政管理局本年一月九日曲字第

~~212~~

207

四三六號函復，略以關於覆向源河代辦人追繳遺失價票公款一案，現據該辦人黃[redacted]廿九年叁二月元代電呈請准免賠償，以示體恤等情，至遺失價票公款可否免償之處，除呈部核示外，額據兩違責限等由。查本案遺失價款，該代辦人前已自知辦事疏忽，曾請減輕賠償，今忽又以月入不敷，懇求免賠，殊見前後反覆，希飭仍責，事關國家公帑，數亦非少，理合備文呈報，敬請鑒核轉呈　大部核辦，免被該代辦人飾詞卸責」等情。經令據郵政儲金匯業局呈略稱：查本案既係因該代辦人辦事疏忽所致，似應責令賠償等情。據此，查郵局對於公衆交匯之款，負有完付責任。本案遺失之價票公款，該代辦人難辭其咎，按照郵局章例

四

五

，凡公款損失，係由辦事人員疏忽所致者，當責令賠償，所謂辦事人員，係指一般員工而言，並不分薪給之多寡。該代辦人既係辦事人員，自應按照上項章例辦理，未可因其薪資微薄，而特予豁免。廣東郵政管理局曲江辦事處函請電政管理局在其薪資項下按月扣算五十元，至失款清償爲止，於法理人情均已顧到，尚屬可行。既據該辦事處呈稱，本案業經廣東電政管理局呈　部核示等情，用特移請

査照，並希轉飭該電政管理局對於廣東郵管局曲江辦事處所請按月代扣費[redacted]薪資五十元一節，予以照辦，仍希

見復爲荷。此致

電政司　　　　郵政總局

~~213~~ 208

广东邮政管理局关于汕头一等邮局拟将侨汇视察员划分地区分别由汕头、惠阳两局管理各节应予照准给汕头一等邮局的训令（一九四〇年十二月六日）

Hsünling to Swatow.

S,/20.- Inspectorship of O.R. works between Swatow & Waiyeung D.C. to be ~~divided~~ arranged, approving.

201- 56a

-205

存底

副份寄驻曲江办事處备查

[甲—9]

廣東郵政管理局訓令第二五〇三/四四三七四號　辛二十

令汕頭一等郵局

為據報擬將僑匯視察員劃分地區分別由汕頭及惠陽兩局管理各節應予照准令仰遵照由

案據該局本年十一月二十日致本區計核股第四三四二/一五一三一號公函：略以惠陽僑匯分發局業已成立，擬將僑匯視察員鍾頡蒼留汕，專任視察淪陷區内潮安、菴埠及澄海等局所，吳宗傑一員則調歸惠陽局管轄，仍任視察潮屬非淪陷區内各局所，並另行選派僑匯視察員一名，專責查視梅、興等處客屬各局所，頂補鍾員之缺，以臻完善等情。查所擬將辦理僑匯業務地區從新劃撥，並將吳鍾兩員原日巡視地段，分別調整，以及對於梅、興等處客屬各局，另行遴員專責查視各節，均屬可行，應准照辦。着由該一等局選派熟諳客語人員一名，前赴惠陽局服務，

5,000×100/3.viii.28.

S20/205

~~206~~
208

以利進行。除令行惠陽局知照外，合行令仰遵照辦理，仍將經辦情形具報。

此令。

（副件抄發曲江辦事處）

局長 曉朗

中華民國廿九年十二月六日

第二頁

第七军邮总视察段与广东邮政管理局曲江办事处等部门就河陆及陆丰邮局侨汇公款被劫一案来往函件（组件）（一九四〇年十二月六日至一九四二年一月三十一日）

第七军邮总视察段关于河陆及陆丰邮局侨汇公款被劫一案呈报鉴核施行致广东邮政管理局曲江办事处主任的呈（一九四〇年十二月六日）

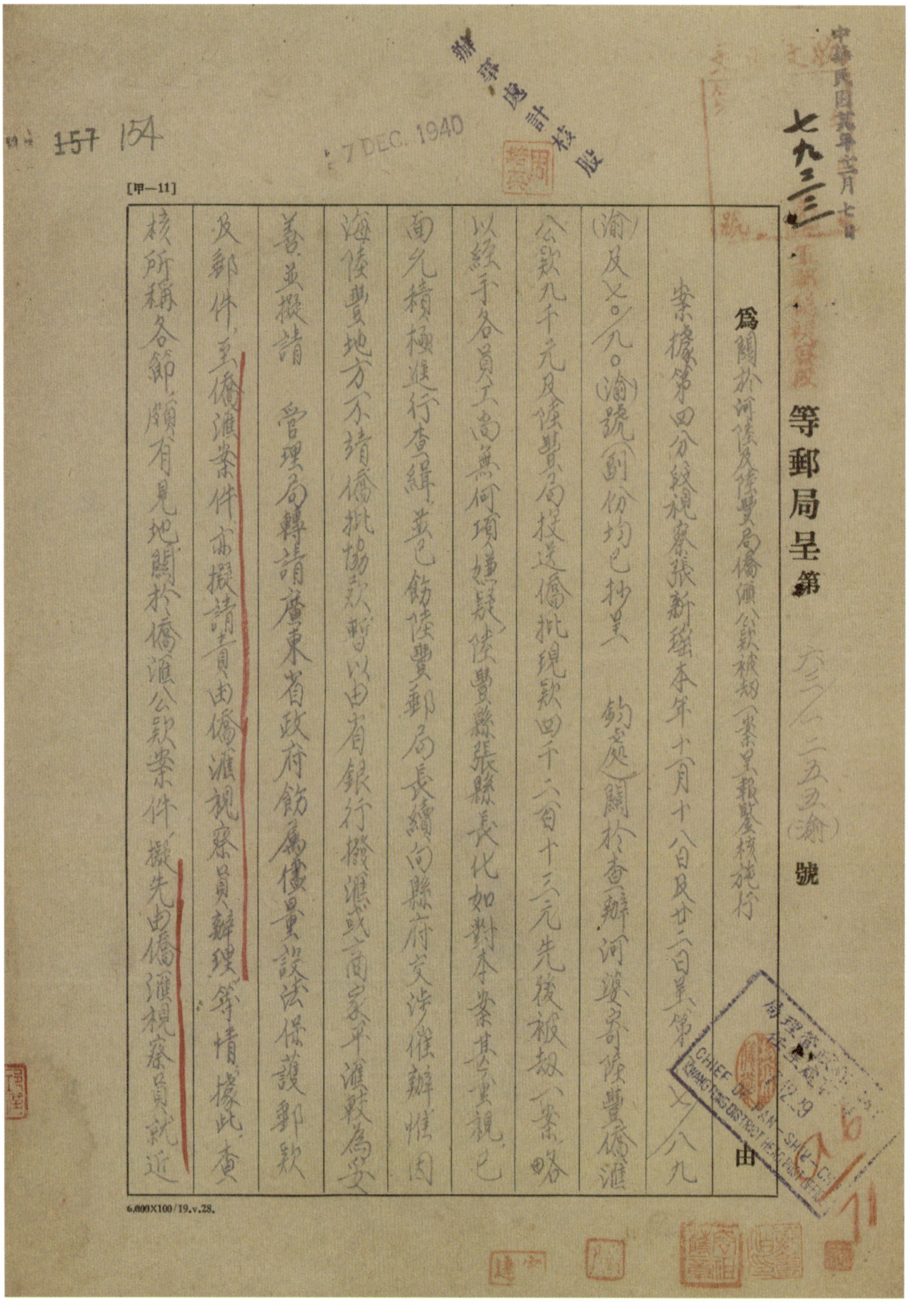

157 154

7 DEC. 1940

[甲—11]

中華民國廿九年十二月七日

七九二三

等郵局呈第 六三/八二五五（渝） 號

為關於河陸及陸豐局僑匯公款被劫一案呈報鑒核施行 由

案據第四分段視察張新發本年十一月十八日及廿二日呈第七/八九（渝）及七〇/九〇（渝）號（副份均已抄呈 鈞處）關於查辦河婆寄陸豐僑匯公款九千元及陸豐局收送僑批現款四千八百十三元先後被劫一案略以經手各員工尚無何項嫌疑，陸豐縣張縣長化如對本案甚為重視，已面允積極進行查緝，並已飭陸豐郵局長續向縣府交涉催辦，惟因海陸豐地方不靖，僑批協款暫以由省銀行撥匯或商家平匯較為妥善，並擬請 管理局轉請廣東省政府飭屬儘量設法保護郵款及郵件，至僑匯案件亦擬請責由僑匯視察員辦理等情，據此，查核所稱各節，頗有見地，關於僑匯公款案件，擬先由僑匯視察員就近

6,000X100/19.v.28.

155 [甲--13]

號數 ~~158~~

中華郵政

查辦以期迅赴事機一節，業經職段本年十一月四日第一三七/一一八八二渝

號呈請核辦在案，茲據前情，理合備文呈請

鑒核施行。

謹呈

廣東管理局曲江辦事處主任

副頁呈 總局視察室 發第四分段

第七軍郵總視察段軍郵總視察公章

軍郵視察邱信亮

代行

中華民國卅年十二月初六日發出

自由江發

14,000×100/3.viii.28.

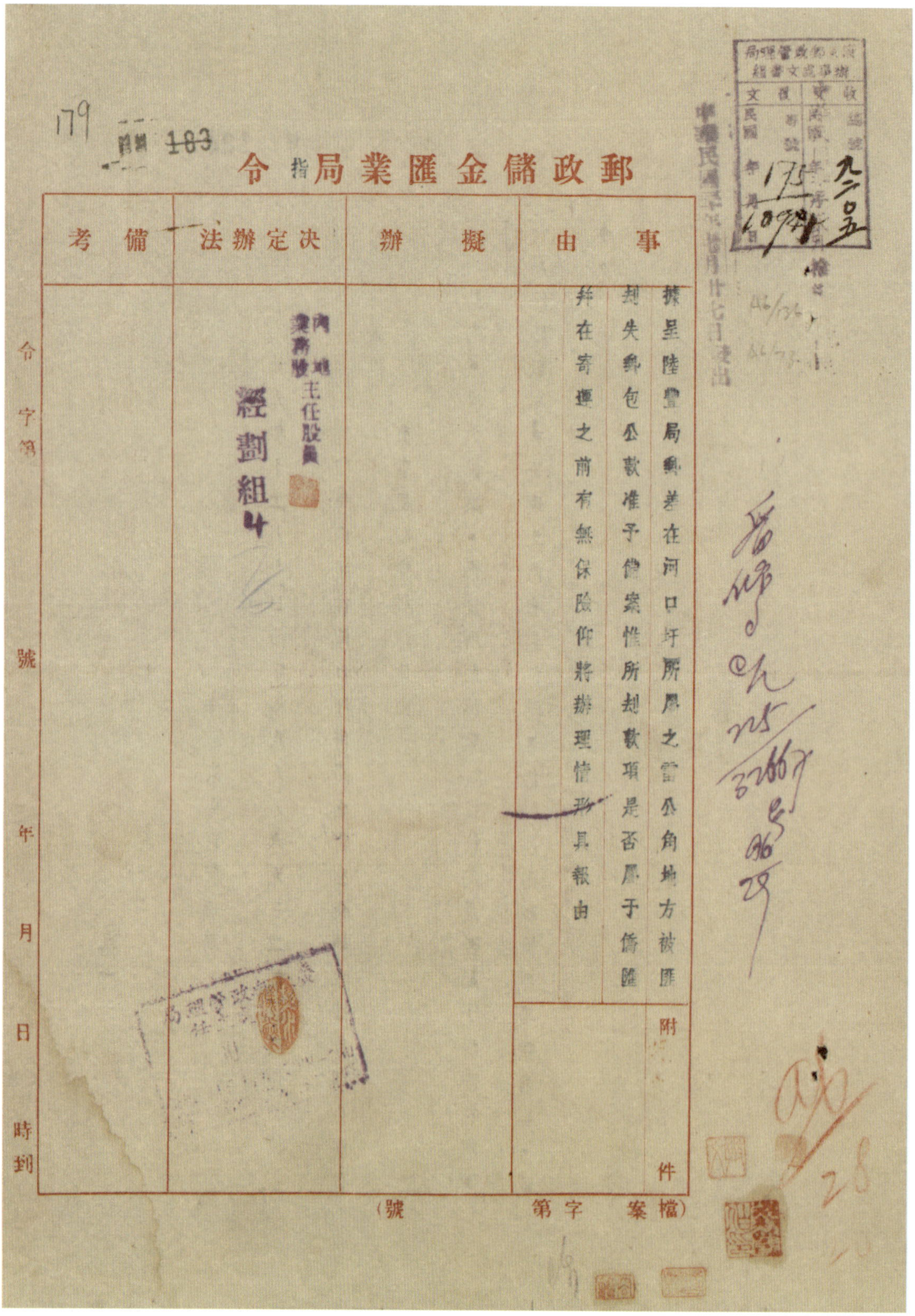

郵政儲金匯業局指令

事由	擬辦	決定辦法	備考
據呈陸豐局郵差在河口圩所屬之雷公角地方被匪劫失郵包公款准予備案惟所劫款項是否屬於僑匯並在寄運之前有無保險仰將辦理情形具報由		經劃組4 內地業務股主任股員	

附件

令　字第　號　年　月　日　時到

檔案　字第　號

邮政储金汇业局关于陆丰邮局邮差在河口圩所属之雷公角地方被匪劫失邮包公款准予备案惟所劫款项是否属于侨汇并在寄运之前有无保险仰将办理情形具报给广东邮政管理局的指令（一九四〇年十二月二十一日）

~~184~~ 180

郵政儲金匯業局渝指令第一零／九一三號

令廣東郵政管理局

廿九年十二月七日由字第八九／六九三二號呈乙件爲據報陸豐局郵差在河口圩所屬之雷公角地方被匪刦失郵包公款呈報鑒核備案由

呈悉。准予備案。惟查所刦協款數目較鉅，是否屬于僑匯款項，如屬僑匯款項，在寄運之前有無保險，仍仰將辦理情形具報爲要。此令。

~~186~~

181

[S.F.—5]

中華民國廿九年十二月廿一日

監印饒壽昌

校對何煥章

5 000/6.v.28

广东邮政管理局曲江办事处关于呈报陆丰邮局跑差被劫华侨汇款经过情形致邮政储金汇业局局长的呈（一九四〇年十二月二十一日）

161

164

廣東郵政管理局曲江辦事處呈文 曲字第98/17160號

爲呈報陸豐局跑差被刦華僑匯款經過情形祈賜鑒核由

案據陸豐局呈稱，略以該局跑差林亭成及陳友竹二名，於本年十一月十一日領派華僑匯款二十七件，及相關匯款四千二百一十三元，當日行至大安圩屬新墟鄉之大嶺窟地方，突遇匪徒數人，當被強挾彼二人擁至附近山窩，予以綑縛，隨將所攜華僑匯款暨身上衣物零用等洗刦而去。迨經各該跑差掙脫，立即馳赴新墟鄉及大安區署報案緝匪，並即回局報告遇刦經過。經該局長據情函請陸豐縣政府嚴緝追繳，開列損失詳情單，報請核辦前來。查陸豐縣屬各地，匪風極熾，本年十一月十日由米墟局帶運郵件返回陸豐局之郵差，已在該處附近公共地方被匪搜刦，失去河婆局付陸豐局協款九千元，經由職處於本年十二月七日備具曲字第八九／一六九三二號呈文呈報察核在案。而此次饒南路盜匪於前案發生之次日，在縣屬大銀潭地方截劫寄僑匯款四千二百一十三元，盜賊逃竄，至此已遠。除經一再分別函呈省內最高軍政當局嚴飭緝究，並切實保護郵差專差往來帶運郵件及投派寄僑匯款外，並經飭據該段軍郵視察前往徹查，據復已面請陸豐縣長加緊追緝，及轉飭縣屬各區署注意認真保護郵差專差執行職務。至案內遭劫之郵差總差等，經查明尚無何項可疑之處，等情。另有陸豐局郵差在大銀潭地方被劫寄僑匯款四千二百一十三元之經過情形，理合備文呈報，敬祈

察核。謹呈

郵政儲金匯業局局長

廣東郵政管理局

駐潮汕辦事處　主任　李[illegible]

中華民國廿九年十二月廿壹日

广东邮政管理局曲江办事处关于陆丰邮局邮差被劫侨款九千元案遵往广东绥靖主任公署洽商情形报请鉴核致第七军邮总视察段军邮总视察劳杰明的呈（一九四二年一月三十一日）

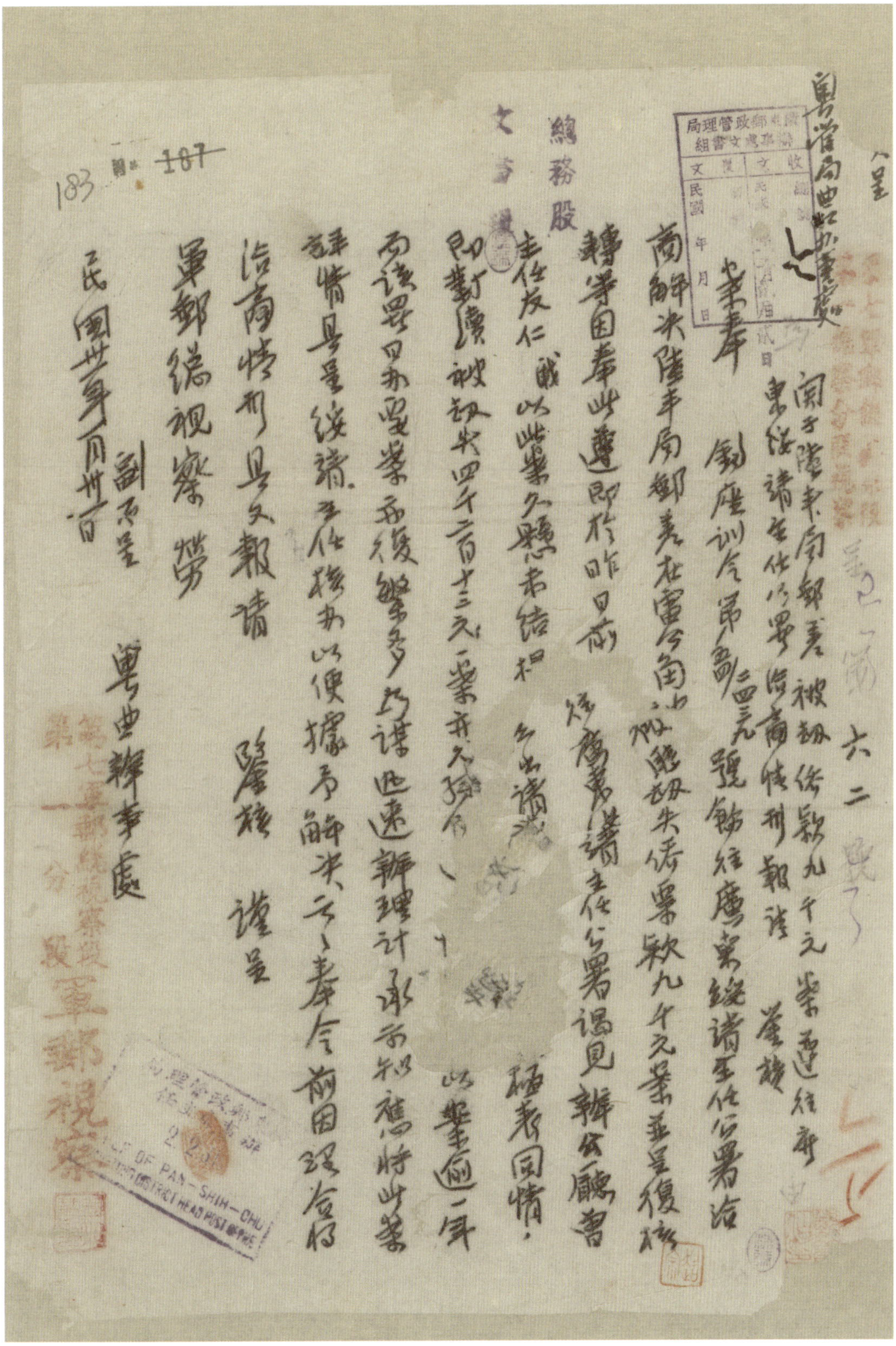

呈
粤管局曲江办事处
关于陆丰局邮差被劫侨款九千元案遵往广东绥靖主任公署洽商情形报请 鉴核
由
案奉
钧座训令第二四三号饬往广东绥靖主任公署洽商解决陆丰局邮差在雷公角被匪劫失侨票款九千元案并呈复核转等因奉此遵即于昨日前往广东绥靖主任公署谒见办公厅曹主任友仁，咸以此案久悬未结，极表同情，即对续被劫失四千一百十三元一案并交……以此案逾一年而该署要案亦复繁多，时隔遥远，办理计必有相当时日，嘱将详情具呈绥靖主任核办，以便据予解决，云云。奉令前因，理合将洽商情形具文报请
鉴核
第七军邮总视察 劳
粤曲办事处 副局长 谨呈
民国卅一年一月卅一日

汕头一等邮局关于选派邮佐许冠英为侨汇视察员与侨汇视察员吴宗杰同赴惠阳邮局服务致广东邮政管理局局长的呈（一九四一年一月二十七日）

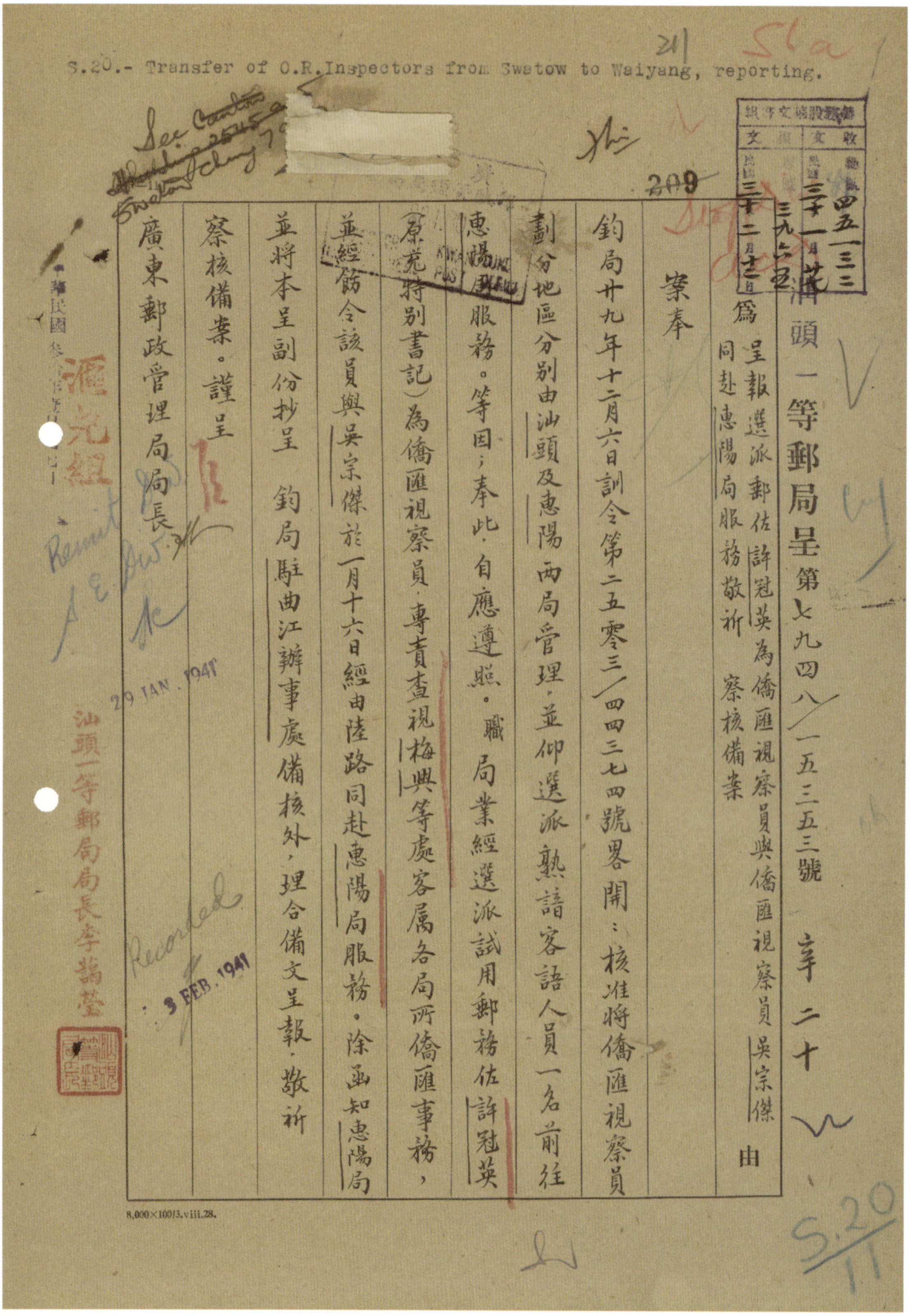
S.20.- Transfer of O.R.Inspectors from Swatow to Waiyang, reporting.

汕頭一等郵局呈第七九四八／一五三五三號 辛二十

為呈報選派郵佐許冠英為僑匯視察員與僑匯視察員吴宗傑同赴惠陽局服務敬祈 察核備案 由

案奉

鈞局廿九年十二月六日訓令第二五零三／四四三七四號略開：核准將僑匯視察員劃分地區分別由汕頭及惠陽兩局管理，並仰選派熟諳客語人員一名前往惠陽局服務。等因；奉此，自應遵照。職局業經選派試用郵務佐許冠英（原充特別書記）為僑匯視察員，專責查視梅興等處客屬各局所僑匯事務，並經飭令該員與吴宗傑於一月十六日經由陸路同赴惠陽局服務。除函知惠陽局並將本呈副份抄呈鈞局駐曲江辦事處備核外，理合備文呈報，敬祈

察核備案。謹呈

廣東郵政管理局局長

汕頭一等郵局局長李翰瑩

8,000×100/3.viii.28.

深圳三等邮局关于呈请追查广州至深圳第一九九号挂号总包俾明 G5/KL3764 号侨票着落致广东邮政管理局局长睦朗的呈
（一九四一年三月二十五日）

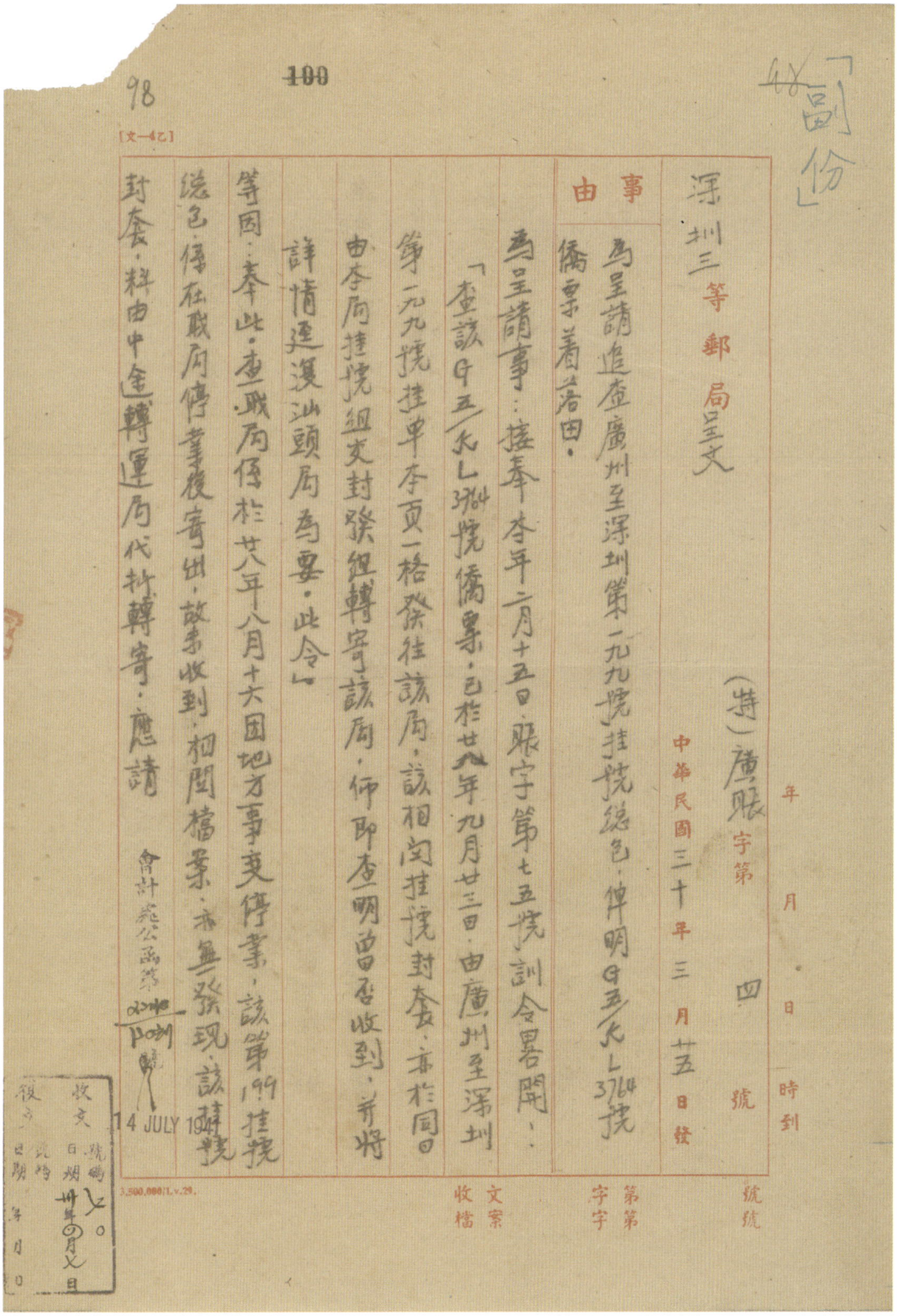

~~48~~ 「副份」

~~100~~

98

[文—4乙]

深圳三等郵局呈文

事由：為呈請追查廣州至深圳第一九九號掛號總包，俾明G五/K L 3764號僑票着落由。

(特)廣賬字第 四 號

中華民國三十年三月廿五日發

年 月 日 時到

為呈請事：接奉本年二月十五日賬字第七五號訓令略開：「查該G五/K L 3764號僑票，已於廿九年九月廿三日，由廣州至深圳第一九九號挂單本頁一格發往該局，該相關掛號封套，亦於同日由本局掛號組交封發組轉寄該局，仰即查明曾否收到，並將詳情逕復汕頭局為要。此令」等因。奉此，查職局係於廿八年八月十六日因地方事變停業，該第199掛號總包，係在職局停業後寄出，故未收到，相關檔案，亦無發現，該掛號封套，料由中途轉運局代拆轉寄，應請

會計處公函第 ~~2248~~ 1034 號

14 JULY 1941

收文 號碼 2〇 日期 卅年四月廿日

複文 號碼 日期 年 月 日

3,500,000/L.v.29.

文案 第 字 號

收檔 第 字 號

99　~~101~~　~~49~~

[文-8乙]

廣賬第四號　第二頁

鈞局轉飭郵件封發組開發查單，追查該199掛號總包落在何局代拆轉寄，俾明該僑票着落。奉令前因，謹具文呈請

察核。

謹呈

計核股長　轉呈

局長睦

深圳三等局長劉曟謹呈

（暨自常平）

FIRST CLASS POSTMASTER
7.4.41
SWATOW

會計處

副份抄送汕頭局

郵政公事用紙

3,000,000/Iv.29.

广东邮政管理局等相关部门关于前山邮局扣留华侨汇票一案来往函件（组件）（一九四一年五月二十六日至六月二十一日）

广东邮政管理局关于检送被扣留侨票侨批表致邮政储金汇业局局长的呈（一九四一年五月二十六日）

Conf. Ch'eng to D.G.P.R. & S.B.

A.15.- Detention of O.R's. and Hui P'i to and from the rear by the local authorities in Tsinshan, particulars of, reporting.

抄呈總局及駐沪办事處

廣東郵政管理局（批 簽函 呈文 公函 訓令 指令）第10 18118號

檔案甲字第十五號

為密件由

第148号指复

案據前山郵局三十年五月廿二日呈稱：「查自本年四月二十二日起，地方當局檢查郵件，所有駐港廣州等信局寄經前山轉遞之台山僑票郵件均被扣留。又由翌日起，所有民信館寄往該方之華僑匯票以及由台山封寄前山轉退之僑批亦不放行。職局未能通知相關各局，今日始得當局同意。謹將自本年四月廿二日起被檢各件列表呈報察核」等情。據此，當以所稱被檢之僑票僑批究竟是否係

a.15/31

被檢查後放行，抑已決定扣留，來文未有詳明，而所稱今日該地當局同意將被檢之件列表呈報一節，是否僅係當局同意列報，抑同意該前山局通知原寄局被扣或放行，均應詳細具報，業經簽飭據該前山局三十年五月十一日呈復稱：

「查地方當局檢扣各僑票後，概行沒收，並未放行，我係同意呈報，對于各原寄局亦不許通知，而後原寄局查單查詢時，並應通知該地方當局辦理，上述本年五月一日並文呈報本案，係事先經該當局閱過，乃能寄發。」並將五月三日以後陸續被檢扣各件

253 ~~247~~

分文呈報外，理合備文呈請鑒核。

又據該前山局二十年五月十三日將五月四日至十二日陸續被扣檢不予發行之係案列表呈送前來。職局以此項係粵係軍經前山局轉遞，既因地方情形關係，遂被扣留設法投，然無法取道其他郵路轉遞，自應設由廣州轉發，免礙業務，業經抄同上述前山局呈文及附表，先後于二十年五月十三日、十六日及十九日分別隨同第九七三號、第九七八號、第九七九號詳文密案呈報請察核在案。理合錄同原附表二件備文呈請鑒核，究應如何辦理之處，敬祈

第二頁

254

~~248~~

指令祇遵。

再，本呈已錄呈

郵政總局及暨駐滬辦事處，合併陳明。

謹呈

郵政儲金匯業局局長

附被扣留僑匯僑批表乙份

廣東郵政管理局局長曉朗

中華民國卅五年五月廿六日

第 四 頁

邮政储金汇业局关于改由广州转发转退侨票侨批及国外各代理人因遗失所发之副本等件给广东邮政管理局的指令（一九四一年六月五日）

56

~~277~~

281

郵政儲金匯業局令

事由	擬辦	决定辦法	備考
密不摘百	D.G. P.R.S.B. Chichluig Detention of O.Rs + Hui Pi to and from the sea by the local authorities in Tsinshaw. A man should immediately be sent to approach the authorities for the release as directed by a wire of the 6th May, the result thereof to be reported forthwith, instructing.		滙兑組

18 JUNE 1941

令　字第　號　年　月　日　時到

附件

檔案　字第　號

A15/38

282

郵政儲金匯業局令

港信發第一四八六案二四號

令廣東郵政管理局

呈乙件為自件由

三十年五月二十六日第一一五三五號呈暨附表均悉。查關於經由前山轉遞之僑票等件，被扣留後即派員逕向交涉放行，已由五月廿六日洋文電飭知在案，結果如何，迅即具報。嗣後僑票僑批，及國外各代理人因遺失而所發之副本等件，仰改由廣州轉發轉遞，用維業務，除通知各關係方面辦理外，合行令仰知照。此令。

283

~~275~~

中華民國三十年六月五日

監印[illegible]繼馨
校對[illegible]民

广东邮政管理局关于曾文虔赴前山邮局洽商放行各局被扣留之华侨汇票等件情形致邮政储金汇业局局长的呈（一九四一年六月二十一日）

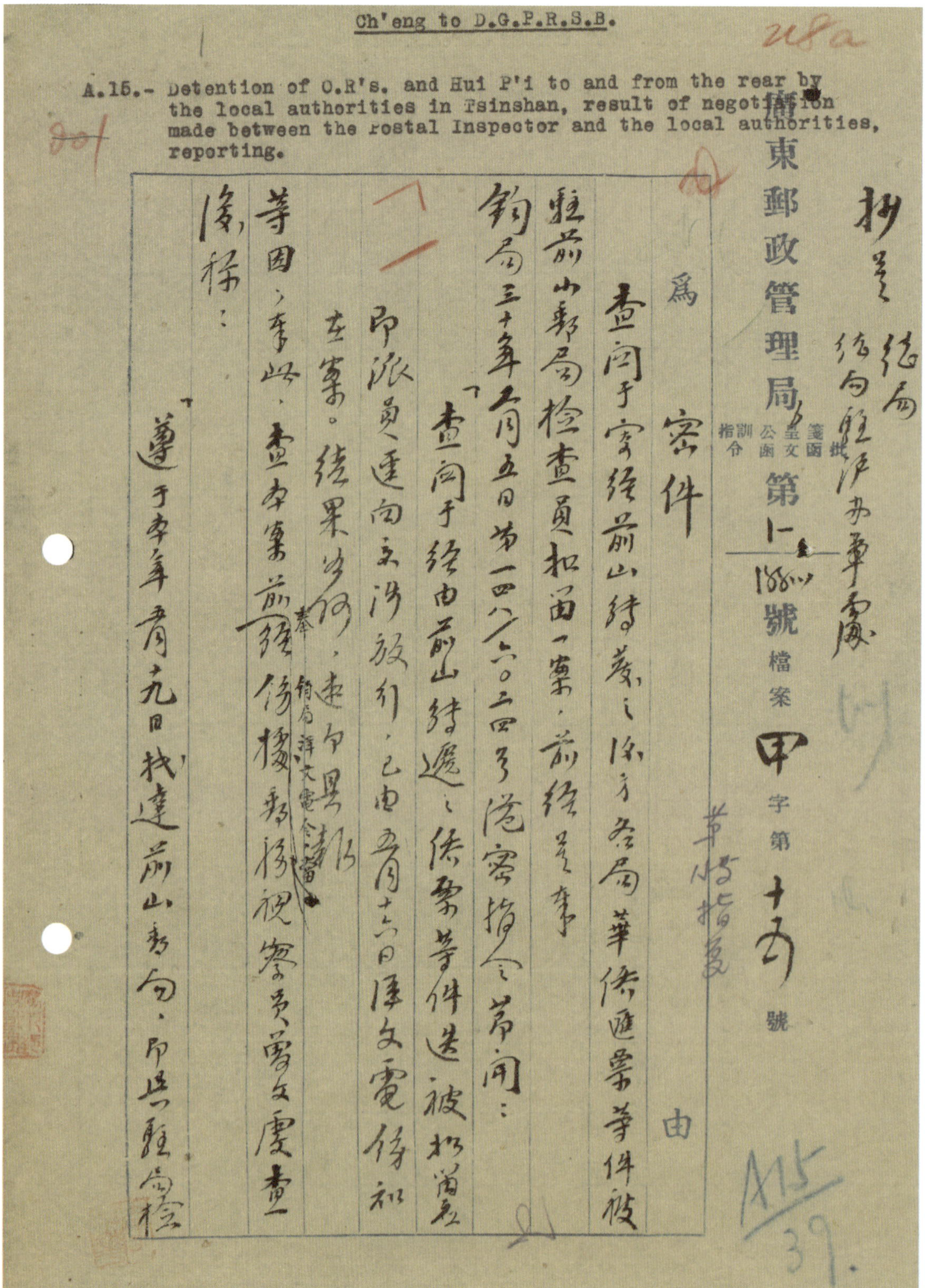

Ch'eng to D.G.P.R.S.B.

A.15.- Detention of O.R's. and Hui P'i to and from the rear by the local authorities in Tsinshan, result of negotiation made between the Postal Inspector and the local authorities, reporting.

抄呈 總局
總局駐滬辦事處

廣東郵政管理局 呈文 第 1880 號 檔案 甲 字第 十五 號

為 密件 由

查關于密經前山轉發之保方各局華僑匯票等件被駐前山郵局檢查員扣留一案，前經呈奉鈞局三十年五月五日第一四八六〇二四號密指令節開：「查關于經由前山轉遞之僑票等件迭被扣留在案，即派員迅向交涉放行，已由五月十六日渠文電飭知在案。結果如何，速即具報」等因，奉此，查本案前經（奉鈞局詳文電令謹當）派稽核視察員曾文虔查係稱：

遵于本年五月九日抵達前山郵局，即與駐局檢

2

002

查員交涉，迄無結果，乃馳赴當地主管機關（即前山憲兵分駐所），與該所長袁松壽長接洽，請將被扣之僑票悉數發行，并請以後免予扣檢，除由前山局之長前向該主管機關請求將被扣之件准予通融，原寄局之悉案塊經商准照辦外，其他各事項，未獲完滿效果。蓋以僑票之性質係屬郵政純正事業，與郵局之原有普通匯票大同小異，向其解釋，亦未接納。後據該長所稱，此次檢扣僑票，乃奉令執行，對于請求發行及免檢各節，本人未便接納，又不敢輕予變更原有辦法，應請郵

第二頁

3 007

局向廣州主管機關交涉。且此次檢扣僑票主因，實基於海外華僑或駐外之偽府官員每有冒用商號或市民名義由海外匯寄款項至汕頭，按諸實情，又有資敵之嫌，雖僑票中確有係匯款回家以資仰事俯蓄者，然當茲軍事時期，我有惟長官之令是從，故對於汕頭之僑票應予絕對禁止，仍請原諒等語。查此次汕頭局被檢扣僑票一案，非僅地方事件，實有計劃的一貫政策，前此不過其中一端，據職所知，檢查員近日之動態，大有變異，對於本局業務，殊多妨礙，凡匯寄

第之頁

4　004

該局所之款項，尤為重視，或加以阻止不等，緣自
檢查員奉行命令以後，所定方針，係以經濟為着
手，故有發生被檢機係票情事。至兩手檢機之
亦涉審核期內，難以解決。理合將本案兩理情
形，備文呈報鑒核」
等情；據此，查本案前據曾視察員查報，業經錄同
原呈于本年五月二十日以第九九二號呈文字公呈報請
鈞局鑒核在案。其被檢機之民信付號C107、C115及C122等號通
票三套，乙由民信補案副表及相關副票到局，亦經向蘇
各相關局接派。奉令前因，理合備文呈請

第四頁

鑒核。再、本呈已錄呈

郵政總局及其駐滬辦事處，合併陳明。

謹呈

郵政儲金匯業局局長

廣東郵政管理局局長隆朗

中華民國三十年六月廿一日

第五頁

广东邮政储金汇业分局与荻海三等邮局就四会邮局遗失付广利第八号侨票一套一事来往函件（组件）（一九四三年一月九日至二十七日）

广东邮政储金汇业分局关于四会邮局遗失付广利第八号侨票一套令仰将当日办理情形具报给荻海三等邮局的训令（一九四三年一月九日）

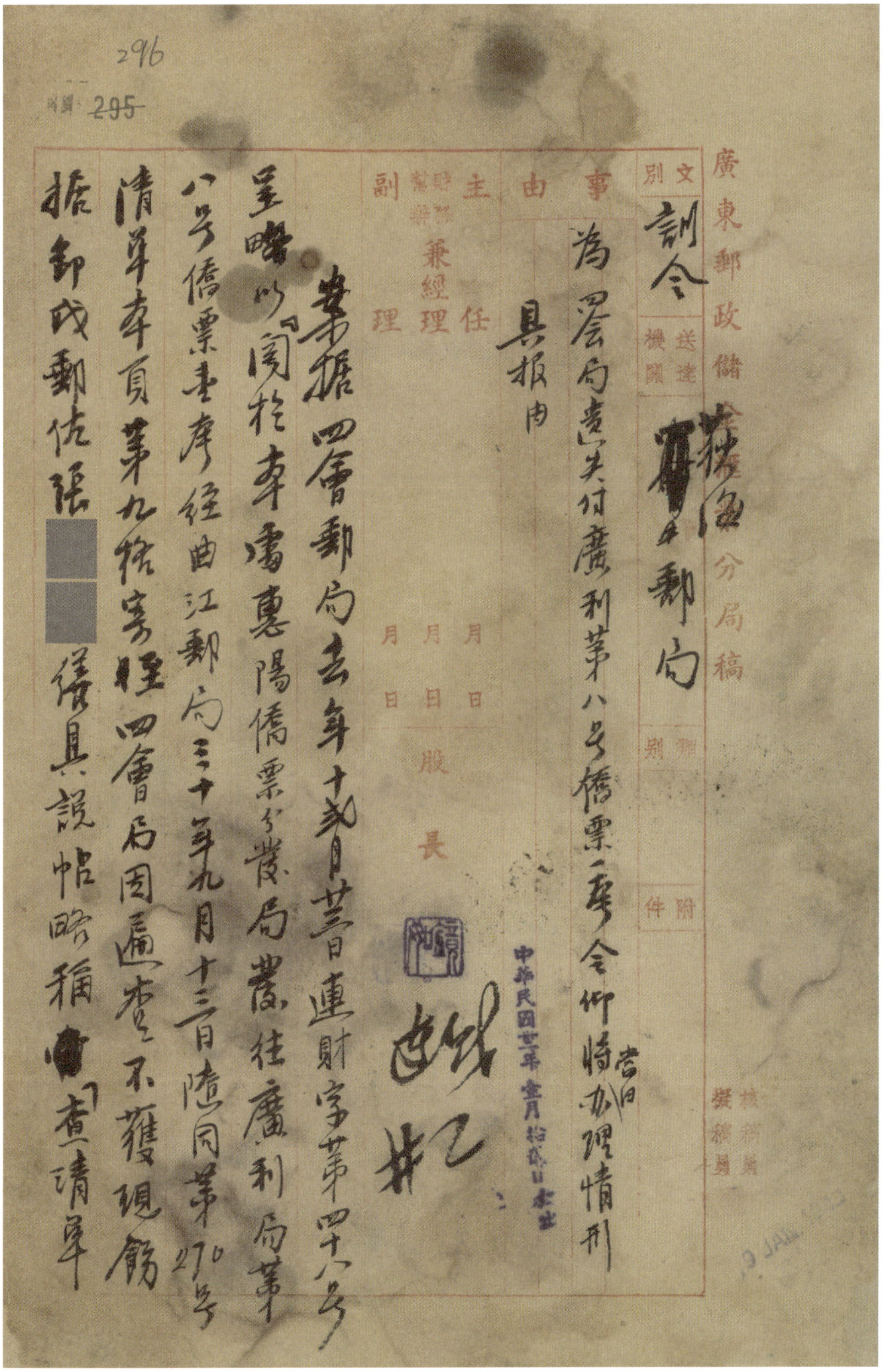

297

該明僑票查奪，但開拆時不見，當即報知局長辦理」等語。查該案係前任局長經[redacted]辦，究竟該佐有否通知前任局長，仍須向原人查詢，方易明白實情，并呈繳張[redacted]說帖乙件。據此，查該件係該局長前在四會局任內經辦，仰將實情查明具報，以憑核辦。20

此令

荻海三等邮局关于呈复在四会任内对遗失付广利第八号侨票一套未经裹办报知给内地储汇股股长转呈主任的呈（一九四三年一月二十七日）

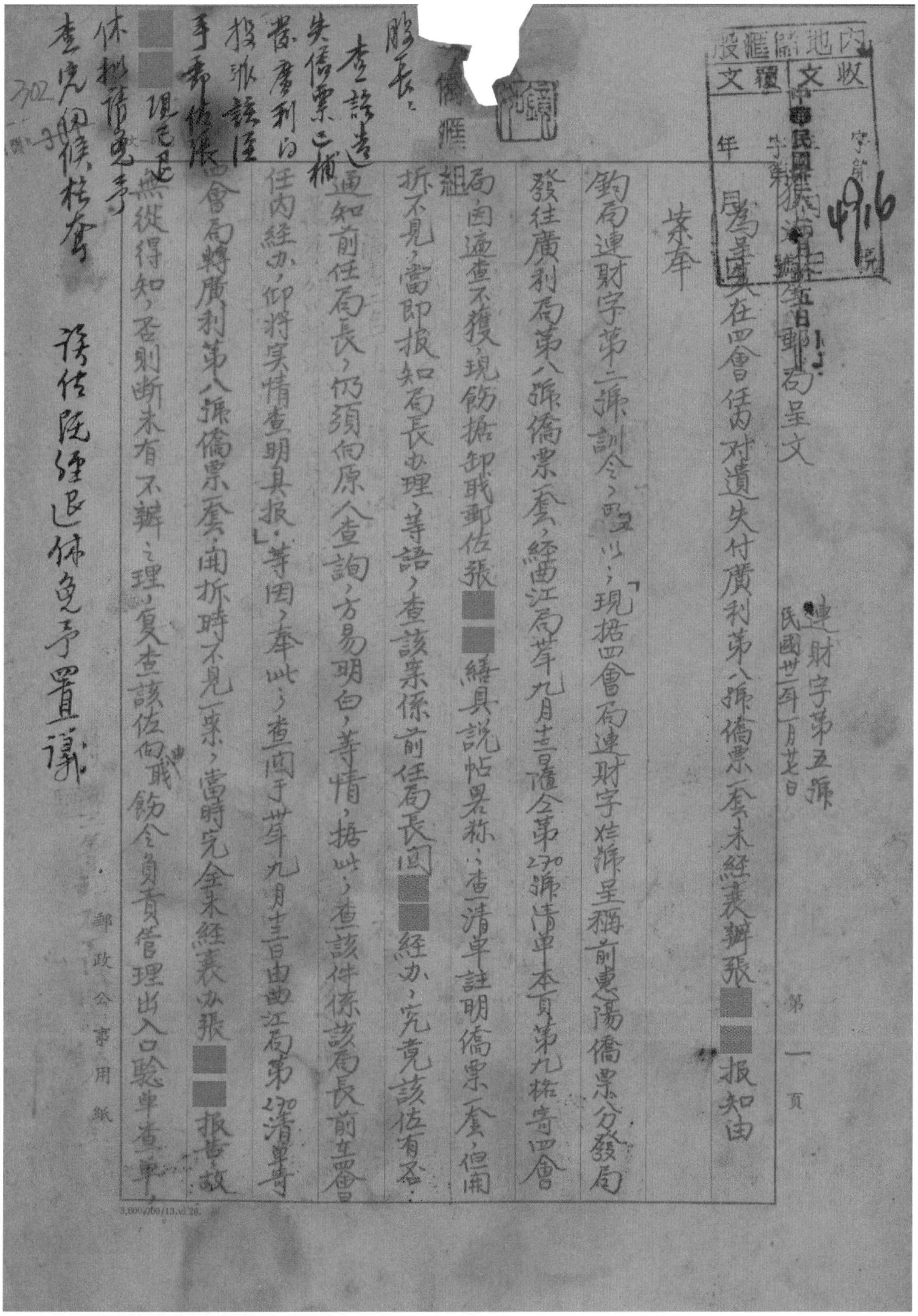

内地储汇股 收文 覆文 字第 号 年 月 日 4916

局為呈覆在四會任內对遗失付廣利第八號僑票一套未經裏辦張[redacted]報知由

連財字第五號
民國卅二年一月廿七日

第 一 頁

案奉

鈞局連財字第二號訓令之略以：「現据四會局連財字廿三號呈稱前惠陽僑票分發局發往廣利局第八號僑票一套，經由西江局卅年九月十三日隨仝第270號清单本頁第九格寄四會局，因遍查不獲，現飭据卸職郵佐張[redacted]繕具說帖畧称：查一清单註明僑票一套，但開拆不見，當即報知局長办理等語，查該案係前任局長[redacted]經办，究竟該佐有否通知前任局長，仍須向原人查詢，方易明白等情，据此，查該件係該局長前在四會任內經办，仰將实情查明具報」等因，奉此，查同于卅年九月十三日由西江局第270清单寄四會局轉廣利第八號僑票一套，開拆時不見一束，當時完全未經裏办張[redacted]報告，故無從得知，否則断未有不辦之理，复查該佐向職飭令負責管理出入口驗单查单

郵政公事用紙

3,800,000/13.vi.32.

儲匯組

股長：查該遗失僑票之補投，据該匯業廣利局任內手續係張[redacted]經办，現已退休，擬請免予查究，開候核奪

擬從院經退休免予置議

連財字第五號呈文　第二頁

並照封字公函部一本着其对于封發事件，及他局寄来郵件或有輕微錯誤時，即以封字公函通知，上述八號僑票，于開拆時既遍查不獲，在理應由該佐發出驗单交我核簽後，向前途追查，或以公函查詢，如不得要領，即函知該管局長呈报核辦，乃絕不見該佐有此動作，故我完全不知，理合備文呈复

察核。謹呈

內地儲滙股長　轉呈

主任黎

荻海三等郵局長閻[redacted]呈

廣東
27.1.43 2
荻海

郵政公事用紙

广东邮政储金汇业分局关于新铺邮局遗失已兑华侨汇票应速补发副票呈缴并将遵办情形具报给新铺邮局的训令（一九四三年一月十四日）

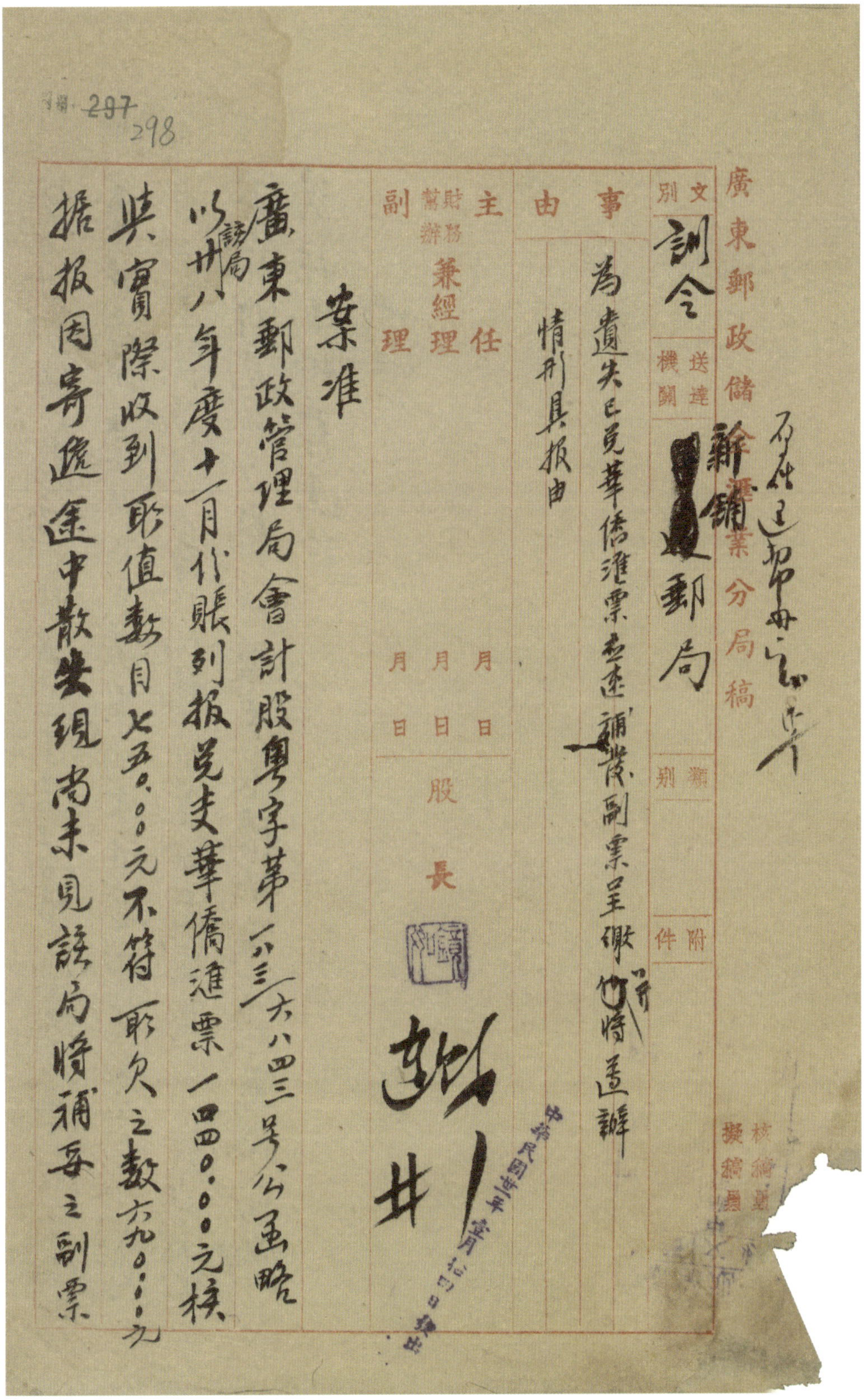

廣東郵政儲金匯業分局稿

文別：訓令
送達機關：新鋪郵局
事由：為遺失已兌華僑滙票應速補發副票呈繳並將遵辦情形具报由

主任　月　日
財務幫辦兼經理　月　日
副理　月　日
股長

案准

廣東郵政管理局會計股粵字第一六三六八四三号公函略以該局卅八年度十一月份賬列報兌支華僑滙票一四四0.00元核與實際收到聯值數目七五0.00元不符所欠之數六九0.00元據報因寄遞途中散失現尚未見該局將補發之副票

299

~~298~~

徼來致案懸經年無從了結請轉飭該局從速辦理等由上開遺失匯兑僑票如仍未補妥應將遺失緣由從速向相關僑票分發局請補發副票呈徼廣東郵政管理局以了懸案并將遵辦情形及稽延理由具報以憑核辦仰即遵照

此令

广东邮政储金汇业分局关于平远邮局遗失已兑华侨汇票应速补发副票呈缴并将遵办情形具报给平远邮局的训令（一九四三年一月十四日）

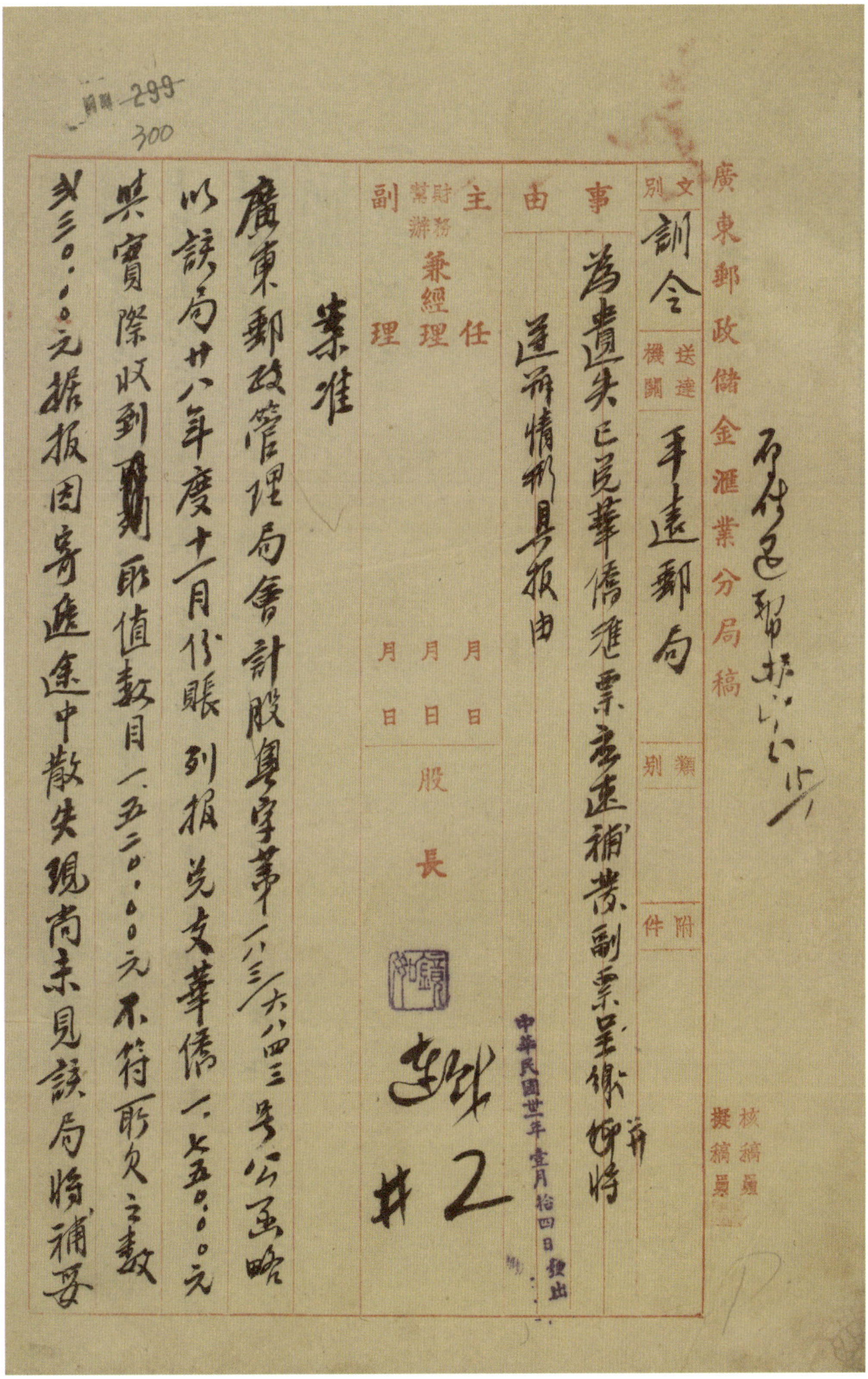
廣東郵政儲金滙業分局稿

文別：訓令

送達機關：平遠郵局

事由：為遺失已兌華僑滙票應速補發副票呈繳並將遵辦情形具報由

主任　　月　日

財務兼經理　　月　日

副理　　月　日

股長

業准

廣東郵政管理局會計股粵字第一八三/六八四三號公函略以該局廿八年度十一月份賬列報兌支華僑一七五〇.〇〇元與實際收到原值數目一五二〇.〇〇元不符所欠之數計二三〇.〇〇元據報因寄遞途中散失現尚未見該局將補妥

中華民國卅二年壹月拾四日發出

~~300~~ 301

之副票繳來致案懸經年無從了結請轉飭該局從速
辦理等由上開遺失已兑僑票如仍未補妥應將遺失緣
由從速向相關僑票分發局請補副票呈繳　廣東郵政管
理局以了懸案并將遵辦情形及稽延原由具報以憑核
辦仰即遵照。
此令

广东邮政管理局局长黎仪燊关于呈报增加邮务稽查专任抽查投派侨票工作致邮政总局局长徐继庄的呈（一九四六年三月七日）

人事室存檔

廣東郵文　二五七／二九七　卅五年三月七日

爲呈報增加郵務稽查專任抽查投派僑票工作敬祈鑒核示遵由

查華僑匯票自恢復進口後、廣州市區每日投派者爲數甚多、而投派工作、祇係僱用跑差辦理、其投派經過、是否悉符規定手續及有無其他情弊、自宜不時抽查、以資縝密。此項抽查工作、戰前係由僑匯視察員辦理、但自卅一年間僑匯停頓後、此項僑匯視察員、經已遣散解僱、而廣州本地郵務視察員則以工作紛多、不能兼理、即現有郵務稽查、亦以名額過少、不敷分配、對於抽查僑票工作、勢難兼顧、爲使僑匯工作、得以妥慎辦理、經自本年二月十八日起抽調資深信差一名、派爲郵務稽查、專任抽查僑票工作、以專責成、將來僑票增多、可否增加此項名額之處、理合備文呈請

FILE

~~88~~ ~~107~~

95

審核示遵。

謹呈

郵政總局局長徐

署廣東郵政管理局局長黎[illegible]

二

繕寫

校對 何詠祺

附一：人事室关于暂拟抽派可靠信差一人专办抽查投派侨汇事该信差缺即派人顶补的文（一九四六年二月十五日）

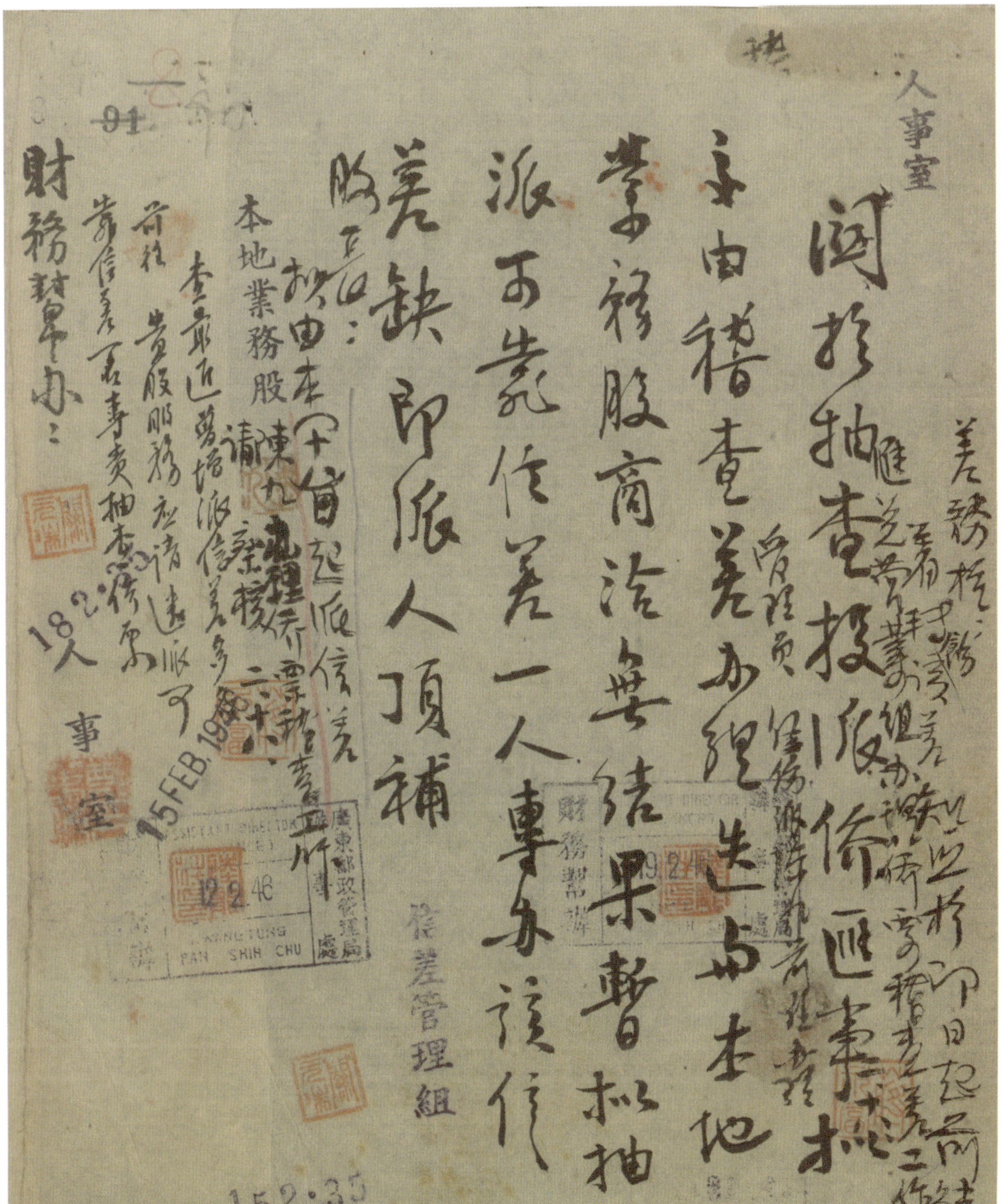

人事室

關於抽查投派僑匯事宜由稽查差辦理，先由本地業務股商洽無結果，暫擬抽派可靠信差一人專辦該信差缺即派人頂補

股長

本地業務股

請由本（十一）日起派信差陳九

差管理組

財務督察

附二：蒋永富关于拟派信差陈九为稽查差专任稽查侨汇事务致股长的签呈（一九四六年二月二十六日）

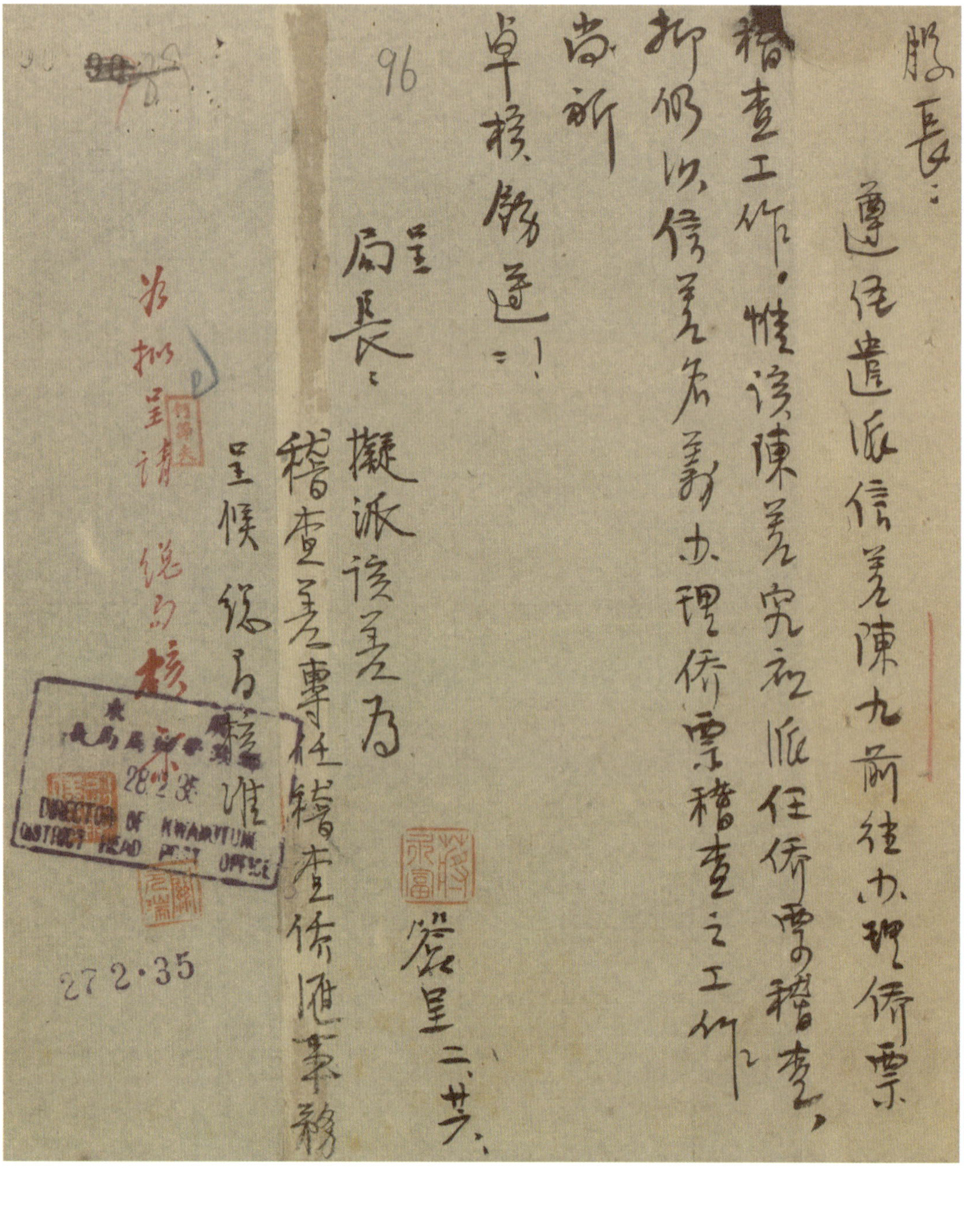
股长：

遵经遣派信差陈九前往办理侨票稽查，
稽查工作，惟该陈差究系派任侨票稽查，抑仍以信差名义办理侨票稽查之工作，
尚祈
卓核饬遵！
呈
局长

拟派该差为稽查差专任稽查侨汇事务

签呈 二、廿六

如拟呈请 总局核示

呈候 总局核准

DIRECTOR OF KWANTUNG DISTRICT HEAD POST OFFICE

96

272·35

广东邮政管理局关于各局雇用办理侨汇员工每有浮滥情事令仰切实整饬改善给广东邮区各局的通饬（一九四六年九月十九日）

31

29160.60

39

廣東郵政管理局通飭第十七號

飭本區各局

為據報各局僱用辦理僑匯員工每有浮濫情事令仰切實整飭改善由

據報各辦理僑匯業務，近多誇張進度，冗僱臨時員工，而所僱用者，多屬親戚故舊，不問其材力勝任與否，祇憑感情引進，馴致殘疾、跛行而充任跑差者有之，眇目重聽、文理不通而充任僱員者有之，甚至無行為能力之幼童，稚氣未除，終日態儘傳笑者，亦濫竽充數，更有僱用女性，充任臨時差工，使操外勤工作，而虛領名額者，似此闒茸濫進，等於謬引，視公廨為私府，等公務於兒戲，既無補業務之進展，復深貽民眾以譏嘲，瀆紀敗度，莫此為甚。須知僑匯臨時員工之雇用，必以業務實際需要為準則，不容稍涉浮濫，致耗公帑，而擇雇臨時員工，更應選才任能，不得徇私誤公，合亟通飭，仰各局嚴為檢討，儘量縮減，將可以減僱之臨時員工，立予解雇，其工作效率低微者，並應淘汰，以資整飭，而利公務。嗣後如查出再有濫雇情事，所耗支之工資薪津，概不准報銷，而所留用之臨時員工，如尚有不適於雇用條件或辦事低能，以致貽誤公務者，應由該管局長負連帶責成，而視察員於查視局務時，更應嚴為查核，如發覺仍有冗濫情事，應立予糾正，并列舉事實具報，以憑嚴辦，統仰遵照。此飭

署局長黎儀燊

中華民國三十五年九月十九日

11 OCT.1946

广东邮政管理局关于对于前颁惩治贪污条例应认真执行及寄往浙江邮区各汇兑局代收货价包裹及挂号邮件均应恢复收寄等情给广东邮区各局的通令（一九四六年十月二十六日）

200

廣東郵政管理局通令第二七二號

令本區各局

後開各節，仰一體遵照辦理。此令。

計開：

一、層奉行政院令，略以值茲建國時期，對於前頒懲治貪污條例，應認真執行，至查案人員如有徇情貪法，顛倒是非者，並應予以最嚴厲之處分，以期肅清貪風，澄清吏治等因，轉令遵照。（己）

二、寄往浙江郵區各匯兑局代收貨價包裹及挂號郵件（包括小包郵件及函書小包），均應恢復收寄。（乙四）

三、查隆文局第1、2、7、13、21、28、30、42、46、49、54、57等號白布袋十二條，曾轆轉封發曲江局，惟因曲江局檔案燬失，無法根查轉發節目，仰各局翻檢存袋，如有上開各袋存局，應即檢退隆文局為要。（五四）

四、後列上海區及河北區用至杭州局帆袋十六條，因杭州局無法根查發出節目，仰各局詳查在滬津各局用至杭州局日期以後，曾否收到各該帆袋轉用他局，倘查有着落，即行發單追查，一面將轉用詳情具報，以憑辦理。（五四）

袋號	各局用至杭州局日期
15/353134	27, 10, 34
15/228703	〃
15/10450	1, 9, 34
3/13469	3, 5, 34
15/390329	5, 12, 34
15/15809	17, 10, 34
15/10136	31, 12, 34
15/312426	18, 2, 35
15/292568	5, 11, 34
15/217386	10, 4, 35
15/209530	2, 10, 34
15/206868	5, 11, 34
15/156596	1, 12, 34
15/164947	6, 12, 34
15/100202	21, 11, 34
15/307608	21, 11, 34

203

五、茲將吉林郵區現轄郵局及代辦所名稱表一份隨令檢發，仰各收存備查。（甲一）

附件。

六、茲將本區最近登記認為第一類新聞紙類詳情表列於左：

執照號碼	新聞紙名稱	發行人姓名	發行處所	幾日一期	備考
十七	前鋒報	雲公懷	廣州	每日	

七、錦州郵區承德局已於本年九月十三日恢復業務，所有寄往承德之輕班郵件均應恢復收寄。（乙四）

八、廣西郵區柳州局各項檔案前於卅三年間因戰事遺失，凡卅三年十一月份以前由該局收寄經轉或投遞之各類郵件及包裹等均已無法根查。（子三）

附一件

署局長黎儀燊

中華民國三十五年十月廿六日

14 NOV 1946

204

附：吉林邮区所属邮局及代办所名称表

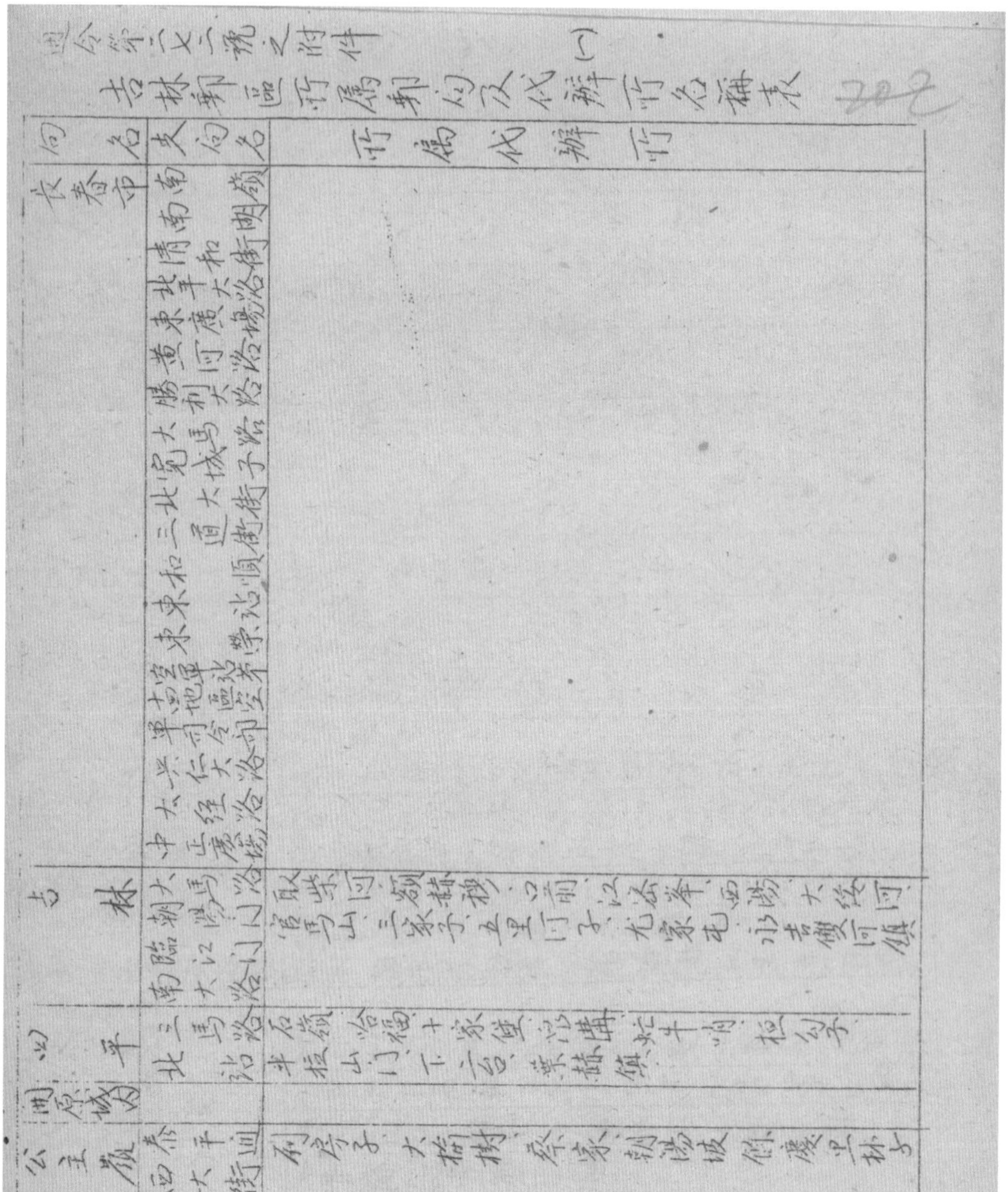
通令第二七二號之附件(一)
吉林郵區所屬郵局及代辦所名稱表

206

照令第二七二號之附件(二)

樺甸		八道河子、樺樹林子、金沙河、常山屯、東(?)樺皮廠子
德惠		大房身、米沙子、城子街、布海、達家溝、岔路口、郭家屯、朱城子
東豐		大興鎮、叫(?)門鎮、太平鎮、小興鎮、東豐盤(?)石子
西豐		六(?)吉(?)溝、平房(?)花(?)、涼水泉子、房木鎮、樂(?)雅(?)、太平嶺、西豐縣(?)城(?)
九台		飲馬河、營城子、上(?)石(?)嶺子、大黃(?)子溝(?)
磐石		六道崗、呼蘭(?)鎮、石嘴子、明城(?)山(?)、黃(?)山屯、細林河
農安		哈拉海、五道崗、高家店、巴吉壘、三崗(?)鎮、高(?)家(?)店(?)
鄭家屯		
西安	西安縣城	門(?)津(?)、建安、東(?)信子、[illegible]、郭樹(?)河子、連河(?)、[illegible]、白(?)花(?)溝(?)、九(?)泉(?)、[illegible]
[illegible]		九站、孤店子、河(?)東(?)子、土門嶺、[illegible]、段家屯
伊通		營城子、大孤山、小孤山、靠山鎮、伊巴丹、石頭(?)河、大(?)屯、深(?)山、三家子、孤榆樹
雙陽		五家子、長嶺子、劉家店、奢(?)嶺口子、新安堡、土頂子
卡倫		龍家堡、放牛溝
舒(?)蘭		
煙筒山		明城、吉昌鎮、驛馬、北斗溝(?)
懷德		
巴吉壘		陶家屯
靠(?)山屯		三盛(?)
伏龍泉		
松花江		

207

通信第二七二號之附件 （三） 204

梅河口		
郭家店		小城子、四台子、赫爾蘇
梨树		
海龙		
八面城		大洼、傅家屯
双庙子		地窝堡、二十家子
喜林伦子		
泉头		
四岗		马仲河、金塔子、卅井
四間城内		亮仲桥
双山		教上村
三江口		三河套邊
榆树台		
平岗		
里不鎮		
大屯		
金沟河		
邀澍		
瓊力		西紫楼、大家子
金家		
公主嶺		

207

广东邮政管理局关于取缔未领执照之批信局违法私运回批事项给潮安二等邮局的指令（一九四六年十一月十四日）

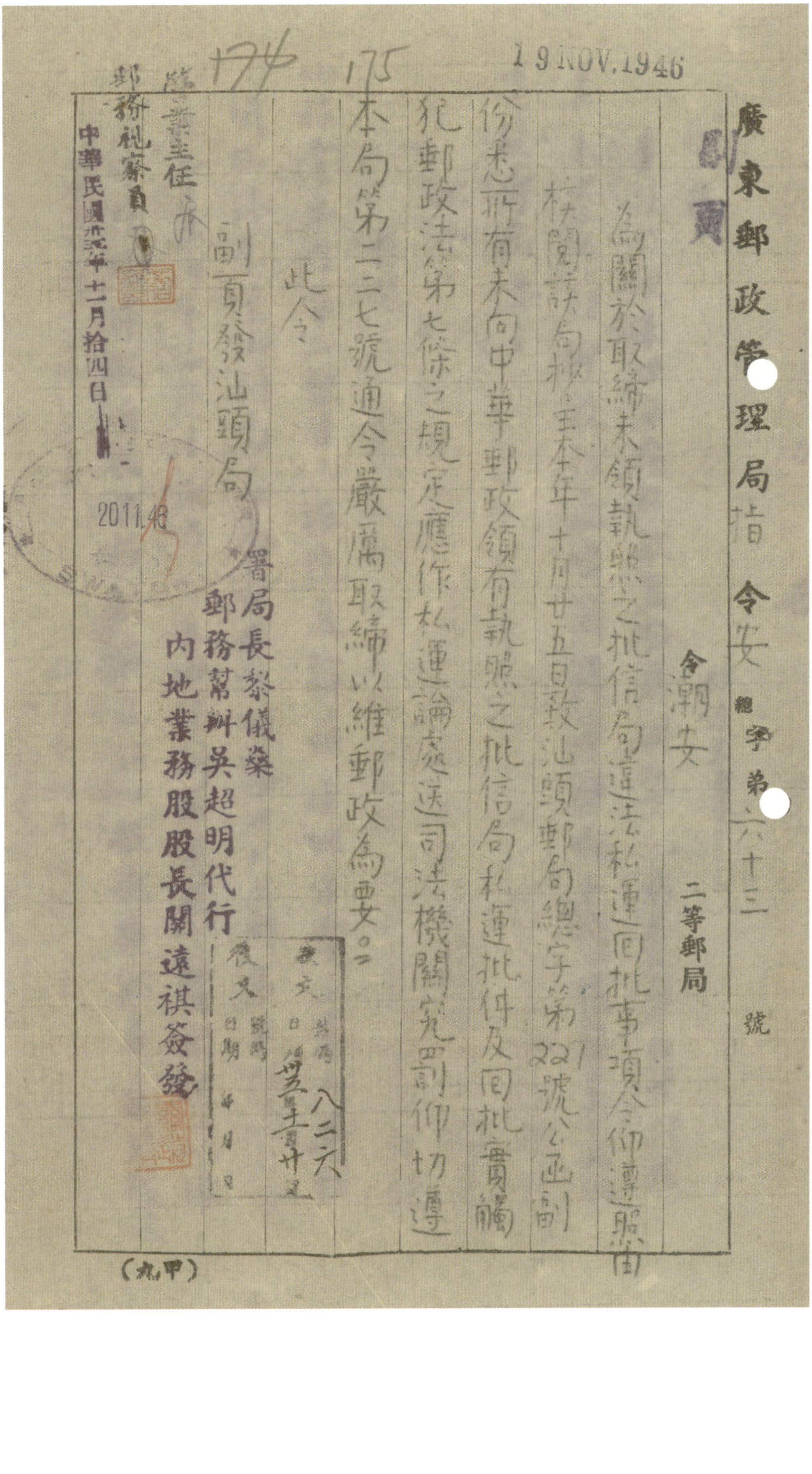

廣東郵政管理局指令 安 總字第六十三號

令潮安二等郵局

為關於取締未領執照之批信局違法私運回批事項令仰遵照由

核閱該局抄呈本年十月廿五日致汕頭郵局總字第221號公函副份悉，所有未向中華郵政領有執照之批信局私運批件及回批，實觸犯郵政法第七條之規定，應作私運論處，送司法機關究罰，仰切遵本局第二三七號通令嚴厲取締，以維郵政為要。

此令

副頁發汕頭局

署局長黎儀燊
郵務幫辦吳超明代行
內地業務股股長關遠祺簽發

中華民國卅五年十一月拾四日

19 NOV.1946

云南邮政管理局与广东邮政管理局等部门就华侨汇票第KLG9/GA7-11号五件共十五万元未经收款人收到被人冒领一事来往函件（组件）（一九四七年三月十日至十月三日）

云南邮政管理局关于华侨汇票第KLG9/GA7-11号五件共十五万元未经收款人收到被人冒领事函请澈查见复给广东邮政管理局的公函（一九四七年三月十日）

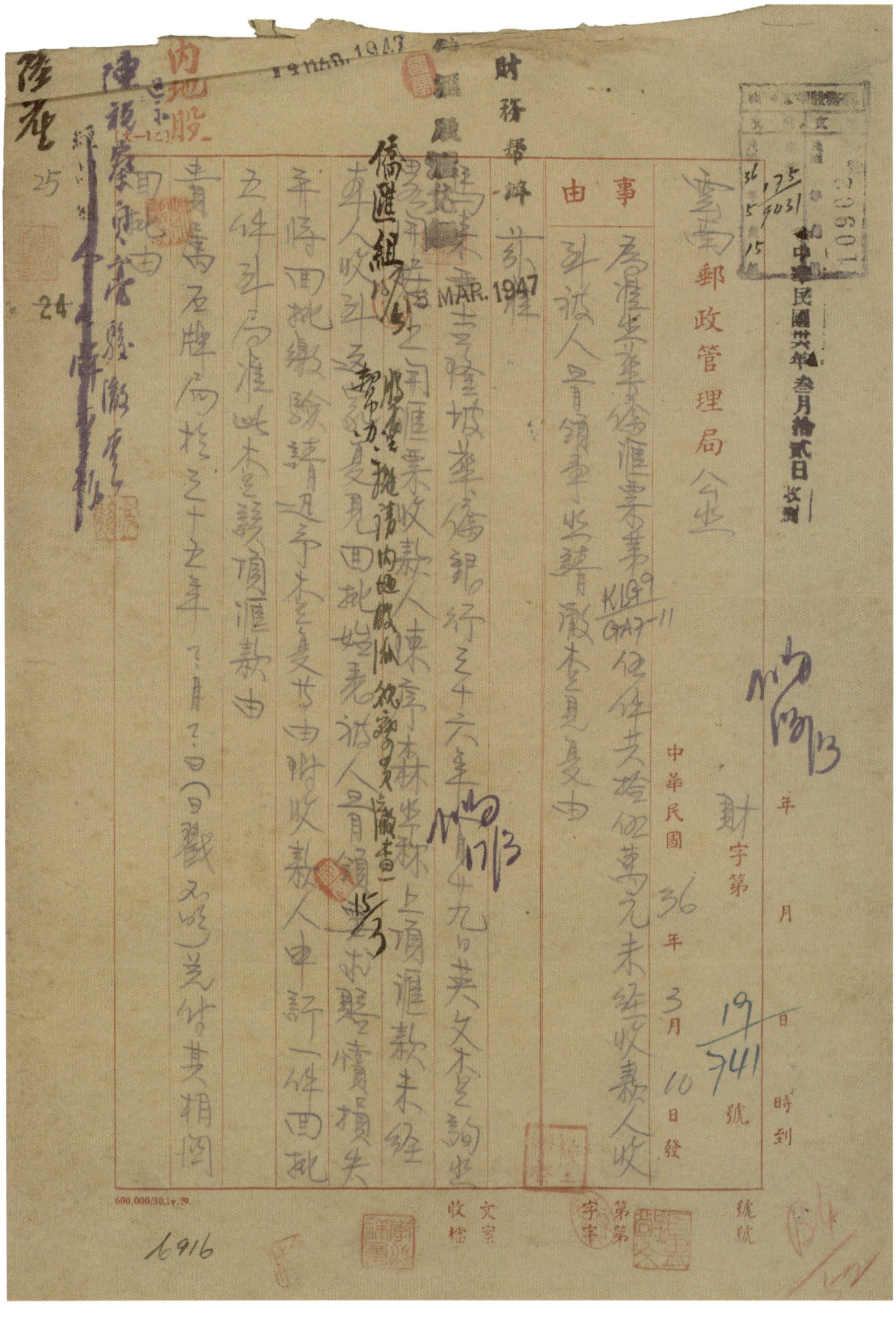

26

25〔文-5乙〕

貴局代退條行（三十五年七月廿六日第188號代退回批之通知單）並將條行查詢書及收款人申訴書兩副并回批五件隨此呈奉上，請迅予查復為荷。

此致

廣東郵政管理局

附回批五件

條行書五件（兩副）

收款人書五件（兩副）

臺南郵政管理局

第二頁

郵政公事用紙

3,000,000/1.v.29.

附：华侨银行关于汇票被人冒领函请澈查的公函（一九四七年一月二十九日）

23

22

Copy to be returned to O.C.B.C.

Query Memo.

From

OVERSEA CHINESE BANKING CORPORATION, LIMITED.

KUala Lumpur 29th January, 1947.

Please look the following matters and use the space provided on right hereof for your reply:-	Space for Reply.
List NO.G9 dated 13-4-46. Remittance NOs. GA7 to G11	
For your investigation we enclosed herewith five A.P.s (GA7/11 totalling CN$150,000.00) together with a covering letter from the intended payee who has come back to Malaya from China, complaining that the above remittance have been wrongfully delivered to an imposter as both the seal and signature on the A.P. covers are not his and claiming compensation for the loss thereof. We trust you will give this matter your prompt attention and favour us with an early reply as to the results of your investigation. We wish to record hereby our appreciation for the co-operation you have been extending to us.	
for OVERSEA CHINESE BANKING CORPORATION, LTD.	
(The signature) Sub-accountant	(Officer's signature.)

True copy.

5 MAR. 1947

不分段视察员陈亮骏关于澈查石牌邮局投派第KLG9/GA7-11号华侨汇票情形致广东邮政管理局局长黎仪燊的呈（一九四七年四月二十七日）

135/9031
15/5/46

不分段視察員呈

等郵局

中華民國卅六年四月廿七日發

內字第卅一號

共一未完

事由：為奉諭澈查石牌局投派第GA7-11號華僑匯票情形先行呈核由

(1) 查該號僑票存根下端「收款人姓址」由免付局照填，附見票之匯款人家書封面填寫清楚，投派後查石牌局相關存根，可知有
(2) 相關黃說僑票已隨去年七月份月帳繳呈上海總局

鈞諭以石牌郵局去年七月間所投派之GA7-11號華僑匯票五件，據收款人
丟稱未經收到，有被人冒領了結，飭往澈查等因；奉此，職經遵令前往石牌
郵局查詢，據謂該五件僑票均係經[redacted]經手投派，周某已於去年
十二月間身故，未能向之查詢當日投派實情。職經到該校之訓導處、出納
處、農學院、法學院及該村內之大商店數間查詢，均不識
收款者陳序森，既非中大學生，又非教職員，且據其
本人所稱，其本人于六月初旬方由汾返漁，以當時之通信情形而計，六月杪
因石牌局之相關存根未有將批改字樣，查明而收款人又未有看見款者
之存根上蓋章，故需查問該收款之僑票伴同存根，今該票已將之
繳呈上海總局，擬去函查詢，看收款人者秋

僑匯組 存卷

[文一亿]

7,000/100/13.vi.29.

28.

[文一號附件 ~~27~~

七月初方能抵达广州，该時中大已起放暑假，该陈序森似无于此时来中大求学或任职之理。以我所推测，该项侨票之投派，似不出下列之三点情形。(1)该项侨票系寄交中山大学某某人收转陈序森者，该经差乃照所书之姓名投派，致被该代收人所冒收，或收款后不转交与受款人。(2)该局从前习惯，对于挂快等件之收款人不熟识者，係用单条书明某人有某某函件收领，分贴各学院，倘其来自领取，或有不肖学生，患此情形，冒名来领亦未定，据该校某职员称此项冒名领款事情，常有发生，稍一不慎，便为所骗。(3)该经差黄[redacted]因知来中大无陈序森其人，而此款为数颇钜，一时贪念，伪造图章冒领。据函诉人来函有称该项侨票本先寄往重庆红球堤黄和村收转，因收款人离渝，乃由

第二頁未完

郵政公事用紙

3,600,000/13.vi.29.

29　28
[文-5乙]

沃黄和村代通知村寺中大等语，今为明瞭是情易于查復起见，拟请函知香港波華僑銀行转着函诉人查明当日所寄黄和村代转之地址，係祇書明中山大学陳序森手收，抑寄中大某人收转字様函復，俾易辦理。又拟請转知僑系径查明沃埃僑系上所寄之收款人图章是否祇蓋陳序森者一個，抑再有别名之图章加蓋，以便再行根查。奉令前因，理合将所查情形及拟議辦法先行呈請

察核。

謹呈

局長参

附呈：據正第19/741號函一件并附件
右即局長手摺一本

視察員陳克駿呈

第三頁已完

郵政公事用紙

3,600,000/13.vi.29.

附：石牌邮局局长文翰显关于华侨汇票调查情形的报告（一九四七年四月十七日）

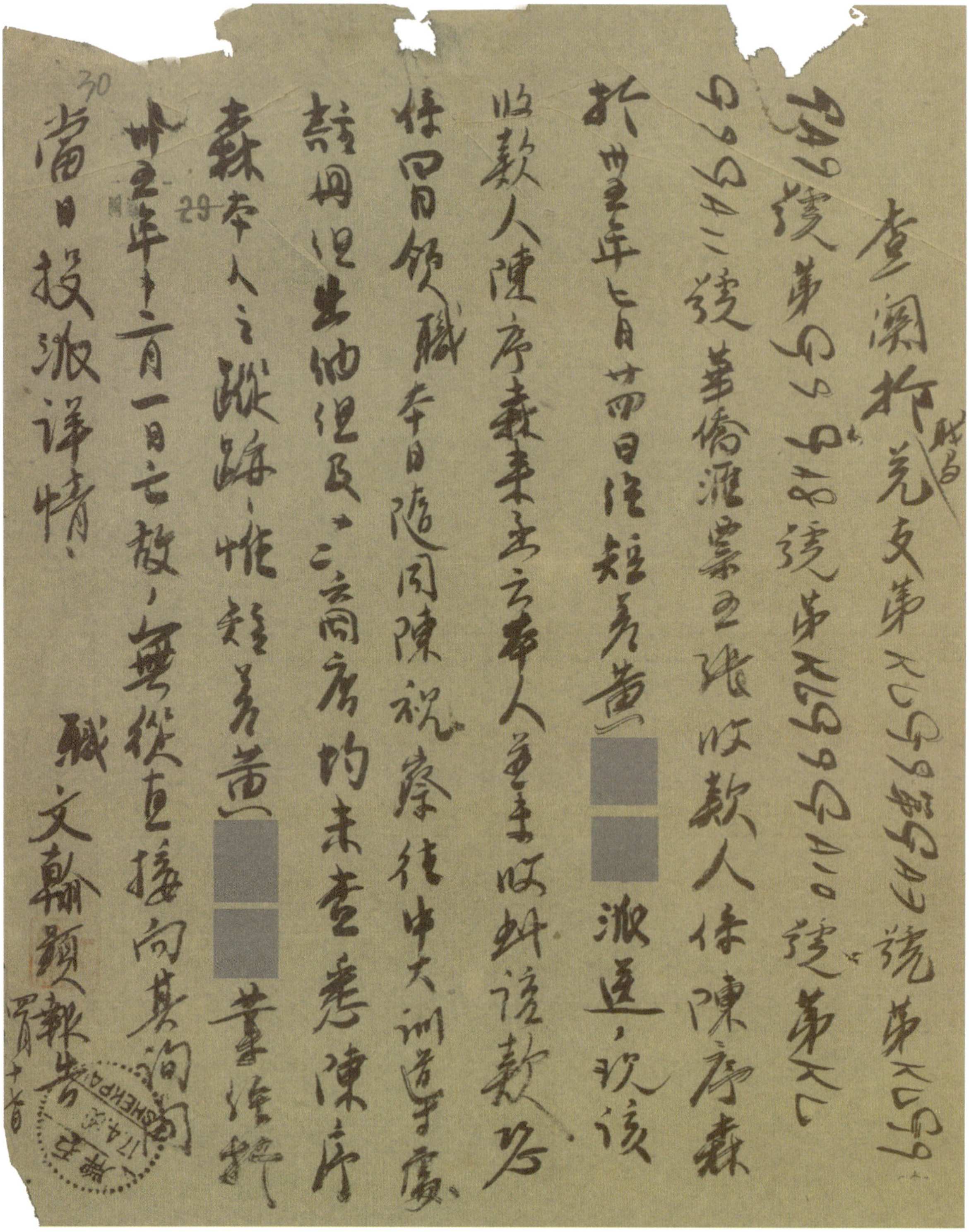

30

查閱抄莞支第KU9999號第KU9949號第999 18號第KL9999 A10號第KL9999 A2號華僑滙票五張，收款人係陳彦森，於卅五年七月卅日經郵差黃[redacted]派送，現該收款人陳彦森來函云本人並未收到該款，恐係冒領。職本日隨同陳祝察往中大訓導處詢問，但出納組及十二宿舍均未查悉陳彦森本人之蹤跡，惟郵差黃[redacted]業經於卅五年十二月一日亡故，無從直接向其詢問當日投派詳情。

29

職 文翰顯謹報告

四月十七日

关于汇票回批上并无黄和村字样拟函昆明邮局、东川邮局查明收款人地址致股长的呈（一九四七年五月七日）

据陈观举报告前赴各牌局查视后，兹情形因经手接汇员已经身故，该五件侨汇接汇情形无法查明。现复查收款人陈序焘非中大学生或教职员，该收款人之回所称黄和村曾否在东川局转交中山大学或其他处，仍由陈序焘本人收领等情，如回票上（即回票上）并无写黄和村字样，拟去函明局查明（函东川局查明）收款人地址栏如何填写，及如何根据黄和村函改寄去东川局，使明真相，然后办理，当否，祈察核

股长

职 张 呈

请拟函后全案仍退侨汇组办

侨汇组

7 MAY 1947

广东邮政管理局关于第KLG9/GA7-11号侨票五件被人冒领一案给云南邮政管理局的公函（一九四七年五月十五日）

總財 一七五/九四三

公函

卅六 五 十五

為關於第KLG9/GA7-11號僑票五件被人冒領一案函復查照由

案准

貴局本年三月十日財字第一九/七四一號公函暨各附件均祇悉。案經飭據視察查報稱：「以查得該五件僑票，均係石牌郵局短差黄[redacted]經手投派，但該差經於去年十二月間身故，故當日投派實情如何，無法查詢，復查收款人陳序森並非中大學生或教職員，該收款人並乃所稱「該項僑票本允寄往重慶紅球垻黄和村收轉，因收款人離渝，乃由該黄和村代通知轉寄中大」一節，未悉當日該黄和村代轉之地址係只書明中山大學陳序森手收，抑寄中大某人收轉字樣，擬請轉函前途查知，以便再行跟查等

~~30~~ 31

FILE

32

31

情〃，查各該倫票之投派實情，既因經手投派差身故，未能查明，故是否被人冒領，實難判斷，茲為易於跟查起見，相應函請

查明各該票之匯款表上「收款人地址」欄係如何填寫，並轉函東川局

查明如何根據黃和村函改寄各情函復過局，以便辦理為荷。

此致

雲南郵政管理局

廣東郵政管理局啟

繕寫

校對 陳□明

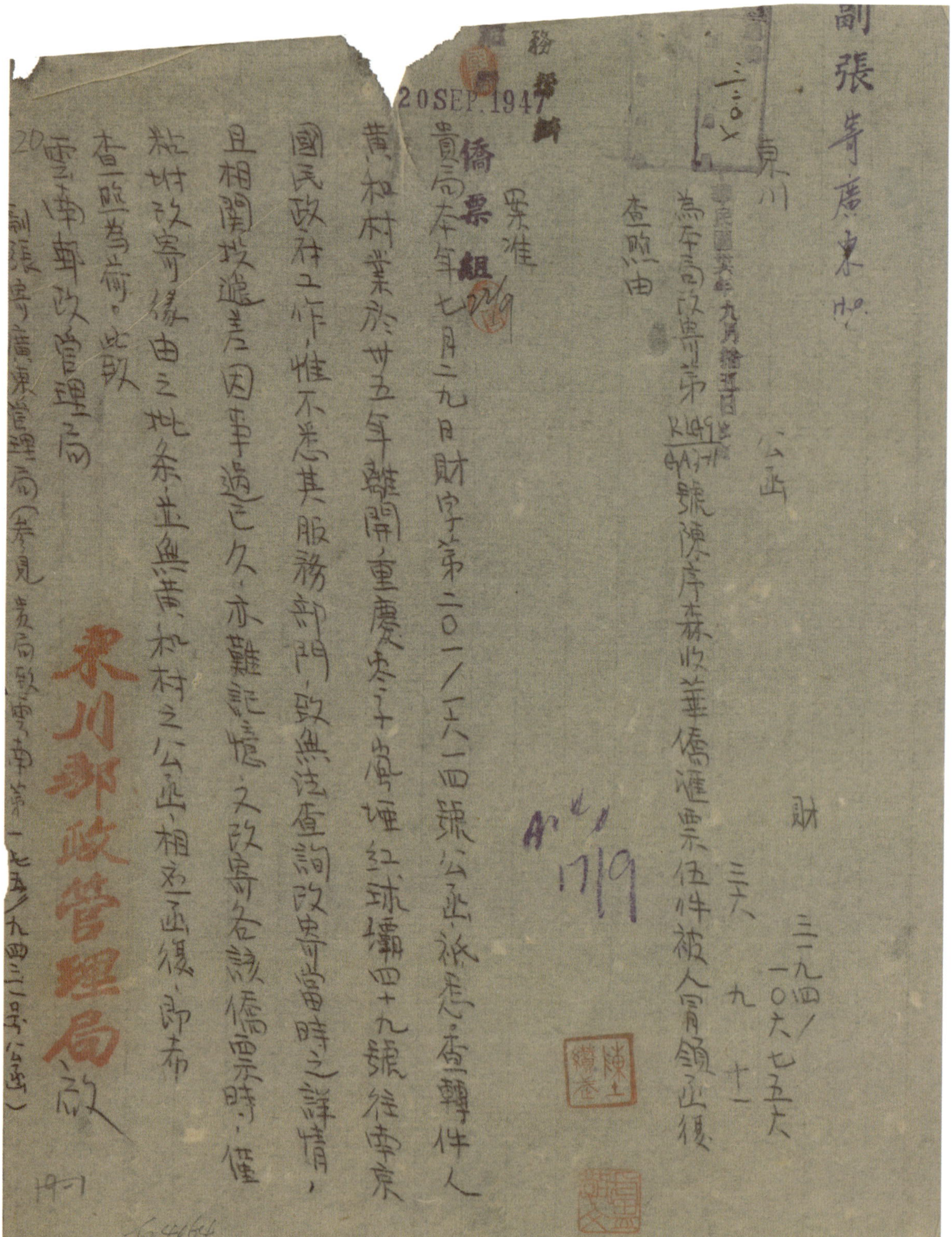
副張 寄廣東

東川 公函 財 三一九四/一〇六七五六

為本局改寄第KLG9/GA7-11號陳序森收華僑匯票伍件被人冒領函復 查照由

三六 九 十一

民國三十六年九月十一日

20 SEP. 1947

僑票組

案准

貴局本年七月二九日財字第二〇一/二六一四號公函，祇悉。查轉件人黃柏村業於卅五年離開重慶李子壩紅球壩四十九號往南京國民政府工作，惟不悉其服務部門，致無法查詢改寄當時之詳情，且相隔投遞差因事過已久，亦難記憶。又改寄各該僑票時，僅粘附改寄緣由之批條，並無黃柏村之公函，相應函復，即希查照為荷。此致

雲南郵政管理局

副張寄廣東管理局（參見貴局致雲南第一七五/九四三一號公函）

東川郵政管理局啟

1719

東川邮政管理局关于改寄第KLG9/GA7-11号陈序森收华侨汇票五件被人冒领致云南邮政管理局的公函（一九四七年九月十一日）

云南邮政管理局关于第KLG9/GA7-11号侨票五件被人冒领一案给广东邮政管理局的公函（一九四七年十月三日）

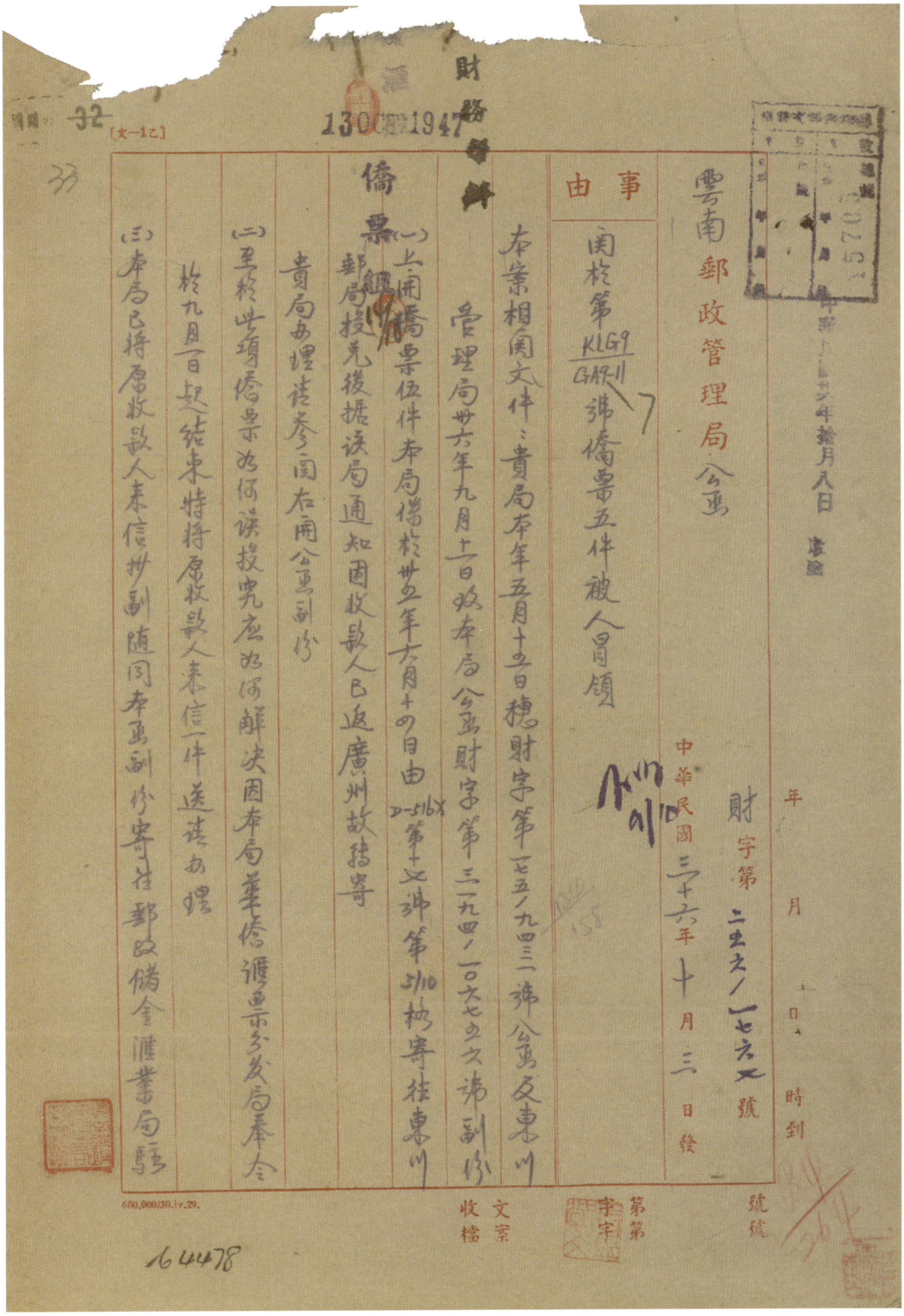
雲南郵政管理局公函

事由：關於第KLG9/GA7-11號僑票五件被人冒領

本案相關文件：貴局本年五月十五日穗財字第七五/九四三一號公函及東川管理局卅六年九月上日致本局公函財字第三一九四/一〇六七五/六號副份

（一）上開僑票伍件，本局係於卅五年六月十四日由D-5168第十九號第5110號寄往東川郵局接兌，後據該局通知因收款人已返廣州，故轉寄貴局辦理，請參閱右開公函副份

（二）至於此項僑票如何誤投，究應如何解決，因本局華僑匯票系發局，奉令於九月一日起結束，特將原收款人來信一件送請辦理

（三）本局已將原收款人來信抄副隨同本函副份寄往郵政儲金匯業局驛

財字第　號

中華民國三十六年十月三日發

33

34

〔政一5乙〕

滬營業處副份　貴局經辦本案之詳情請逕复營業處轉复僑行

以資了案

此致

廣東郵政管理局

附收款人原信一件

雲南郵政管理局

啟

第　頁

郵政公事用紙

3,000,000/I.v.29.

附：收款人陈序森关于汇票被人冒领给华侨银行民信部的函

34

35

逕啟者：鄙人家母黄氏及侄輩陳其仲、陳其穆，又胞侄林桂英及陳碧蘇等伍人，各以本人名份付國幣叁萬圓，共合國幣壹拾伍萬圓，於本年肆月間由先德伊埠貴行民信滙兑代理處錢叙陳繼藻轉交吉隆坡貴行電滙中國重慶市紅球壩肆拾玖號黄和材先生轉收。今鄙人於六月初旬即行離渝返粵，未及收領，黄君遂乃告知貴行渝市分處轉寄廣州中山大學或某處，仍由鄙人收領。惟鄙人全然不知其事，直至最近返抵家後，始悉貴行業已將收款信據寄回。陳黄氏滙款回信貴行號碼GA8號（僑商號陳繼藻號碼160號），林桂英滙款回信貴行號碼GA7號（僑商號陳繼藻號碼159號），陳其穆滙款回信貴行號碼GA9號（僑商號陳繼藻號碼161號），陳其仲滙款回信貴行號碼GA10號（僑商號陳繼藻號碼162號），陳碧蘇滙款回信貴行號碼GA11號（僑商號陳繼藻號碼163號）。然細察其回信字跡與鄙人迥然互異，而所用之印章不但字體與鄙人原章不同，又其私稿與

35

36

原寄□為□且對匯款諸人稱呼全数錯誤，如內人稱之為伯母，莫耀[illegible]之為父，其餘稱之為叔，陳碧蓀稱之為伯父，如此錯誤匯款焉會能准當回覆，然已被人冒名非法領取。鄙人在此業將此情報告立德伸學。 貴行民信匯兌代理處僑青號陳瑞蓀叔被騙先函報告 貴行知照，俾被冒出者隱姓即親行詢問。是故即請 貴行偵查法辦，并按例償還匯款人之損失，以合法章。此致

華僑銀行民信部執事先生台鑒

收款人 陳章森 謹啟

賜教處：鄧彥文德中埠 華昌號

广东邮政管理局等部门就开平侨眷何兆珠第13-371378号国币十九万元旲纸被冒领一事来往函件（组件）（一九四七年四月二十四日至一九四九年四月二十八日）

广东邮政管理局局长黎仪燊关于呈报察核温哥华大通银行开发开平第13-371378号国币十九万元旲纸被冒领事项致邮政储金汇业局局长的呈（一九四七年四月二十四日）

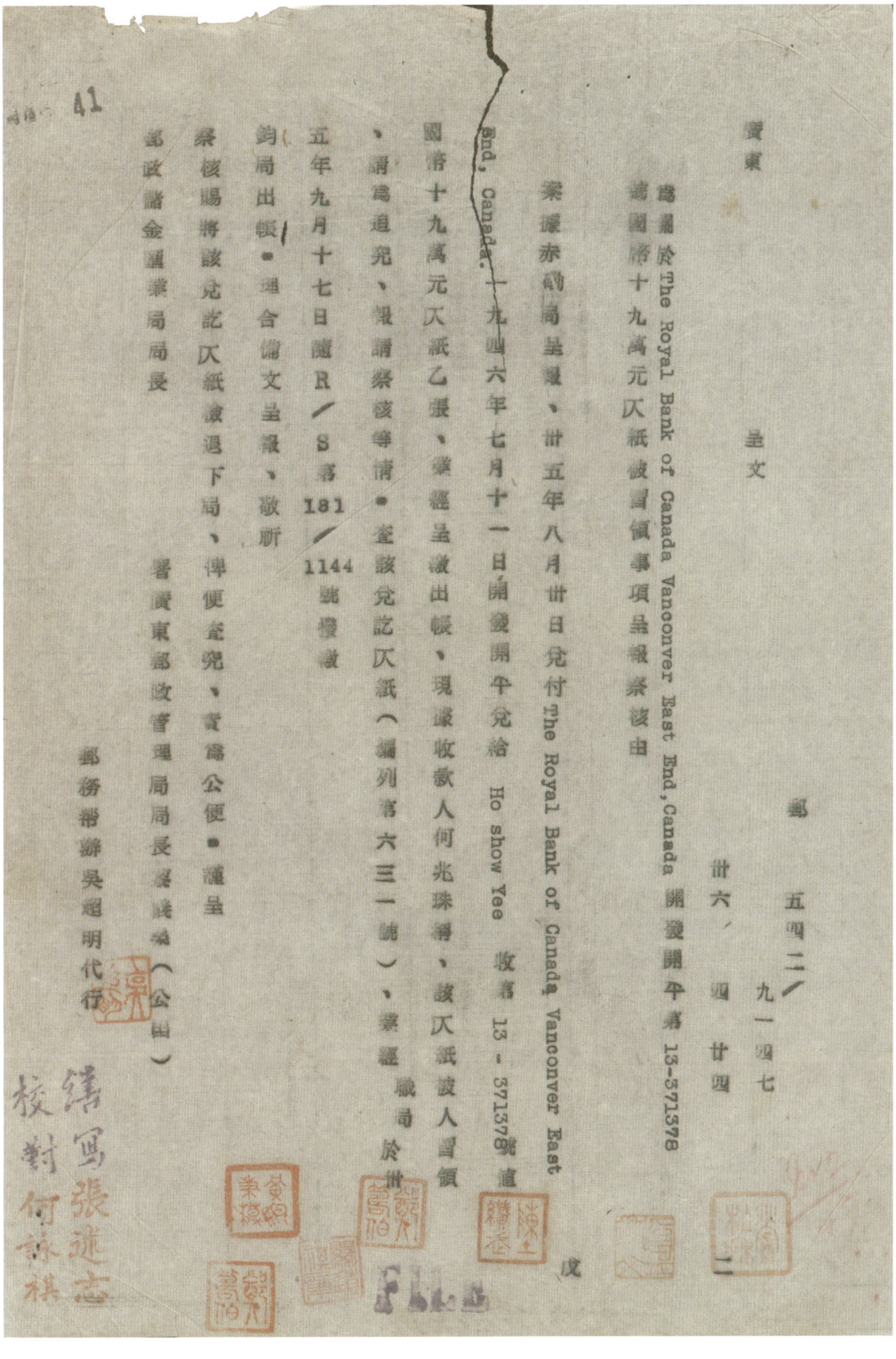
郵 五四二／九一四七
卅六／四／廿四
二
廣東 呈文
爲呈報The Royal Bank of Canada Vancouver East End, Canada開發開平第13-371378
號國幣十九萬元仄紙被冒領事項呈報察核由
案據赤磡局呈報、卅五年八月廿日兌付The Royal Bank of Canada, Vancouver East
End, Canada. 十九四六年七月十一日開發開平兌給 Ho show Yee 收第13-371378號直
國幣十九萬元仄紙乙張、業經呈繳出帳、現據收款人何兆珠稱、該仄紙被人冒領
、請爲追究、報請察核等情。查該兌訖仄紙（編列第六三一號）、業經職局於卅
五年九月十七日隨R／S第181／1144號撥繳
鈞局出帳。理合備文呈報、敬祈
察核賜將該兌訖仄紙檢退下局、俾便査究、實爲公便。謹呈
郵政儲金匯業局局長
署廣東郵政管理局局長黎儀燊（公出）
郵務帮辦吳超明代行
繕寫 張速志
校對 何詠祺
戊

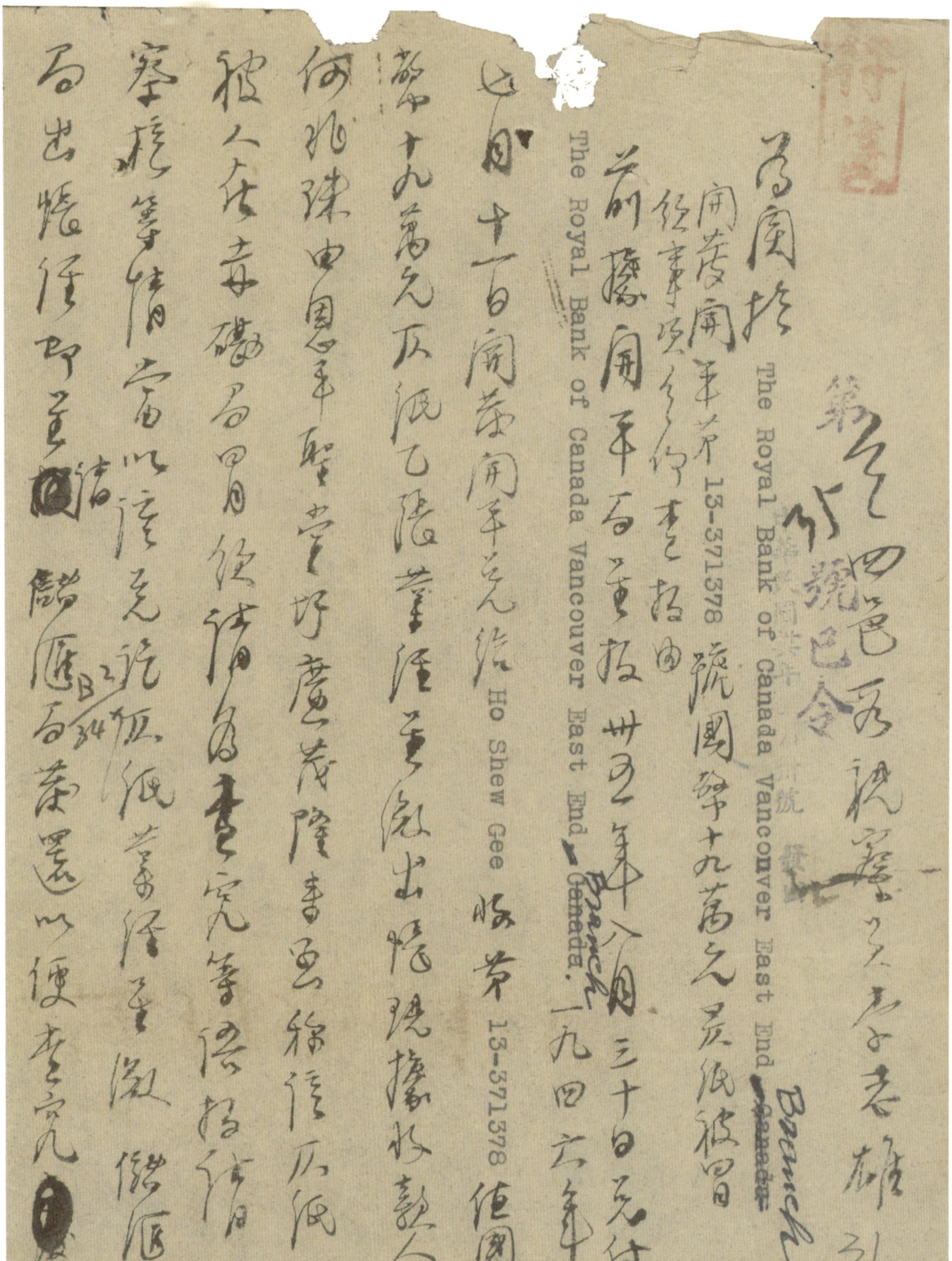

广东邮政管理局关于查报温哥华大通银行开发开平第13-371378号国币十九万元炅纸被冒领事项给四邑段视察员李志雄的令（一九四七年五月二十一日）

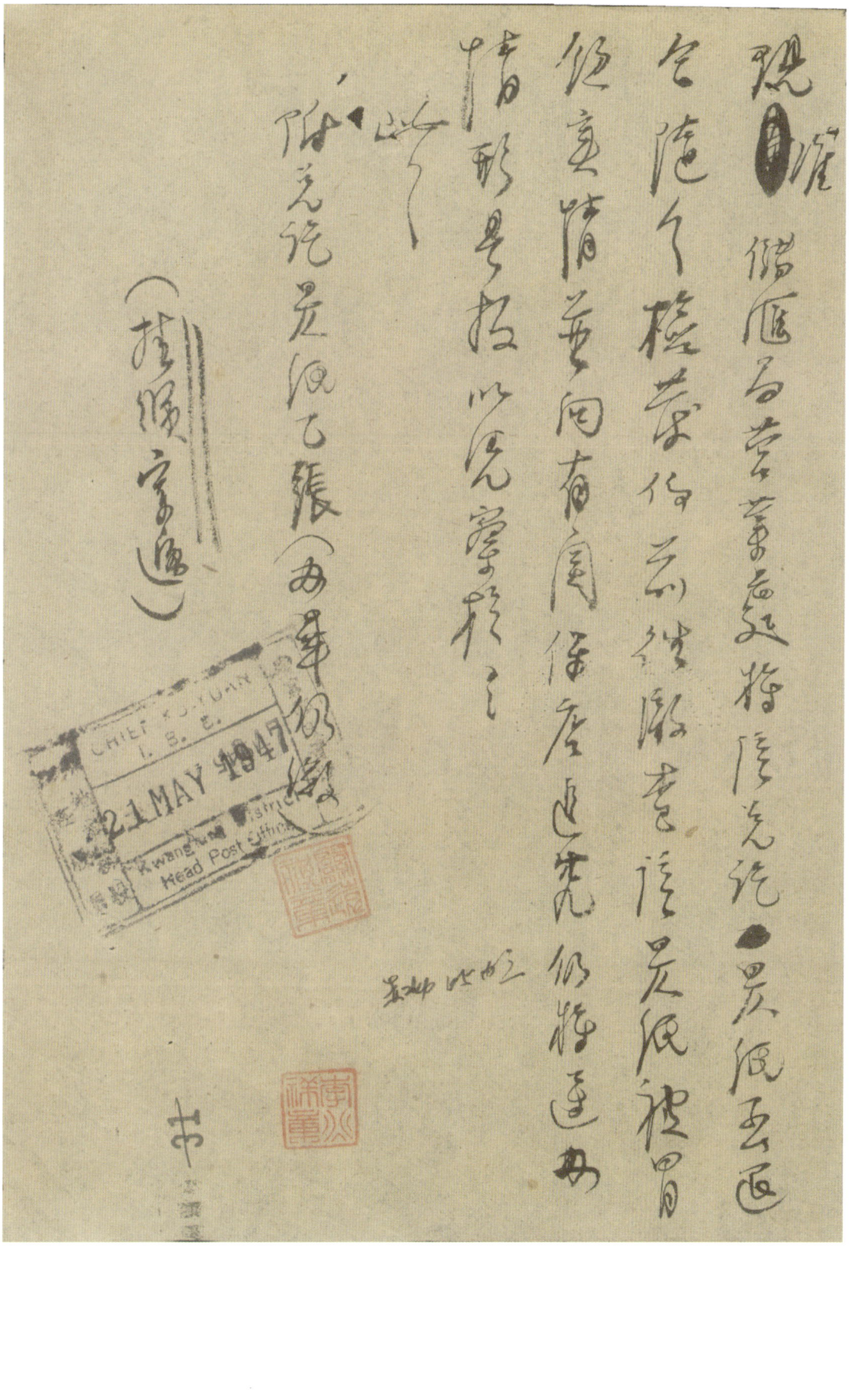
（掛號寄遞）
CHIEF KU-YUAN
I. B. E.
21 MAY 1947
Kwangtung District
Head Post Office

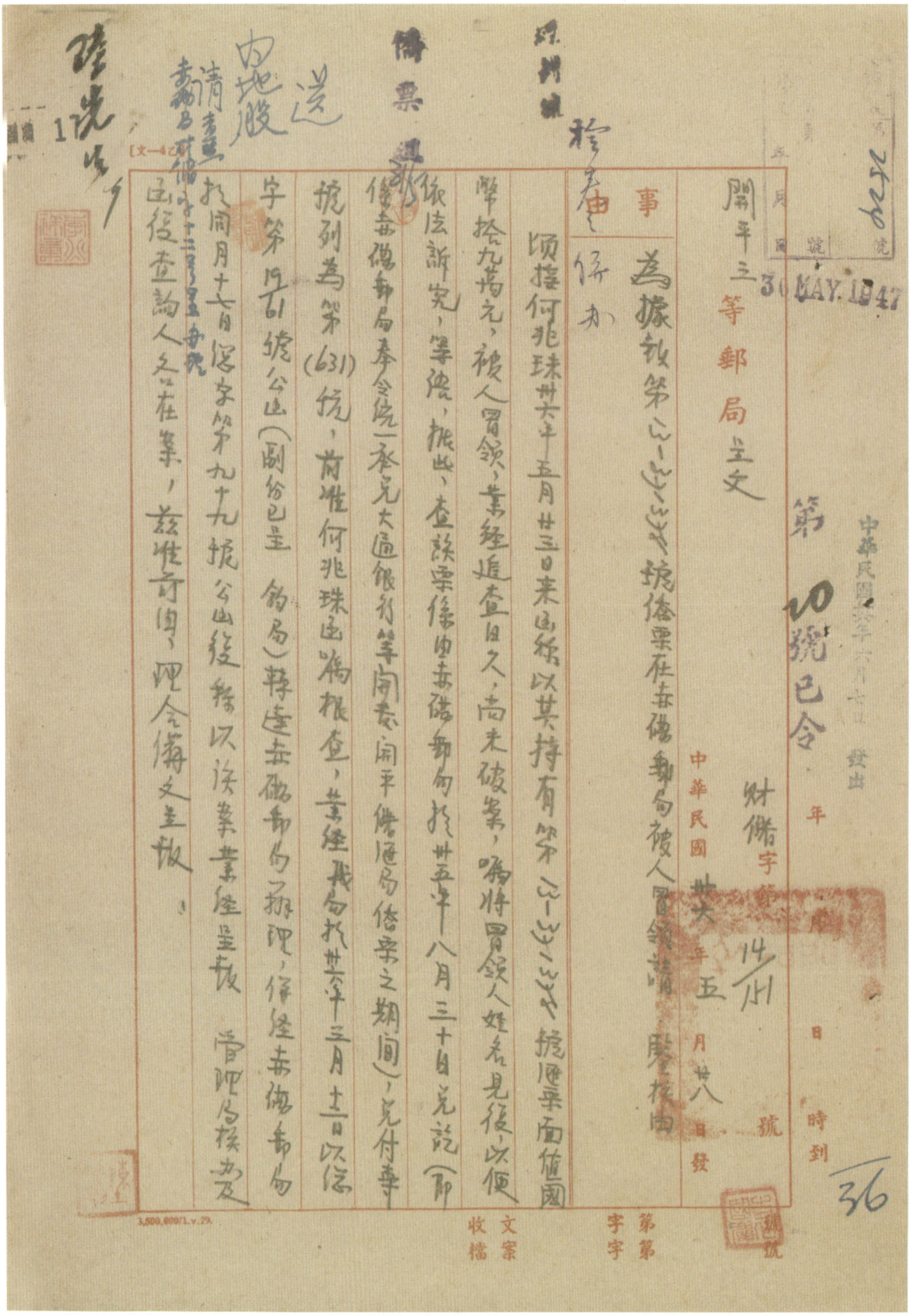

开平三等邮局呈文

财侨字第 号

中华民国卅六年五月廿八日发

事由：为据报第13-371378号侨票在赤磡邮局被人冒领请鉴核由

顷接何兆珠卅六年五月廿三日来函，称以其持有第13-371378号汇票面值国币拾九万元，被人冒领，业经追查日久，尚未破案，嘱将冒领人姓名见复，以便依法诉究等语。据此，查该票系由赤磡邮局於卅五年八月三十日兑讫（即侨由赤磡邮局奉令统一委兑大通银行等间来开平侨汇局侨票之期间），兑付华号列为第(631)号，前准何兆珠函嘱根查，业经我局於卅五年十二月十一日以侨字第1561号公函（副份已呈钧局）转达赤磡邮局办理，经赤磡邮局於同月十七日以侨字第九十九号公函复称以该案业经呈报管理局核办及函复查询人知照在案，兹准前由，理合备文呈报。

开平三等邮局局长陈伴初关于第13-371378号侨票在赤磡邮局被人冒领致广东邮政管理局局长黎仪燊的呈（一九四七年五月二十八日）

編號 18 〔文-5乙〕

鑒核，請予根查遞復查詢人，以維信用，而免誤會，是為公便。

謹呈

管理局局長黎

附何兆珠五月廿三日函乙件。

局長陳伴鈿

第二頁

郵政公事用紙

3,600,000/13.vi.29.

附：何兆珠关于侨票被人冒领请迅令赤磡邮局复知具体情形给开平邮局局长的函（一九四七年五月二十三日）

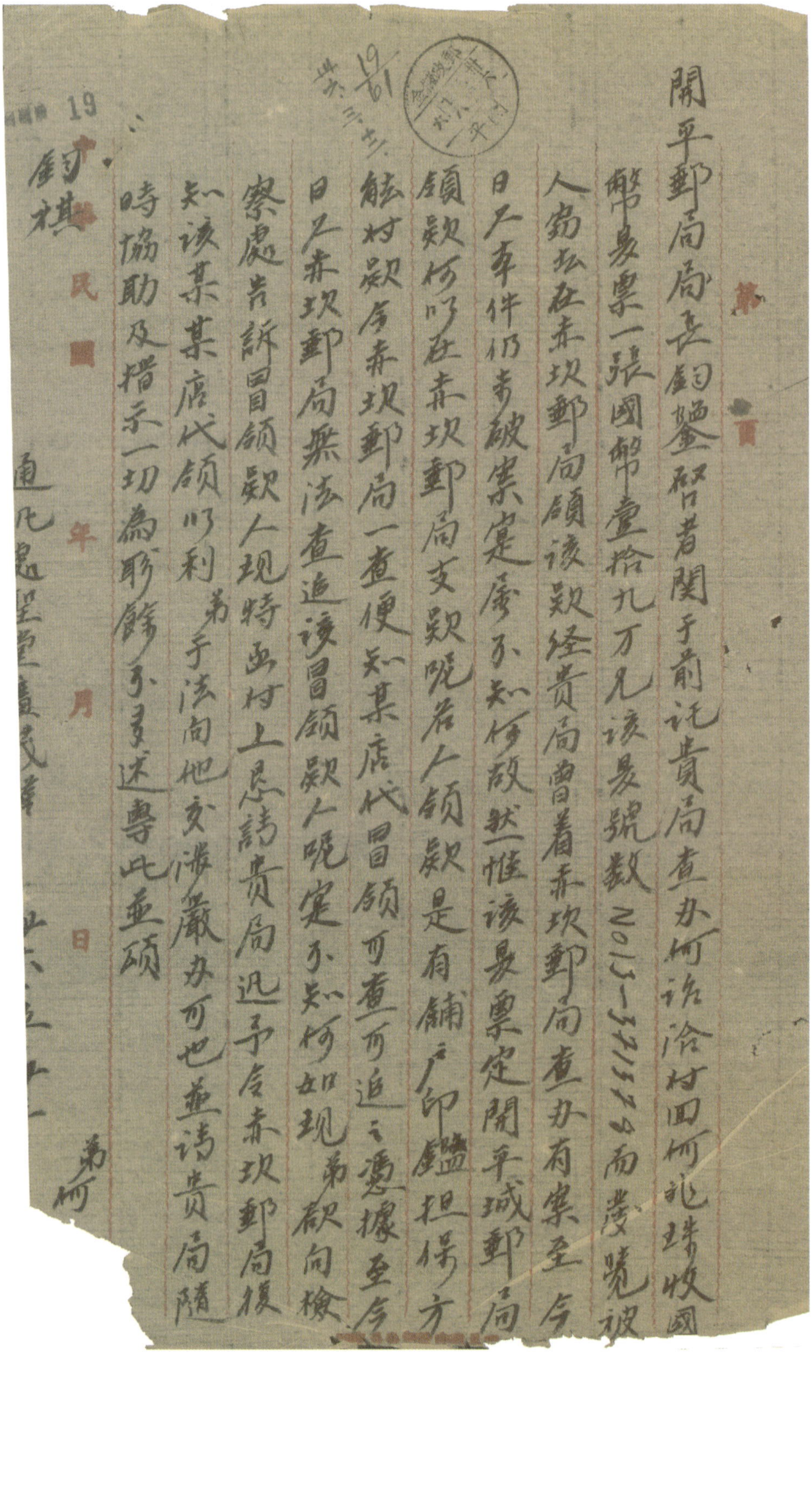

開平郵局局長鈞鑒 啓者關于前託貴局查办何號洽付回何兆珠收國幣匯票一張國幣壹拾九万元該匯號數No13—371579而該匯被人冒名在赤坎郵局領該款經貴局曾着赤坎郵局查办有案至今日久事件仍未破案寔屬不知何故然惟該匯票定開平城郵局領款何以在赤坎郵局支款既屬人領款是有舖戶印鑑担保方能付款屬赤坎郵局一查便知某店代冒領可查可追之憑據至今日久赤坎郵局無法查追該冒領款人既寔不知何如現弟欲向檢察處告訴冒領款人現特函付上懇請貴局迅予令赤坎郵局復知該某某店代領以利弟手法向他交涉嚴办可也並請貴局隨時協助及指示一切為盼餘不多述專此並頌

鈞祺

弟何

民國 年 月 日

广东省银行开平办事处关于追查何兆珠昃纸被冒领事项给视察员李志雄的函（一九四七年六月九日）

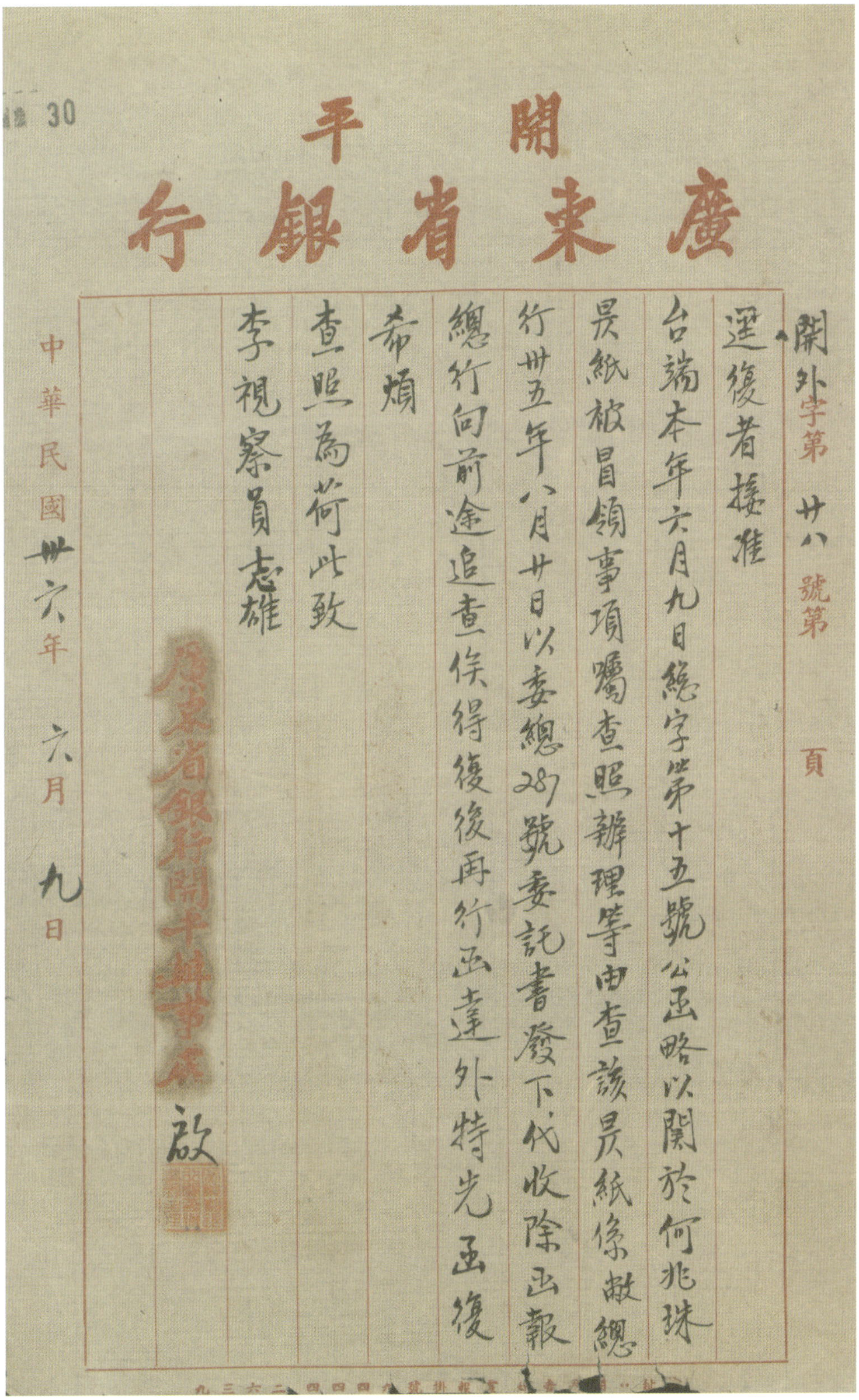

30

廣東省銀行 開平

開外字第廿八號第　頁

逕復者接准

台端本年六月九日總字第十五號公函略以關於何兆珠昃紙被冒領事項囑查照辦理等由查該昃紙係敝總行卅五年八月廿日以委總287號委託書發下代收除函報總行向前途追查俟得復後再行函達外特先函復

查照為荷此致

李視察員志雄

廣東省銀行開平辦事處 啟

中華民國卅六年六月九日

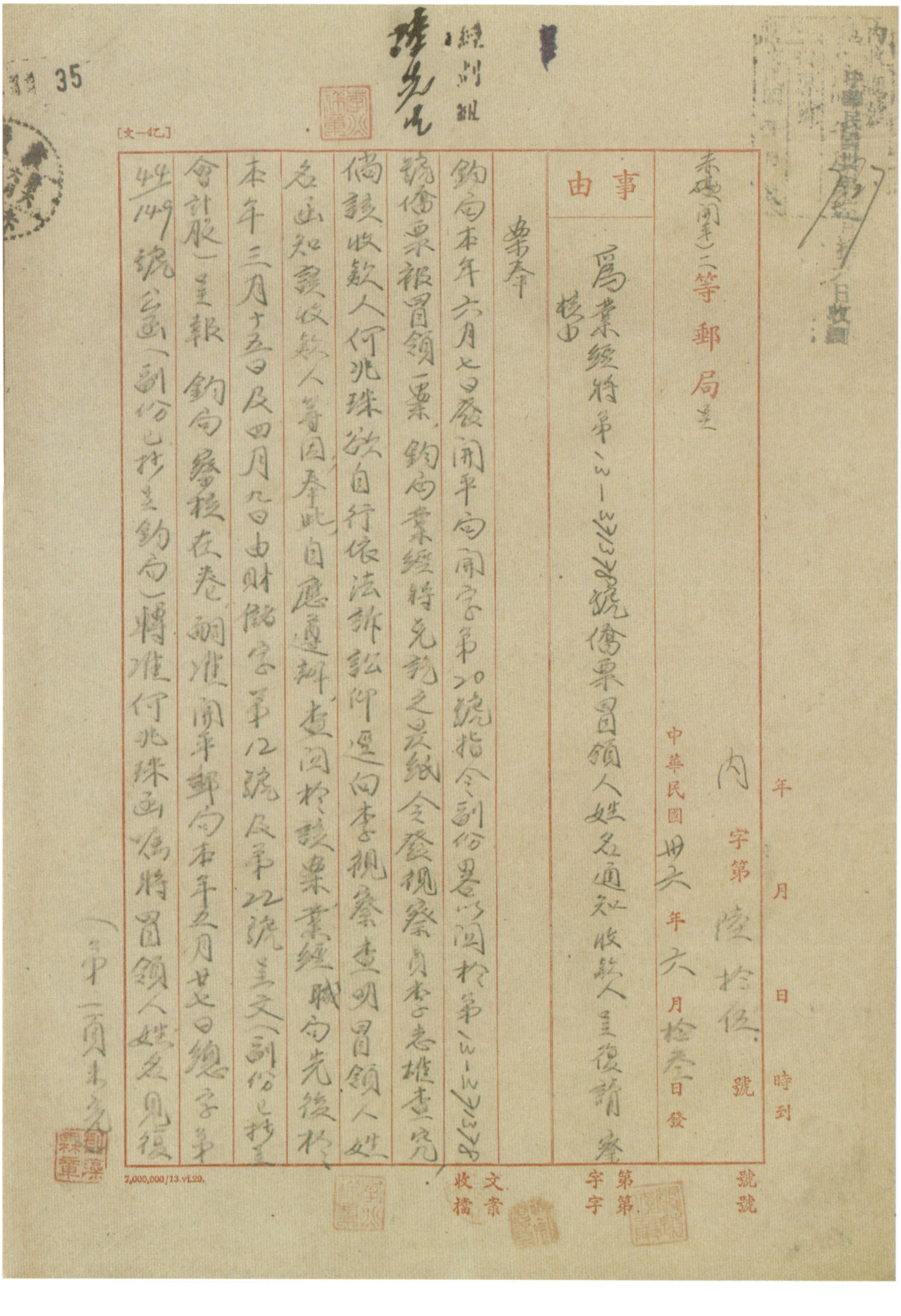
赤磡（開平）二等郵局呈

事由：為業經將第13-371378號僑票冒領人姓名通知收款人呈復請察核由

內字第陸拾伍號

中華民國卅六年六月拾叁日發

案奉

鈞局本年六月七日發開平局字第70號指令副份略以關於第13-371378號僑票被冒領一案，鈞局業經將免號之表紙令發視察員李志雄查究，備該收款人何兆珠欲自行依法訴訟，仰遵向李視察查明冒領人姓名函知該收款人等因奉此，自應遵辦，查關於該案業經職局先後於本年三月十五日及四月九日由財務字第12號及第22號呈文（副份已抄呈會計股）呈報 鈞局參核在卷，嗣准開平郵局本年五月廿七日總字第44/149號公函（副份已抄呈鈞局）轉准何兆珠函怂將冒領人姓名見復

（第一頁未完）

赤磡（开平）二等邮局关于将第13-371378号侨票冒领人姓名通知收款人呈复请察核致广东邮政管理局局长黎仪燊的呈（一九四七年六月十三日）

~~37~~ 36

[文一5乙]

赤磡郵局內字第陸拾伍號呈第 二 頁

等由。當經職局將該第〢〡〣/〢8號匯票係由赤磡廣東省銀行蓋章收款一節，於本年五月廿九日分別由外字第十一號公函及總字第161號公函（副頁已抄呈儲匯股）函復查詢人何兆珠及開平局查照，并由財儲字第34號呈文（副份已抄呈會計股及第五分段李郵務視察員）呈請鈞局迅將原匯票發下，以便早日查明真相，有案。關於本月十日查詢人何兆珠又到局查詢，亦經職局將李郵務視察員於滘局時持由鈞局退發之原匯票上所有簽章各情形詳細轉知該何兆珠。本人對郵局辦理本案情形甚屬滿意，已願意靜候解決。奉令前因，理合將職局案經將冒領人姓名通知收款人何兆珠情形備文呈復

郵政公事用紙

（第二頁未完）

3,000,000/13.vi.29.

37

~~38~~

[文一5乙]

赤磡郵局內字第陆拾伍號呈 第 二 頁 完

察核。

謹呈

廣東郵政管理局局長

副份抄呈儲滙股 第五郵務分段李郵務視察員寄開平局

赤磡二等郵局局長劉深霖

郵政公事用紙

3,600,000/13.vi.29.

附：广东邮政管理局关于将侨票冒领人姓名通知收款人给开平邮局的令（一九四七年六月七日）

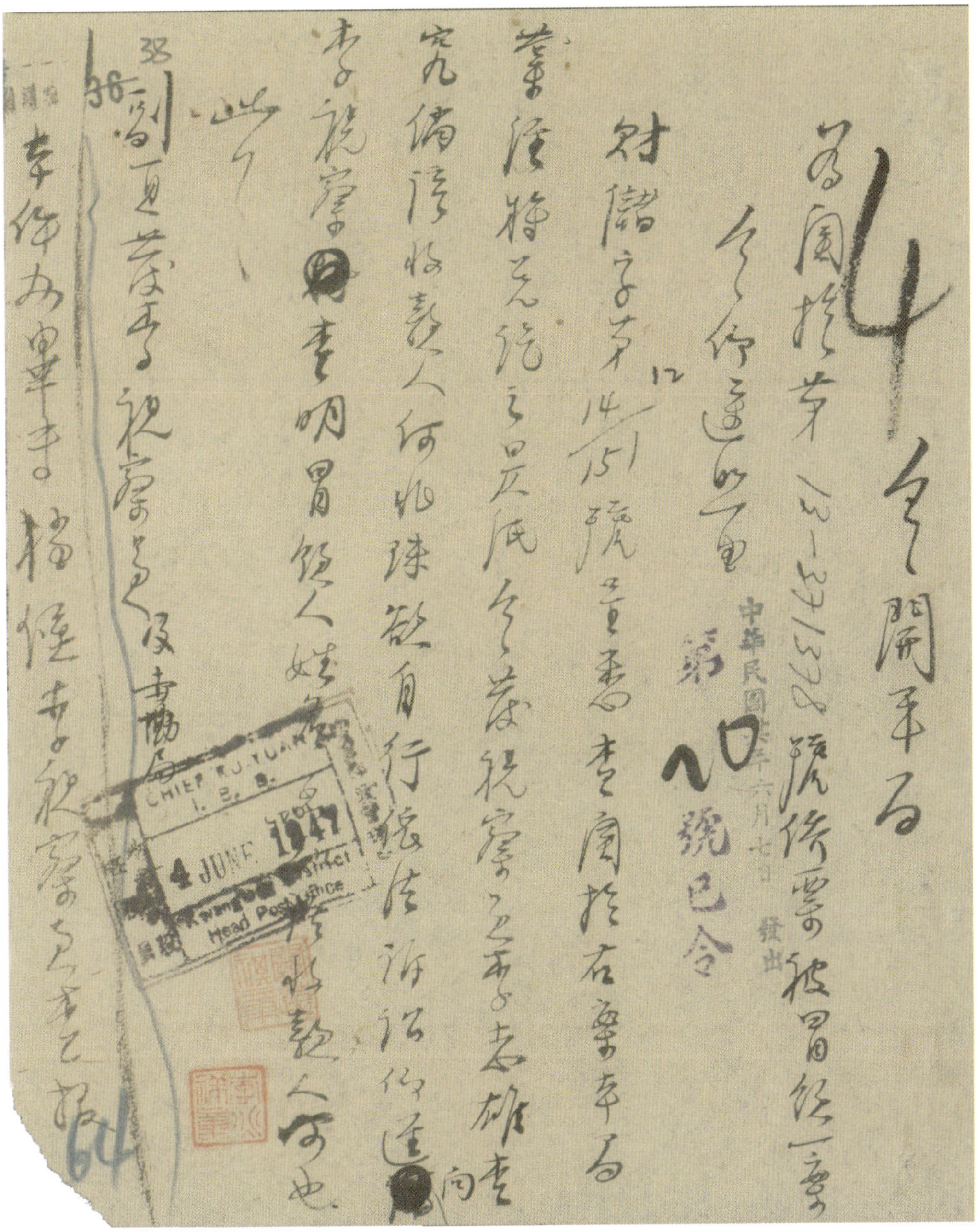

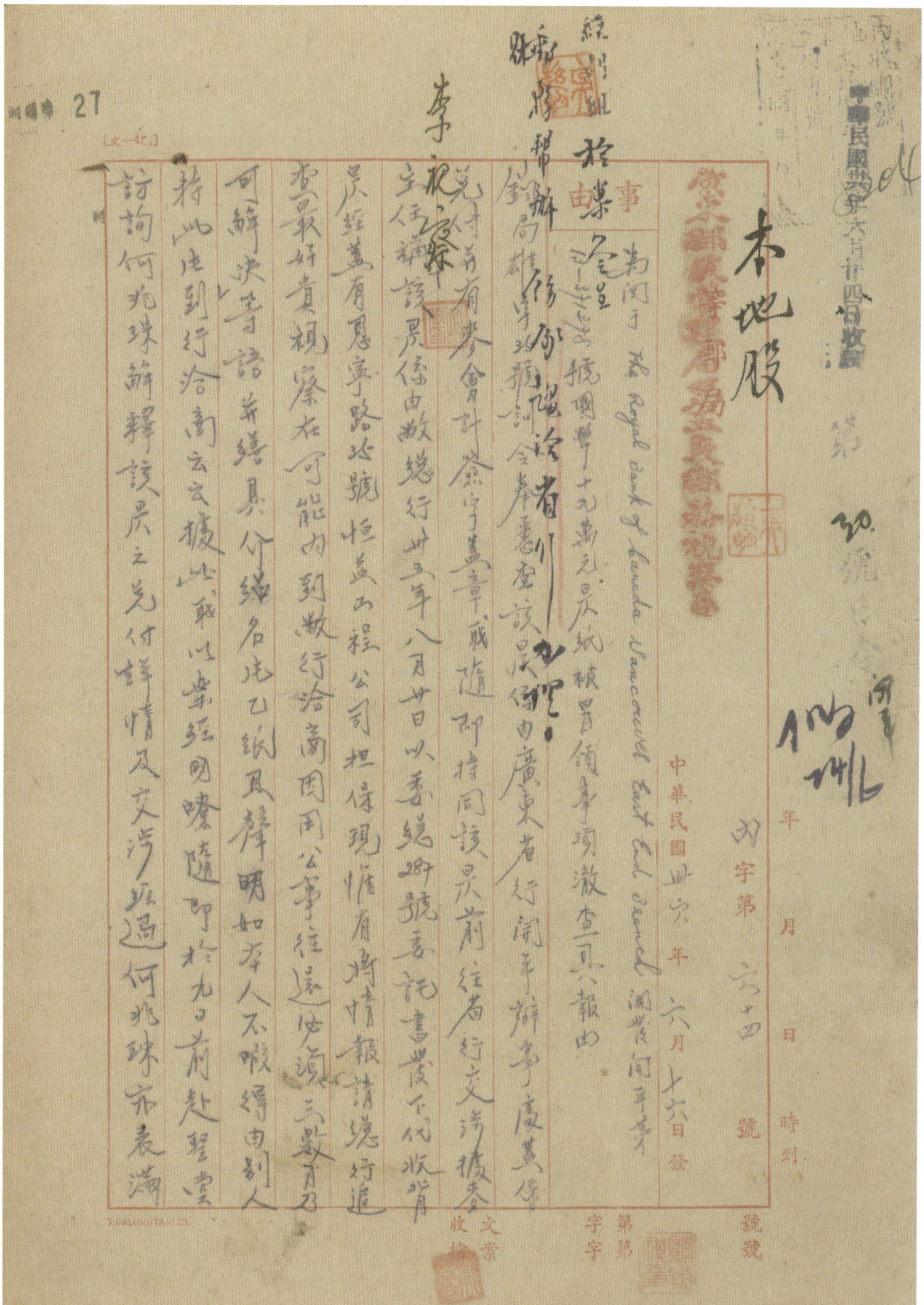

广东邮政管理局第五段邮务视察员关于澈查温哥华大通银行开发开平第 13-371378 号国币十九万元汇票被冒领事项致广东邮政管理局局长黎仪燊的呈（一九四七年六月十六日）

[文-57]

意并抄錄保店恆益工程公司地址擬函請在省友人前往交涉云

奉令前因理合將徹查情形連同該兄說明紙乙張、省行開平辦事

處復函及分貼名片乙紙一併備文繳呈

鈞核。

謹呈

內地股 轉呈

局長 恭

附件如文

廣東郵政管理局第[illegible]區郵務視察[illegible]

郵政公事用紙　第　頁

3,600,000/13.vi.29.

附：广东邮政管理局关于侨票被冒领一案给开平邮局的令（一九四七年七月十八日）

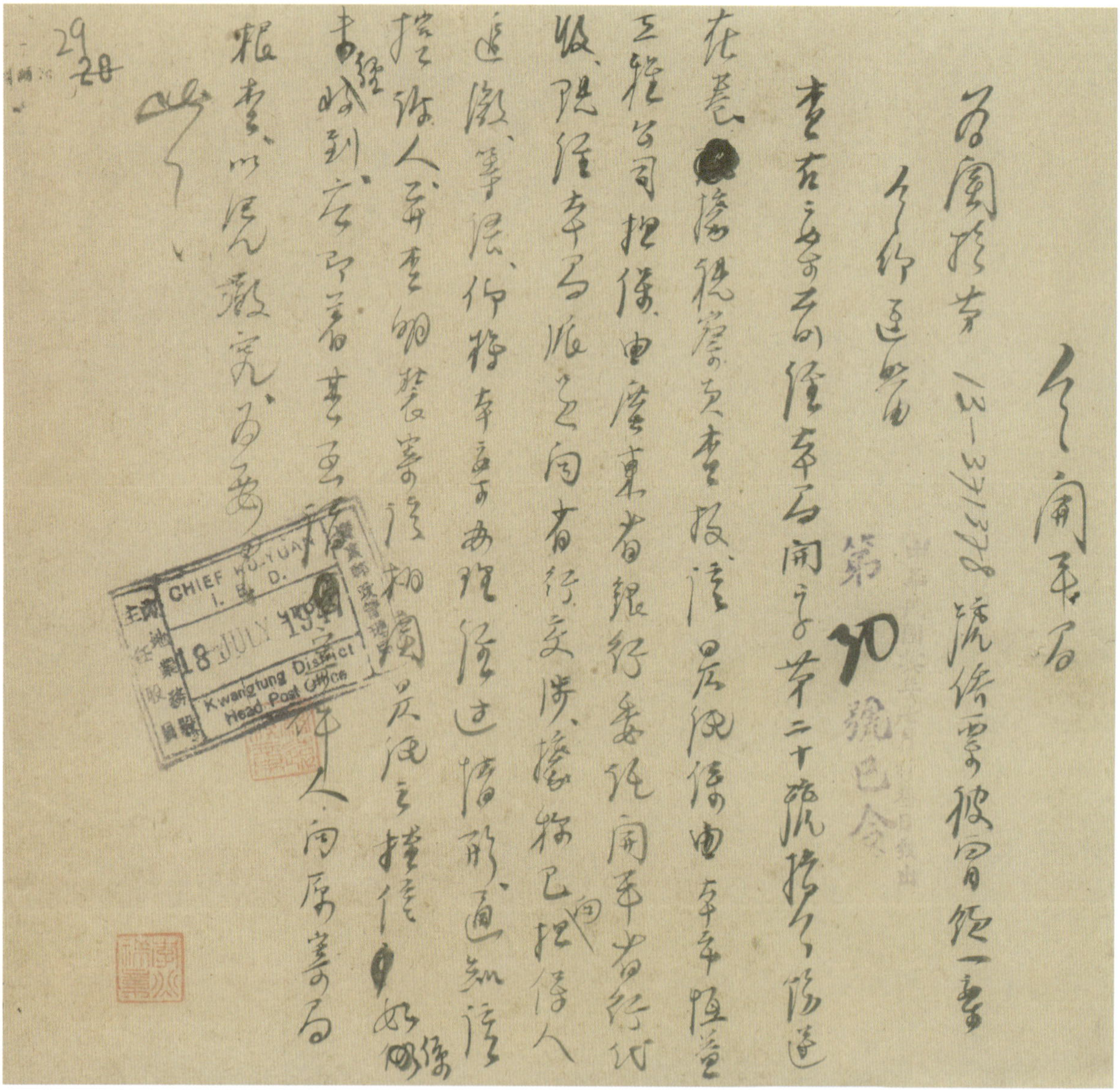

令开平局

为关于第（13-371378）号侨票被冒领一案

令仰遵照

查本局前经本局开字第二十号指令饬遵在卷。[illegible]据该局呈复查核该侨票系由本年恒益五号公司担保，由广东省银行委托开平邮局代收，准经本局派员向省行交涉，据称已向担保人追缴等情，仰将本局办理经过情形通知该提侨人并查明发该侨票相关[illegible]担保人[illegible]时到局即着其至[illegible]人向广东省邮局报案，以凭彻究，为要。

此令

第 [illegible] 號已令

圣堂圩三等邮局关于呈报侨眷何兆珠请求尽速查回冒领侨款致广东邮政管理局局长黎仪燊的呈（一九四七年八月六日）

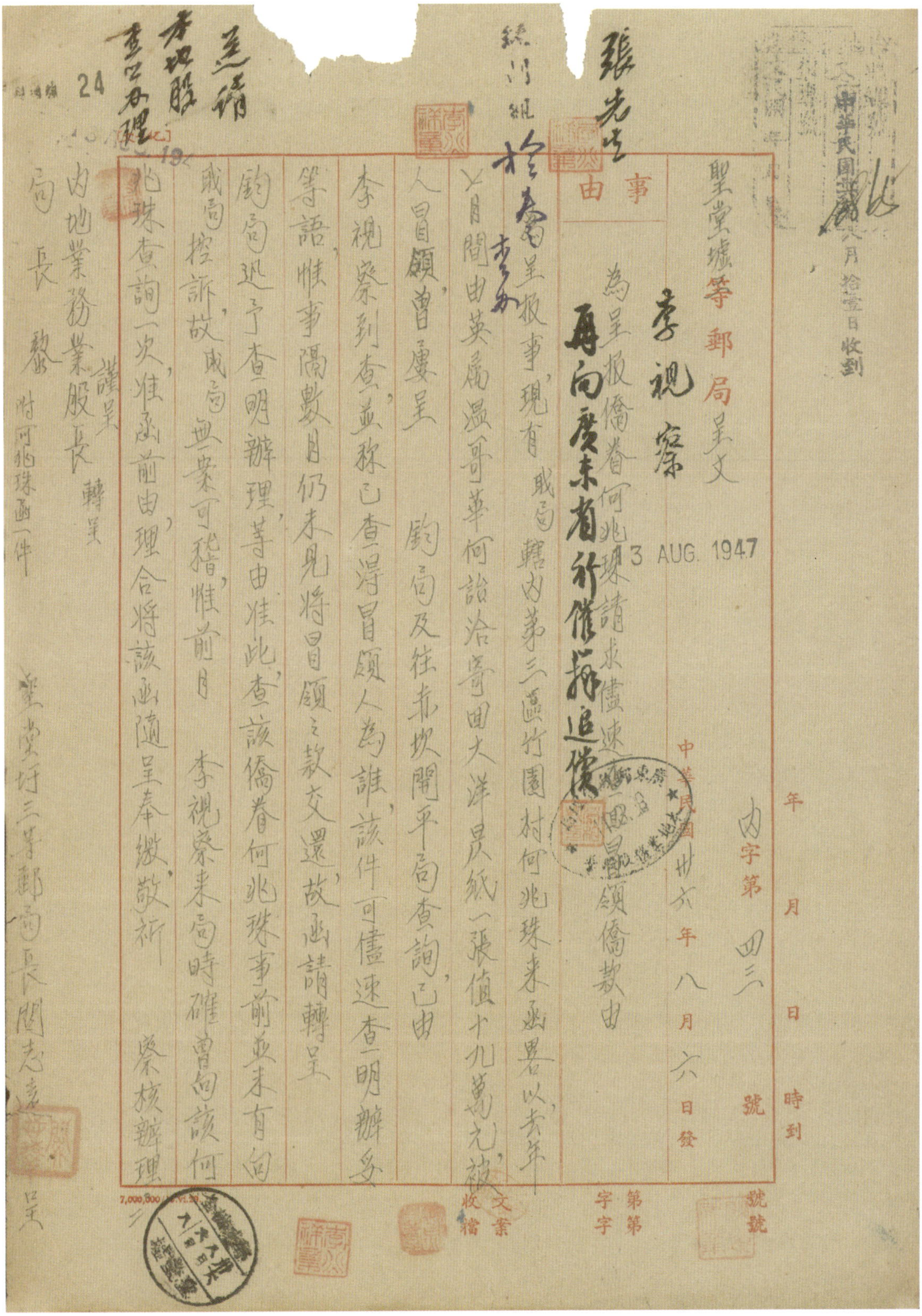

聖堂墟等郵局呈文

李視察

事由：為呈報僑眷何兆珠請求儘速查回冒領僑款由

再向廣來省行催辦追償

中華民國卅六年八月六日發

內字第四三八號

呈報事。現有 職局轄內第三區竹園村何兆珠來函略以去年X月間由英屬溫哥華何詒洽寄回大洋匯紙一張值十九萬元被人冒領，曾屢呈 鈞局及往赤坎閘平局查詢，已由 李視察到查，並稱已查得冒領人為誰，該件可儘速查明辦妥等語。惟事隔數月，仍未見將冒領之款交還，故函請轉呈 鈞局迅予查明辦理等由。准此，查該僑眷何兆珠事前並未有向 職局控訴，故 職局無案可稽，惟前月 李視察來局時，確曾向該何兆珠查詢一次。准函前由，理合將該函隨呈奉繳，敬祈 察核辦理！

謹呈

內地業務股長 轉呈

局長 黎

附何兆珠函一件

聖堂圩三等郵局長 閻志彦 呈

13 AUG. 1947

中華民國卅六年八月拾壹日收到

送稽查股李股長處理

張先生

附：何兆珠关于已知冒领人恳请代转广州总局迅予办妥给圣堂圩邮局局长的函（一九四七年八月六日）

第　頁

25

逕啓者：茲于卅五年七月間由英屬温哥華埠何治洽寄恩平三區竹園村何兆珠收大洋叧十九萬元一票，已由貴局視察員親到敝店本人查詢，並當蒙允從速查覆冒領人見覆，惟至今數月仍未蒙將冒領之款查出交還，復查該款前奉貴視察員稱述係由廣州恩寧路恒益工程建築公司蓋戳復由開平省行蓋印收領，是則該叧紙已知冒領人為誰，自不難據國家驛章查出，為此懇請代轉廣州總局迅予办妥，俾免損失，寔為公便。此上

聖堂郵局局長

恩平三區竹園村　何兆珠謹上

中華民國卅六年八月六日

开平三等邮局局长陈伴初关于第13-371378号侨票被冒领一案致广东邮政管理局局长黎仪燊的呈（一九四七年八月十五日）

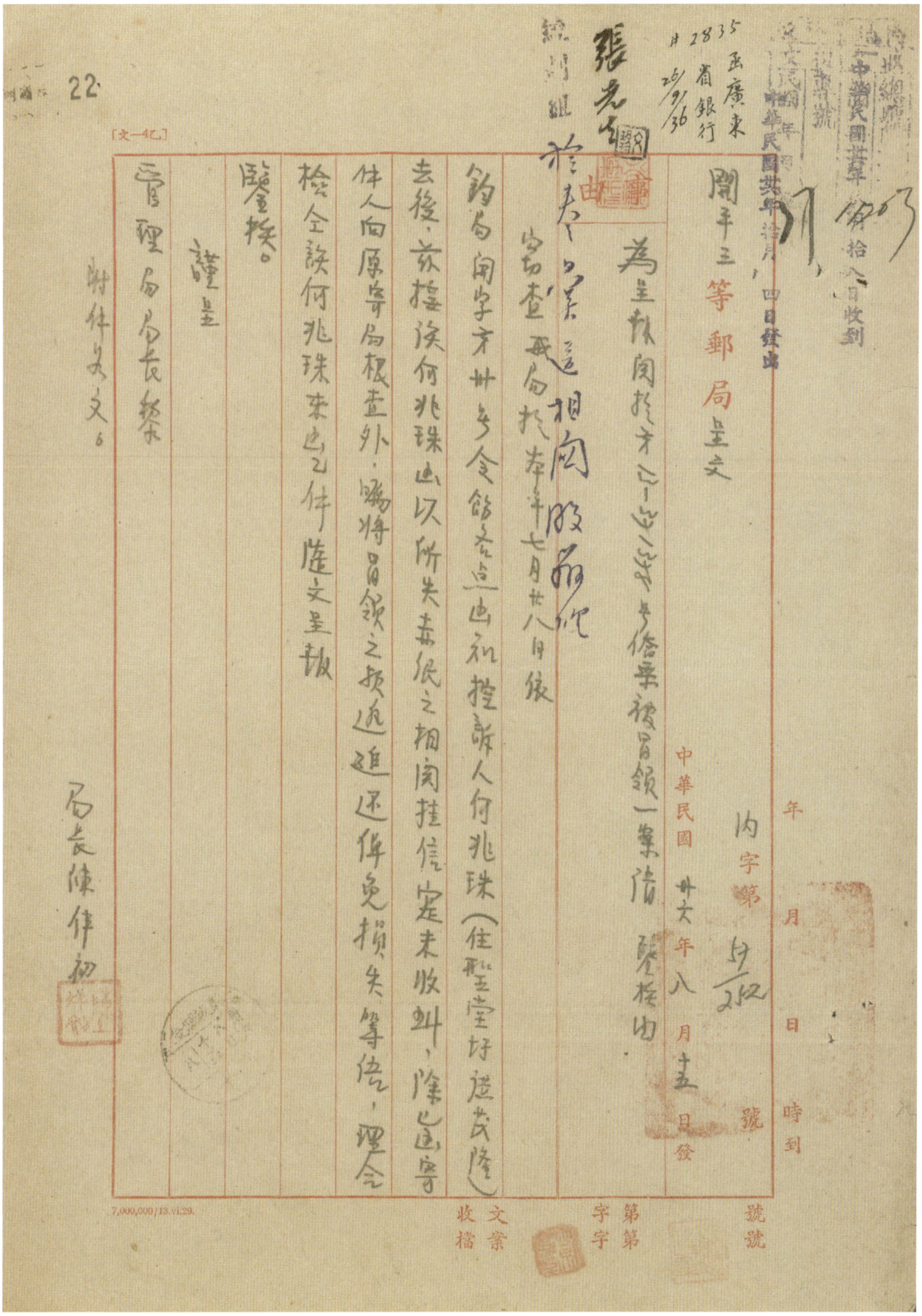

開平三等郵局呈文

為呈報關於第13-371378號僑票被冒領一案請 鑒核由

內字第 號

中華民國卅六年八月十五日發

竊查職局於本年七月廿八日依

鈞局開字第卅號令飭查匯出札控訴人何兆珠（住聖堂圩德茂隆）去後，茲據該何兆珠函以所失去之相關掛信寔未收到，除函寄件人向原寄局根查外，囑將冒領之款追還俾免損失等情，理合檢全該何兆珠來函乙件隨文呈報

鑒核。

謹呈

管理局局長黎

附件如文

局長陳伴初

附：何兆珠关于已知冒领人请尽速办妥给开平邮局局长的函（一九四七年八月五日）

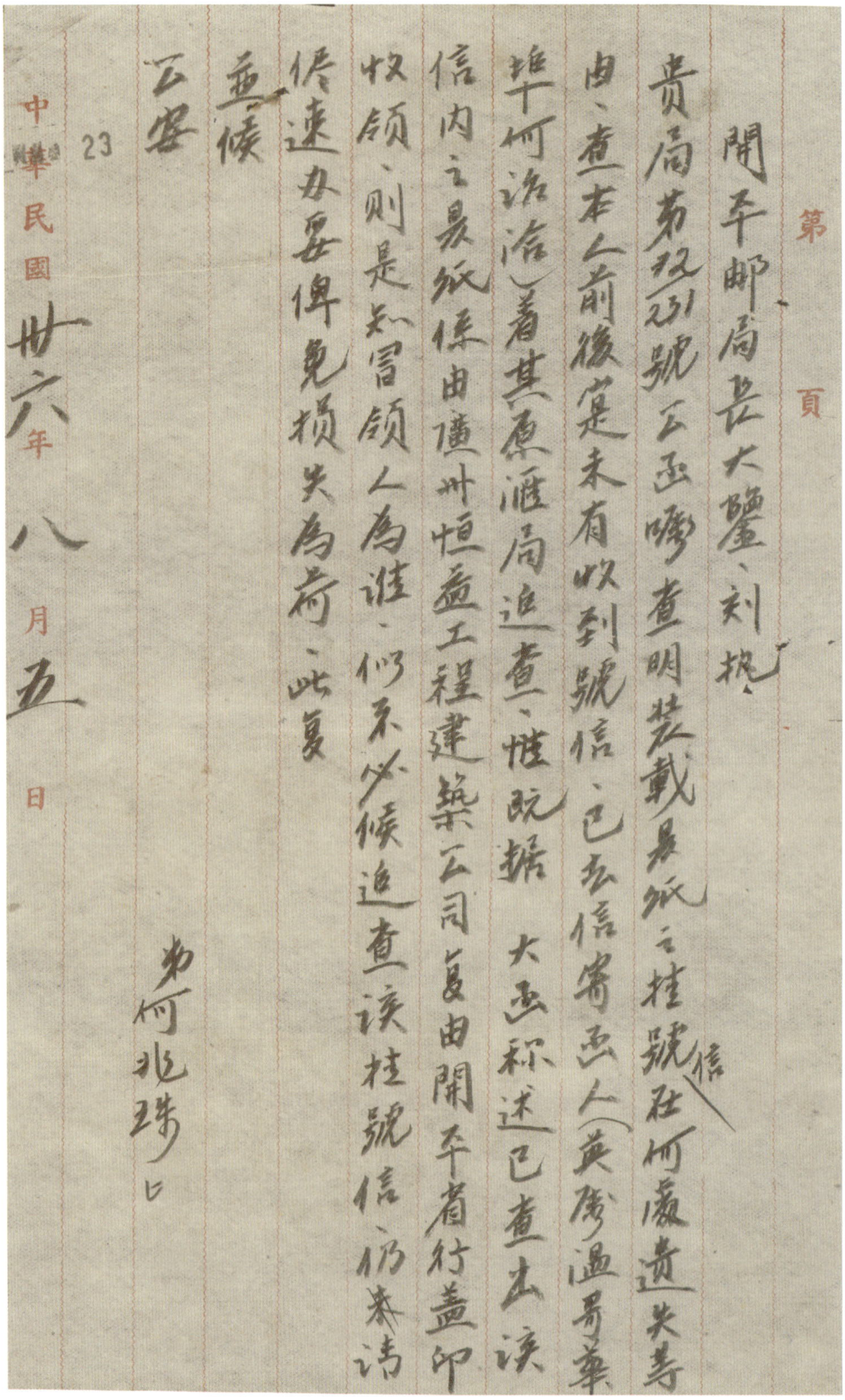
第　頁

開平郵局局長大鑒，刘捷
貴局第3731號公函囑查明莊載是紙之掛號信在何處遺失等
由。查本人前後實未有收到號信，已去信寄函人（英屬溫哥華
埠何治洽）着其原匯局追查，惟既據　大函稱述已查出該
信內之是紙係由廣州恒益工程建築公司是由開平省行蓋印
收領，則是知冒領人為誰，似不必候追查該掛號信，仍希請
從速辦妥，俾免損失為荷。此復
並候
公安
弟何兆珠上
23
中華民國卅六年八月五日

邮务视察员李炽攀关于开平邮局被人冒领何兆珠㞒纸值洋十九万元一案给主任视察、邮务帮办的呈（一九四七年九月五日）

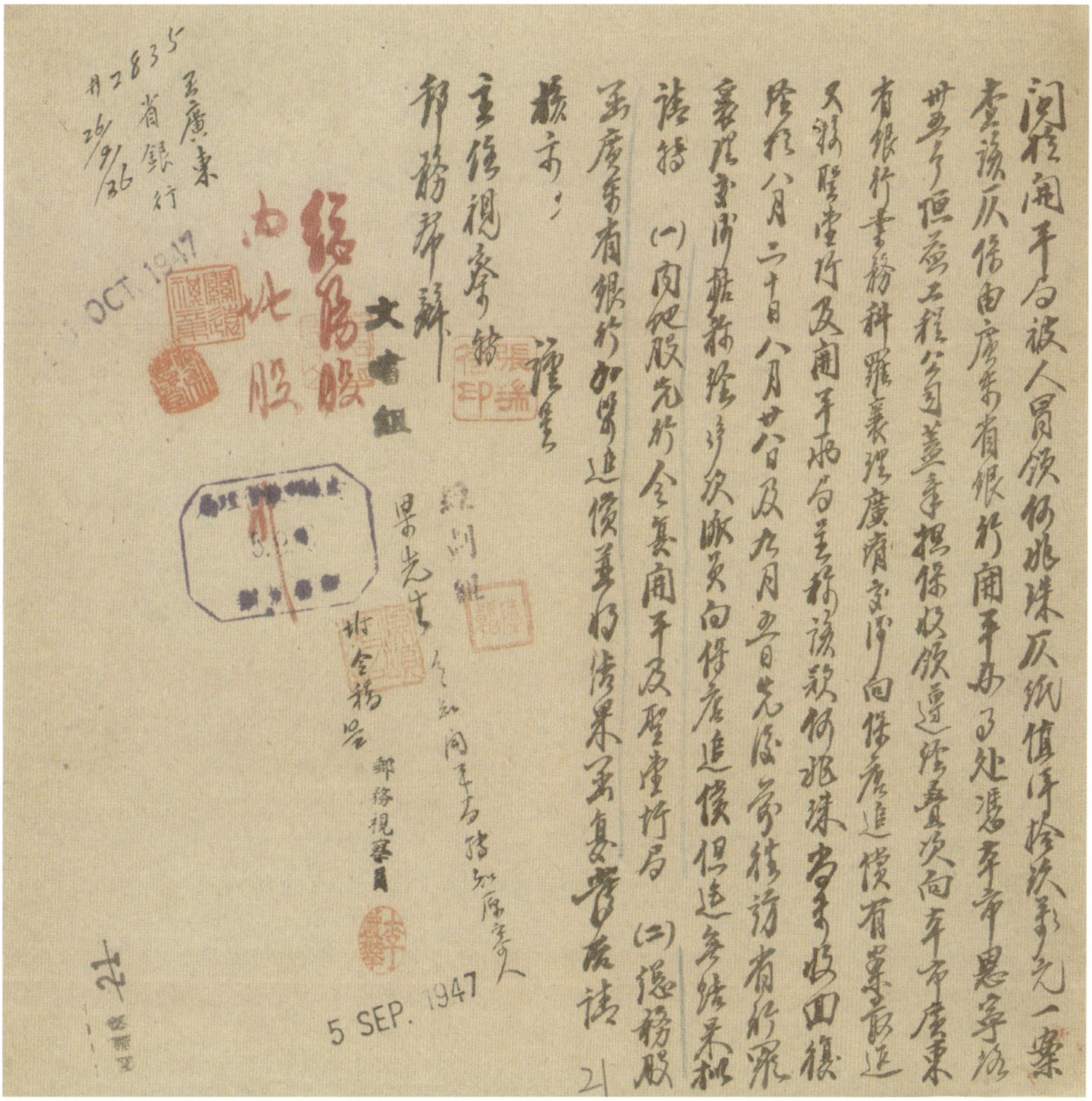
關於開平局被人冒領何兆珠㞒紙值洋拾玖萬元一案
查該㞒係由廣東省銀行開平分行處憑本市恩寧路
卅五號恆益工程公司蓋章擔保收領，迭經屢次向本市廣東
省銀行業務科羅襄理廣濟索取向保店追償，有案。前近
又據聖堂支局及開平兩局呈稱該款何兆珠尚未收回，復
經於八月二十日、八月廿八日及九月五日先後前往訪省行羅
襄理索取，據稱經分次派員向保店追償，但迄無結果。擬
請轉（一）內地股先行令知開平及聖堂支局（二）總務股
函廣東省銀行加緊追償並將結果函復，是否有當，請
核示！

謹呈
主任視察 轉
郵務幫辦

郵務視察員 李炽攀

文書組

广东邮政管理局局长黎仪燊关于温哥华大通银行开发开平第13–371378号国币十九万元华侨汇票被冒领一案迅向原保追偿并见复给广东省银行的公函（一九四七年九月二十六日）

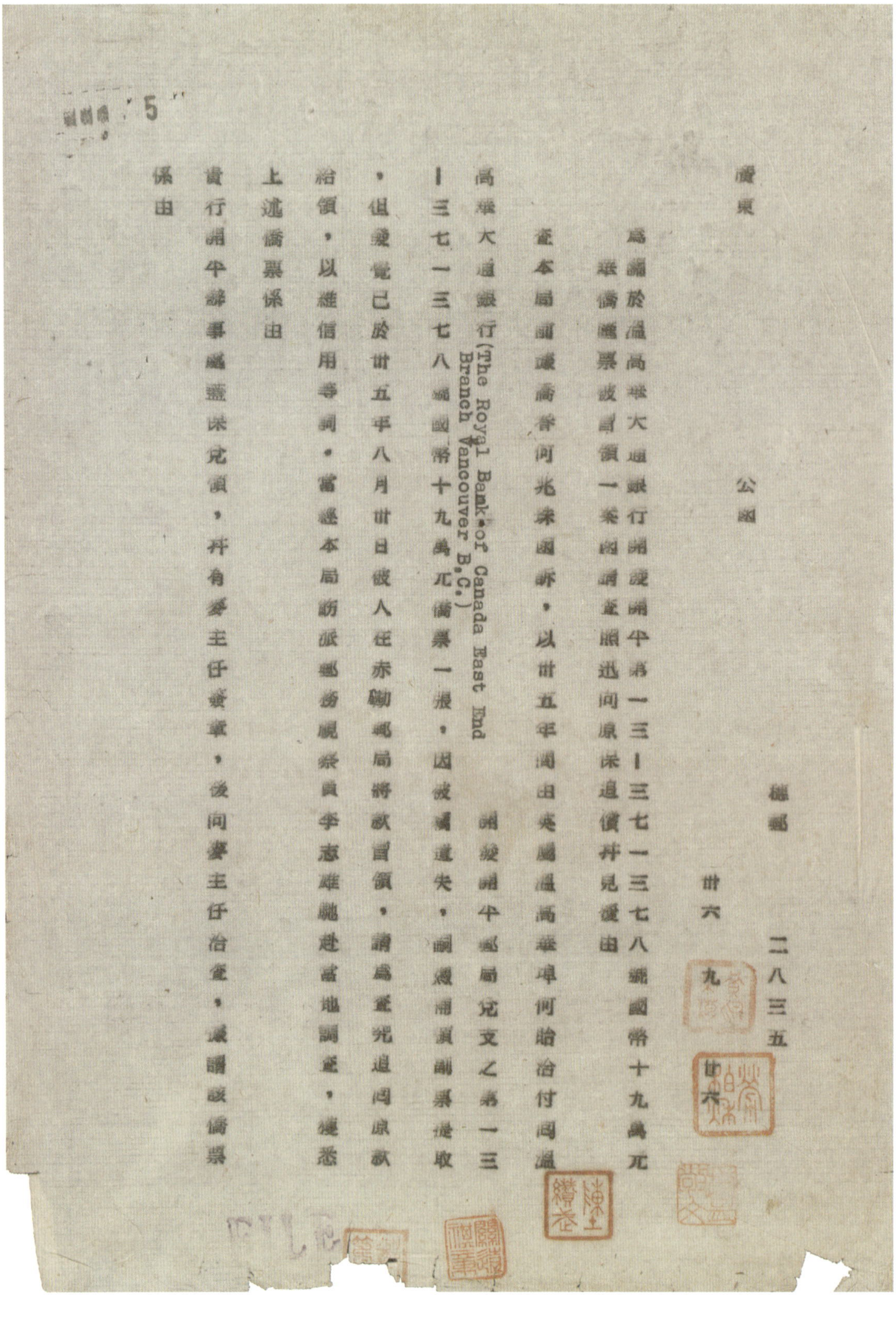

5

廣東 公函 穗郵 二八三五

卅六 九 廿六

為關於温哥華大通銀行開發開平第一三—三七一三七八號國幣十九萬元華僑匯票被冒領一案函請查照迅向原保追償并見復由

查本局前據僑眷何兆榮函訴，以卅五年間由美國温哥華埠何貽治付回温哥華大通銀行(The Royal Bank of Canada East End Branch Vancouver B.C.)開發開平郵局兌支之第一三—三七一三七八號國幣十九萬元僑票一張，因被竊遺失，嗣經補頒副票提取，但發覺已於卅五年八月卅日被人在赤磡郵局將款冒領，請局查究追回原款給領，以維信用等詞。當經本局飭派郵務視察員李志雄馳赴當地調查，據悉上述僑票係由貴行開平辦事處蓋保兌領，并有麥主任簽章，後向麥主任洽查，據謂該僑票係由

6

貴總行於卅五年八月廿日以安總二八七號委託書發下該處代收，商民經濟有
恩平縣卅五號恆益工程公司隨訴，現惟有將案報請總行追查，最好逕向總行
維護通治開辦決等語。嗣經本局就近飭派稽查陳餘貴李蔵等於本年八月廿日
八月廿八日及九月五日三次催動
貴行維護通治辦，經家各復派員向該店追償。惟迄今多日，未悉如何結果。
現因原收款人催促函函，相應函請
查照迅向原保追償，以維商譽，仍希
見復爲荷。此致
廣東省銀行

局長

繕寫
校對

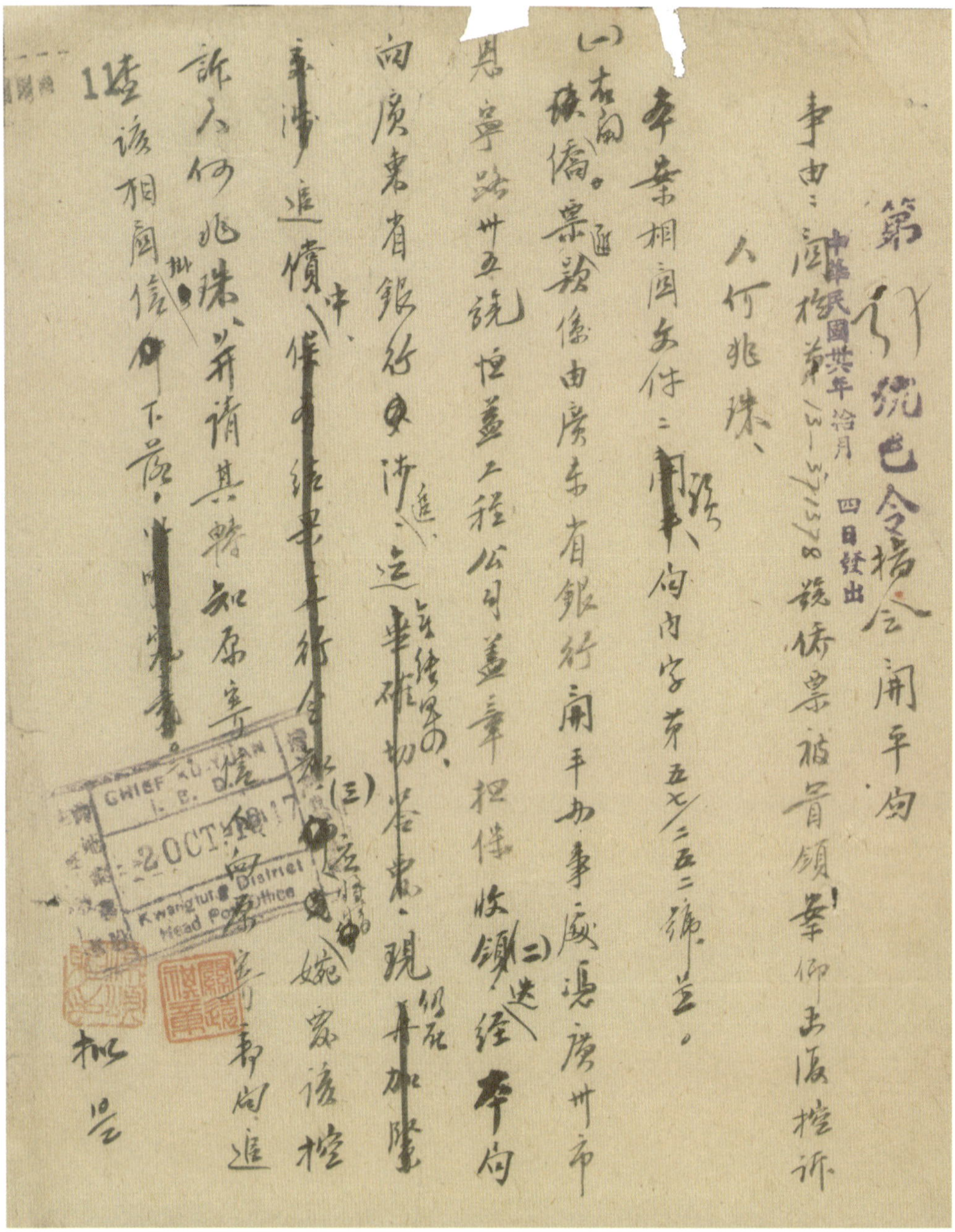

第 號 已令 開平局

事由：關於第13-371378號僑票被冒領案仰函復控訴人何兆珠。

中華民國卅六年拾月四日發出

本案相關文件……向內字第五七/二五二號……並。

（一）本局……僑票號係由廣東省銀行開平辦事處憑廣州市恩寧路卅五號恒益工程公司蓋章担保收領（二）……本局向廣東省銀行交涉追……現……

……追償……

……訴人何兆珠，並請其轉知原寄……

……該相關僑……

……擬

CHIEF KU-YUAN L. B. D.

20 OCT 1947

Kwangtung District Head Post Office

广东邮政管理局关于第13-371378号侨票被冒领案函复控诉人何兆珠给开平邮局的指令（一九四七年十月二日）

广东省银行关于温哥华大通银行开发开平侨票被冒领事经派员向保店严行追偿请查照给广东邮政管理局的公函（一九四七年十月三十一日）

廣東省銀行

案由	擬案	郵寄	擬決	定
函復關於温高華大通銀行開發開平僑票被冒領事經派員向保店嚴行追償請查照由	擬存			

會章

區儲処營業處

四三四八九

卅六年十一月五日

復文請敘明本行年月日字號號數

民國　年　月　日到

收文　字第　號

C4898.

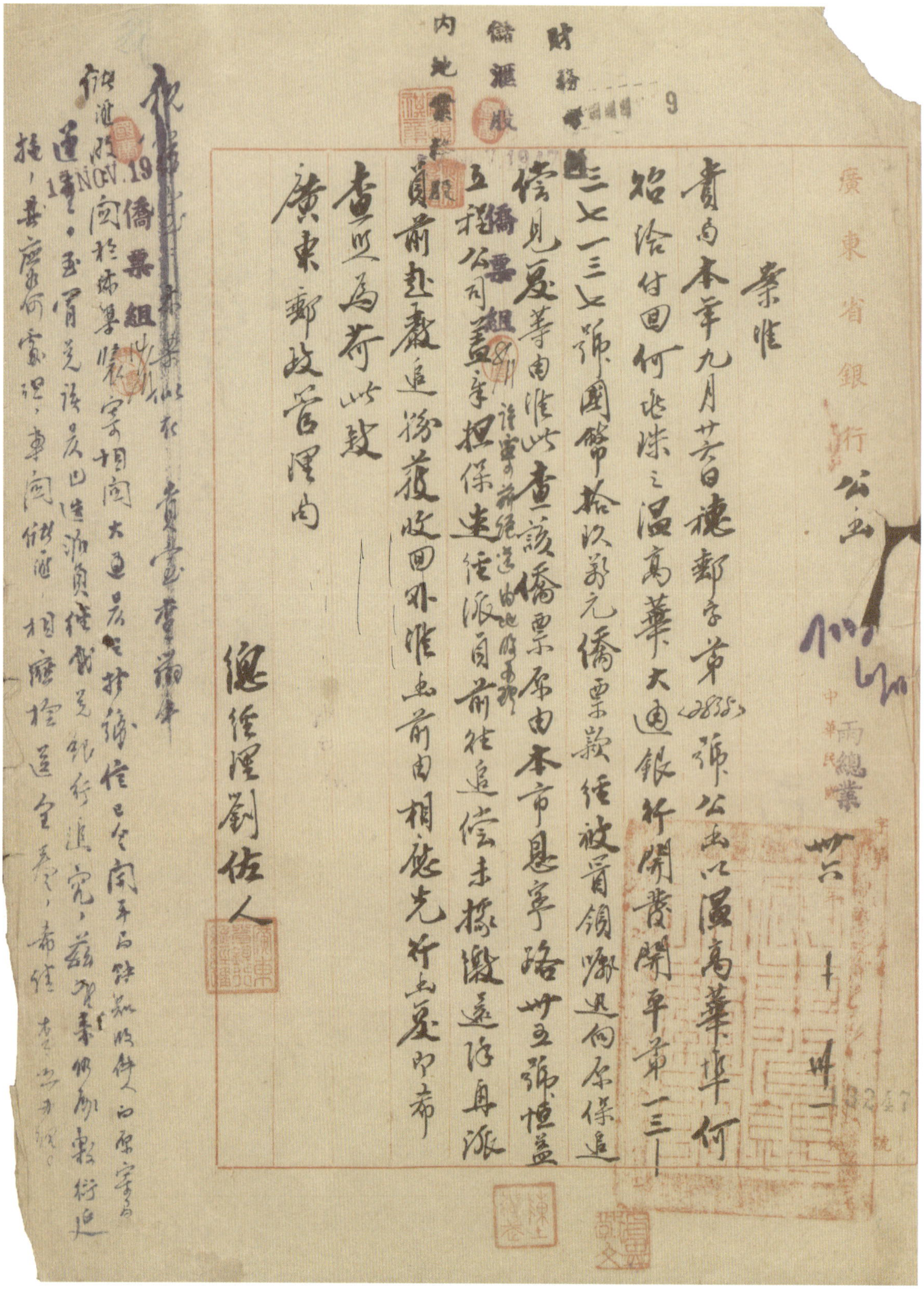

廣東省銀行公函

案准

貴局本年九月廿六日穗郵字第〈2835〉號公函以温高華準何焰洽付回何兆隆之温高華大通銀行開費開平第一三一三七一三七號國幣拾玖萬元僑票款經被冒領，嘱退向原保追償見復等由，准此。查該僑票原由本市惠愛路廿五號恒益五號公司蓋章担保，迭經派員前往追償，未據繳還，除再派員前赴嚴追，務獲收回外，准函前由，相應先行函復，即希

查照為荷。此致

廣東郵政管理局

總經理劉佐人

卅六年十一月卅一日

广东邮政管理局内地业务股关于开平邮局呈报侨眷何兆珠汇票被冒领案补偿款事项致财务帮办的呈（一九四八年三月五日）

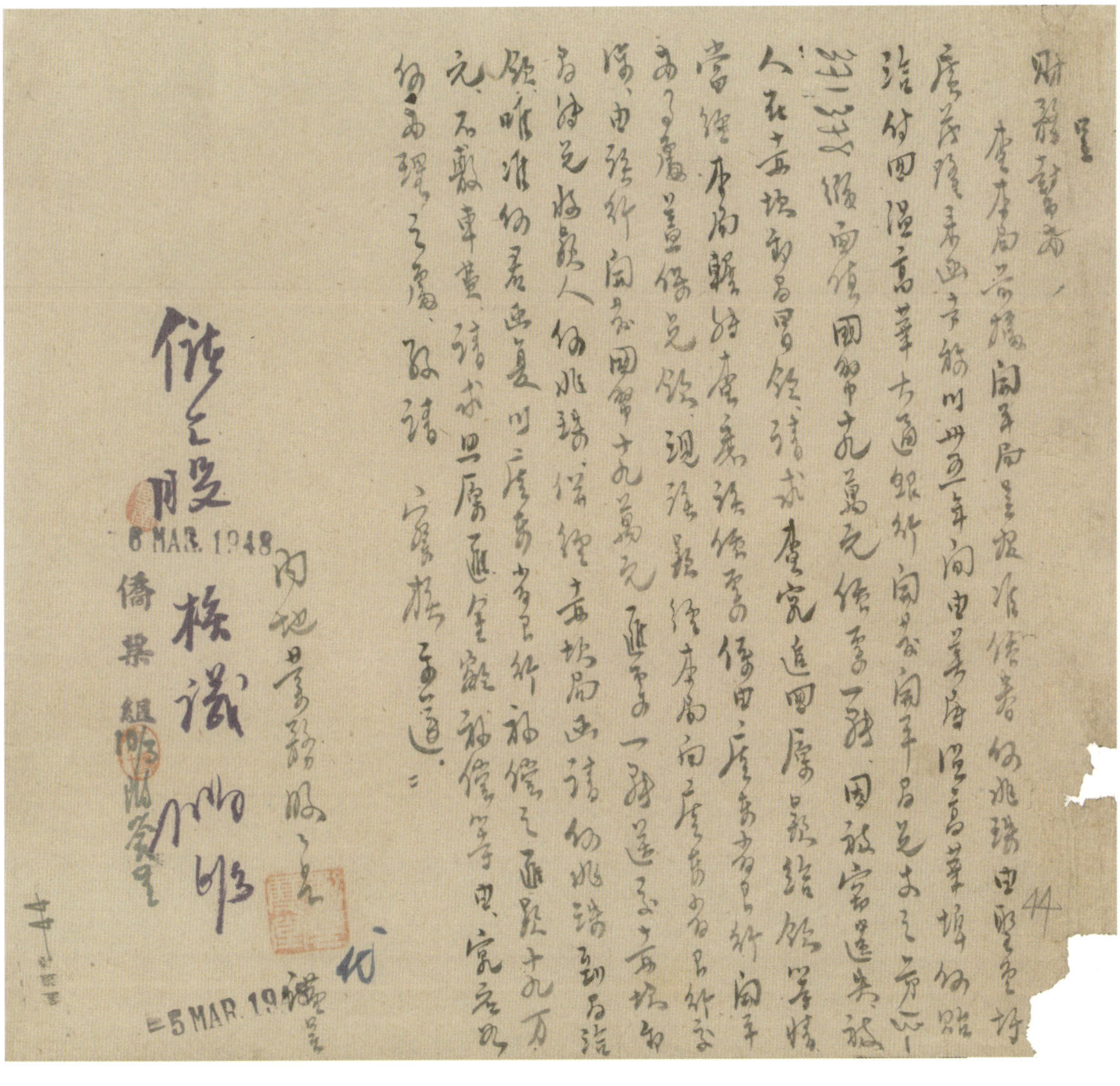
财务帮办：

[illegible]

内地业务股 呈

6 MAR. 1948

侨汇组

5 MAR. 19[illegible]

广东邮政管理局侨汇组关于将追回大通银行第13-371378号汇票被冒领款项发还原收款人给圣堂圩邮局及赤磡邮局的令（一九四八年三月十六日）

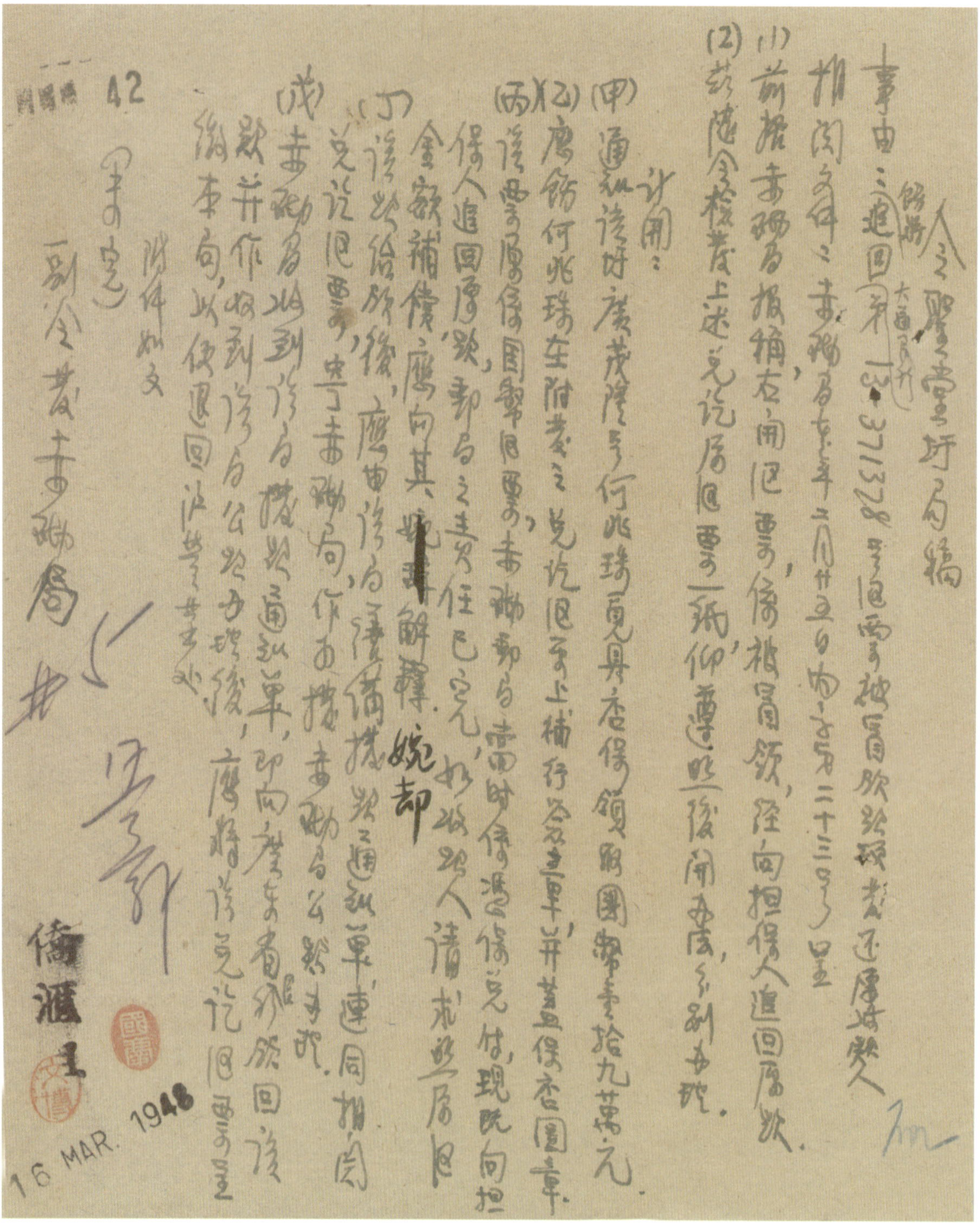
42

令（赤磡）聖堂圩局稿

事由：追回（大通銀行）第13-371378號匯票被冒領款項發還原收款人

指開文件：赤磡局卅七年二月廿五日內字第二十三號呈，

(1)前據赤磡局報稱右開匯票係被冒領，經向担保人追回原款。

(2)茲隨令檢發上述兌訖原匯票一紙，仰遵照後開各項分別辦理。

計開：

(甲)通知該號廣茂隆號何兆球負責簽保領取國幣壹拾九萬元。

(乙)應飭何兆球在附發之兌訖匯票上補行簽章並蓋保店圖章。

(丙)該匯票原係國幣匯票，赤磡郵局當時係憑保兌付，現既向担保人追回原款，郵局之責任已完，如收款人請求照原匯金額補償，應向其婉却解釋。

(丁)該款給付後，應由該局繕備撥款通知單連同指開兌訖匯票寄赤磡局作為撥赤磡局公款手續。

(戊)赤磡局收到該局撥款通知單，即向廣東省行領回該款并作收到該局公款手續，應將該兌訖匯票呈繳本局，以便退回[illegible]

附件如文

（單子完）

副令發赤磡局

卅

僑匯組

16 MAR. 1948

附：广东邮政管理局侨汇组关于被冒领款项追回后各处理要点致股长的签呈（一九四八年三月十日）

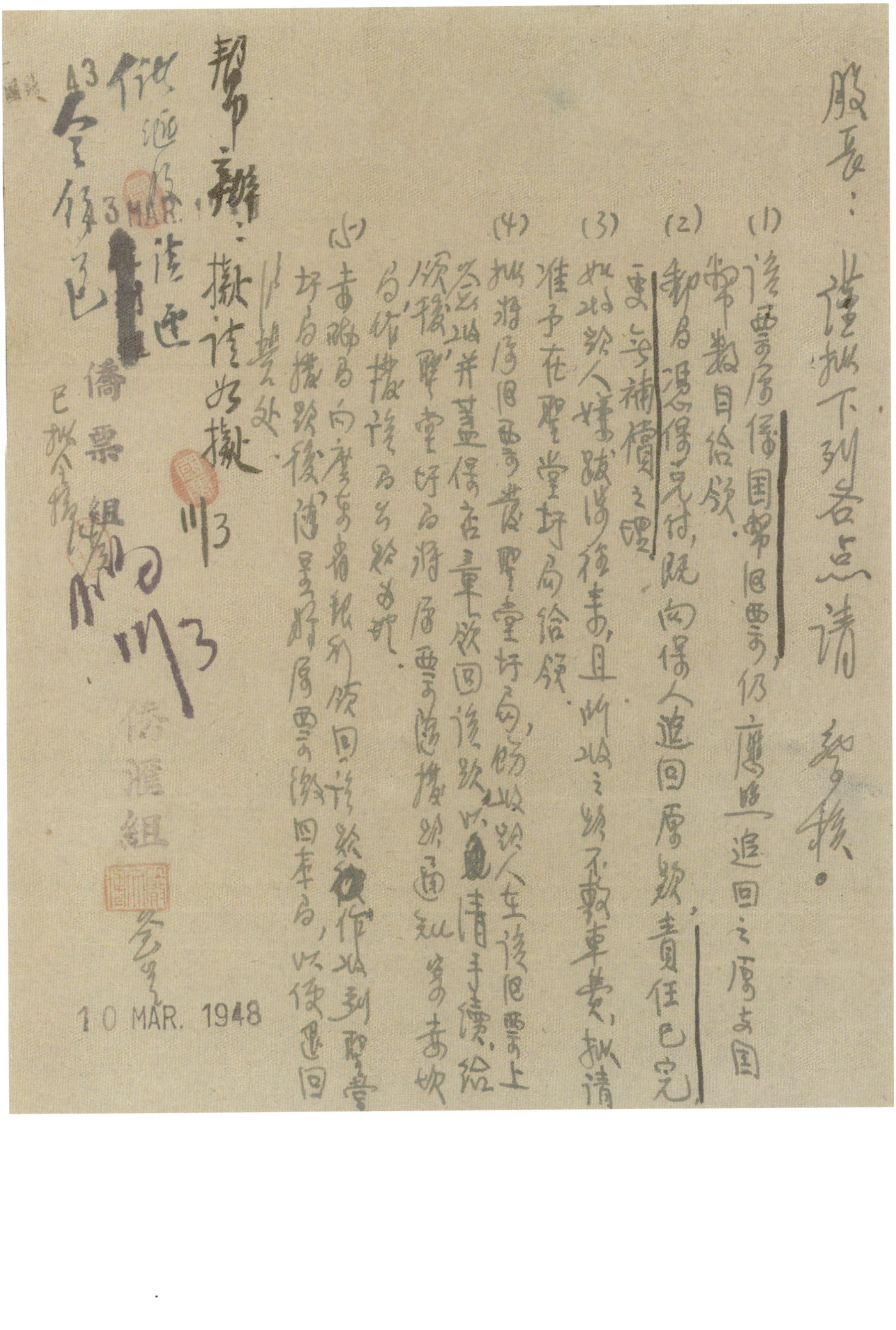

股長：

謹擬下列各点請 參核。

(1) 該票係国幣匯票，仍應照追回之原支国幣數目給領。

(2) 動用退還保證金兑付，既向保證人追回原款，責任已完，更無補償之理。

(3) 如收款人嫌該項往來，且所收之款不敷車費，擬請准予在聖堂圩局給領。

(4) 擬將原匯票發聖堂圩局，飭收款人在該匯票上簽收，并蓋保甲章，收回該款，以清手續。給領後，聖堂圩局將原匯票隨撥款通知寄本局，作撥該局之給付款。

(5) 本局向廣東省銀行領回該款，俟收到聖堂圩局撥款後，請將原匯票繳回本局，以便退回

……處。

僑票組

10 MAR. 1948

帮辦：擬請如擬

3 MAR.

僑匯組

广东邮政管理局局长黎仪燊关于温哥华大通银行开发开平第 13-371378 号国币十九万元侨票被冒领一案给广东省银行的公函（一九四九年四月二十八日）

81

公函　财储　卅八　五四四六　四　廿八

广东省银行

关于温哥华大通银行开发开平第一三/三七一三七八号国币十九万元侨票被冒领一案

贵行卅六年十一月廿一日函总业字第一三八四七九九号公函

（一）案据本勘邮局报告：查开平办事处移送之补偿有关被冒领侨款有关第一三/三七一三七八号国币十九万元汇票一纸，经该局收到后，随于卅六年十一月八日函请该收款人何兆珠到领，但一再催传之后，始接该何兆珠自声汇票被窃，谓到领该款，不果，故要求照原汇时值美金一百元补偿，否则不愿领受等情。当经本局承贵政储金汇业局核示：案准侨汇条凭票兑付，该第一三/三七一三七八号汇票系由贵行代收，经收款人担保，是本勘邮局对于兑付该票已尽其适当之注意，其因收款人自己过失致被窃冒兑，邮局不能负责，并由邮局代向担保人追回汇款，系属协助被害人性质，并不负有其他义务，如收款人仍拒收汇款

匯

民国卅八年五月十二日

侨汇股

82

~~81~~

時，應即將該匯款提存當地法院等因。

六、查該收款人既不往收該款，本局未便代為保存，除將該款（首行第七四〇號信匯）提存廣州地方法院依法處辦外，特函奉達，希為查照為荷。

局長　蔡儀榮

广东邮政管理局关于密查段内民信局暗中活动情形具报给广东邮区各邮务视察员的训令（一九四七年五月五日）

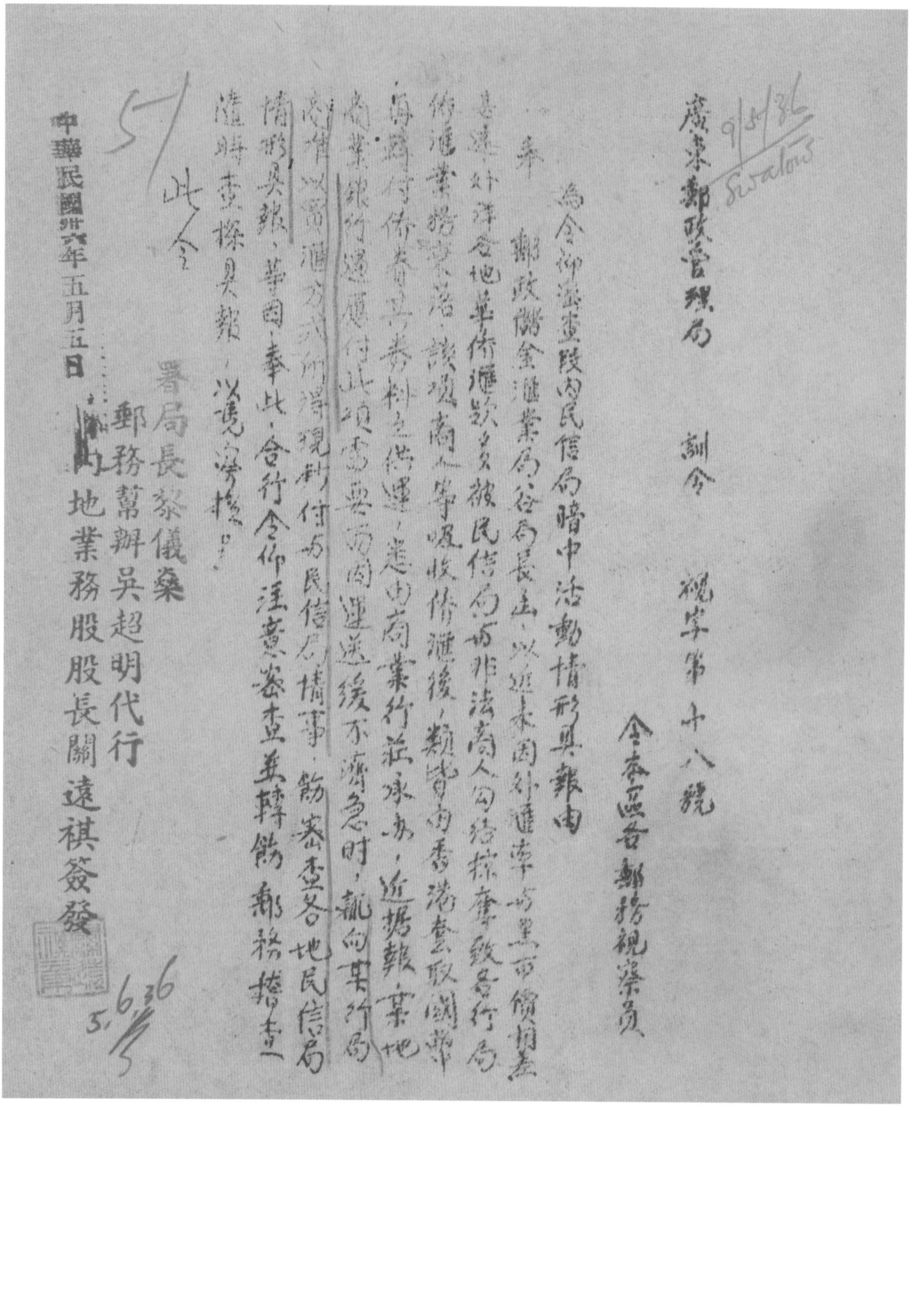
廣東郵政管理局　訓令　視字第十八號

9/5/36 Swatow

令本區各郵務視察員

為令仰密查段內民信局暗中活動情形具報由

案奉

郵政儲金匯業局總局長令，以近來因外匯牌市價相差甚遠，外洋各地華僑匯款多被民信局非法商人內給掠奪，致各行局僑匯業務衰落，該項商人等吸收僑匯後，類皆由香港套取國幣，每將付僑眷之券料之供運，遂由商業行莊承兌，近據報某地商業銀行遞應付此項需要而由匯送後不濟急時，輒向某行局密借以匯兌方式俾得現款付與民信局情事，飭密查各地民信局情形具報，等因，奉此，合行令仰注意密查並轉飭郵務佐查隨時查探具報，以憑核辦！

此令

51

署局長蔡儀燊

郵務幫辦吳超明代行

內地業務股股長關遠祺簽發

中華民國卅六年五月五日

5.6.36

广东邮政管理局侨汇组关于将第 MA/e1990 号及 SN/e2691 号侨票之相关回批下落情形呈复给湛江市邮局的令（一九四七年六月十九日）

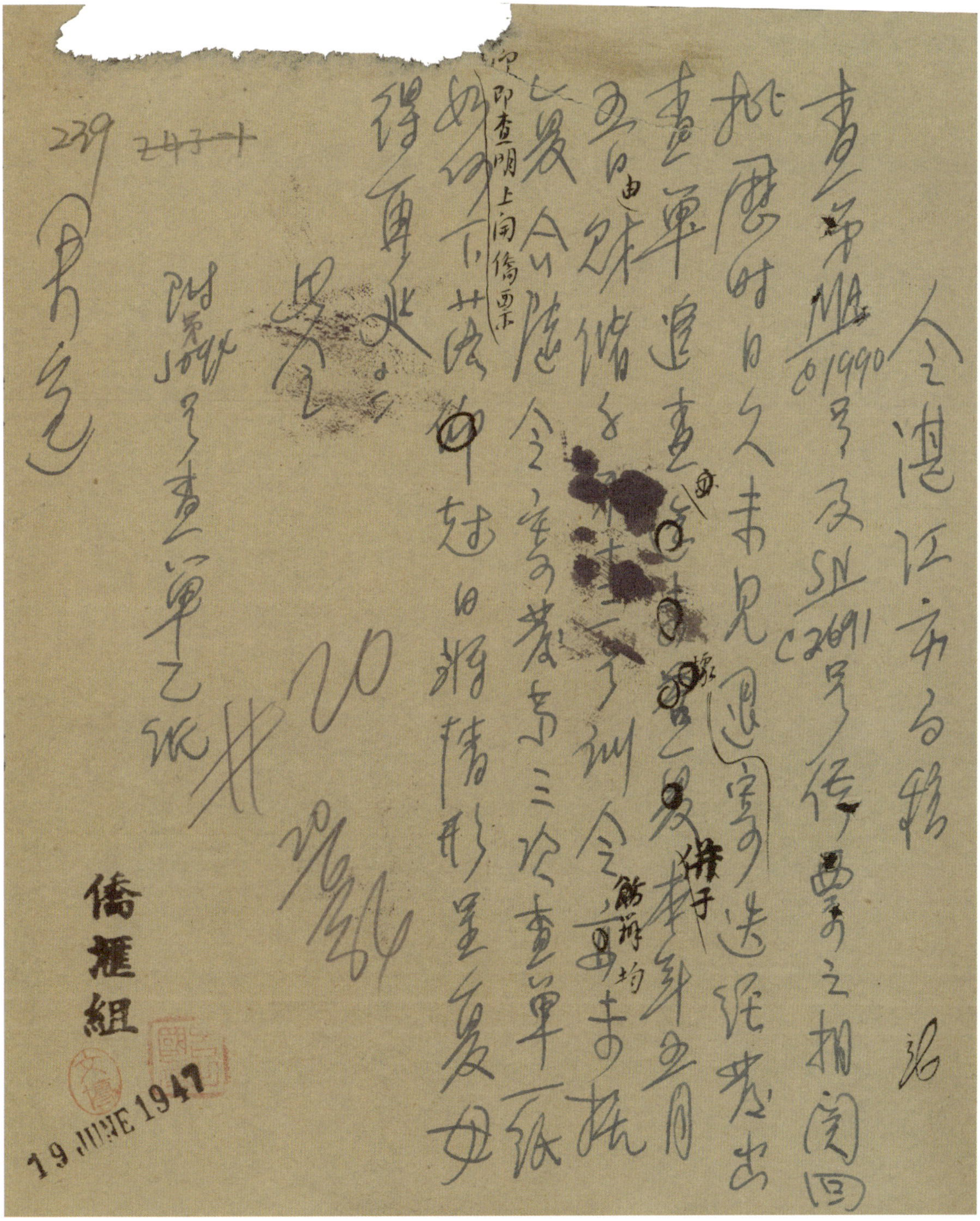

令湛江市局

查第MA e1990号及SN e2691号侨票之相关回

批历时日久未见退寄送经发出

查单追查[illegible]本年五月

五日由[illegible]训令[illegible]饬办均未据

以复合行随令另发查单一纸

即查明上開僑票如何下落即於[illegible]日将情形呈复毋

得再延此令

附发[illegible]号查单乙纸

239

侨汇组

19 JUNE 1947

附：第5094号查单

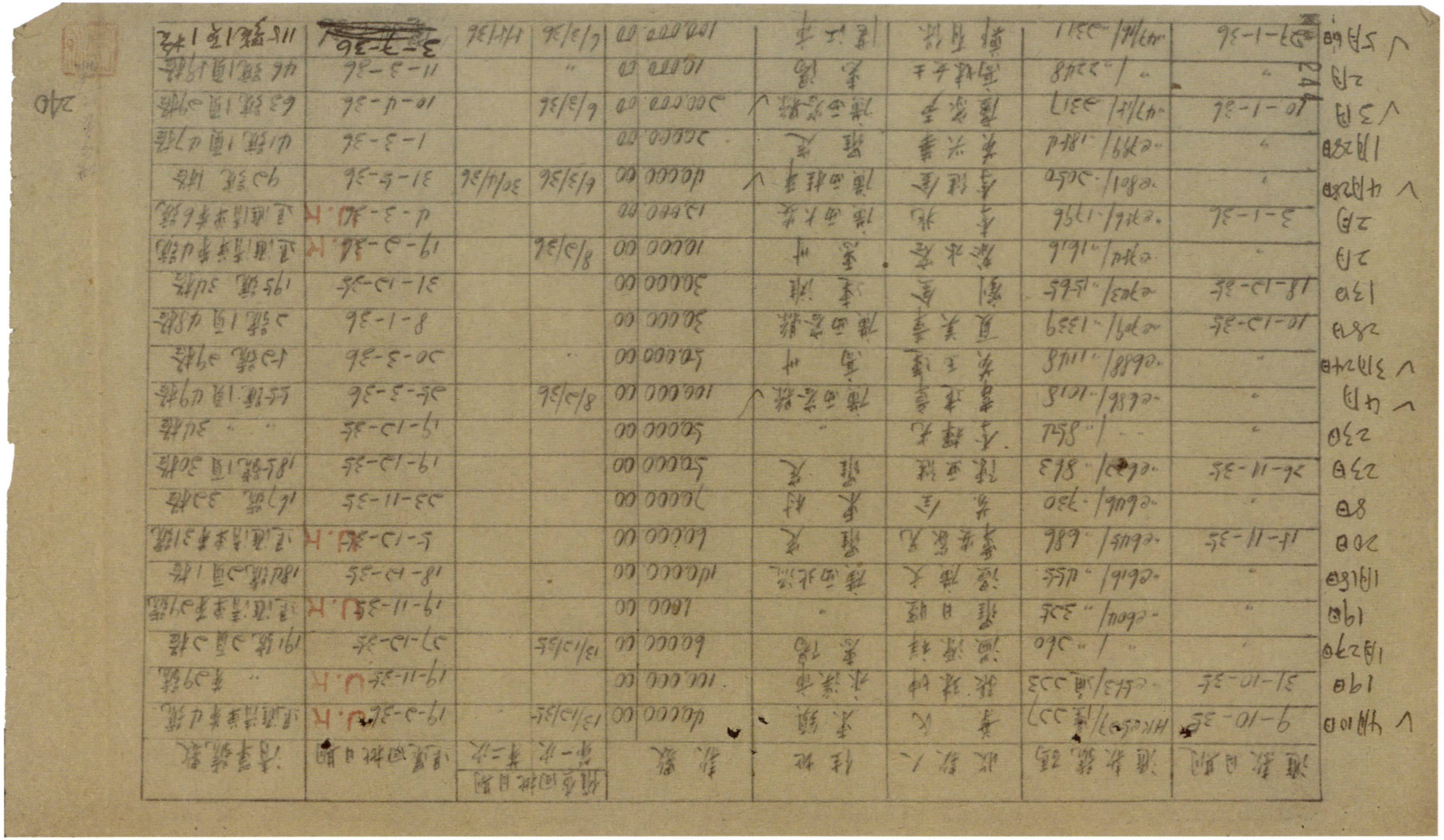

	滙款日期	滙款號碼	收款人	住址	款數	催查回批日期 第一次	催查回批日期 第二次	退還回批日期	清單號數
✓4月10日	9-10-35	HK6507/達227	華氏	東鎮	40,000.00	13/12/35		19-2-36 U.K	退滙清單第4號
19日	31-10-35	〃6513/滙223	張球坤	永漢市	100,000.00			19-11-35 U.K	〃第29號
1月27日	〃	〃/〃260	温源祥	惠陽	60,000.00	13/12/35		27-12-35	191號2頁2格
19日	〃	〃6604/〃325	羅日暄	〃	1,000.00			19-11-35 U.K	退滙清單第29號
1月18日	〃	〃6616/〃455	温廣文	廣西北流	140,000.00			18-12-35	184號2頁1格
20日	15-11-35	〃6645/〃686	覃安家光	羅定	60,000.00			5-12-35 U.K	退滙清單第31號
8日	〃	〃6646/〃730	黄全	東村	70,000.00			23-11-35	167號 32格
23日	26-11-35	〃6622/〃863	陳亞德	羅定	50,000.00			19-12-35	185號1頁30格
23日	〃	〃/〃864	李輝光	〃	50,000.00			19-12-35	〃〃34格
✓4月	〃	〃6686/〃1018	李建章	廣西容縣✓	100,000.00	8/2/36		25-3-36	55號1頁49格
✓3月24日	〃	〃6688/〃1148	黄玉蓮	高州	50,000.00	〃		20-3-36	52號 29格
28日	10-12-35	〃6709/〃1339	夏美章	廣西容縣	30,000.00			8-1-36	2號1頁48格
13日	18-12-35	〃6743/〃1565	劉金	連灘	30,000.00			31-12-35	195號 34格
2月	〃	〃6744/〃1616	蔡水容	惠州	10,000.00	8/2/36		19-2-36 U.K	退滙清單第4號
2月	3-1-36	〃6766/〃1796	李兆	廣西大安	12,000.00			4-3-36 U.K	退滙清單第6號
✓4月28日	〃	〃6801/〃2050	李健金	廣西桂平✓	40,000.00	6/3/36	30/4/36	31-5-36	92號 1格
1月28日	〃	〃6799/〃1854	黄兴華	羅定	20,000.00			1-3-36	41號1頁47格
✓3月	10-1-36	〃4715/〃2317	盧家声	廣西容縣✓	200,000.00	6/3/36		10-4-36	63號1頁29格
2月	〃	〃/〃2248	高妹女士	惠陽	10,000.00	〃		11-3-36	46號1頁19格
✓5月6日	27-1-36	〃4716/〃2311	鄭有保	湛江市	100,000.00	6/3/36	6/4/36	3-7-36	115號1頁1格

240

广东邮政管理局侨汇组关于请增城邮局查明侨款是否已交原收款人并补具签章给增城邮局的令（一九四七年六月二十三日）

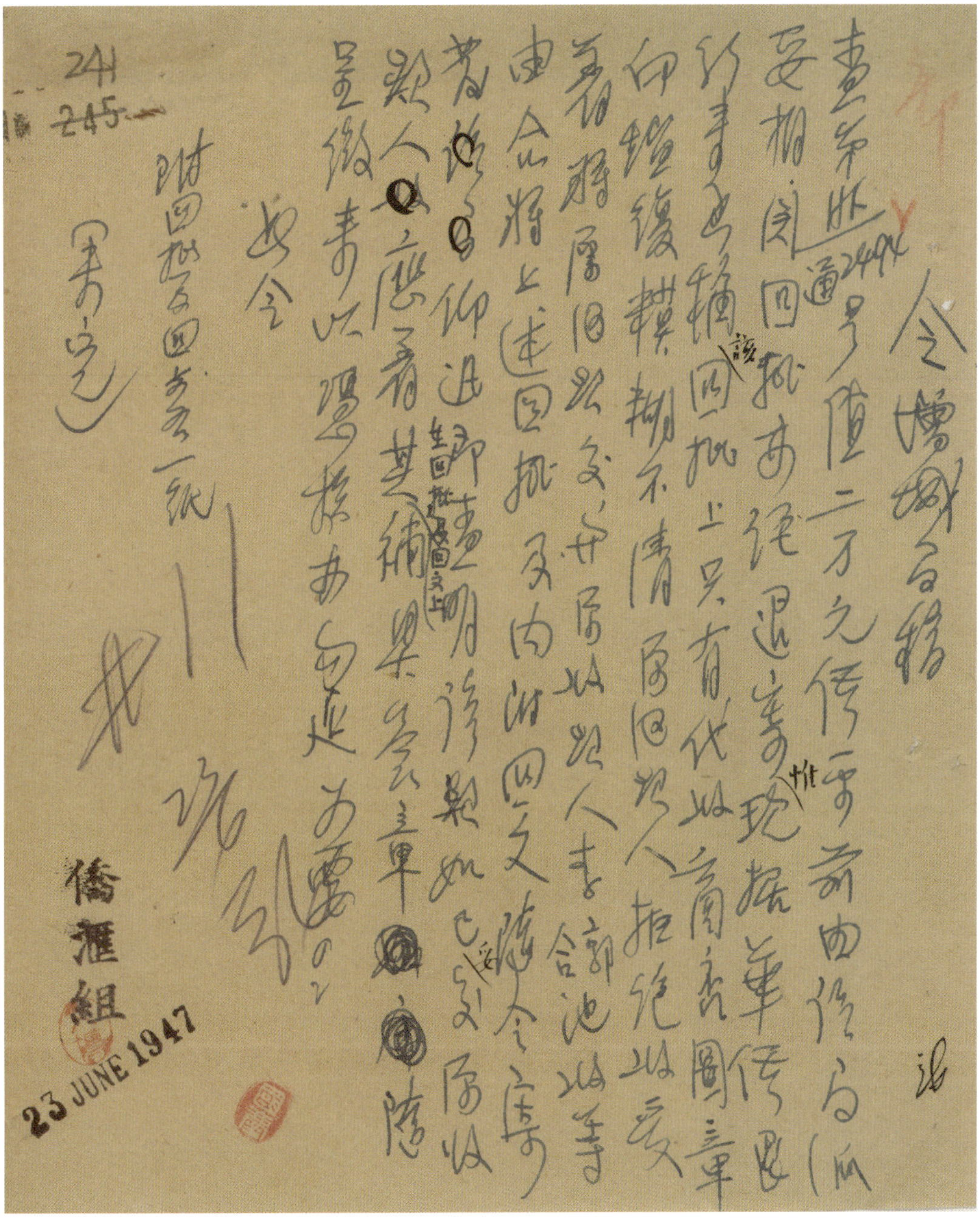

241
245

令增城局
查第卅號呈（通2494）值二万元侨汇前由该局派
妥相关回批安全递寄，惟现据华侨邮局
行来该回批上只有代收人签图章
印鉴复模糊不清，原回批人拒绝收受
等语，将原回批发交原收款人李郭池收等
由，合将上述回批及内附回文饬令该局
[illegible]，仰迅查明该款如已交原收
款人，应着其补具签章单据随
呈缴来，以凭核办为要。02
此令
附回批及回文各一纸
[illegible]

侨汇组
23 JUNE 1947

附：香港侨通行汇兑部关于将HKc47/55通2494号批信原件随函送达并追究给香港华侨银行的公函（一九四七年六月十八日）

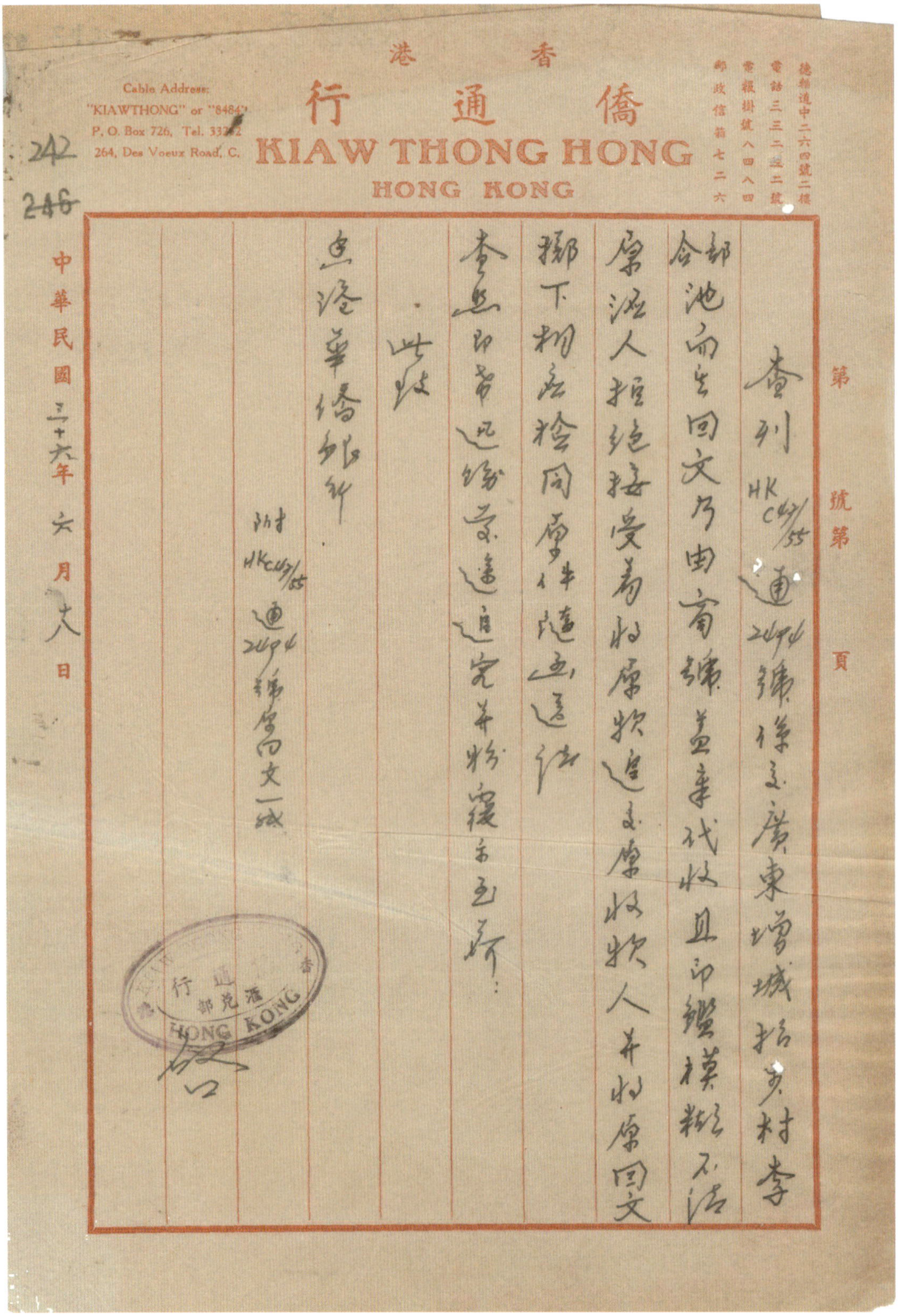

香港
僑通行
Cable Address: "KIAWTHONG" or "8484"
P. O. Box 726, Tel. 33252
264, Des Voeux Road, C.
KIAW THONG HONG
HONG KONG
德輔道中二六四號二樓
電話三三二五二號
電報掛號八四八四
郵政信箱七二六

第　號第　頁

查列HKc47/55通2494號係交廣東增城指實村李合郵池尙先回文乃由貴鋪蓋章代收且印鑑模糊不清原匯人拒絕接受着將原款追交原收款人并將原回文擲下相應檢同原件隨函送達
查照即希迅速追究并將處理示覆為荷

此致

香港華僑銀行

附HKc47/55通2494號原回文一紙

香港僑通行匯兌部 HONG KONG

中華民國三十六年六月十八日

广东邮政管理局侨汇组关于将第MA/e1990号、SN/e2691号及HK/通2311号侨票延退回批及延复查单缘由呈复给湛江市邮局的令（一九四七年六月二十五日）

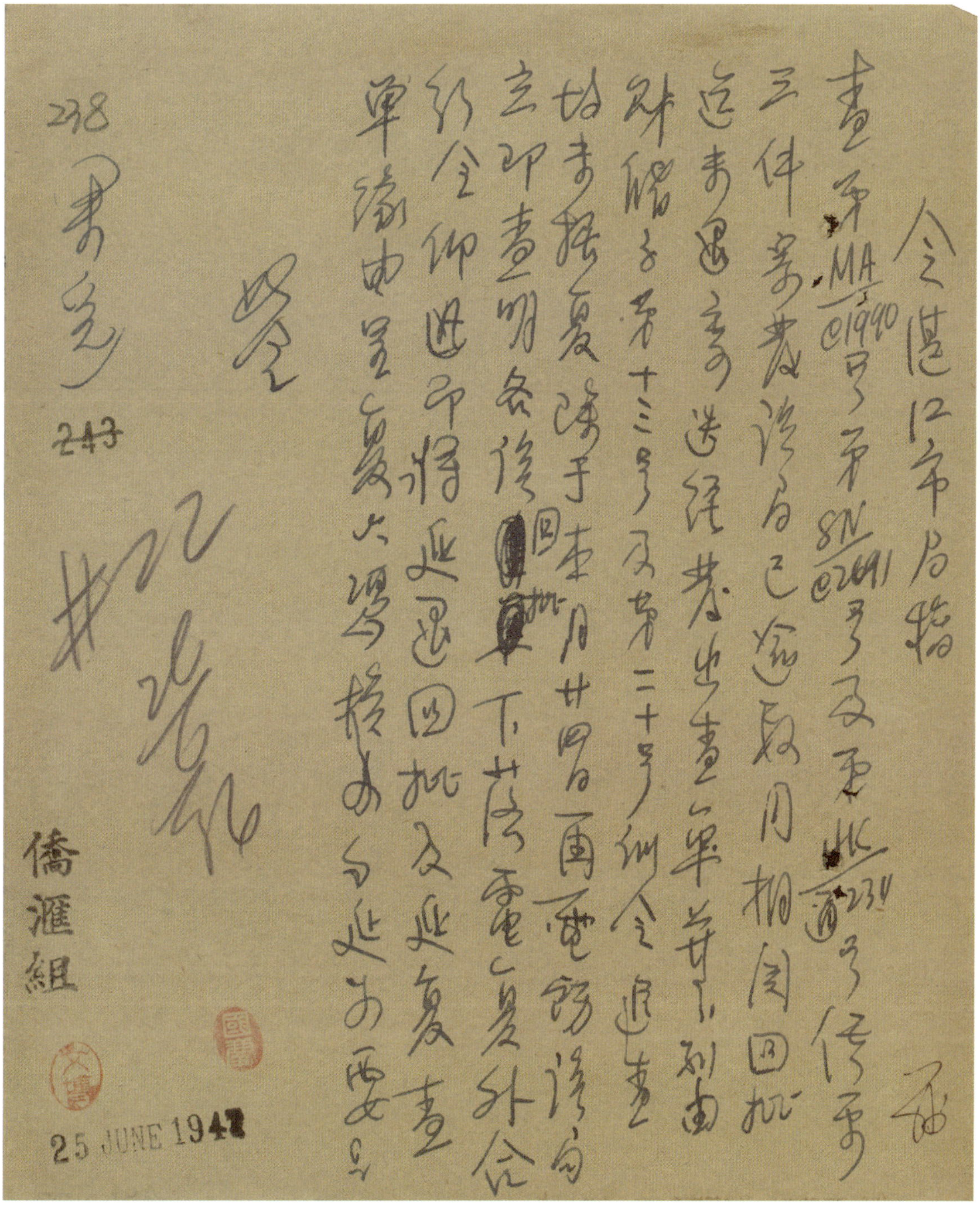

令湛江市局：

查第MA/e1990号、第SN/e2691号及第HK/通2311号侨票三件，案发该局已[illegible]取同回批，迟未寄送，经发出查单并[illegible]由[illegible]第十三号及第二十号训令追查，均未据复。该于本月廿四日再电饬该局立即查明各该回批下落电复外，合行令仰迅即将延退回批及延复查单缘由呈复本[illegible]核办为要。此令。

侨汇组

25 JUNE 1947

广东邮政管理局侨汇组关于请石角邮局追查侨票回批下落给石角邮局的令（一九四七年六月二十五日）

令石角邮局：

查本年批B44A号侨票壹件寄交本局□□，
已经转月相间回批迄未寄到，当即查经
去年三月十九日及四月廿日荷出查单□均
未获复，滋于本月廿四日□电话扵该局
立即查明该回批下落电已爱外合行
令仰迅即将此退回批及迟寄之单
缴由呈复□以凭转交仰即速办为要。

侨汇组

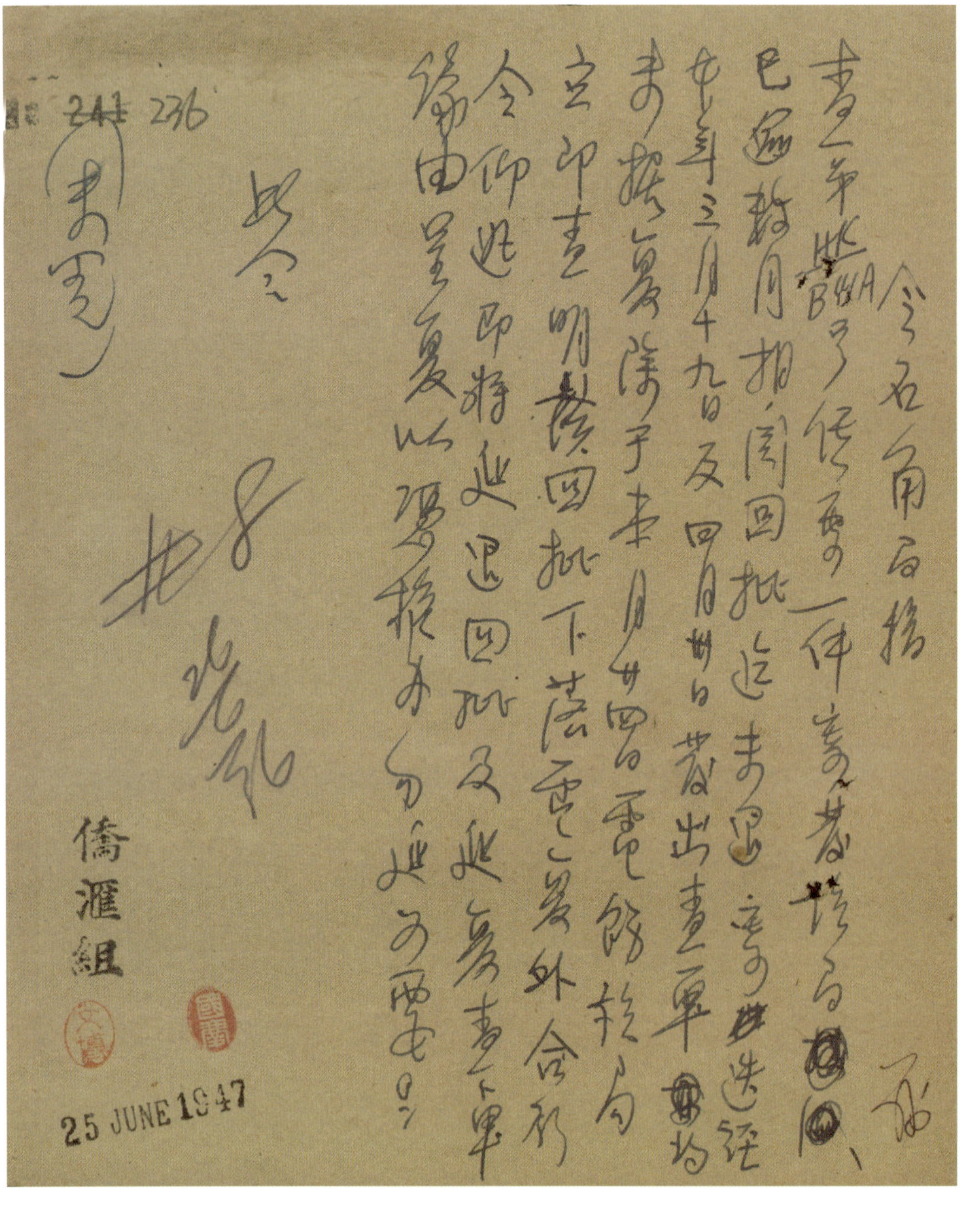

回批柗关于SN/e2691及HK/通2311号回批处理情况的报告（一九四七年七月七日）

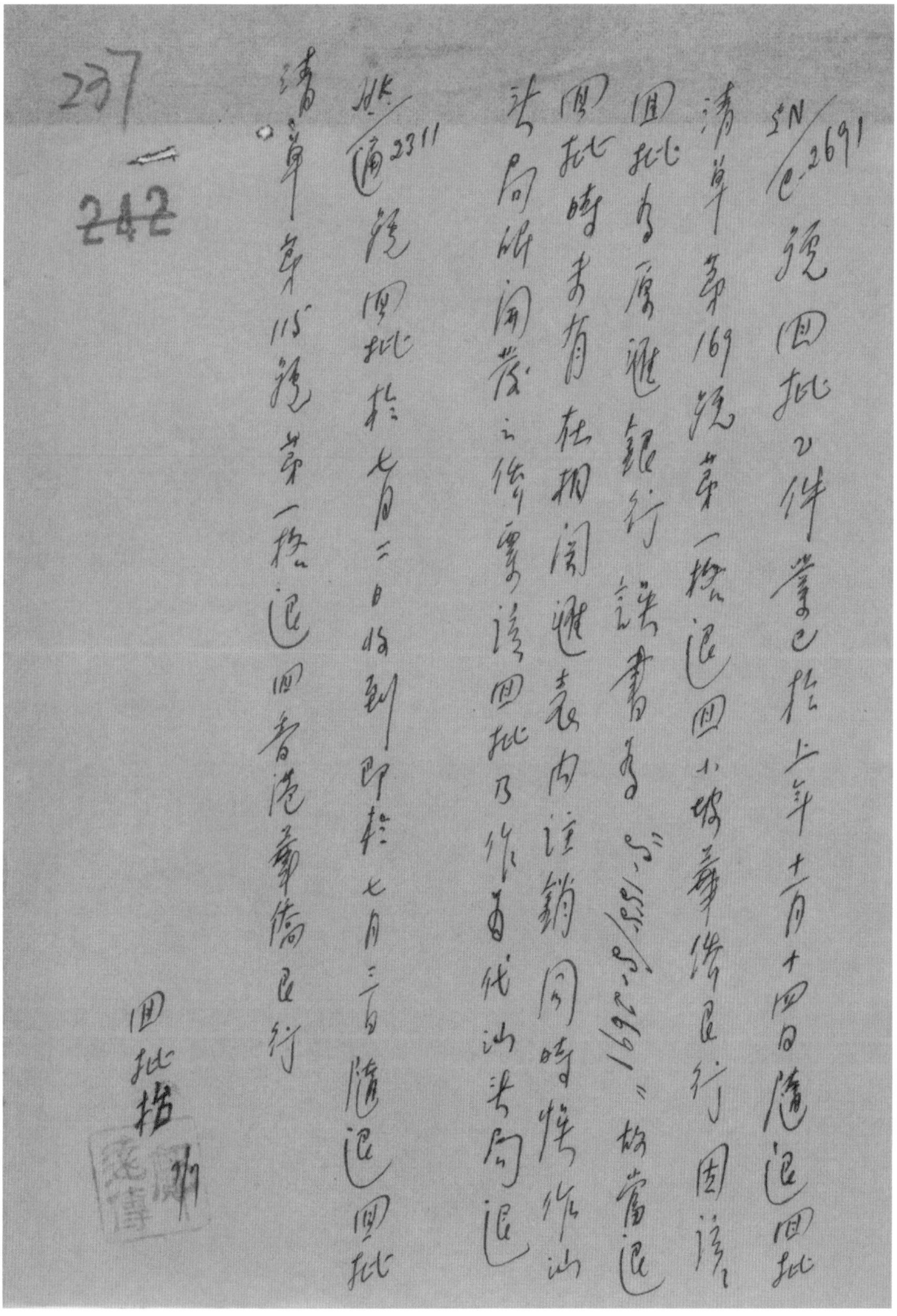
237

242

SN/e2691號回批乙件業已於上年十月十四日隨退回批
清單第169號第一箋退回小坡華僑銀行因該
回批有廣通銀行誤書為SN/e2691號故當退
回批時未有在相關通表內註銷同時懷作汕
頭局所開發之信票該回批乃作為代汕頭局退

HK/通2311號回批於七月二日收到即於七月三日隨退回批
清單第115號第一箋退回香港華僑銀行

回批柗

交通部邮政总局关于查核有无积压侨汇列为各区视察人员查视局所中心考核工作给直辖各机关的训令（一九四七年十一月十七日）

廣東郵政管理局轉發

12

交通部郵政總局訓令

局視通字第一五九七號

（檔案號碼：子四）

令本局直轄各機關

事由：查核有無積壓僑匯列爲各區視察人員查視局所中心考核工作

相關文件：本局三十六年七月十八日局視通字第一三四三號訓令

一 郵政儲金匯業局正積極發展僑匯事務，惟據報各地郵局時有延誤積壓僑匯情事，惹起僑胞不滿，影響業務甚大。嗣後各區視察人員查視本地及內地各級郵政機構時，對於有無積壓僑匯一項，應列爲中心考核工作，隨時隨地切實予以注意。

二 各投遞局收到僑匯匯票，須立即分送，所有回批，亦應迅速辦理，不得積壓延誤。各僑票分發局並應特別注意查核。

三 本訓令每區加發二份，列入郵務視察法令彙編乙巳二十八項。＝

局長 谷春藩

中華民國三十六年十一月十七日

通字訓令第一五九七號

CANTON

福建邮政管理局关于厦门各批信局多将南洋各处回批寄由香港转发或用走私方法寄递请示取缔办法致邮政总局的呈（一九四七年十二月三日）

抄件

福建郵政管理局呈　郵内字第八一酉二/一六九四二號

卅六年十二月三日

事由：厦门各批信局多將南洋各处回批寄由香港轉發或用走私方法寄遞請示取締辦法

相關文件：厦门一等局内呈第一五一三、一五三三、一五五五、一五六一號

(一)茲据厦门一等局呈稱各批信局近多將寄往星加坡、吧城、仰光等地之回批或寄由香港分號設法轉發南洋，以圖免納國際郵資，回批上均詳注明寄運地名，即被查獲，亦僅能科罰香港與國内間郵資，或用走私方法走漏外洋，除岷尼剌外各批信局只有進口批信，並無出口南洋回批，其走漏數目相當龐大。

(二)為嚴密對付回批走漏，已令飭厦门一等局採取下開臨時辦法：

(甲)函請厦门海關于輪船及飛機離厦之時嚴密檢查旅客行李，特別注意緝獲走私批信。

(乙)已令准厦门一等局于批信局交寄出口回批時着其填繳「分寄回批核數單」二份，經厦门核點其中所寄件

数免单内所列信件时即加盖戳记，以一份留局，一份退交相关之批信局备查。如该批信局未能缴验交寄回批核数单，则认为走漏，按章处理。已令该局警告各批信局务要遵章交寄出口南洋回批，亦不得将南洋回批混寄香港转发。

（三）以上临时办法尚恐不足以杜走私，拟再进一步采取下列办法以资取缔：

（子）所有进口南洋批信于进口时当众计算批信件数，饬令相关批信局缴纳与全部回批国际邮资同数之保证金。如批信局未将出口回批于相当期间来局投寄或投寄不足数者，则没收其全部或一部保证金以抵偿偷漏之邮资。

（丑）凡寄往香港各批信局分号之总包，则优予以开验，如发现包中所装之回批未注明香港收件人详细住址（即香港某街某号某某收等字样）或仅书香港某号代转者，则认为南洋之回批，予以扣留，或着其在局重新包封，贴票呈寄南洋。倘批信局延宕不从，则当众拆验回批，不难察出寄件人之真正住址，或抄录回批人姓名

住址寄何國批人查詢該寄件人是否在香港或南洋謀生

（三）抄警告各批信局停止此種欺騙行為備警告無效則認為各批信局自動放棄南洋批信總包之權益凡寄投寄南洋回批之批信局則進口批信抄根據郵政規程第二十五條之規定按普通郵件夾帶章程科罰双倍國際郵資

（四）以上取締辦法是否可行或應如何處理之處案關郵資收入影響郵政經濟敬祈迅賜核示

謹呈

郵政總局

本呈已抄寄廣東管理局及汕頭一等局並抄發廈門一等局

福建郵政管理局局長鄭義樑

邮务视察员黄伯长关于批信局取巧走私及国内批信再行投邮寄递事项致广东邮政管理局局长黎仪燊的呈（一九四七年十二月二十二日）

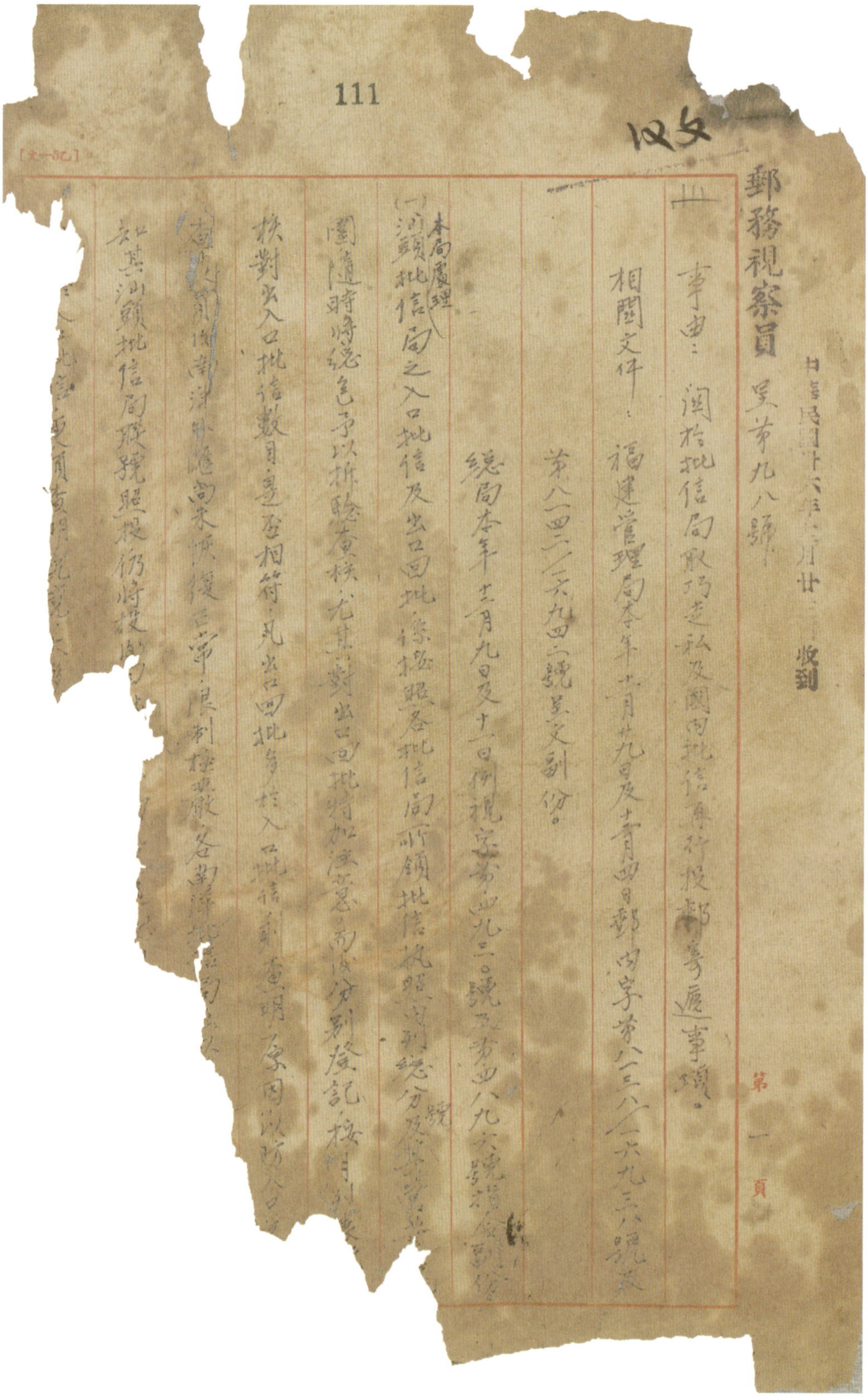
111

收文

郵務視察員 呈第九八號　中華民國卅六年十二月廿二日收到

事由：關於批信局取巧走私及國內批信再行投郵寄遞事項。

相關文件：福建管理局本年十一月廿九日及十二月四日郵內字第八三八/一六九三八號及第八四二/一六九四二號呈文副份。

總局本年十二月九日及十一日例視字第四九二〇號及第四八九六號指令副份。

本局處理

（一）汕頭批信局之入口批信及出口回批，係按照各批信局所領批信執照號碼分別總分[illegible]圍隨時將總包予以拆驗查核，尤其對出口回批特加注意，而後分別登記，按月[illegible]核對出入口批信數目是否相符，凡出口回批多於入口批信自應查明原因，以防入口[illegible]

[illegible]尚未恢復正常，限制[illegible]各[illegible]

如其汕頭批信局照號[illegible]仍將投[illegible]

第一頁

112

112

［文一〇乙］

如何經責令遲寄補足，如逾相當時期不能補寄，則按回批短缺數目，計封指定貼該國際
郵資，以抵差額，並徵具理由書查核（本年三月，閩義發批信局累積差欠回批數目，計
五仟〇五拾封，每封按當月份國際郵資叁佰元貼足繳納，計國幣壹佰伍拾壹萬伍仟
元，並具繳具結），所以本局出入口批信數目，尚未如廈門局之有入無出，查閱本局每日
呈繳之入口批信及出口回批統計表，便可明瞭。
（三）批信局普通函件，與貨物無異，有各港入口批信，則必有各港出口回批，其數目必……
閩局所訂臨時取締辦法，其中（四）（乙）（本局於批信局交寄出口回批時，着令填繳
批條數單一份存局備查，每月統計批信局在南洋各港回批如……
單之詞之追究），（五）叁項，本局早已實行，擬……
無……之必要，……批信之……

第二頁

113

[文一〇七]

卅

批信必須有詳細登記準確統計，則每家批局由海港回批誠無法走私偷漏或取巧混寄，所謂提綱挈領，有條不紊。擬請彷僑批組將該組收發批信之事細則，抄錄一份寄呈管理局轉呈察核。又本局對付各批信局之辦法，是繩之以法，又有違章之處必依章處罰，感之以情，如批信局提出有困難之点，必設法改善消除，並聯絡相関机関協助取締走私，故各批信局尚能就範。

（三）查修訂批信事務處理办法第六條，往來國内各地分號批信得以總包寄遞，但總[illegible]費，而第十三條返件貼足國内郵資，准由批信局專人自帶（當時本局由批信局洽商結[illegible]局提出凡有分號地方，亦得准照此案办法办理，惟回批國内資費[illegible]時徵納，例如入口批信壹佰封，返件貼納國内資費，而特[illegible]信局選擇[illegible]無[illegible]歧，故該第六條以總[illegible]

第三頁

114

【文一5乙】

國內轉遞批信，似不應計較地區僻遠或批封少數，而予軒輊[illegible]歸，要在其交寄手續合法與不合法耳。惟批信逐件繳納國內資費領出後，復將全部或其中一部份於當日二十四小時內以總包重行交郵寄遞，本局可否援照郵政規則第五十九條一至三項办理，限內免費，逾限另以總包按總重納費，擬請 管理局核示祇遵。

謹呈

局長

郵務視察員黃伯長

呈 卅六、十二、廿二。

第四頁

广东邮政管理局关于澈查由吉隆坡寄广州市伍千钧挂号信内昃纸被冒领一案的文书材料（组件）（一九四八年一月二十九日至十月十八日）

伍千钧关于报请追查其挂信港纸遗失一案致广东邮政管理局的呈（一九四八年一月二十九日）

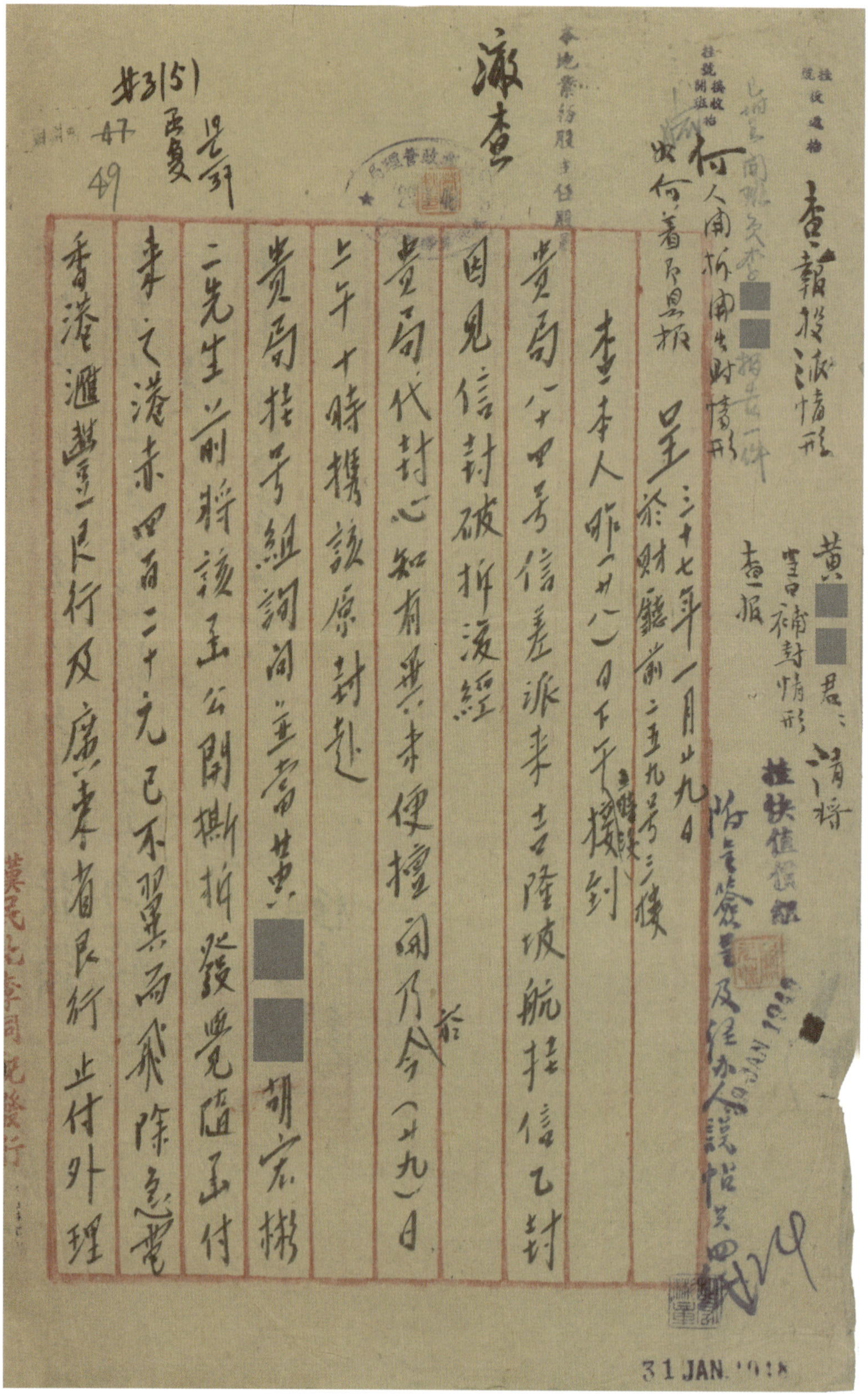
查報投遞情形
何人開拆開出財情形
黄[redacted]君：：請將
查報補封情形
澈查
呈　三十七年一月廿九日
於財廳前二五九号三樓
查本人昨（廿八）日下午接到
貴局今廿四号信差派來吉隆坡航挂信乙封
因見信封破拆後經
貴局代封心知有異未便擅開乃今（廿九）日
上午十時携該原封赴
貴局挂号組詢問並當黄[redacted]胡[redacted]
二先生前將該函公開撕拆發覺信函付
來之港紙四百二十元已不翼而飛除急電
香港滙豐銀行及廣東省銀行止付外理
31 JAN 1948

50

48

合備文連同該掛號件報請

貴局追查以賠損失寔為德便

謹呈

廣東郵政管理局

伍千鈞

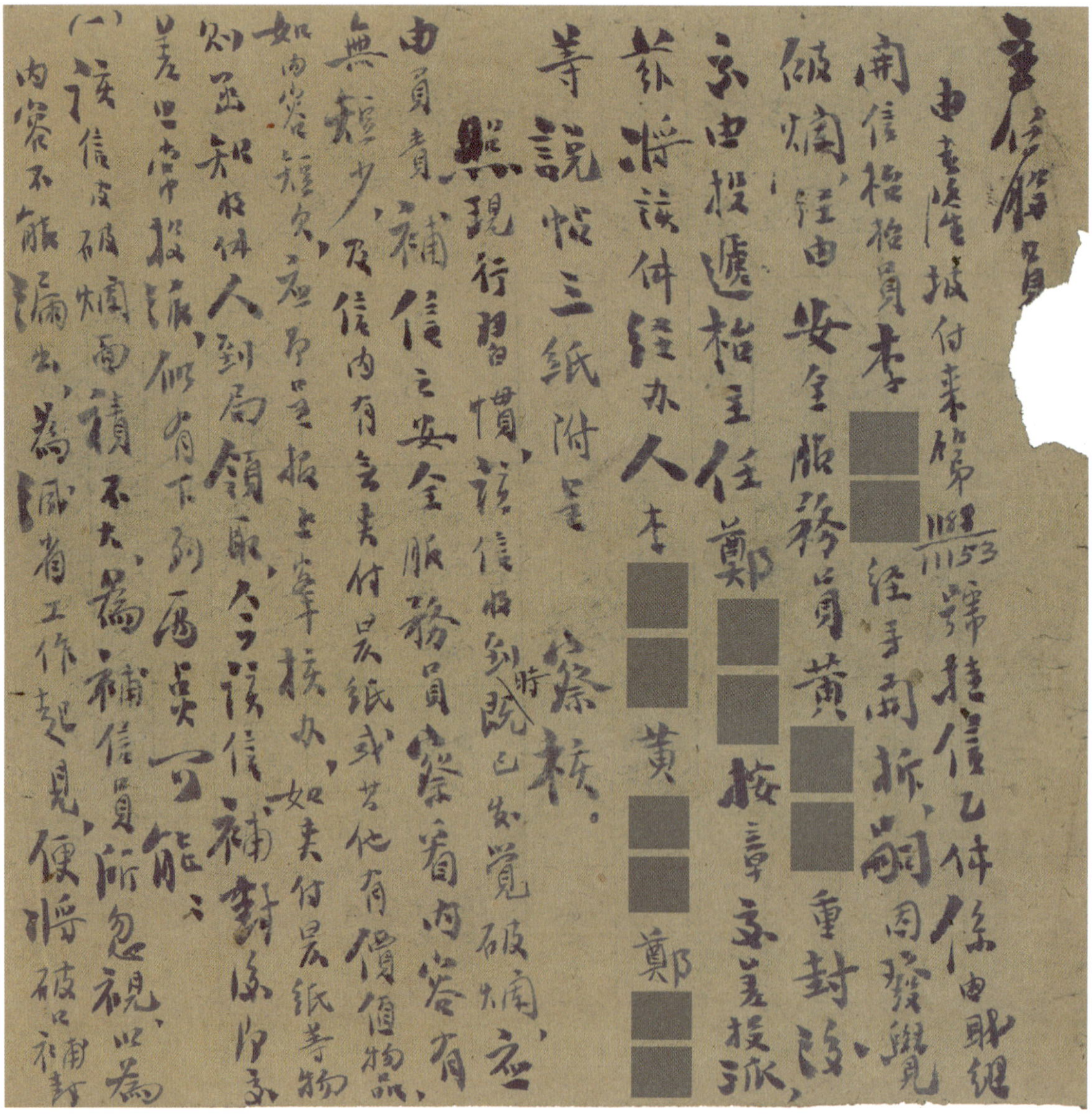

主任股員

由吉隆坡付來第1188/111153號掛信乙件，係由耶組開信格格員李[redacted]經手開拆，嗣因發覺破爛，經由安全服務員黃[redacted]重封後，交由投遞格主任鄭[redacted]按章交差投派，茲將該件經办人李[redacted]黃[redacted]鄭[redacted]等說帖三紙附呈察核。

照現行習慣，該信收到時既已發覺破爛，應由員責補信之安全服務員察看內容有無短少，及信內有無貴付昃紙或其他有價值物品，如內容短欠，應即呈報主管核办，如夾付昃紙等物知亟知收件人到局領取，今該信補封係即交差照常投派，似有不到處，且可能之

（一）該信交破爛面積不大，為補信員所忽視，以為內容不能漏出，為減省工作起見，便將破口補封

信差管理组关于吉隆坡寄广州市伍千钧挂信遗失昃纸一案办理情形致主任股员的呈（一九四八年一月三十一日）

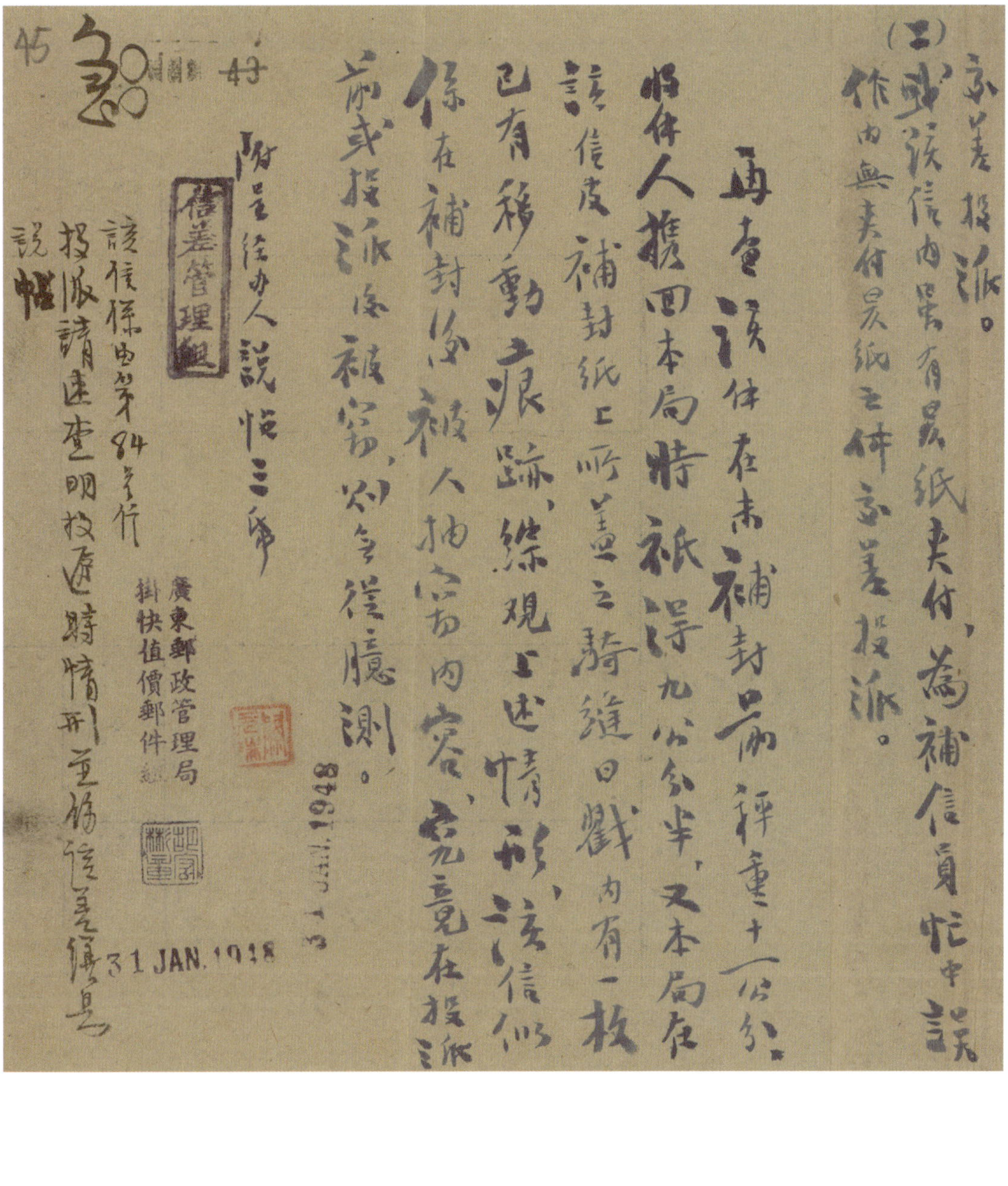

45　43

亦差投派。

（二）或該信內果有另紙夾付，為補信員忙中誤作內無夾付另紙之件亦差投派。

再查該件在未補封前秤重十一公分，收件人携回本局時秖得九公分半，又本局在該信皮補封紙上所蓋之騎縫日戳內有一枚已有移動痕跡，綜觀上述情形，該信似係在補封後被人抽出內容，究竟在投派前或投派後被竊，則無從臆測。

附呈經辦人說帖三件

信差管理組

該信係由第84號信差投派，請速查明投遞時情形並飭該差備具說帖

廣東郵政管理局
掛快值價郵件組

31 JAN. 1948

附一：关于呈报吉隆坡寄广州市伍千钧挂信当时开拆经过手续致主任股员的呈（一九四八年一月三十日）

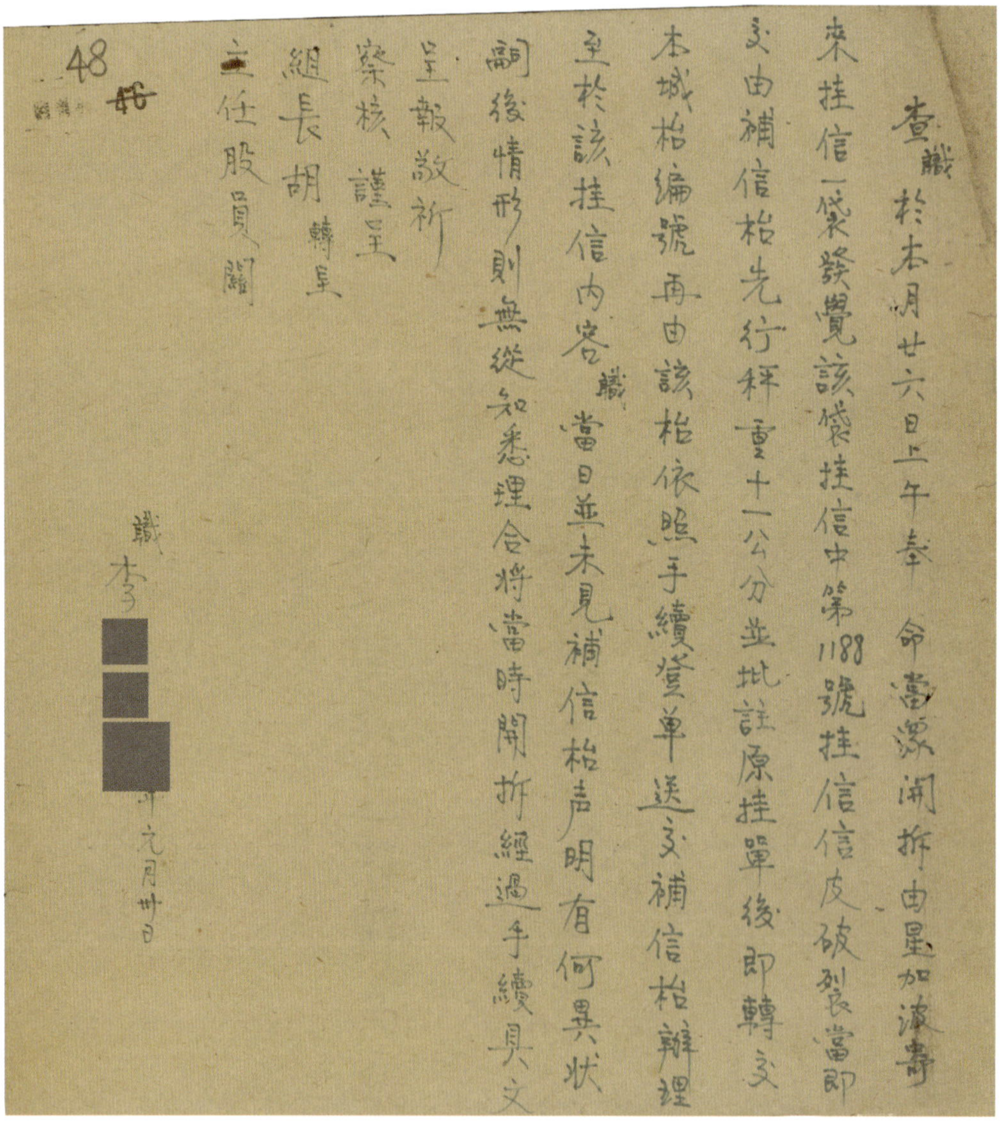
查职
於本月廿六日上午奉 命当众开拆由星加坡寄
来挂信一袋，发觉该袋挂信中第1188号挂信信皮破裂，当即
交由补信枱先行秤重十一公分，并批註原挂单后即转交
本城枱编号，再由该枱依照手续登单送交补信枱办理。
至於该挂信内容，职当日并未见补信枱声明有何异状。
嗣後情形则无从知悉，理合将当时开拆经过手续具文
呈报，敬祈
察核。谨呈
组长胡 转呈
主任股员 关
职 李[redacted]
卅七年元月卅日
48
46

查現行補封补詳破爛挂號郵件習慣係先將破爛郵件權重隨即在封面上批註其重量同時在相關入口清单上將該信重量註明現查本月廿九日有伍千鈞來局報稱他於本月廿八日收到郵局交来第一八八號吉隆坡寄来挂號信一件並稱他本人於前数日接到由吉隆坡寄来常信一件謂將於数日內匯上港幣四百弍十元現見該挂號信有由郵局代封紙條貼上未敢即時開拆故攜同該件到 貴局開拆檢視內件等語隨由該伍千鈞親自開拆該件發現函內所載謂有四百弍十元之港幣業已遗失 職當时為慎重計並將該件再行複秤重量僅得九公分半與該

44

信面原来所书十一公分不符再查近日外洋入口挂件众多同时待补之破烂外洋信件亦剧增或因一时忽略未暇细看即行重封交回投递格交差投派至内载何件无从忆及惟揆诸情理上列件齐全经过代封后应重过重过原来重量而该件反轻过原来重公分半同时详查该邮局代封之纸系上日戳内有一个经已有移动痕迹再查该件于廿八日妥投当时如该件有不妥之处收件人何以不即时拒收而经过相当时间始行来局报知基上各点该件于投递前或投妥后有无被人抽窃不无可疑谨将上述情形详报请为

察核办理 此呈

挂号组组长胡 转呈

主任股员关

职黄[redacted]呈

一月三十日

46

附三：挂号投递柗柗长关于呈复吉隆坡寄广州市伍千钧挂信经办情形致挂号组组长的呈（一九四八年一月三十日）

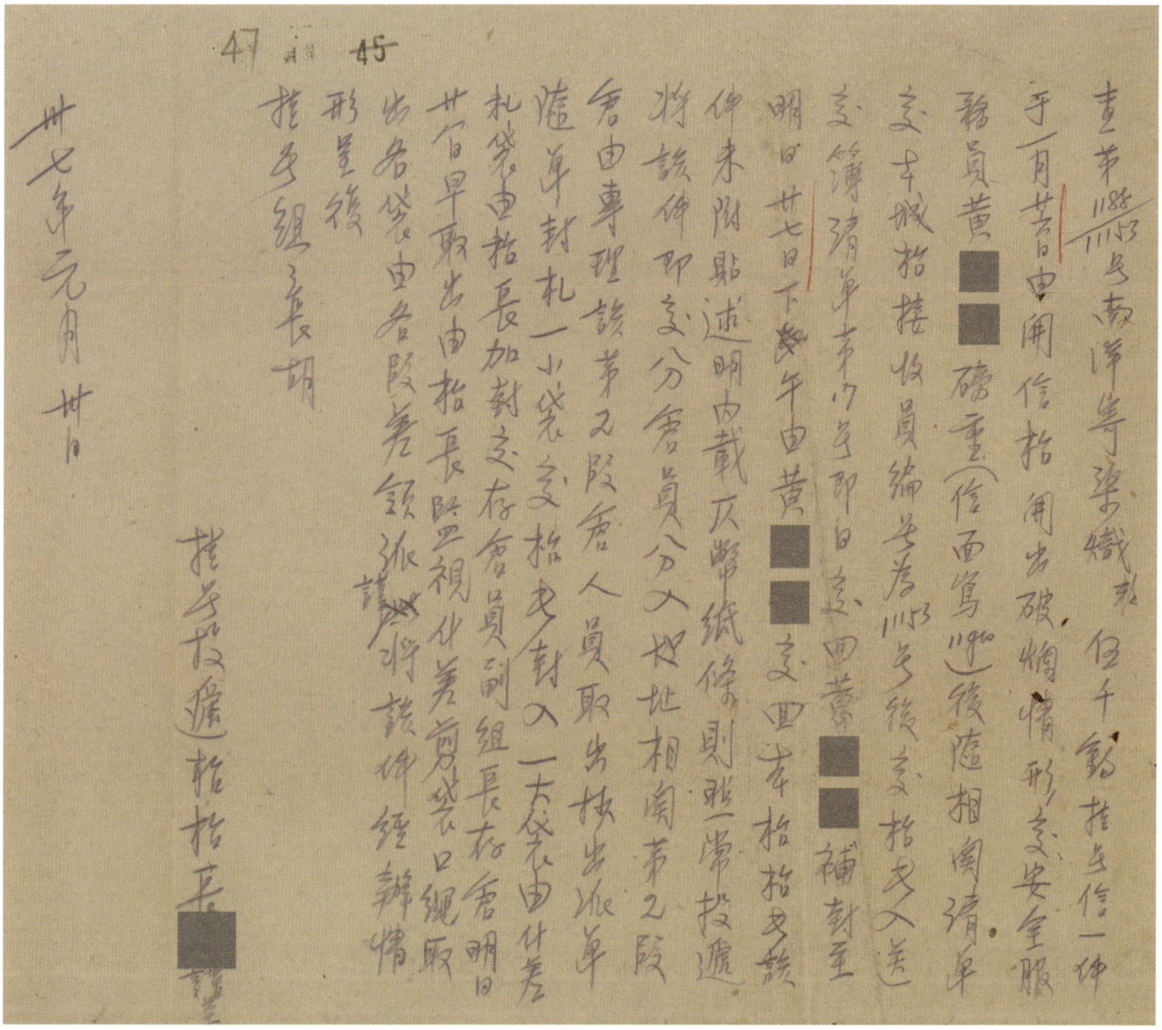

47 45

查第11885/11153號南洋等寄織 伍千鈞掛號信一件

於一月廿日由開信柗柗開出破爛情形交安全服

務員黃[redacted]磅重（信面寫11950）後隨相關清單

交本城柗掛收員編號為11153號後交柗長（入送

交簿，清單第17號即日交西營[redacted]補封至

明日廿七日下午由黃[redacted]交西本柗柗長該

件來附貼述明內載灰幣紙條則照常投遞

將該件即交分營員分入地址相關第乙段

營由專理該第乙段營人員取出核出派單

隨單封紮一小袋交柗長封入一大袋由什差

紮袋由柗長加封交存營員副組長存營明日

廿八日早取出由柗長照視什差剪袋口繩取

出各袋由各段差領派（請將）該件經辦情

形呈復

掛號組組長胡

掛號投遞柗柗長[redacted]

卅七年元月卅日

关于将经办投递梁炽转伍千钧挂号信件经过情形具呈鉴核致信差管理组组长的呈（一九四八年二月二日）

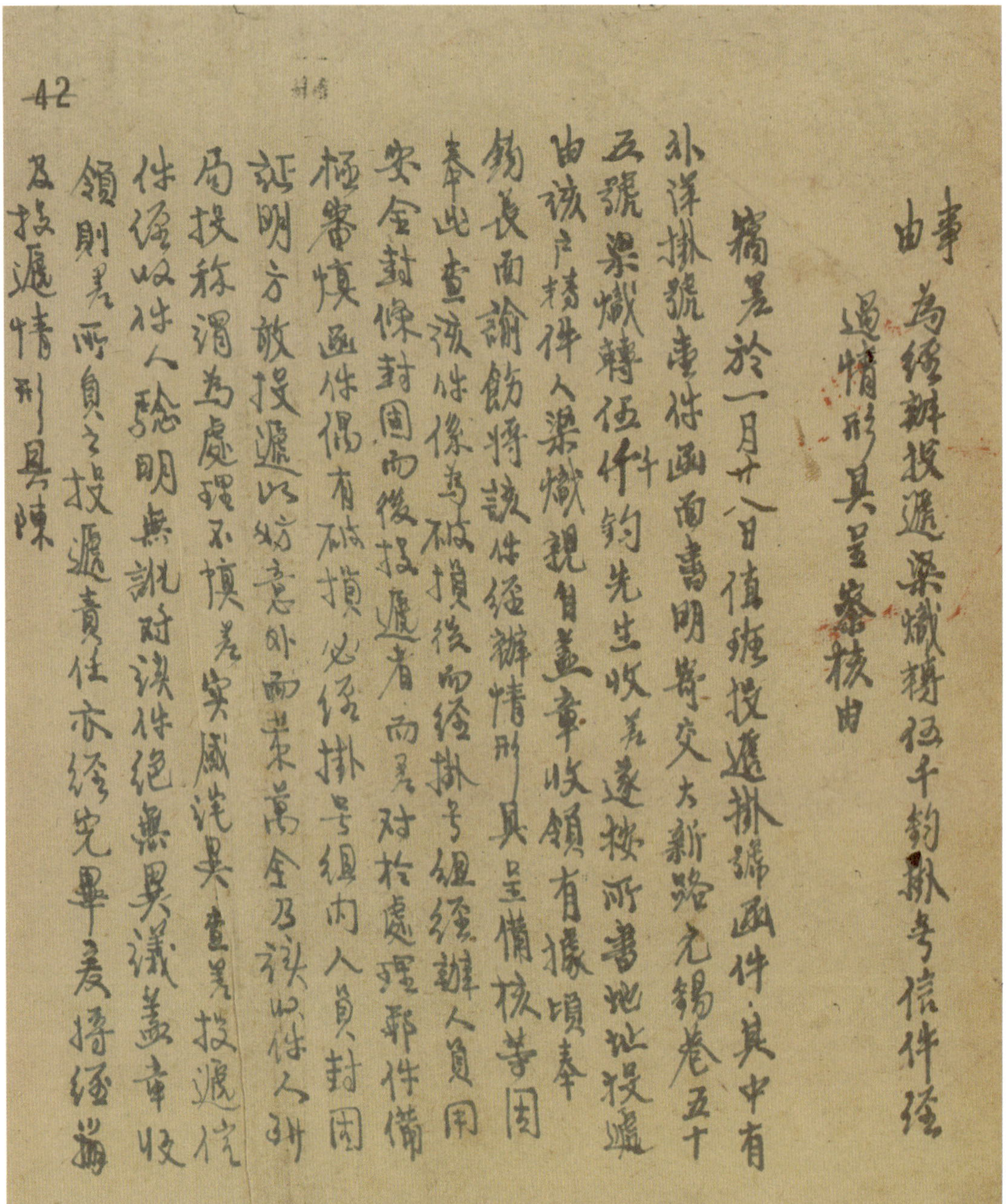

42

事由 為經辦投遞梁熾轉伍千鈞掛號信件經
過情形具呈鑒核由

竊差於一月廿八日值班投遞掛號函件，其中有
外洋掛號壹件，函面書明寄交大新路元錫巷五十
五號梁熾轉伍仟鈞先生收。差遂按所書地址投遞，
由該戶轉件人梁熾親自蓋章收領，有據。頃奉
鈞長面諭，飭將該件經辦情形具呈備核等因。
奉此，查該件係為破損後而經掛號組經辦人員用
安全封條封固而後投遞者。而差对於處理郵件備
極審慎，遇件偶有破損，必經掛號組內人員封固
証明方敢投遞，以防意外，而策萬全。乃該收件人向
局投訴，謂為處理不慎，差實感詫異。查差投遞信
件經收件人驗明無訛，对該件絕無異議，蓋章收
領，則差所負之投遞責任亦經完畢。爰將經辦
及投遞情形具陳

鈞座懇請鑒核實為公便

謹呈

信差管理組組長 黃

差黎[redacted]謹呈

二月二日

派該件時即呼梁職收掛號信蓋章，該

經手者是一青年（廿餘歲）男子，經驗明無破損，絕無[redacted]異議

44

黎[redacted]：

何時出派？ 上午拾時四十分

何時接遞？ 約下午壹時

何時回局？ 下午三時前

午膳時向何地點？接遞完畢午膳在□段內附近

領該件出派直至接遞時， 品茗。

該件安全封條側有裂 安全封條側多裂痕茶

痕有無發現？ 現

仰一併據實呈報 二，二。

主任視察：本郵務郵件將諭將本案業

貴室向□□派查等因請查照安擬

主任视察张瑞符关于按址往询收件人给陈景韩视察的指令（一九四八年二月三日）

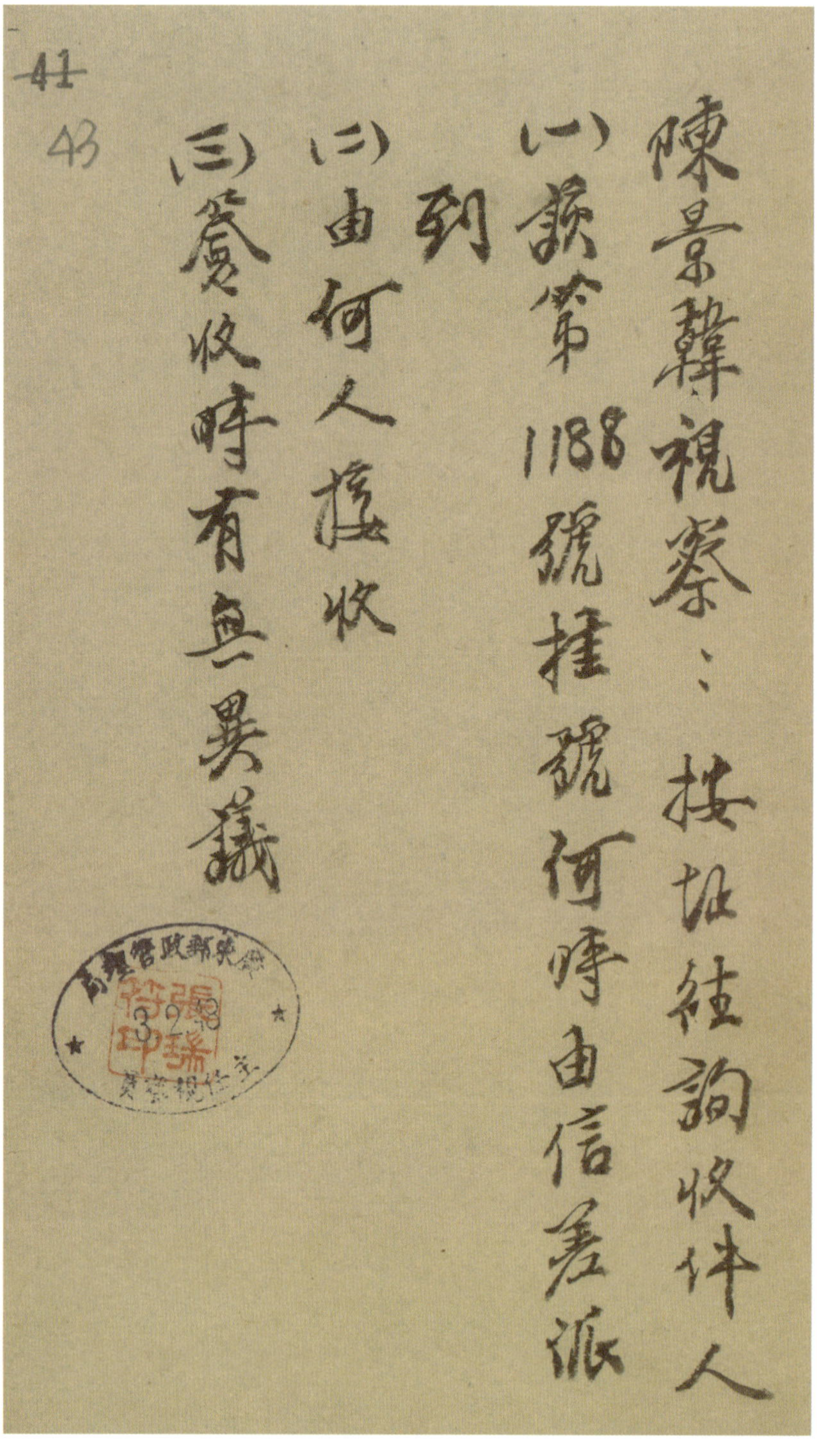

~~41~~
43

陳景韓視察：按址往詢收件人

（一）獲第1188號掛號何時由信差派到

（二）由何人接收

（三）簽收時有無異議

陈景韩关于将向收件人查询结果致主任视察的呈（一九四八年二月三日）

本案遵向收件人查詢結果如左

(一)該掛號信於廿八時下午約三時左右派到

(二)由梁熾親收（梁熾年約二十餘歲）

(三)簽收時未向信差有何聲明

並將查詢時詢問紀錄附呈並查該信背面封條上有戳兩個均似有移動痕跡似係將封條開揭再封但掛號組董何以稱重封時內無異紙一節據稱大家均聽見擬請掛號組再詳查

40 39

謹呈

主任視察

陳景韓 呈 卅七、二、三

〔文一52〕

再查詢：(一)投遞該掛號之差何時回局是否回[illegible]時即將收條交還收据抬簽收

(二)當日該差共派掛件若干

(三)伍千鈞往日由外洋寄回之掛件是否均由梁熾代收

(四)應請收件人伍千鈞速電匯款人轉知銀行停止兌付

(一)據梁亦昭先生稱收到該信時封皮背後所蓋火漆五枚均完全完整送回郵局時亦仍完好

(二)該信係由梁熾先生親自蓋章收

(三)該收信人梁熾當時雖見該信曾由郵局加封惟封條上已蓋有經手人之印故不疑其他當時未向信差有所聲明

(四)據收件人梁熾稱該信在下午三時左右送到

(五)據梁亦昭及梁熾先生稱該信由伍千鈞送回郵局驗看時據郵局掛號組黃先生稱重封時已不見附有另紙云云當時大眾都聽見

第　頁

郵政公事用紙

4,000,000/27. vi. 30.

40

42

[文一5乙]

(六)據梁先生稱該原收信人伍千鈞事前亦收到自吉隆坡寄來明信片一紙通知該信內有屋紙故予收到該掛信時見曾重封為慎重計故送回郵局開驗(據稱明信片當日已附同本案原信交郵局)(該明信片係逕寄伍千鈞住處親收)

(七)該信收到後適收件人伍千鈞當晚約八時到來當即原信轉交當時因經郵局重封故不敢拆開(該信曾在電燈下映照似信內未見屋紙之故)留候翌晨送郵局拆驗

陳桑韓紀錄

田小娥

梁伍照

第貳頁

郵政公事用紙

4,000,000/27. vi. 30.

陈景韩关于吉隆坡寄广州市伍千钧挂信遗失戻纸一案查询及办理情形致主任视察的呈（一九四八年二月五日）

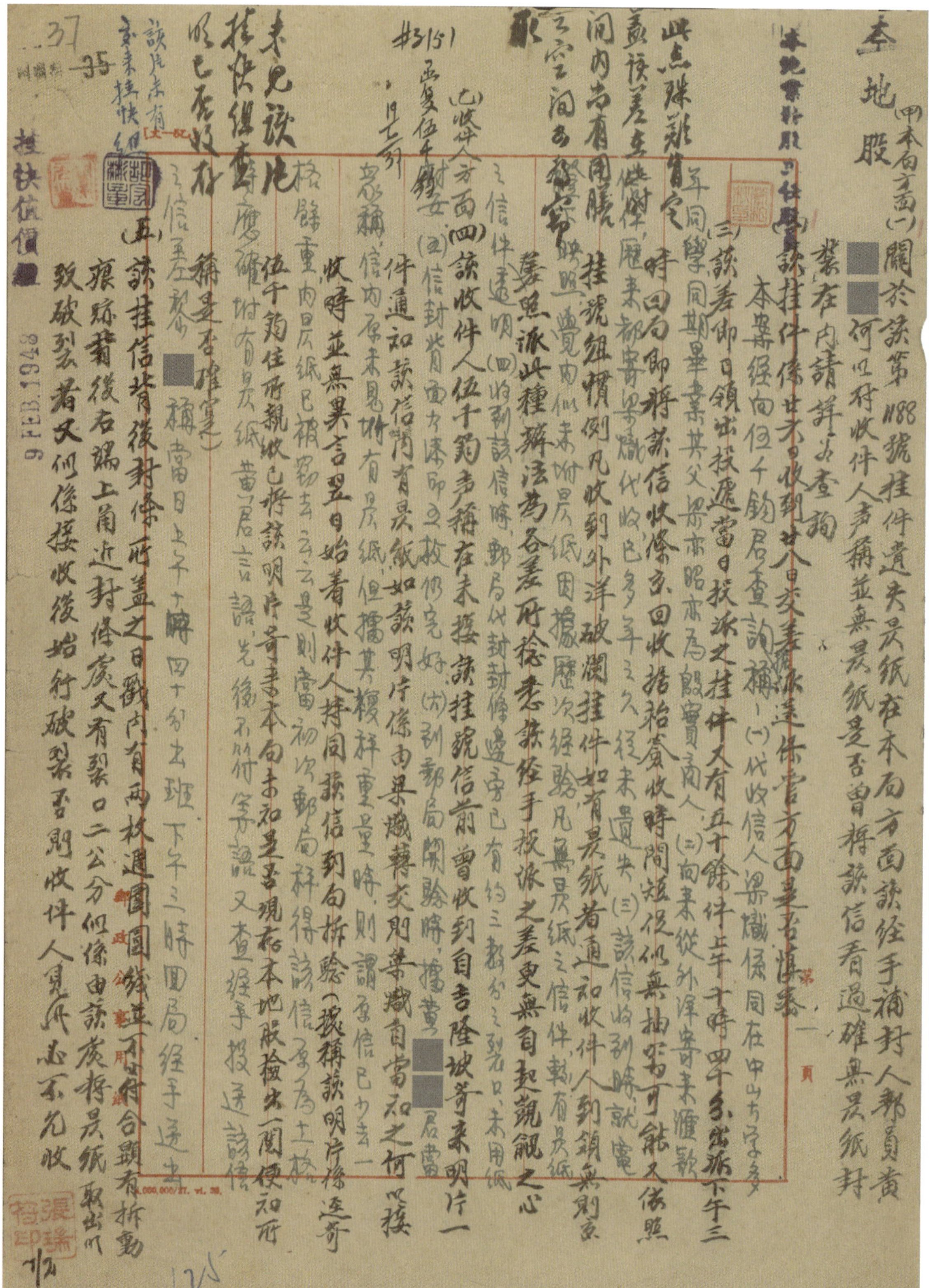

本地股

(甲)本局方面(一)關於該第1188號挂件遺失戻紙在本局方面該经手補封人郵員黃[redacted]何以付收件人声稱並無戻紙是否曾將該信看過確無戻紙封裝在內請詳為查詢

本地業務股主任股員謹註：該挂件係廿六日收到，廿八日交差派送，係當方面是否慎密

本案经向伍千鈞君查詢稱：(一)代收信人梁熾係同在中山大学多年同學，同期畢業，其父梁亦昭亦為殷實商人，(二)向來從外洋寄來滙款信件，歷来都寄梁熾代收，已多年之久，從未遺失，(三)該信收到時，就電郵寄映照，覺內似未附戻紙，因據歷次经驗，凡無戻紙之信件，輙有戻紙之信件遺明，(四)收到該信時，郵局代封封條邊旁已有約三数分之裂口，未用紙(五)信封背面大漆印之投仍完好，(六)到郵局開驗時，據黃[redacted]君當衆稱，信內原未見附有戻紙，但據其複秤重量時，則謂原信已少去一格，餘重內戻紙已被竊去云云，是則當初次郵局秤得該信原為十五格之信，應維附有戻紙，黃君言語，先後不符等語，又查经手投送該信之信差交郵[redacted]稱當日上午十一時四十分出班，下午三時回局，经手投送出

(三)該差御日領出投遞，當日投派之挂件又有五十餘件，上午十時四十分出班，下午三時回局，即將該信收條交回，收指給簽收時間短促，似無抽出可能，又依照挂號組慣例，凡收到外洋破爛挂件，如有戻紙着通知收件人到領，無則交差照派，此種辦法為各差所稔悉，該经手投派之差更無自起窺覦之心

此点殊難肯定

蓋該差查供附間内尚有關膳之空間去投寄

(乙)收件人方面(四)該收件人伍千鈞声稱在未接該挂號信前，曾收到自吉隆坡寄來明片一件，通知該信內有戻紙，如該明片係由梁熾轉交，則梁熾自當知之，何以接收時並無異言，翌日始着收件人持同該信到局拆驗(據稱該明片係逕寄伍千鈞住所親收)已將該明片寄來本局，未知是否現存本地股，檢出一閱便知，所稱是否確實

未見該片

挂快組查明已存收存

(五)該挂信背後封條所蓋之日戳內有兩枚週圍圓綫並不符合，顯有拆動痕跡，着後右端上角近封條處又有裂口二公分，似係由該處將戻紙取出，所致破裂着，又何係接收後始行破裂，否則收件人自應不允收

該片未有交來挂快組

挂快組值[illegible]

9 FEB 1948

#3151 函復伍千鈞 2/17

37 35 125

36

38

[文一記]

外洋掛號信十三件，包裹四件，普通掛號信廿四件，快信三件，報值掛號信九件，合共五十三件。所查之1188号掛信則約至三時前送交某號蓋章收去。當收件人接收該信時，該差曾向其聲明係由郵局重封，收件人并無異言等語。現已由收件人侄千鈞飛函向寄件人查詢有無將房紙漏寄，并飛函香港滙豐銀行及中國銀行請查明有無該滙款人房紙滙票，并停止兌付，俟有結果，再通知本局。故本案擬俟再接到通知時再行辦理，是否有當，

請 鈞核謹呈

主任視察

又查信差[redacted]於三時回局後隨即將掛號收據清理，即交回收據股，并無延擱。

陳景韓（印）

陳景韓（印）

呈 廿七、二、五

第二頁

郵政公事用紙

4,000,000/27. vt. 38.

伍郁文关于寄伍千钧挂号信内炅纸被窃取原因及此后寄信妥善办法给伍千钧的函（一九四八年二月十三日）

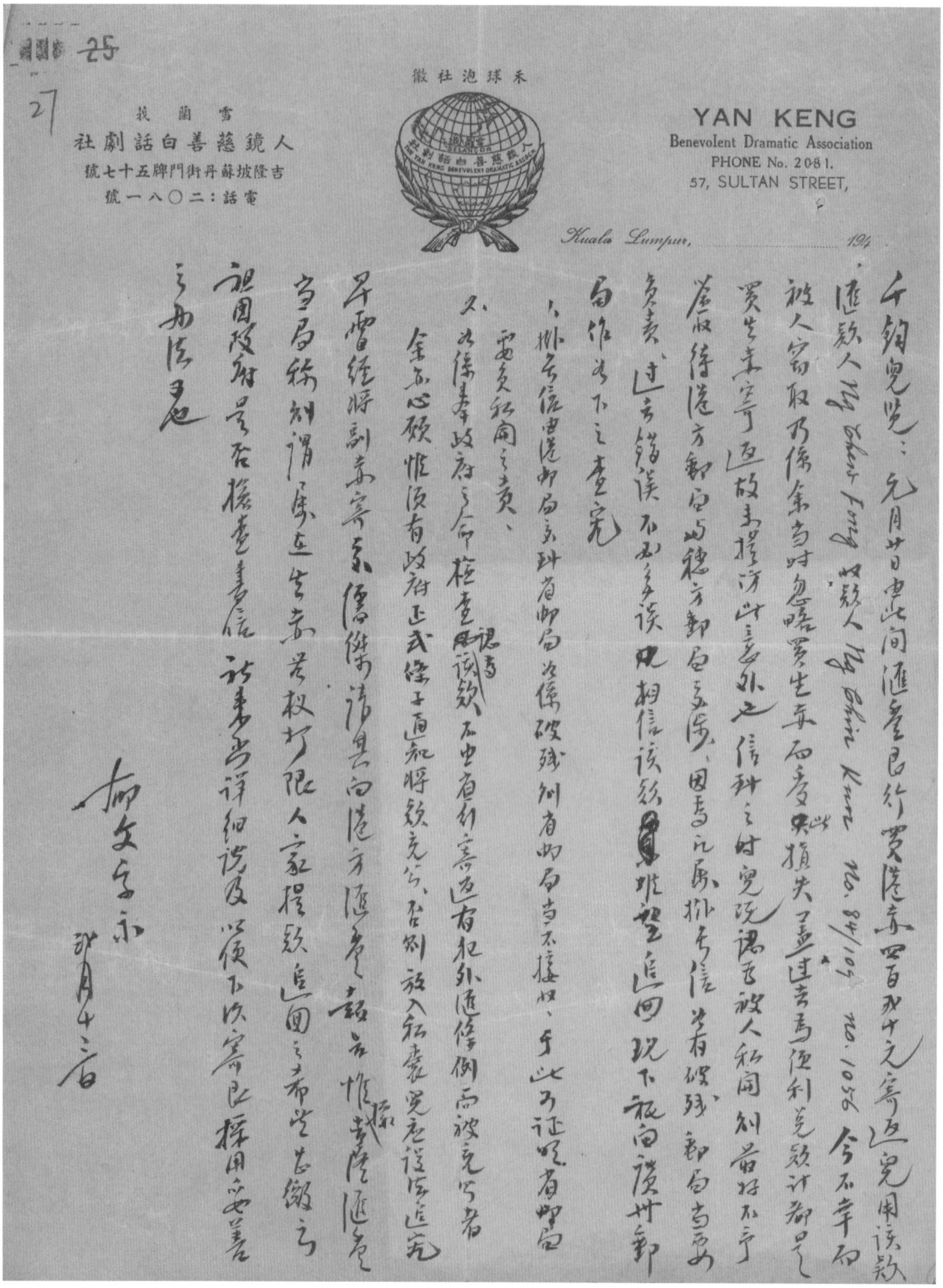

雪蘭莪
人鏡慈善白話劇社
吉隆坡蘇丹街門牌五十七號
電話：二〇八一號

禾球泡社徽

YAN KENG
Benevolent Dramatic Association
PHONE No. 2081.
57, SULTAN STREET,

Kuala Lumpur, ...194

千鈞兒覽：元月廿日由此間匯豐銀行買港紙四百九十元寄返兒用，該款匯款人 Ng Chee Fong 收款人 Ng Chin Kuen No. 84/109 No. 1056，今不幸而被人竊取，乃係余當時忽略買單來而受此損失，蓋過去為便利兒款計，都是買單來寄返，故未提防此意外之。信封之時，兒既謂為被人私開剖啓，好不予簽收，待港方郵局與穗方郵局交涉，因為凡係掛號信若有破殘，郵局當要負責。過去錯誤不必多談，兒相信該款實非望追回，現下祇向廣州郵局作如下之查究：

一、掛號信由港郵局交到省郵局，如係破殘，則省郵局當不接收，由此可證明省郵局要負私開之責。

二、如係奉政府之命檢查該款，不由省行寄返，有犯外匯條例而被充公者，余亦心願，惟須有政府正式條子通知將款充公，否則放入私囊，兒應追究。

另曾經將副本寄京僑務，請其向港方匯豐詰問，惟據港匯豐當局條例謂凡匯出港紙若被打限人家提款，追回之希望甚微之。祖國政府是否據查書信，該事當詳細說及，以便下次寄信採用妥善之辦法是也。

郁文字示
二月十三日

关元瑞关于答复吉隆坡寄广州市伍千钧挂信遗失昃纸一案查询结果致主任股员的呈（一九四八年二月十六日）

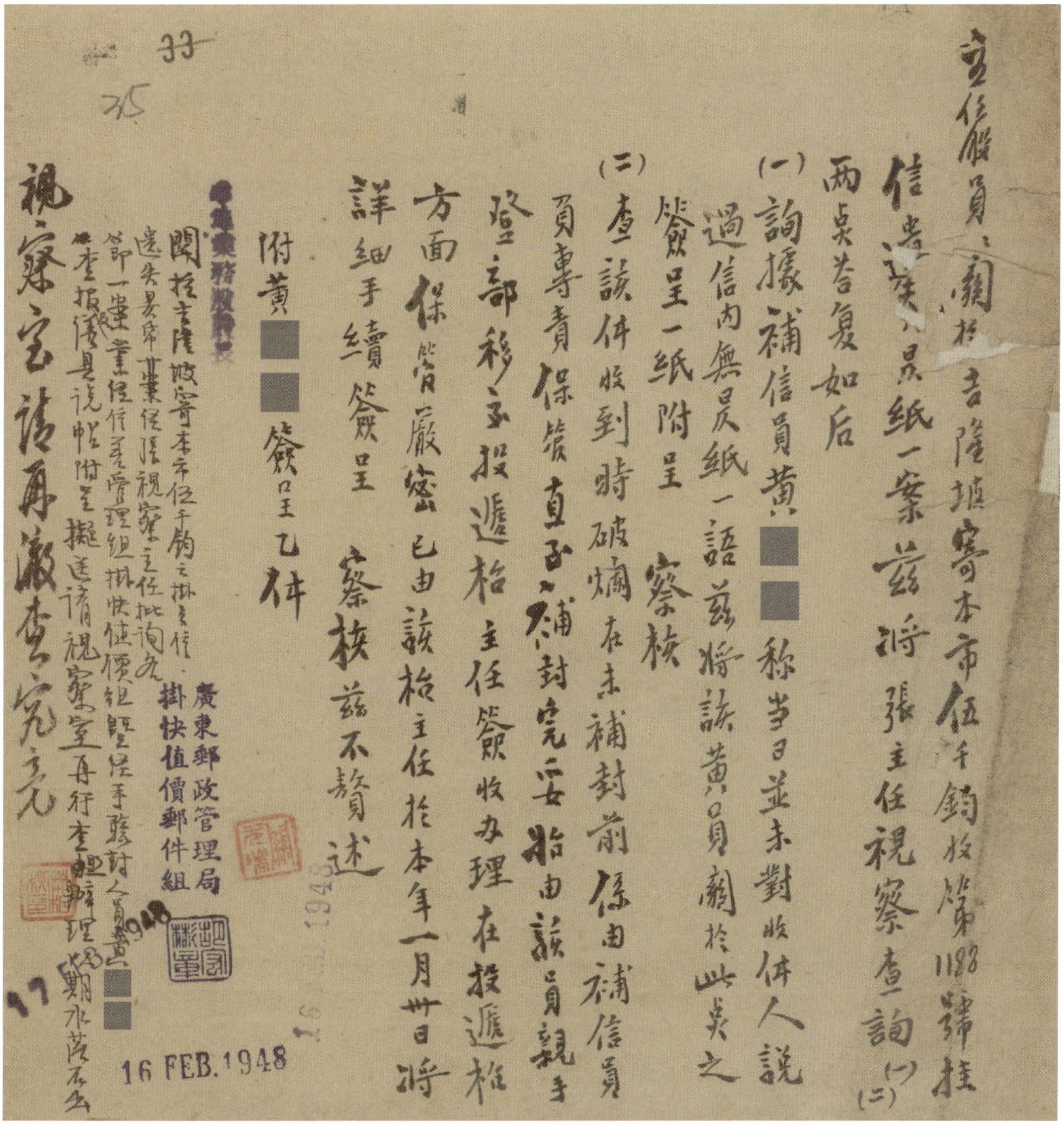
33
35

主任股員：關於吉隆坡寄本市伍千鈞收第1188號掛信遺失昃紙一案茲將張主任視察查詢(一)(二)兩点答復如后

(一)詢據補信員黃[redacted]稱當日並未對收件人說過信內無昃紙一語茲將該黃員關於此点之簽呈一紙附呈 察核

(二)查該件收到時破爛在未補封前係由補信員負專責保管直至補封完妥始由該員親手登記移交投遞柜主任簽收办理在投遞柜方面保管嚴密已由該柜主任於本年一月卅日將詳細手續簽呈 察核 茲不贅述

附黃[redacted]簽呈乙件

廣東郵政管理局
掛快值價郵件組

閱 據吉隆坡寄本市伍千鈞之掛號信遺失昃紙一案業經張視察主任批詢各節 茲據掛號信件管理組掛快值價組暨經手補封人員黃[redacted]查復 並附呈 擬送請視察室再行查核辦理

視察室請再徹查究竟

16 FEB.1948
17 FEB 1948

附：关于拒绝伍千钧来局开拆挂号函件缘由致主任股员的呈（一九四八年二月十四日）

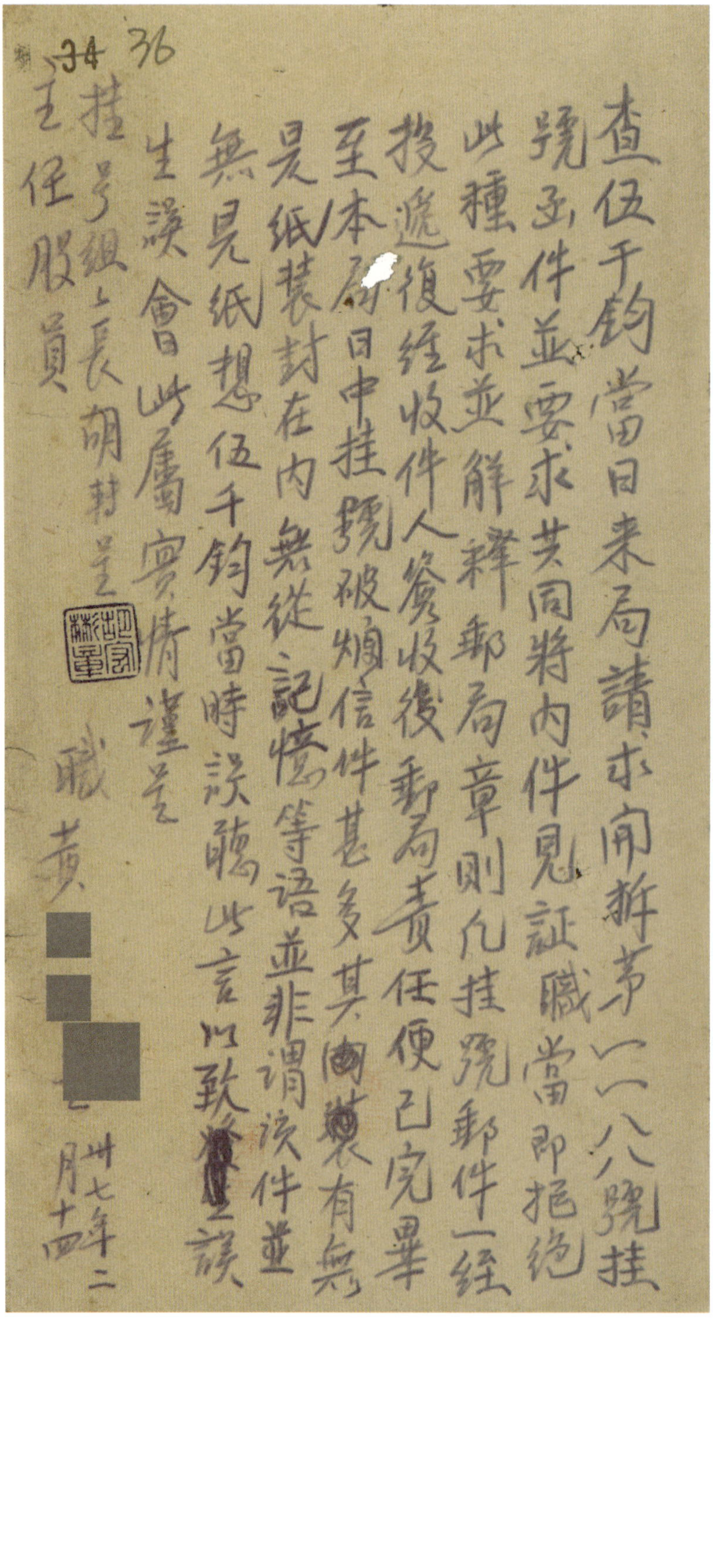
查伍千鈞當日來局請求開拆第一一八號挂號函件並要求共同將內件見証職當即拒絕此種要求並解釋郵局章則凡挂號郵件一經投遞復經收件人簽收後郵局責任便已完畢至本局日中挂號破爛信件甚多其內裝有無是紙裝封在內無從記憶等語並非謂該件並無是紙想伍千鈞當時誤聽此言以致發誤生誤會此屬實情謹呈

主任股員

挂号組組長胡 封呈

職黃[redacted]

卅七年二月十四

主任视察张瑞符关于再查五点事项给陈景韩视察的指令（一九四八年二月十七日）

3234

陳景韓視察：再查

(一)通知伍千鈞該信內有吳紙之明信片未有交來請收件人交出查閱

(二)投派該掛信之差是否係正規差在局服務若干年

(三)黃[redacted]聲稱當時來村收件人說過信內無吳紙與伍千鈞所稱並不相符誰是誰非有無証

(四)該掛信係由黃[redacted]加封當加封時有否[illegible]過該信及有無吳紙封裹在內

(五)該掛信廿六收到廿八交差投派在未派前如何保管

陈景韩关于示谕各点遵办结果致主任视察的呈（一九四八年三月二日）

(一)黄[redacted]代封該破爛挂號信時諒係未經看過信內有無美紙，實屬疏忽，將來該美紙確係被人冒領，該員應負其責。

(二)請由本地股擬稿送總務股函復來函人。

[redacted]

呈

業務督察

察核

本地股

示諭各點遵辦結果如下：

(一)遵往收件人伍仟鈞寓所訪會多次，因伍君任報館外勤工作，不一定回家，晤面亦無定時，致均未會見，曾留下名片及另由掛號信函請定時約晤，或將所收到寄自吉隆坡通知寄款之平信信封送來，亦未允照辦，致本案延緩多日，對示諭第一點，再未獲結果。

又當向收件人伍千鈞查詢時，已請速電匯款人轉知銀行停止兌付并函應再行去叙。

(二)投派該掛號信信差蔡[redacted]係臨時信差，於三十四年間入局，迄已三年餘，平日投派掛信未嘗錯誤或發生其他情事。

(三)關於伍千鈞君稱黃[redacted]君所說信內原無美紙一語，係當眾所說，大家都聽見，當時尚有主管人員在場等語，與黃君說帖所稱不符，究誰屬是非，擬請當時在場之主管人員證明。

本地業務股主任股員

挂快值價組

黄[redacted]君撰稿

第一頁

13 MAR. 1948

13 MAR. 1948

29

31

[文一一記]

郵政公事用紙

4,000,000/37. vi. 39.

-30-

32

[文一6乙]

（四）據董[redacted]君稱每日所封之外洋掛號破信甚多，照例破裂掛信，必將内件抽出看過，但有時破裂祇有小洞察情形認為内件無法漏出者，為節省時間計，常照例加貼官封紙條，即退投遞枱辦理，故該信有否抽出看過，是否内有影紙，現無從記憶等語。

（五）該掛號信於廿六日由董[redacted]君收到後，因當日不及辦完，即鎖存鐵保險櫃内，翌日下午封妥後，送還投遞枱，以出班時間已過，乃鎖入大保險庫内，至廿八日早交差投送（投遞枱與補信枱投受破信手續批註簽點）。

本案迄今已經閱月，未見收件人前來催促，雖一再向收件人查詢，亦難以會到，故擬由局方正式去函通知查得情形，并促其查覆，將其電向香港查得之結果詳情見告，以便早日了案。

郵政公事用紙

第二頁

4,000,000/27. vi. 39.

33

[文一記]

又關於撕拆僑批封破信手續方面、相關經手人如查得信內附有另紙、自應呈報主管核辦、如信內言明附有另紙而實際上并無另紙附來、亦應呈明主管查證核辦、乃不此之圖、而逕行僑批投派、似有未合手續、將來如查明相關撕信果確附有另紙而於事前已被人盜竊時、該僑批經手人員似須負責任、

右呈各節是否有當、敬請

鈞核謹呈

主任視察

附呈全案卷及附件

職 陳景韓（印） 謹呈 卅七、三、一二

第 三二 頁

郵政公事用紙

4,000,000/37. vd. 39.

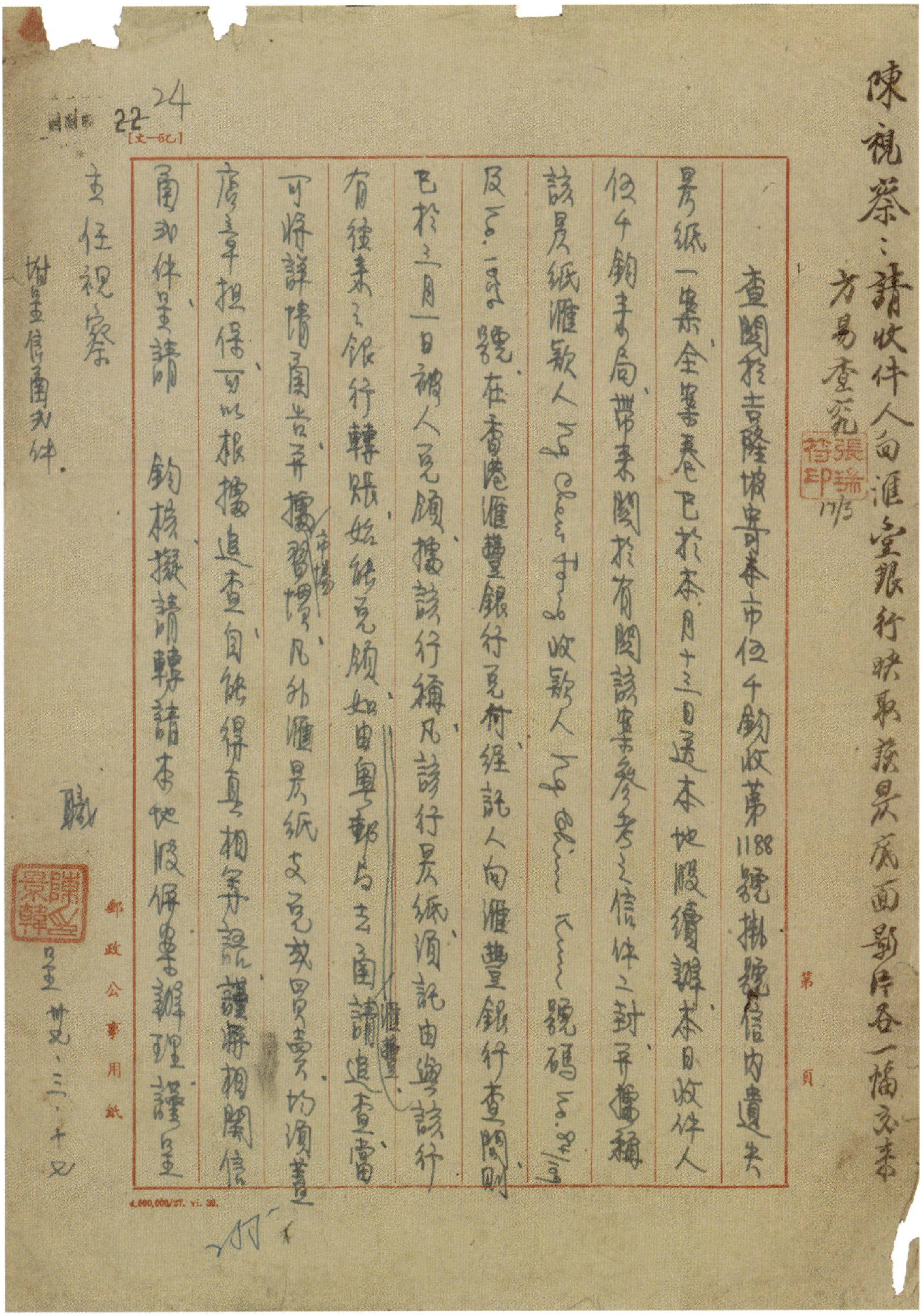

陳視察：請收件人向滙豐銀行映取該匯票底面影片各一幅交來方易查究

張謙 17/3

22 24 [文一5乙]

查閱於吉隆坡寄本市伍千鈞收第1188號掛號信內遺失匯紙一張全案卷已於本月十三日送本地股續辦本日收件人伍千鈞來局帶來關於有關該案參考之信件二封并據稱該匯紙滙款人 Ng Chan Seng 收款人 Ng Chin Kun 號碼 No. 84/139 及三一三號在香港滙豐銀行兌付經託人向滙豐銀行查問則已於三月一日被人兌領據該行稱凡該行匯紙須託由與該行有往來之銀行轉賬始能兌領如由粵郵局去函請追查當可將詳情函告并據稱市場習慣凡外匯匯紙支兌或買賣均須蓋店章担保可以根據追查自能得真相等語謹將相關信函兩件呈請

鈞核擬請轉請本地股併案辦理謹呈

主任視察

附呈信函兩件

職 陳景韓 呈 卅七、三、十七

郵政公事用紙　第　頁

4,000,000/27. vi. 30.

陈景韩关于将伍千钧提供与案件相关参考信件转请本地股并案办理致主任股员的呈（一九四八年三月十七日）

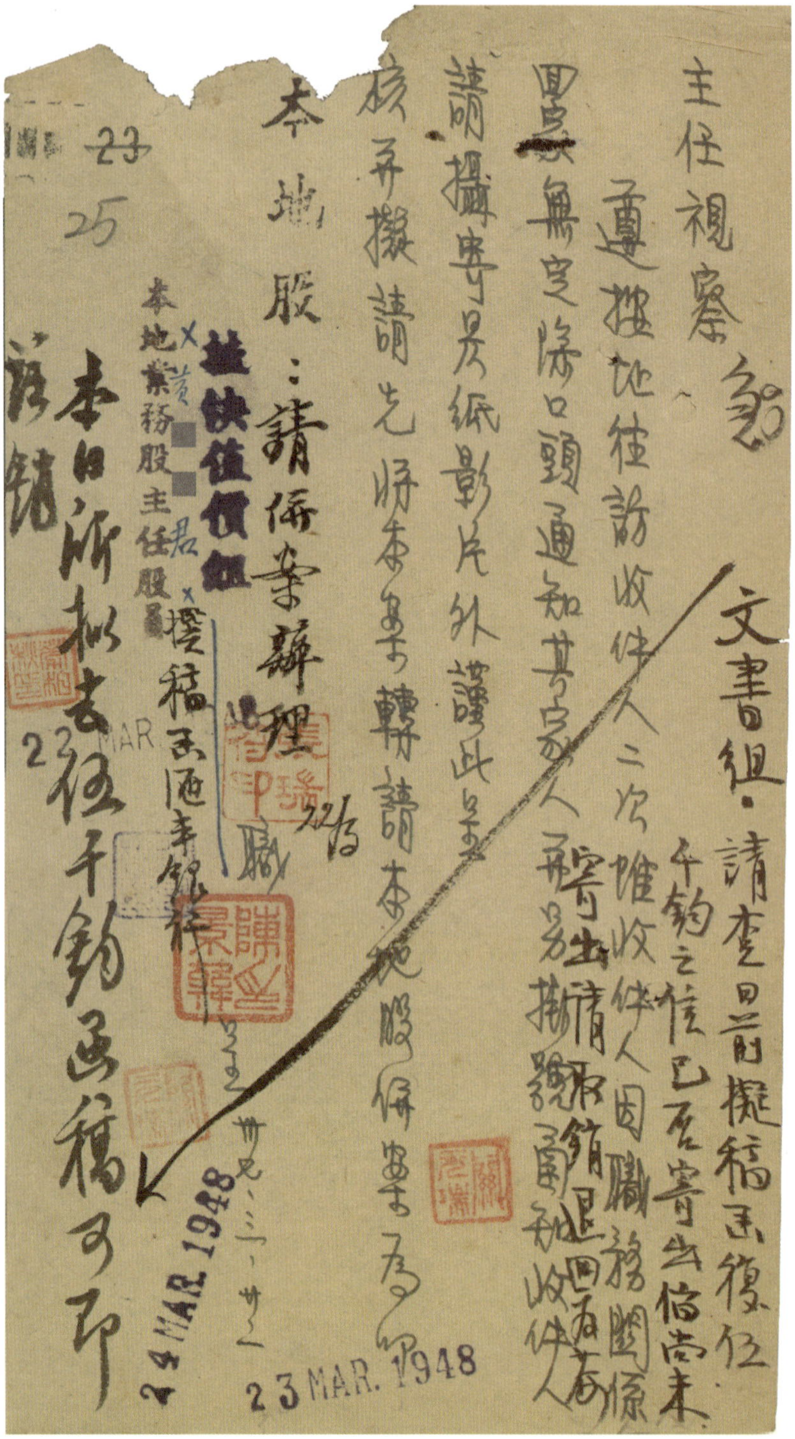
主任視察：
巽遵撥往訪收件人二次，惟收件人因職務關係無定，除口頭通知其家人外，另寄出掛號函知收件人請攝寄旲紙影片外，謹此呈核，并擬請先將本案轉請本地股併案辦理。
陳景韓
本地股：請併案辦理。
23 MAR. 1948
24 MAR. 1948

陈景韩关于已口头通知伍千钧家人并另挂号函知伍千钧摄寄旲纸影片并请先将该案转请本地股并案致主任视察的呈（一九四八年三月二十二日）

广东邮政管理局局长关于伍千钧挂号信内戻纸被窃取一案寻求帮助给香港汇丰银行的公函（一九四八年四月二日）

No.289
PUBLIC

Canton April 2, 8

Dear Sir,

May I inform you that this Office has received a complaint from Mr. Ng Chin Kwan to the effect that the contents of registered letter No. 1188 - draft No. 84/109 & 1056 for H.K.$420.00 remitted through your bank at Kuala Lumpur (3) by Mr. Ng Chew Fong and payable to Mr. Ng Chin Kwan of Canton - were found missing when opening the letter. The payee informed this Office that the draft had been cashed by your Bank on 1-3-1948 by means of forgeries by some one else. As it is understood that the seal of a guarantee shop, together with the signature of the beneficiary, is required to be endorsed on the draft before cashing is effected by your Bank, I would feel it a great help if you will be able to assist this Office by informing me the title and full address of the guarantee shop as well as the full name of the ~~drawee~~ payee, so that we may be in a better position to conduct the necessary investigation. I should be even more grateful if you could, circumstances permitting, give us a photostat of the draft.

Your co-operation in regard to this matter will be much appreciated.

Yours faithfully,

Director of Posts for Kwangtung.

The Manager,
The Hongkong & Shanghai Banking Corporation,
Hongkong.

3/4

22

香港汇丰银行关于映取昃纸每张港币八元给广东邮政管理局的公函（一九四八年四月七日）

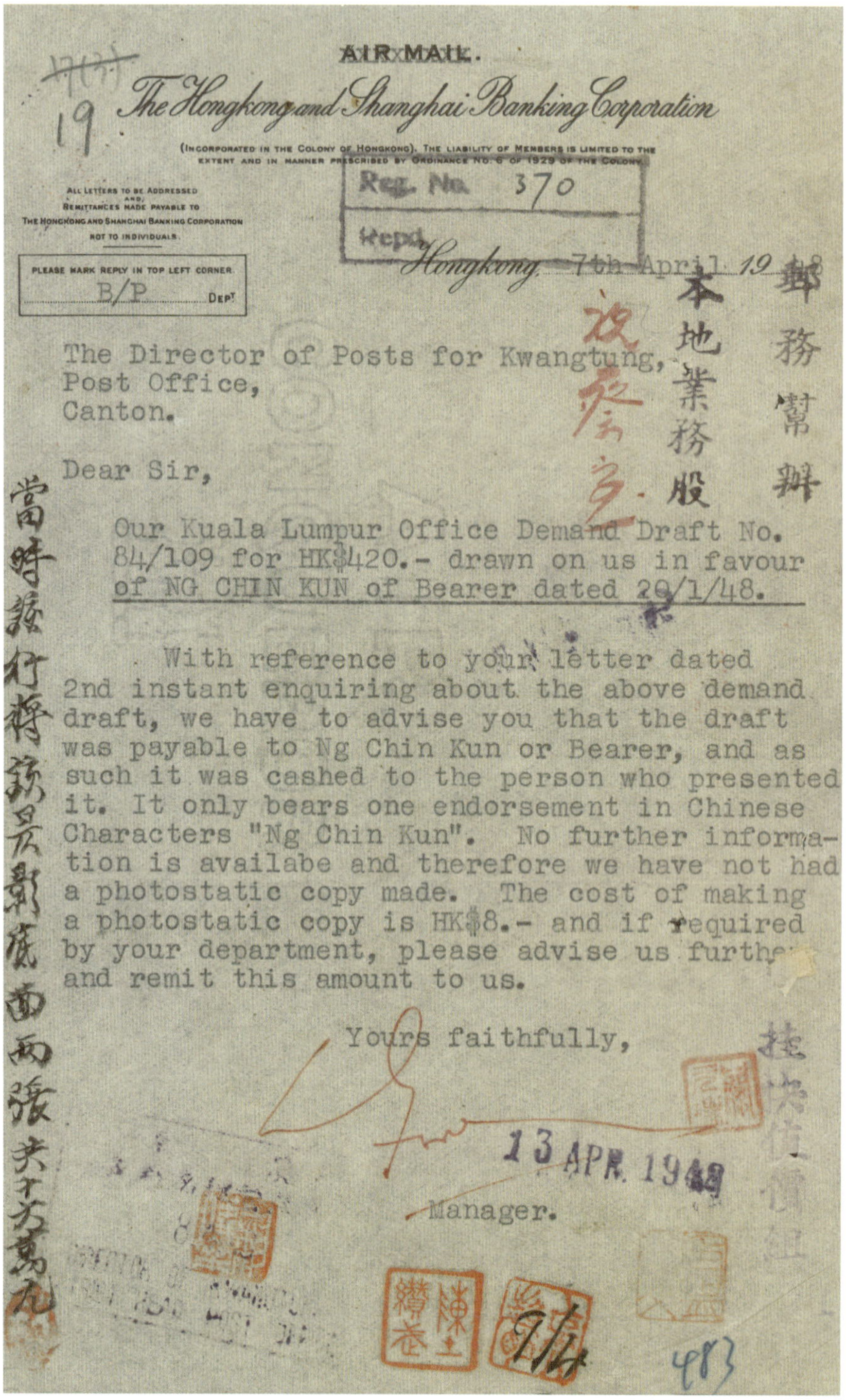

AIR MAIL.

The Hongkong and Shanghai Banking Corporation

(INCORPORATED IN THE COLONY OF HONGKONG). THE LIABILITY OF MEMBERS IS LIMITED TO THE EXTENT AND IN MANNER PRESCRIBED BY ORDINANCE NO. 6 OF 1929 OF THE COLONY.

ALL LETTERS TO BE ADDRESSED AND REMITTANCES MADE PAYABLE TO THE HONGKONG AND SHANGHAI BANKING CORPORATION NOT TO INDIVIDUALS.

PLEASE MARK REPLY IN TOP LEFT CORNER. B/P DEPT

Reg. No. 370

Repd.

Hongkong, 7th April 1948

郵務幫辦

本地業務股

The Director of Posts for Kwangtung,
Post Office,
Canton.

Dear Sir,

Our Kuala Lumpur Office Demand Draft No. 84/109 for HK$420.- drawn on us in favour of NG CHIN KUN of Bearer dated 20/1/48.

With reference to your letter dated 2nd instant enquiring about the above demand draft, we have to advise you that the draft was payable to Ng Chin Kun or Bearer, and as such it was cashed to the person who presented it. It only bears one endorsement in Chinese Characters "Ng Chin Kun". No further information is availabe and therefore we have not had a photostatic copy made. The cost of making a photostatic copy is HK$8.- and if required by your department, please advise us further and remit this amount to us.

Yours faithfully,

13 APR 1948

Manager.

當時發行將該昃影底面兩張共十萬元

邮务视察员李炽攀关于收到香港汇丰银行戾纸影片后再为侦查续办致主任视察、邮务帮办、局长的呈（一九四八年四月十二日）

~~18~~ 20

［文一5乙］

本案遵經收道往廣公署之便，於本月八日下午往訪儲匯分局英人Mr. Murry，並將本局於本月六日致香港滙豐銀行第289號英文公函交閱，及畧將情形商請Mr. Murry偕同職前往滙豐銀行，因他與該行經理人稔識，易於洽請該行將任千鈞被人冒領之四二〇元港票攝取影片，但Mr. Murry當時不暇，允於明日（九日）上午由他持該公函往滙豐銀行見該行經理交涉，約於九日十一時到局候复，據Mr. Murry於四時稱，滙豐銀行經於本月七日已有函复廣州郵局，並謂該票係由Bearer Logue於該行並無開條等語，並請求將該票攝片一節，該行允於本月十二三日可晒妥寄來儲匯分局轉交，每張收費港幣八元，為每影底面共二張，則需費十六元云，本案擬俟收到香港滙

第一頁

郵政公事用紙

4,000,000/27. vi. 30.

19

21

［文一〇乙］

粵銀行言影，然後再爲偵查續办，謹將往港收退偵查本案

情形，報請

察核。 謹呈

主任視察

郵務帮辦

局長

郵務視察員

12 APR. 1948

第 二 頁

郵政公事用紙

4,000,000/27. vi. 30.

邮政储金汇业局香港分局关于函送香港汇丰银行港昃汇票影片请查收给广东邮政管理局的公函（一九四八年四月十五日）

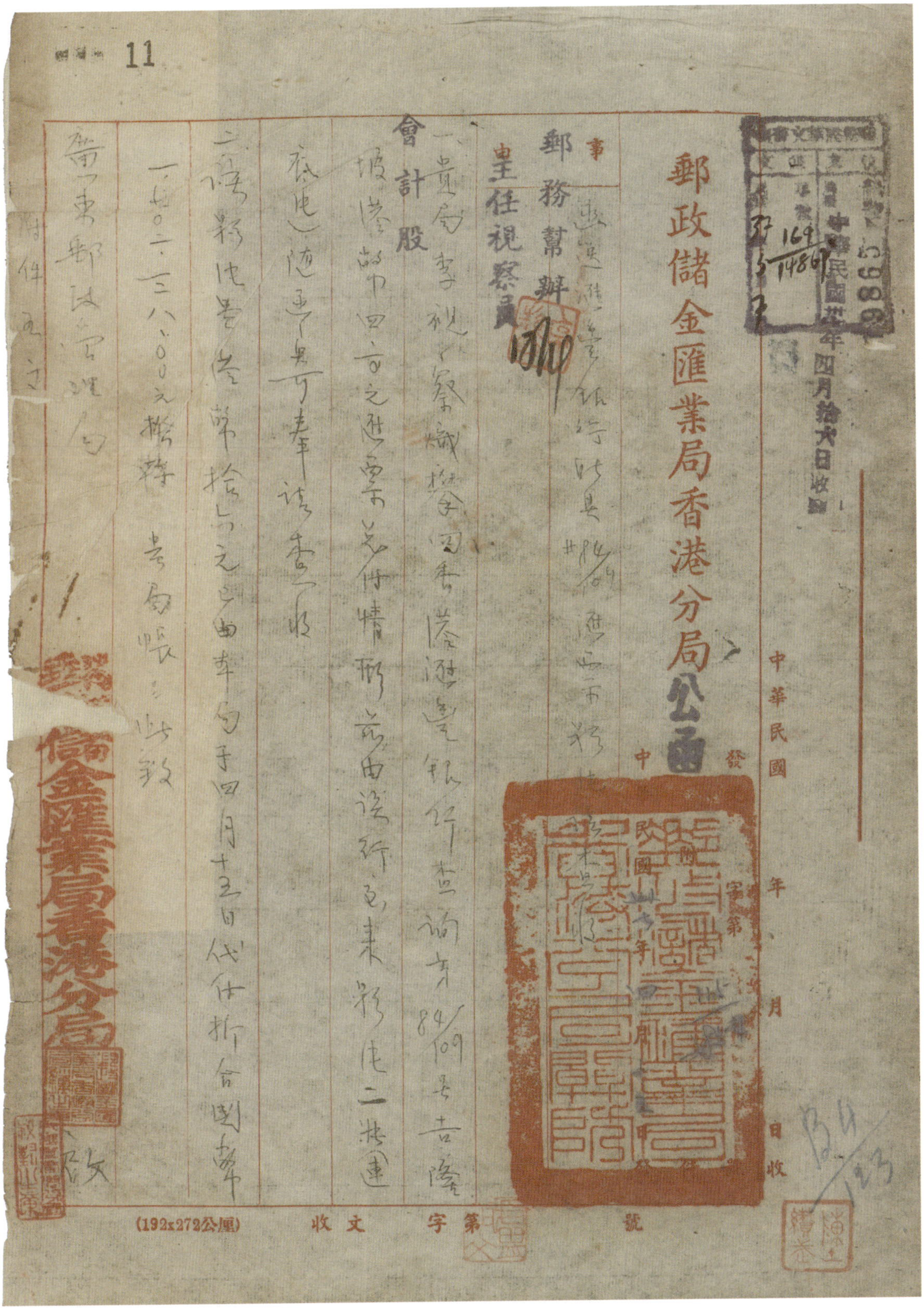

13

No 84/109 No 1056
HONGKONG & SHANGHAI BANKING CORPORATION
$420-00 KUALA LUMPUR 20TH JANUARY 1948.
HONGKONG CURRENCY.
ON DEMAND PAY THIS FIRST OF EXCHANGE (SECOND OF THE SAME TENOR AND DATE NOT PAID) TO THE ORDER OF
NG CHIN KUN OR BEARER
DOLLARS FOUR HUNDRED & TWENTY HONGKONG CURRENCY.
VALUE RECEIVED
To THE HONGKONG & SHANGHAI BANKING CORPORATION. HONGKONG.
FOR THE HONGKONG & SHANGHAI BANKING CORPORATION
PAID 30 JAN 1948
NEGOTIABLE ONLY IN STERLING AREA

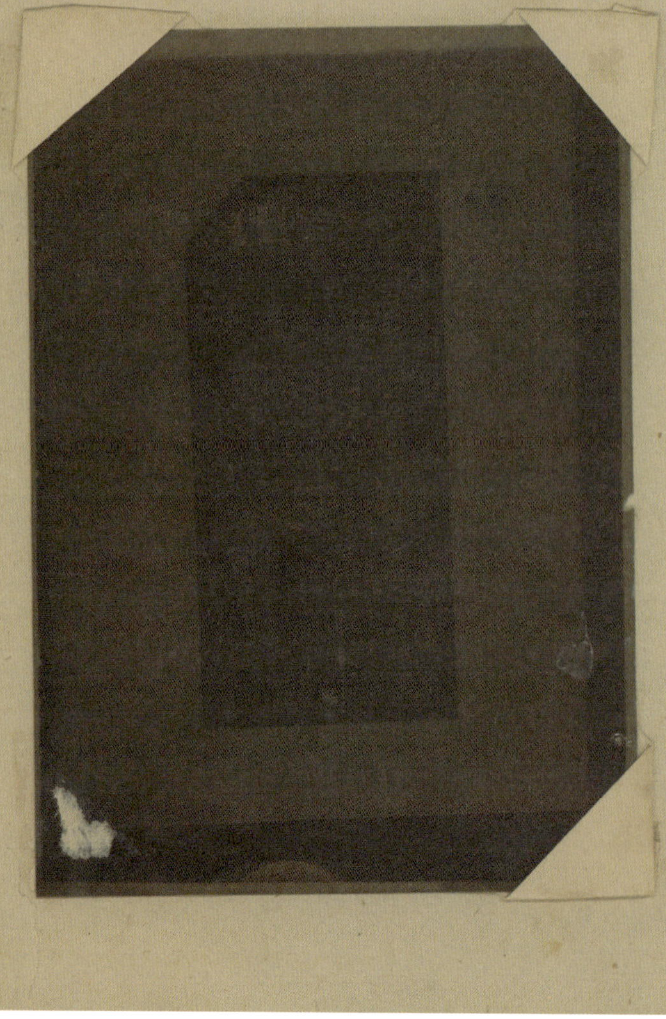

主任视察张瑞符关于按地址往请伍千钧缴交港纸十六元以便请香港汇丰银行映取被人冒领之昃纸给蔡绍芝的指令（一九四八年四月十九日）

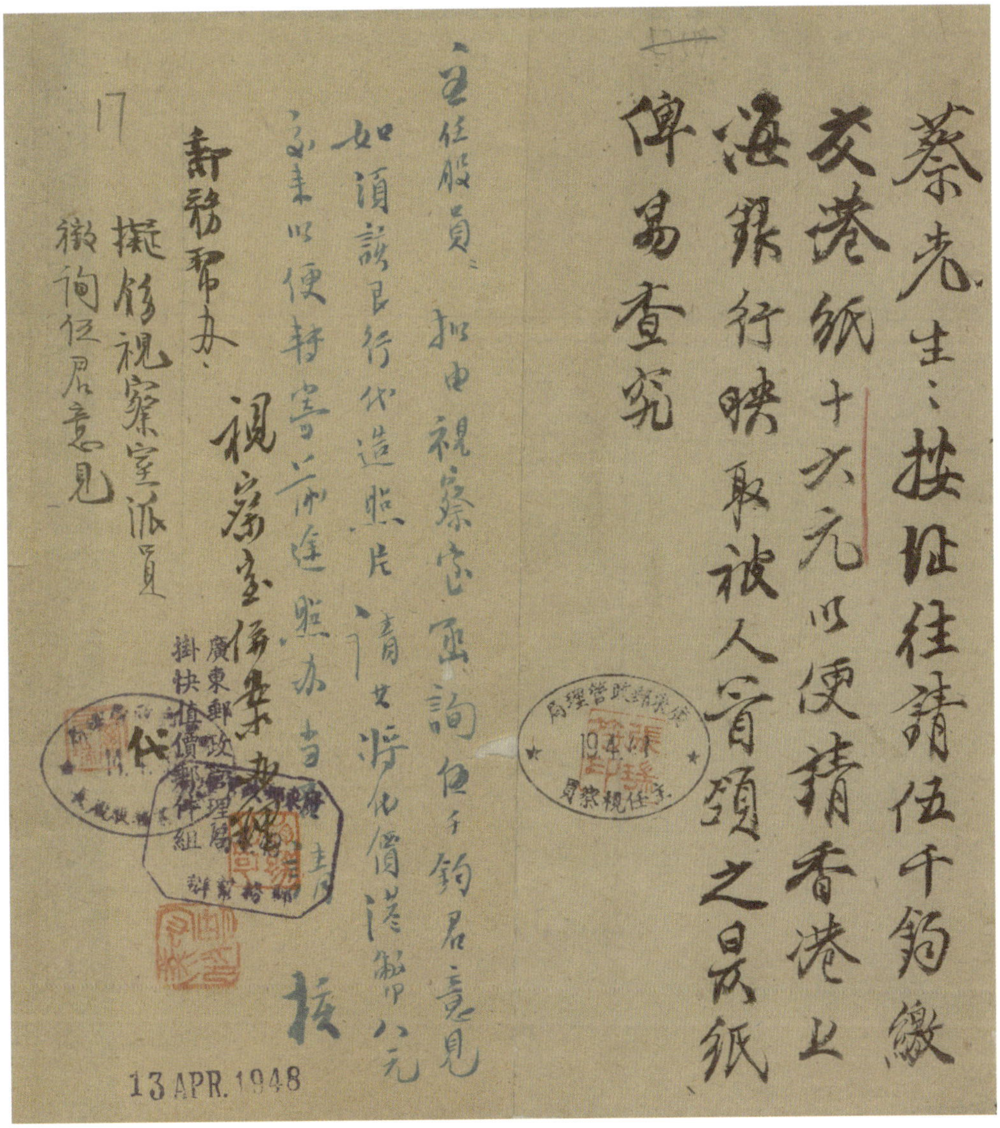
蔡先生：按址往請伍千鈞繳交港紙十六元以便請香港上海銀行映取被人冒領之昃紙俾易查究

主任股員：擬由視察室函詢伍千鈞君意見 如須該銀行代造照片 請其將代價港幣八元交來以便轉寄該處照辦 當否

視察室 擬

17

簽務幫辦

擬飭視察室派員徵詢伍君意見

核

廣東郵政管理局 掛快損償郵件組

13 APR. 1948

蔡绍芝关于呈报与伍千钧洽商昃纸映取费用经过情形致主任视察、邮务帮办的呈（一九四八年四月二十日）

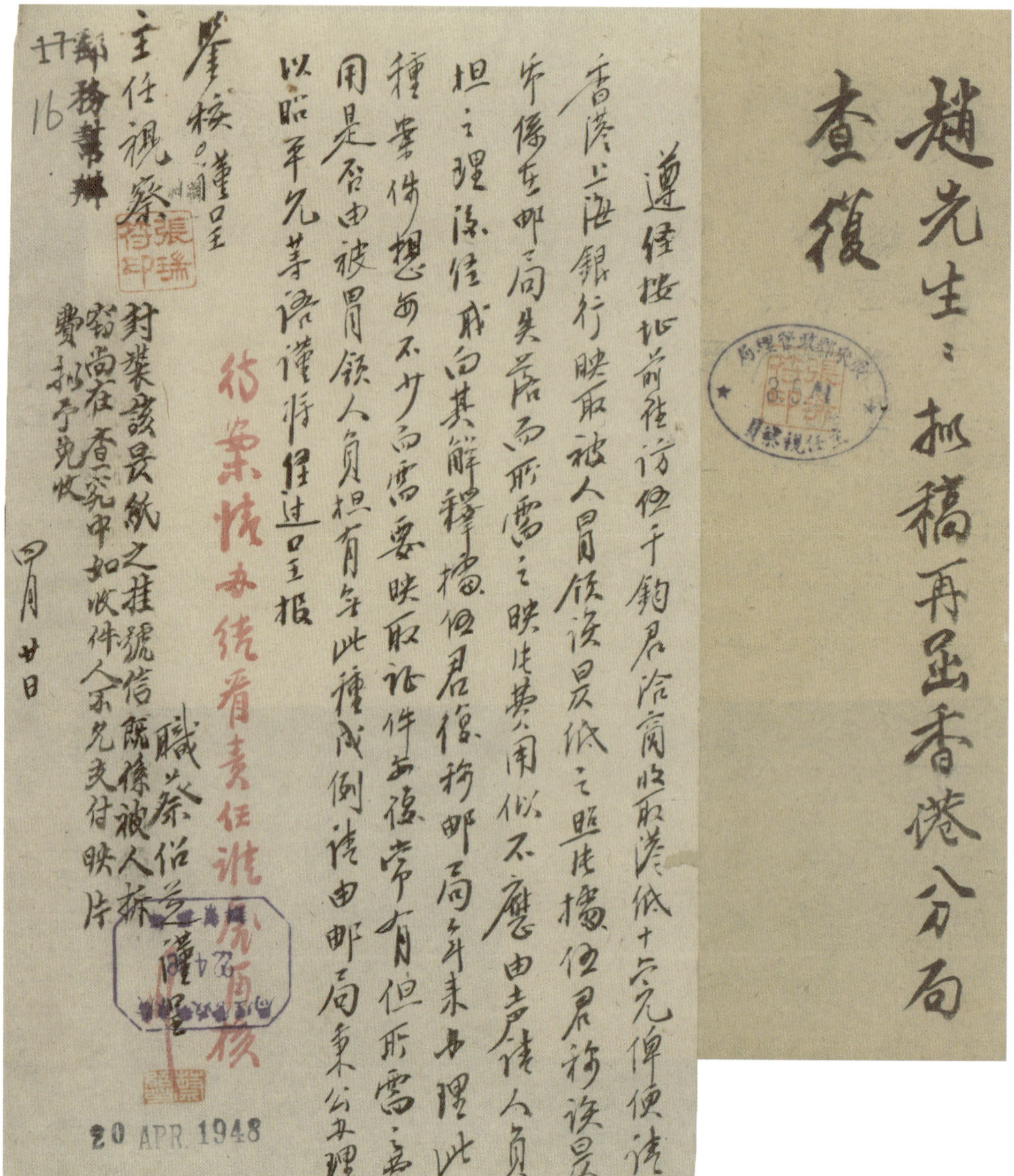
趙先生：拟稿再呈香港分局查復

遵經按址前往訪伍千鈞君洽商昃取港紙十六元俾便請香港上海銀行映取被人冒領該昃紙之照片據伍君稱該昃係在郵局失落而所需之映片費用似不應由聲請人負担之理除經成向其解釋據伍君係稱郵局未妥理此種案件想亦不少而需要映取該件者諒常有但所需之費用是否由被冒領人負担有無此種成例請由郵局秉公處理以昭平允等語謹將經過呈報

待案情查明後看責任誰屬再核

職蔡紹芝謹呈

封業該昃紙之掛號信既係被人冒領尚在查究中如映件人索先支付映片費擬予免收

四月廿日

主任視察
郵務幫辦
鑒核 ○○謹呈

17
16

20 APR 1948

邮务视察员李炽攀关于伍千钧挂号信内被冒领昃纸影片并无图章及保店实在无从追查致主任视察的呈（一九四八年四月二十九日）

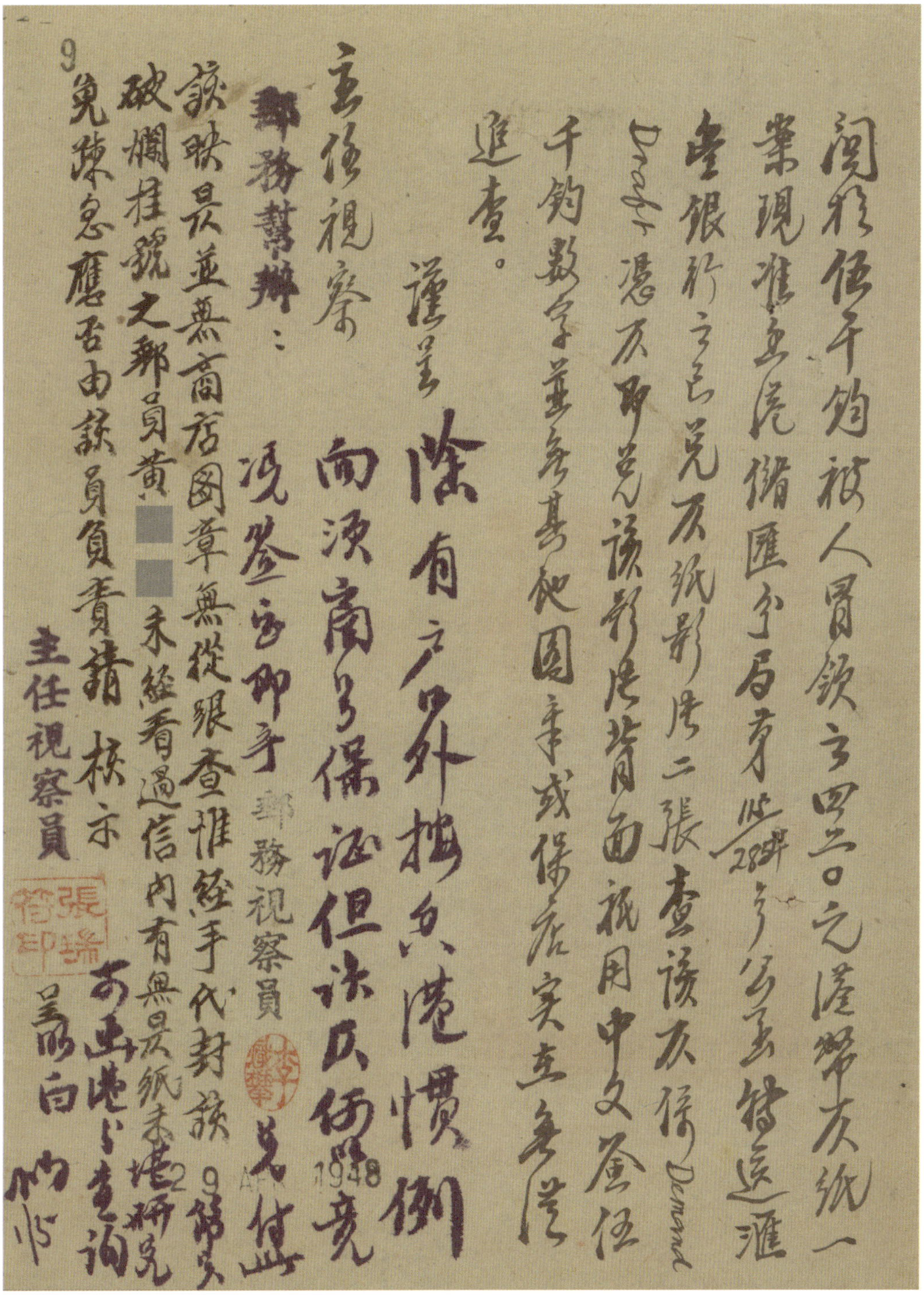
閱報伍千鈞被人冒領之四六〇元港幣及紙一案，現准香港儲匯分局寄下之公函暨追匯金銀行之匯票及紙影片二張，查該及紙係Demand Draft憑票即兌，該影片背面祇用中文簽伍千鈞數字，並無其他圖章或保店，實在無從追查。

謹呈

主任視察

郵務幫辦

郵務視察員 李熾攀

除有戶口外，按照港慣例而須商號保證，但該及何竟憑簽字即予兌付無

該號昃並無商店圖章，無從跟查，惟經手代封發該破爛掛號之郵員黃[redacted]未經看過信內有無昃紙，未堪稱究，免除隱患，應否由該員負責，請 核示

主任視察員 張瑞符印

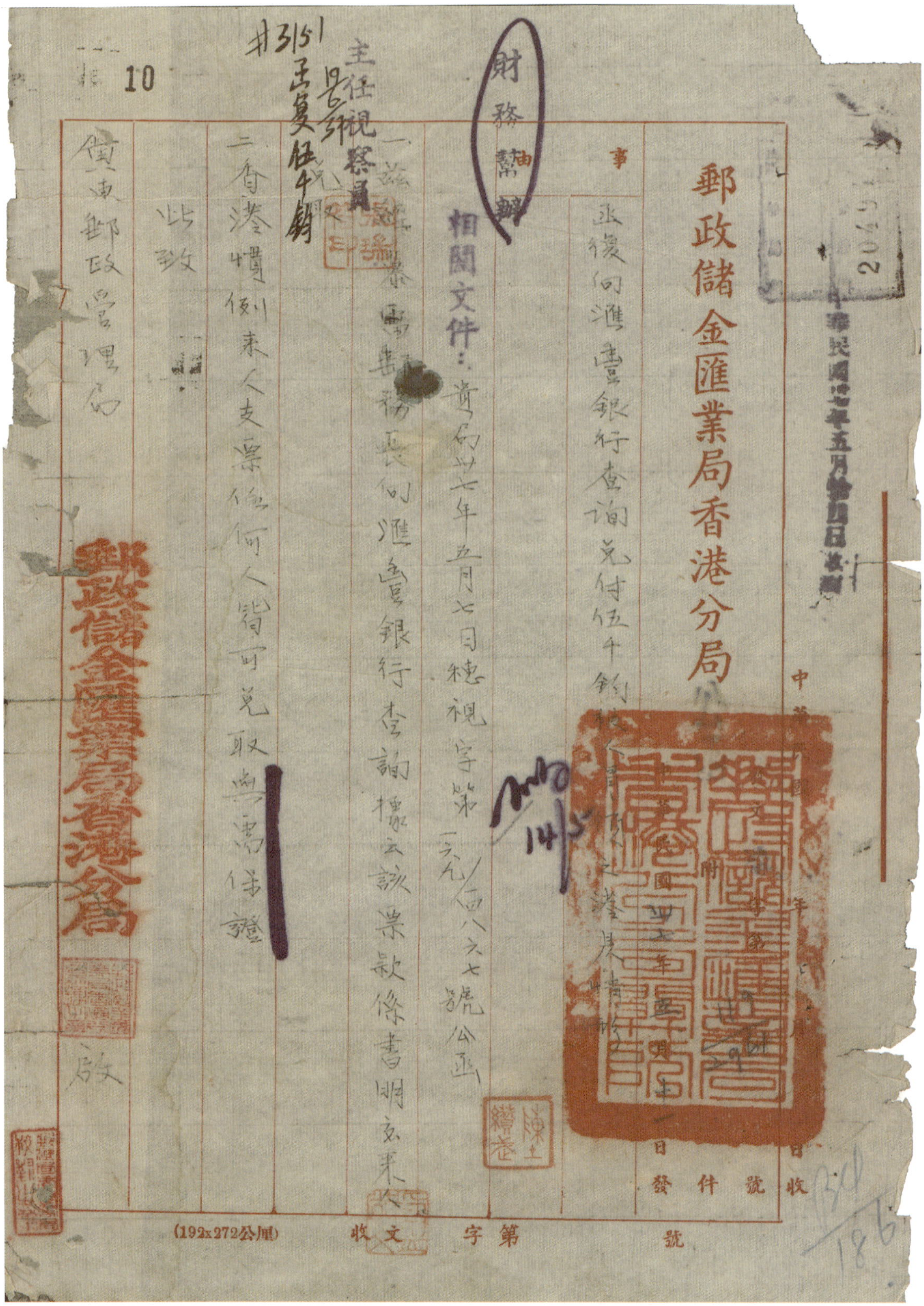

郵政儲金匯業局香港分局

事由：函復向滙豐銀行查詢兌付伍千鈞被人冒領之港戻情形

一、茲奉 貴局卅七年五月七日穗視字第一六九/四八六七號公函，當由事務長向滙豐銀行查詢，據云該票款係書明交來人。

二、香港慣例來人支票任何人皆可兌取，無需保證。

此致

廣東郵政管理局

郵政儲金匯業局香港分局 啟

中華民國卅七年五月十一日 發

邮政储金汇业局香港分局关于函复向香港汇丰银行查询兑付伍千钧被人冒领之港戻情形给广东邮政管理局的公函（一九四八年五月十一日）

关于补封第1188号吉隆坡付梁炽转伍千钧之挂号破信一案情形致主任股员的呈（一九四八年六月十日）

查閱於補封第1188号吉隆坡付梁熾君伍千鈞之挂號破信一案茲敘述如下

(1)

查當日外洋入口挂件甚多而待補封之件亦繁故為簡化手續起見其破信不十分嚴重者多未暇一一檢視內容即行補封該第1188號破信當时有無穿看無從記憶至於郵局向來習慣需而逐一將破信內容點驗然後補封若不將內件點驗遽行重封不無疏忽之處惟當日破信甚多以致用簡化手續處理此點不無可原復查郵件政綱要第2335条所載郵件遇有破爛即行重封並加蓋日戳而已對於破信內容亦無規定點驗而且該1188号破件亦已將重量批註在信封上手續已算完備

(2)

再查該件係於本年五月廿八日投派而廿九日始有人到局查詢當时第一收件人梁熾君見有信差派投該破信时應即拒絶簽收與第二收件人伍千鈞同來郵局然後當面領取而陈視察景韓報告書亦載明當日信差投派該件时亦向收件人聲明該件由郵局代封而收件人梁熾並無提出異議遂即蓋章接鈞可見當时該件祇有郵局補封之印条黏貼並無其他拆動痕跡及裂口跡像否則收件人必不允收領其既收到該信逾一夜後始行查詢難保不無被人抽竊之處

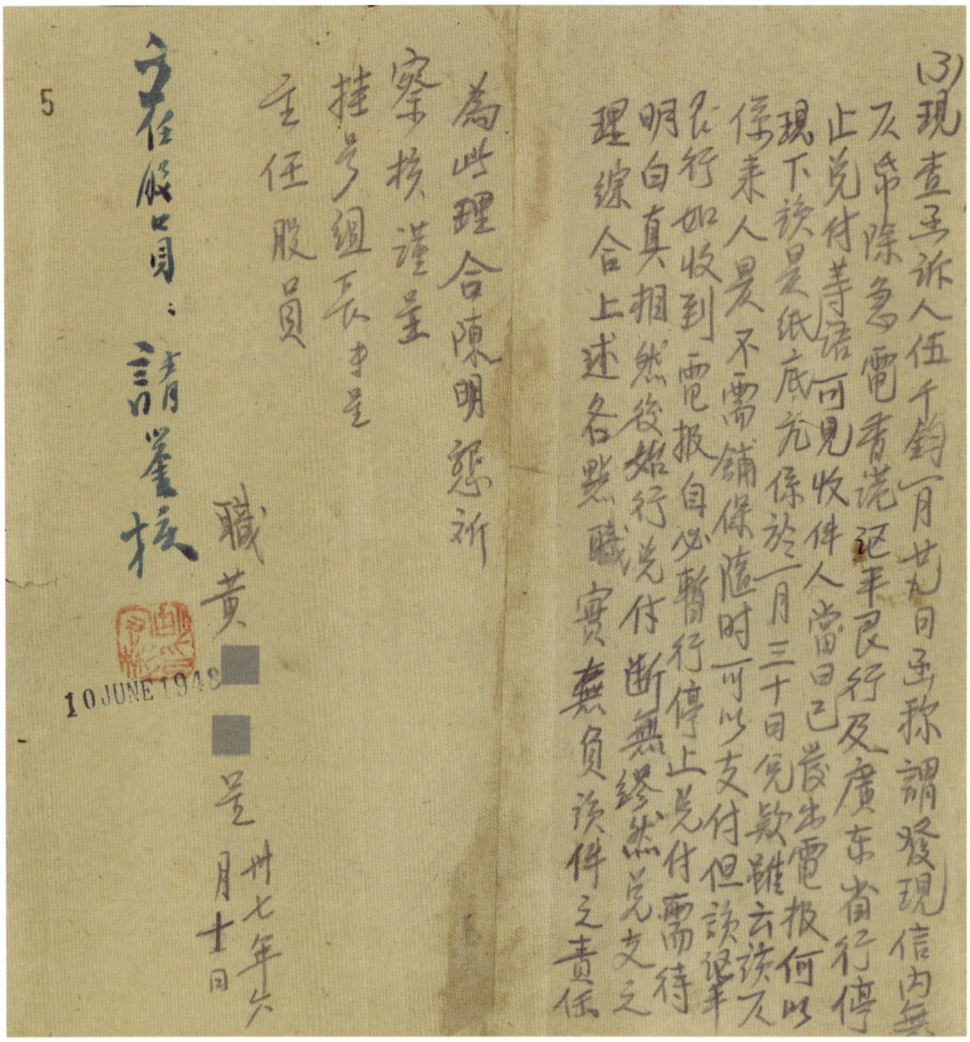

(3)現查函訴人伍千鈞一月廿九日函稱謂發現信內無及帋除急電香港坭丰良行及廣东省行停止兌付等語可見收件人當日已發出電報何以現下該是紙底充係於一月三十日兌款雖云該及係隶人是不需鋪保隨时可以支付但該坭丰良行如收到電报自必暫行停止兌付需待明白真相然後始行兌付斷無繆然兌支之理綜合上述各點職實無負該件之責任

為此理合陳明懇祈

察核謹呈

挂号組長李呈

主任股員

職黄[redacted]呈

卅七年六月十一日

5

主任股長：請鑒核

10 JUNE 1948

伍豪关于挂号信内吴纸被冒领一事与邮局协商办法如何请速来信给伍千钧的函（一九四八年六月十七日）

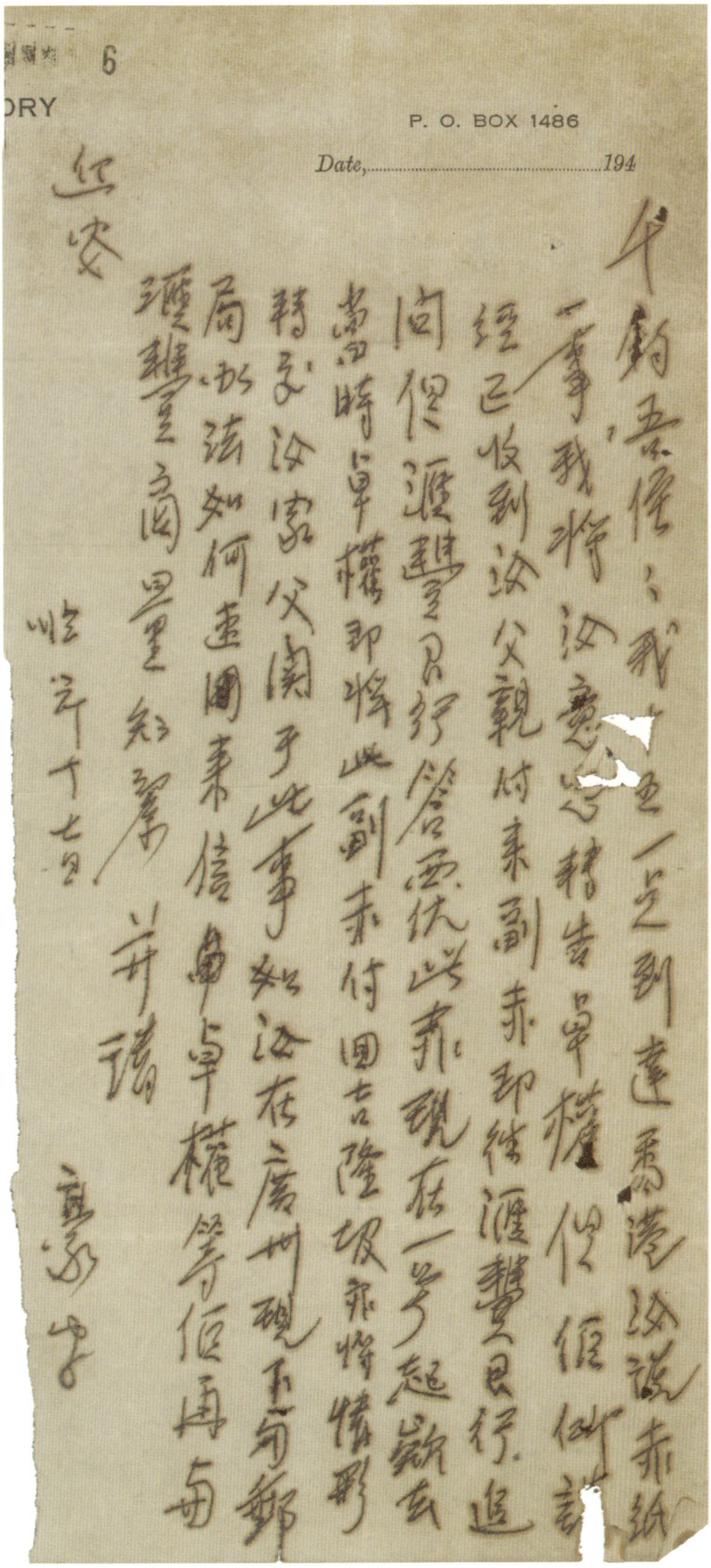

会计股股长黄秉模关于摄影费用请查明原案见复给广东邮政管理局视察室的公函（一九四八年九月十一日）

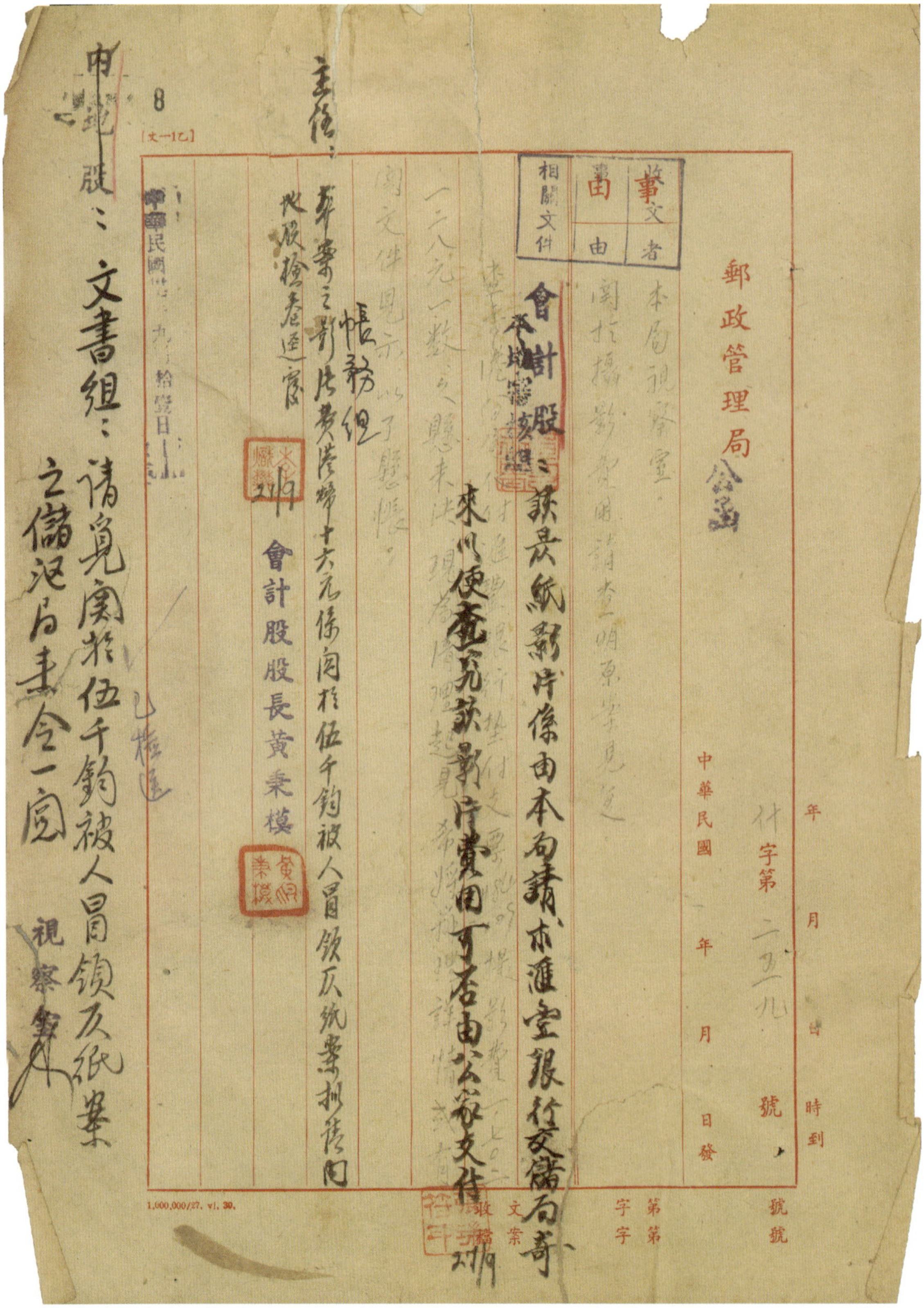

郵政管理局公函

相關文件	事由	文者
	關於攝影費用請查明原案見復	本局視察室

會計股：茲奉紙影片係由本局請求滙豐銀行交儲局寄來，以便查究該影片費用可否由公務支付

（一二八九〇一號）……懸未決，現為清理起見，請……

閱文件見示，以了懸帳。

會計股股長黃秉模

帳務組：

奉案之影片費港幣十六元係關於伍千鈞被人冒領及紙案

批股檢卷送閱

文書組：請覓關於伍千鈞被人冒領及紙案之儲滙局來函一閱

視察室

帐务组关于伍千钧拒付摄影费拟由该局在4061-20项下出帐致主任股员、股长的呈（一九四八年十月十八日）

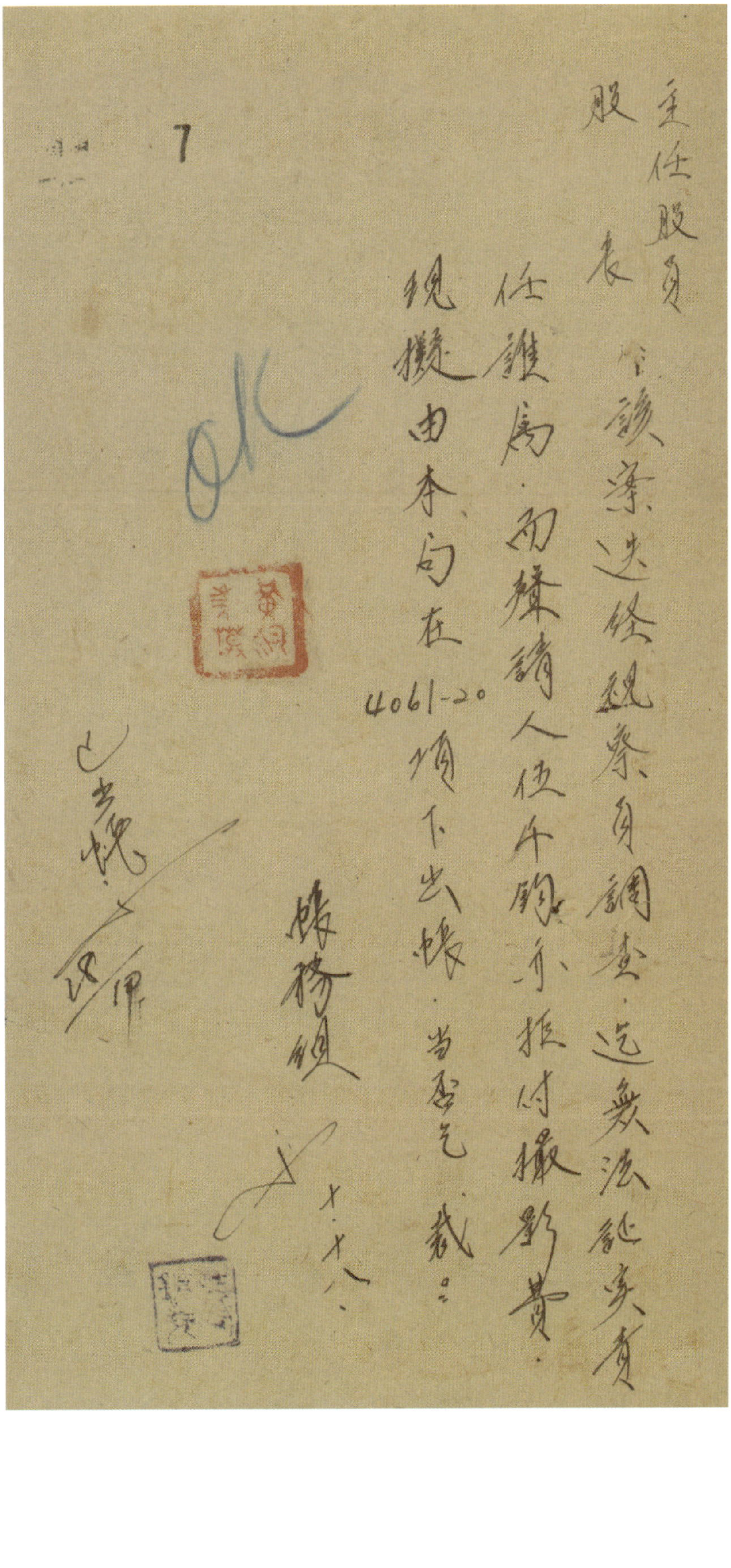

主任股員
股長

今該案迭經觀察員調查，迄無法能負責任，雖局方爾聲請人伍千鈞亦拒付攝影費，現擬由本局在4061-20項下出帳，當否乞
裁！

帳務組
十、十八、

已出帳

汕头一等邮局关于发觉马来亚进口批信夹带他件事项致广东邮政管理局的呈（一九四八年四月二十二日）

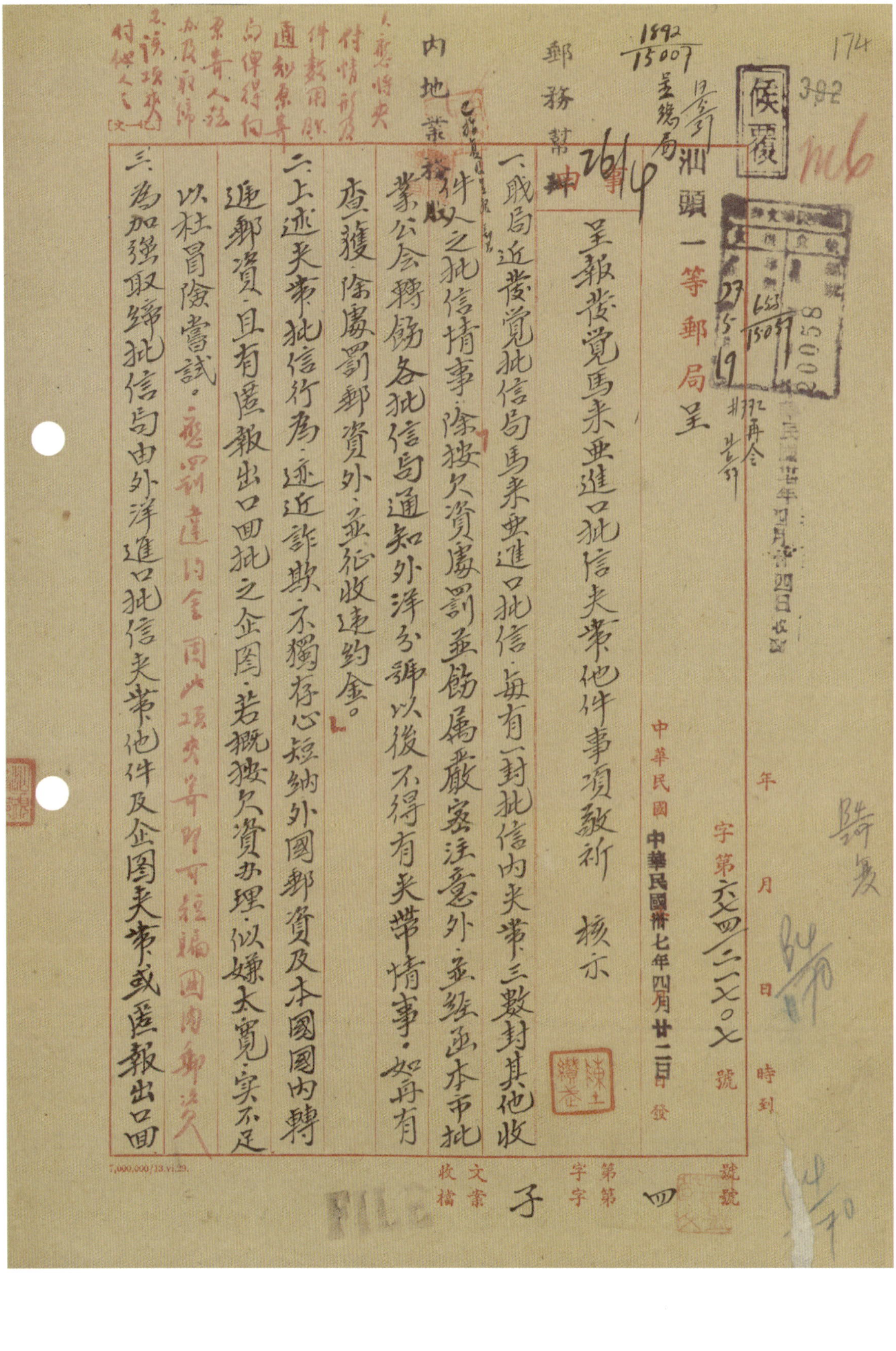
汕頭一等郵局呈

郵務幫辦

内地業務股

呈報發覺馬来亞進口批信夾帶他件事項敬祈 核示

中華民國 中華民國卅七年四月廿二日發

字第六七四/三一七〇七號

一、職局近發覺批信局馬来亞進口批信，每有一封批信内夾帶三數封其他收件人之批信情事，除按欠資處罰並飭屬嚴密注意外，並經函本市批業公会轉飭各批信局通知外洋分號以後不得有夾帶情事，如再有查獲，除處罰郵資外，並征收違約金。

二、上述夾帶批信行為，迹近詐欺，不獨存心短納外國郵資及本國國内轉遞郵資，且有匿報出口回批之企圖，若概按欠資办理，似嫌太寬，實不足以杜冒險嘗試。

三、為加強取締批信局由外洋進口批信夾帶他件及企圖夾帶或匿報出口回

175

393

批信情形大……資辦理外，為……係專入內地……居仍應收取……國內平信郵資。

3.對於有此夾付行為之批局，查回批信及出口回批均應每次拆驗，倘因未經拆驗手續致有延誤或不能赶及寄……店情事係批局自取，……之咨局方……示考慮【文一號】

批赴見。擬請將現行批信事務處理辦法第十條第三款條文修訂為：「匿報回批件數或進出口批信及回批夾帶他件者，如有查獲，除按件征收兩倍郵資外，依前項規定之違約金減半征收，每犯兩次作為違約一次論。倘違約三次，將其執照吊銷。但每次匿報回批件數不逾總數百分之三者，准予補繳郵資，免納違約金」。等語句，庶可使批信局知所警惕。是否有當，並乞　示遵。

謹呈

廣東管理局

汕頭一等郵局局長（印）

如研究該局第三節所請存廢可從……呈

議 緩

第二頁

郵政公事用紙

4,000,000/27. vi. 30.

广东邮政管理局局长关于汕头一等邮局所呈第三节违约金减半征收不予减低给汕头一等邮局的令（一九四八年五月三日）

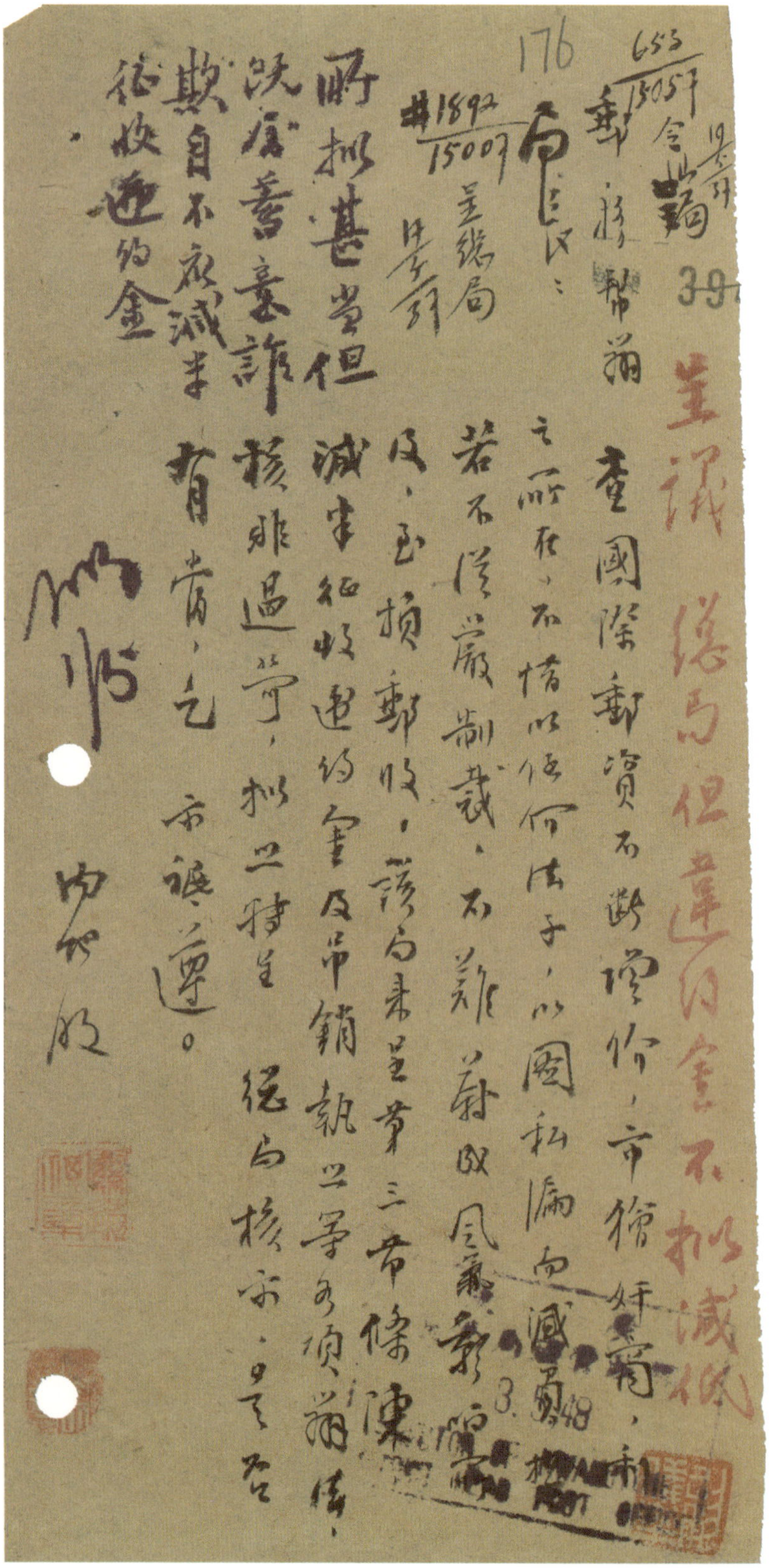

汕头一等邮局关于该局信差李愈顺等发觉夹带批信之函件事项致广东邮政管理局的呈（一九四八年五月五日）

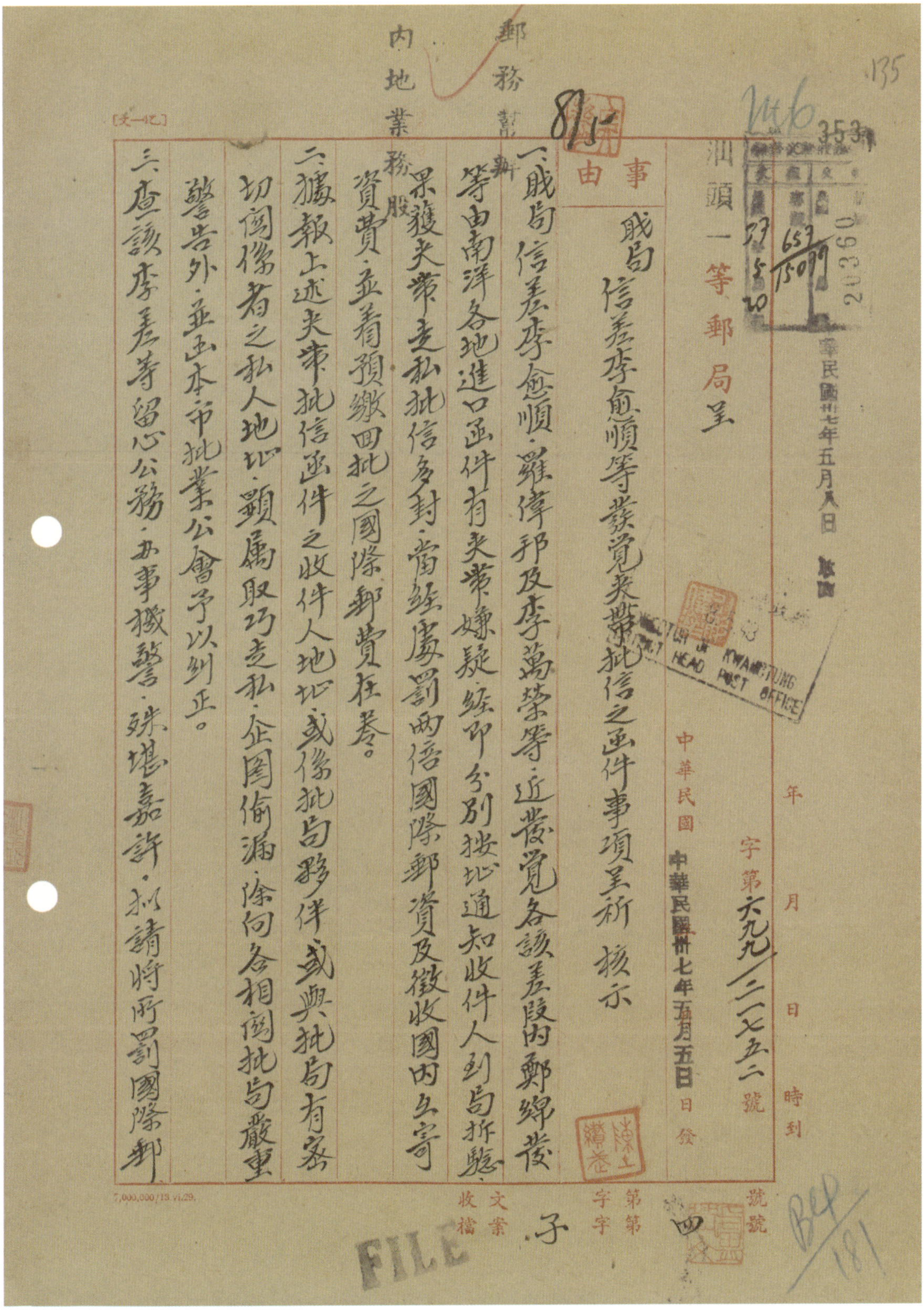

汕頭一等郵局呈

郵務長

內地業務股

事由：職局信差李愈順等發覺夾帶批信之函件事項呈祈　核示

中華民國卅七年五月五日發　字第六九九/二一七五二號

一、職局信差李愈順、羅偉邦及李萬榮等，近發覺各該差段內郵綑發等由南洋各地進口函件有夾帶嫌疑，經即分別按址通知收件人到局拆驗，果獲夾帶走私批信多封，當經處罰兩倍國際郵資及徵收國內平寄資費，並着預繳回批之國際郵費在卷。

二、據報上述夾帶批信函件之收件人地址，或係批局夥伴，或與批局有密切關係者之私人地址，顯屬取巧走私，企圖偷漏，除向各相關批局嚴重警告外，並函本市批業公會予以糾正。

三、查該李差等留心公務，遇事機警，殊堪嘉許，擬請將所罰國際郵

136

【文一5乙】

354

資提出五成充奬，以示鼓勵。

四、茲謹造具詳情表一紙備文呈報　鑒核，是否有當，並乞

示遵。

謹呈

廣東管理局

附呈表一紙。

汕頭一等郵局局長李子華

第二頁

郵政公事用紙

4,000,000/27. vi. 30.

汕頭郵局查獲夾帶私信詳情表

日期	寄件人地址	收件人姓名及地址	件數	夾帶件數	罰函信郵費	徵收國內寄郵費	預繳回批國際郵費	查獲人 姓名	查獲人 等級	備註
4月23日	新加坡	鄭綿發 汕頭至平路17號	8	42	$2,520,000.	$ 420,000.	$ 4,620,000.	李愈順	什差（暫派信差工作）	
"	"	周俊傑 汕頭延壽街6號	1	20	$1,200,000.	$ 200,000.	$ 2,200,000.	李禹榮	信差	
4月24日	"	黃偉初 汕頭潮安街26號	1	5	$ 300,000.	$ 50,000.	$ 550,000.	羅偉邦	"	
"	荷屬	曾琮興 汕頭怡安街92號	1	5	$ 300,000.	$ 50,000.	$ 550,000.	李愈順	什差（暫充信差工作）	
4月26日	新加坡	黃偉初 汕頭潮安街26號	1	6	$ 360,000.	$ 60,000.	$ 660,000.	羅偉邦	信差	
4月27日	棉蘭	邱發兵 汕頭杉排路2號	1	2	$ 120,000.	$ 20,000.	$ 220,000.	羅偉邦	"	
"	桑佛	李適 汕頭怡安橫街61號	1	3	$ 180,000.	$ 30,000.	$ 330,000.	李愈順	什差（暫充信差工作）	
"	新加坡	宏新莊 汕頭商平路19號	1	6	$ 360,000.	$ 60,000.	$ 660,000.	李愈順	"	

355

137

汕头一等邮局关于查获由吉隆坡经港转汕内装批信之函件致广东邮政管理局的呈（一九四八年五月十一日）

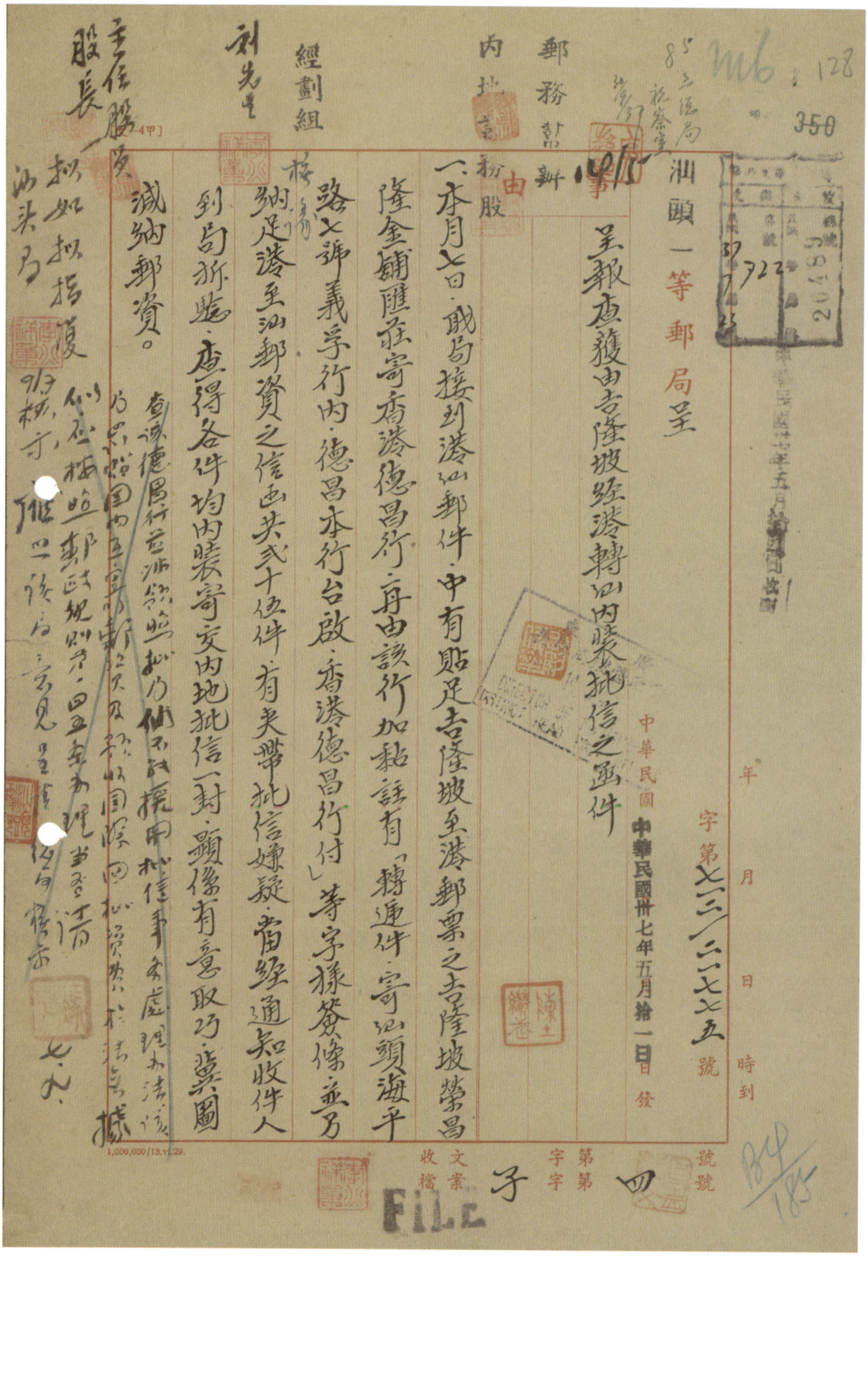
汕頭一等郵局呈

字第七二／二一七七五號

中華民國卅七年五月拾一日發

由

呈報查獲由吉隆坡經港轉汕內裝批信之函件

一、本月七日，職局接到港汕郵件，中有貼足吉隆坡至港郵票之吉隆坡榮昌隆金鋪匯莊寄香港德昌行，再由該行加黏註有「轉運件，寄汕須海平路七號義孚行內，德昌本行台啟，香港德昌行付」等字樣，發係並另納足港至汕郵資之信函共弍十伍件，有夾帶批信嫌疑，當經通知收件人到局拆驗，查得各件均內裝寄交內地批信一封，顯係有意取巧，冀圖減納郵資。

郵務　內地　經劃組

【文一51乙】

二、查該德昌行並非領有執照營業之批局，係暫當作地下批局辦理，看其每封貼納國內互寄郵資並預繳回批國際資費在卷。茲謹援同原封皮及原附發條並照錄內裝批信之封皮式樣各一件隨文呈報核備。

三、最近修訂批信事務處理辦法，規定不准批局添加國外分號，因此現已在南洋各地經營國內僑匯而限于法令未能登記之商號以營業關係勢必挺而走險，設法取巧私運，職意該商號等既能取得僑胞信託寄款，即使如何設法取締，亦難杜絕其私運，爲使是項批信及回批納入郵寄正軌起見，擬請准予批局添設國外分號以裕收入。是否有當，

並乞　令示祇遵。謹呈

廣東管理局

附三件，

汕頭一等郵局局長李文華

第二頁

郵政公事用紙

4,000,000/27. vi. 30

附：封皮三件

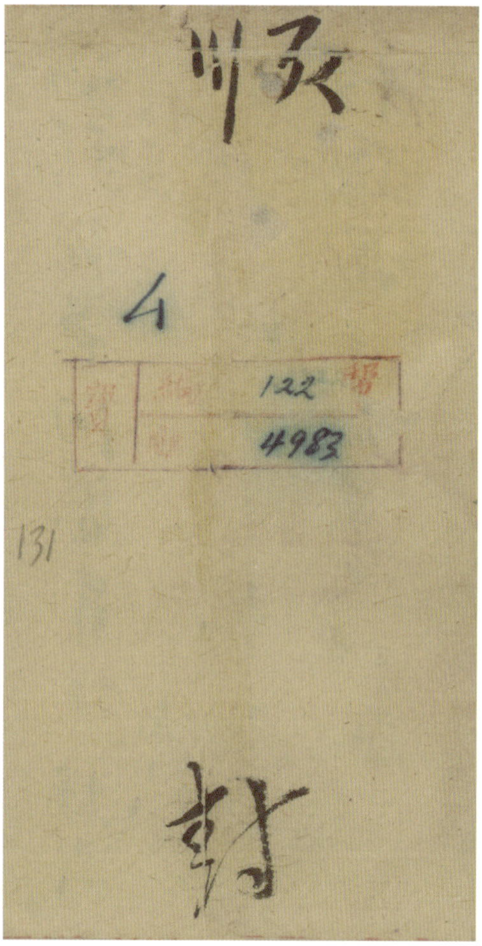

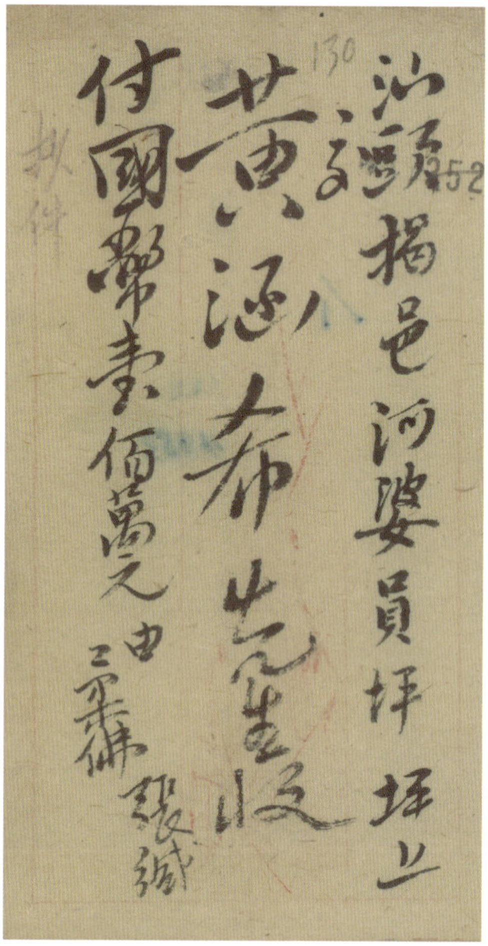

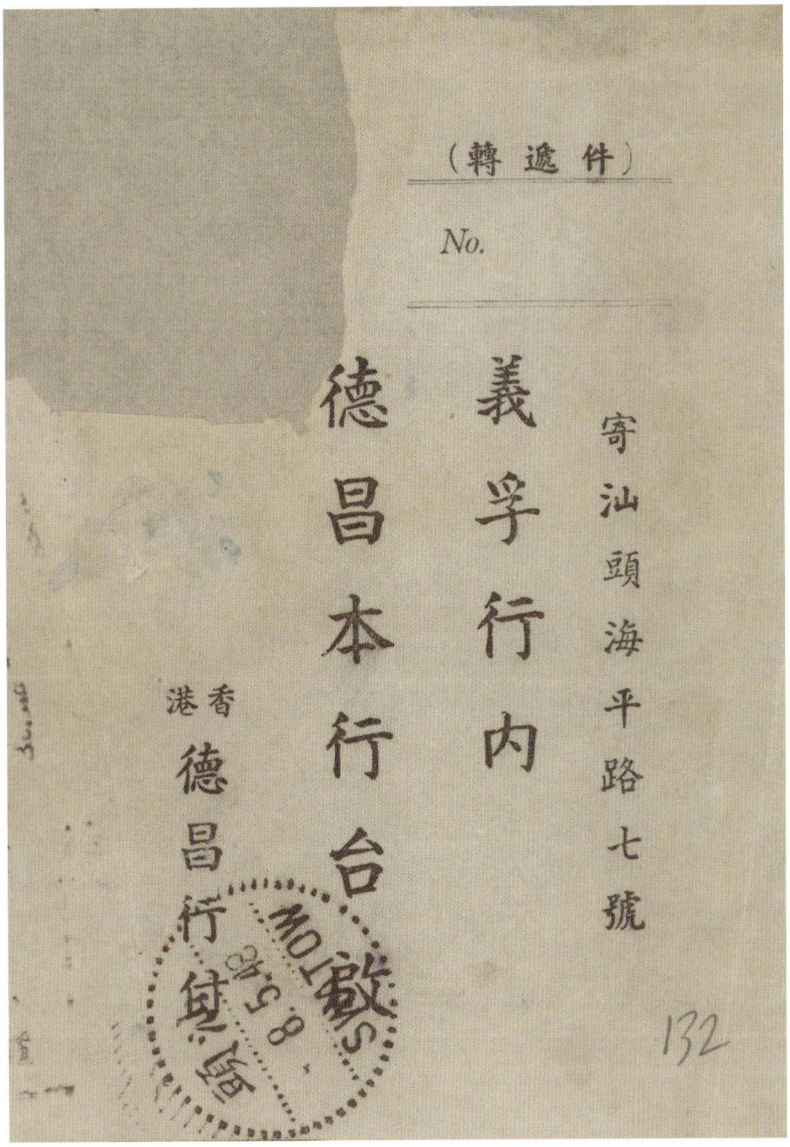
（轉遞件）
No.
寄汕頭海平路七號
義孚行内
德昌本行台
香港
德昌行
132

BY AIR MAIL
PAR AVION
榮昌隆金舖滙莊
吉隆坡古路街門牌十七號
電話二三一五 信箱三零二號
Yung Cheong Loong
GOLD SMITHS & JEWELLERS
17, Pudu St., Kuala Lumpur
TELEPHONE NO. 2315 P. O. BOX 302.
Cable Address "Yung" 電報掛號'榮'
To
Messrs. TECK CHEONG HONG
No. 166, DES VOEUX RD., C.
HONG KONG.
133
香港
德輔道中
門牌一六六號四樓
德昌行寶號台啓

7 5 37 15
134

广东邮政管理局邮务帮办吴超明关于汕头一等邮局查获夹带批信一事的处理办法致局长的呈（一九四八年五月十二日）

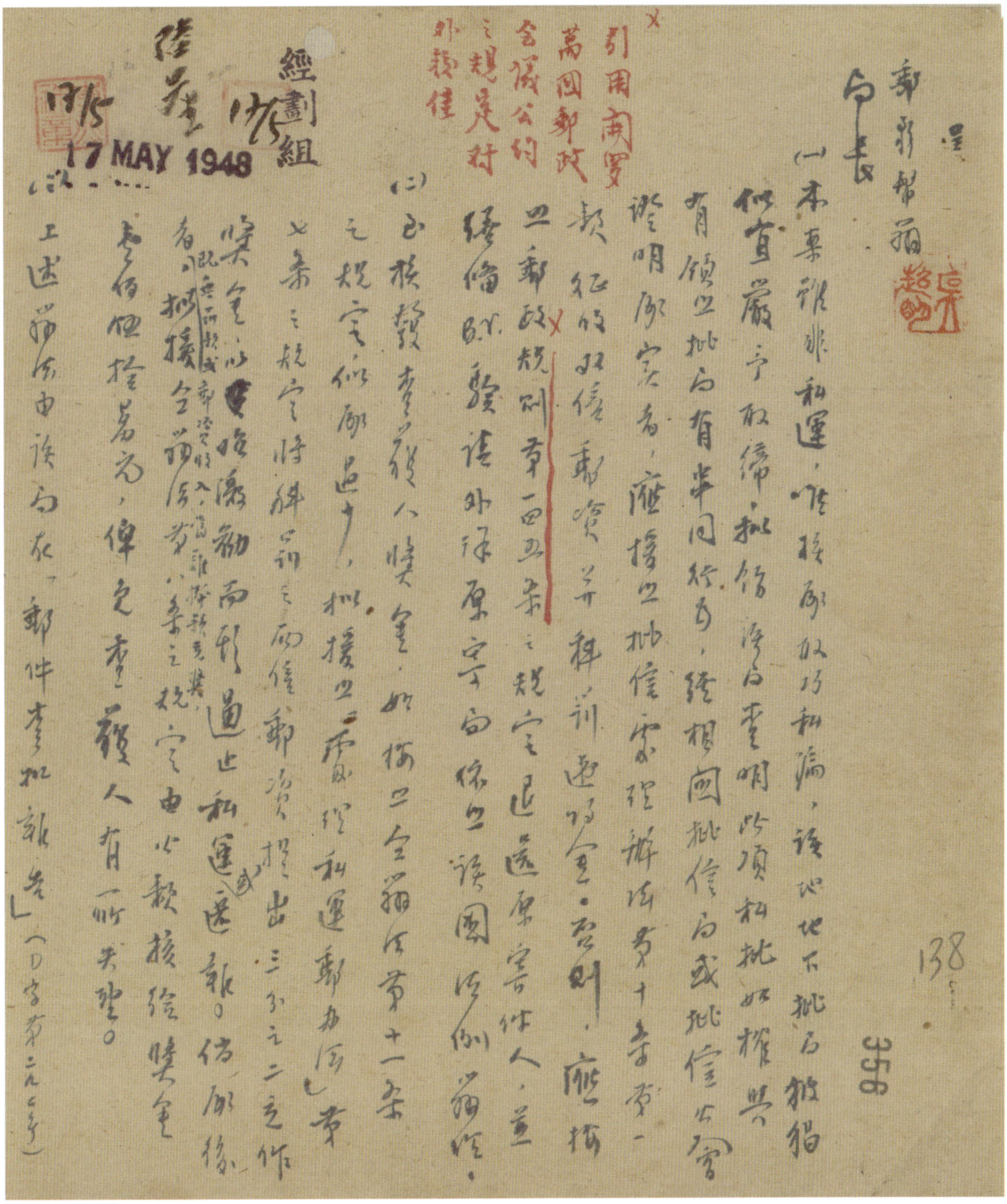

呈

郵務幫辦 吳超明

局長

（一）本案確非私運，惟該局故巧私漏，該地亦批局被搭，似宜嚴予取締，擬飭汕局查明此項私批如確與有領照批局有牽同行為，經根國批信局或批信公會證明屬實者，應按照批信局管理辦法第十條第一款征收欠資郵資並科罰逾期金。否則，應按照郵政規則第一四五條之規定退還原寄件人，並須備函發送外洋原寄局依照該國法例辦理。

（二）至核發查獲人獎金，如按照全國第十一條之規定似屬過少，擬援照取締私運郵辦法第七條之規定將科罰之所收信郵資提出三分之二充作獎金，以資鼓勵而利遏止私運逃（或）報。倘屬（？）者（既無所欠資郵資可收或非係搭款者），擬援照全國該第八條之規定由收款核給獎金，查個檢舉為宜，俾免查獲人有所失望。

上述辦法當否，由該局酌奪。郵件查批新報（D字第二九〇號）

引用萬國郵政會議公約之規定是否較佳

經劃組 13/5

徐 13/5

17 MAY 1948

138

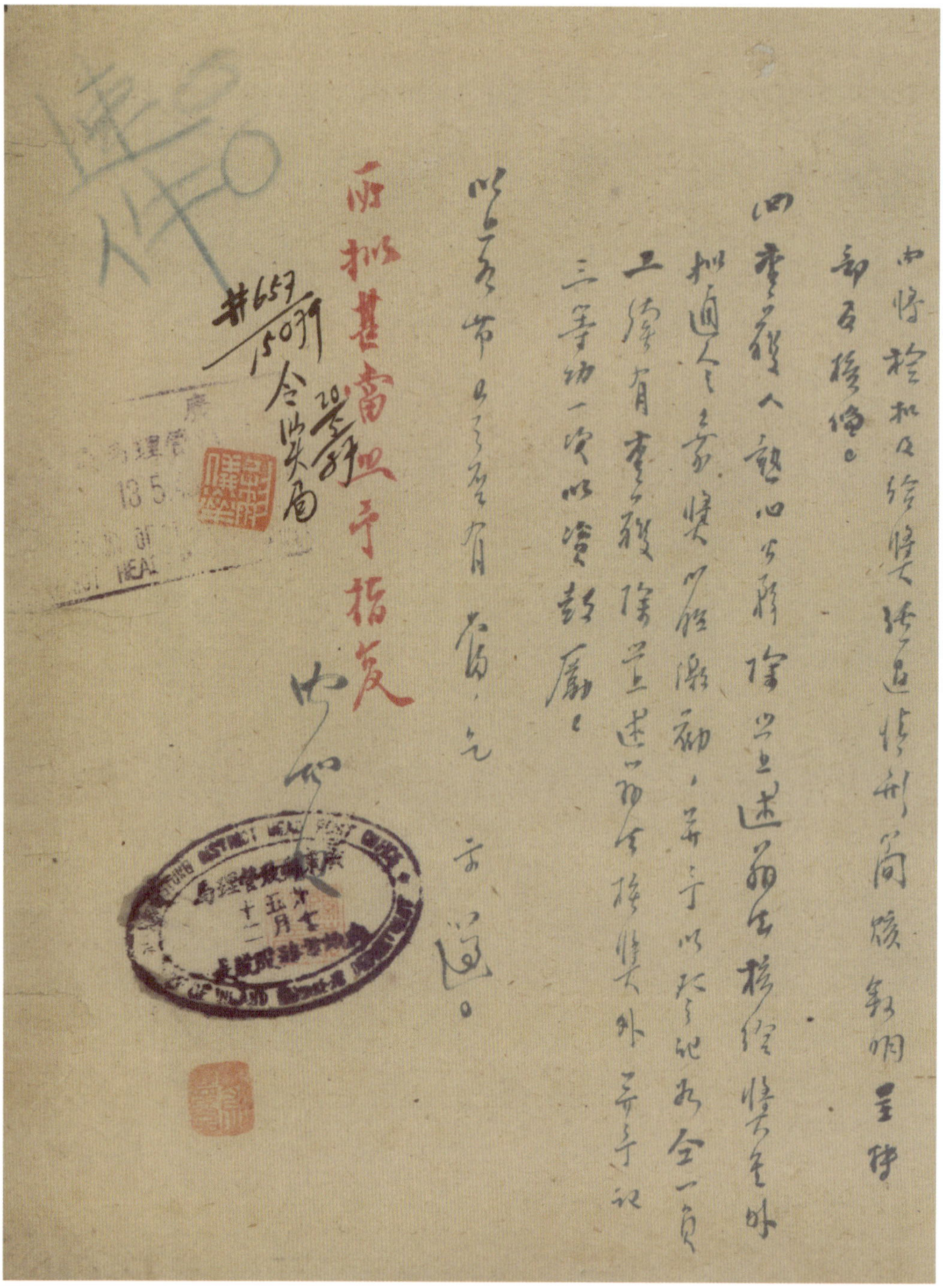
三等功一次以资鼓励。
以上各节是否有当，乞示遵。
所拟甚当照予指复

广东邮政管理局局长黎仪燊关于报告汕头邮局查获马来亚进口批信夹带他件情形致邮政总局局长的呈（一九四八年五月十七日）

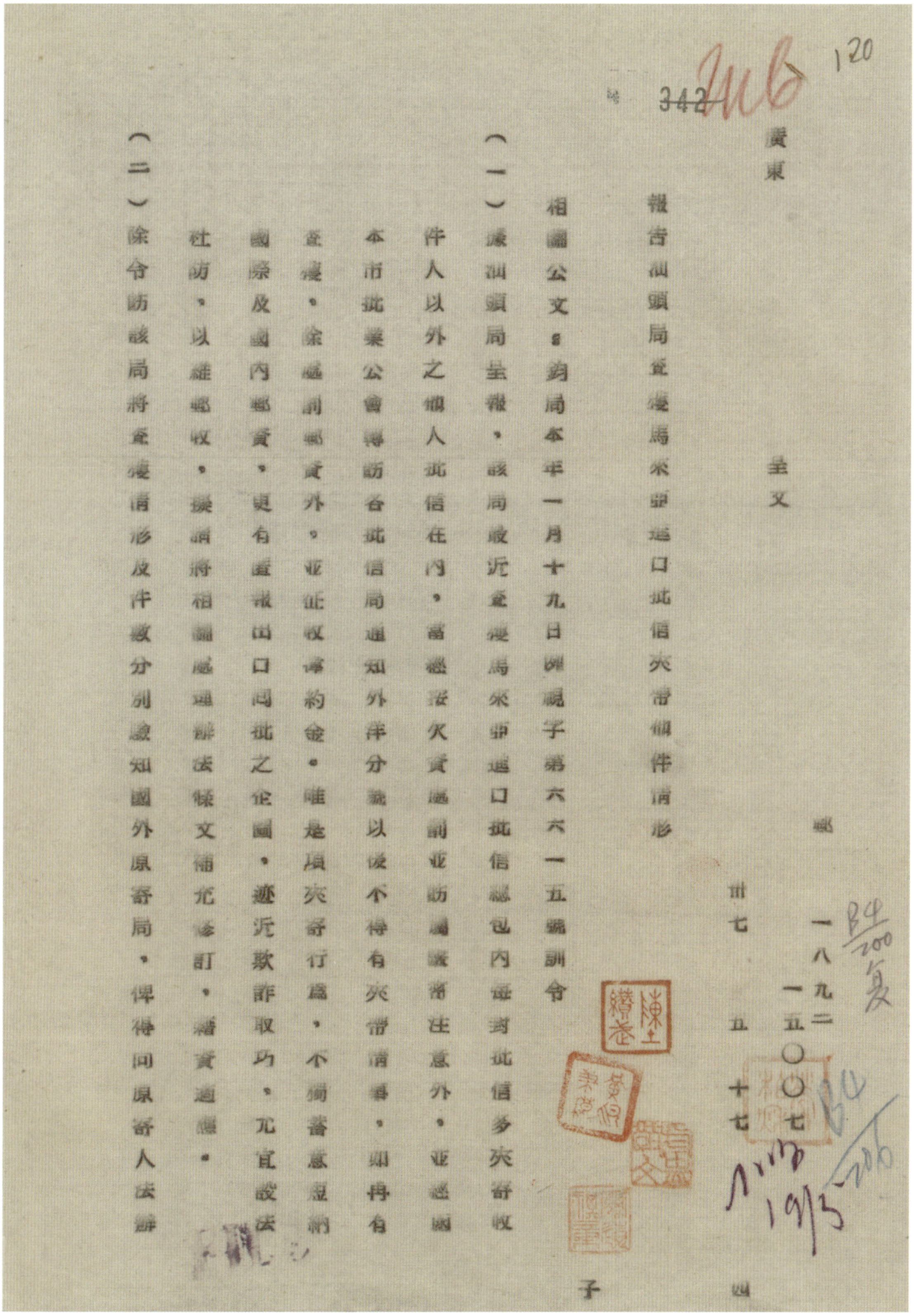
廣東　呈文

郵 一八九二
一五〇〇七
卅七　五　十七　四

報告汕頭局查獲馬來亞進口批信夾帶他件情形

相關公文：鈞局本年一月十九日渝視字第六六一五號訓令

（一）據汕頭局呈報，該局最近查獲馬來亞進口批信總包內每封批信多夾寄收件人以外之他人批信在內，當經按欠資處罰並飭屬嚴密注意外，並函知本市批業公會轉飭各批信局通知外洋分號以後不得有夾帶情事，如再有查獲，除處罰郵資外，並征收違約金。唯是項夾寄行為，不獨希圖逃避納國際及國內郵資，更有虛報出口同批之企圖，迹近欺詐取巧，允宜設法杜防，以維郵收。擬請將相關處理辦法條文補充修訂，藉資適應。

（二）除令飭該局將查獲情形及件數分別通知國外原寄局，俾得向原寄人法辦

子

121

343

二

及取締外，並着查明該項夾付其他收件人之批信，如屬應在內地投遞者，并應按章收取國內互寄批信及回批資費，以符規定外，唯查現行批信事務處理辦法第十條第三款雖對於夾帶他件有按件征收雙倍郵資，及減半科罰違約金之規定。但對於違犯者如何罰款則未經明示。兼之違約金數額原訂最高不過七十五萬元，為數已小，乃復減半科罰，不無失於過寬。本案發覺情節，係每一批信內附有其他收件人之批信三數封，顯屬蓄意將數封批信作為一件，然後彙集此每一件內有夾附之批信作總包交寄，此項狡詐，在國外交寄時，則逃漏按件計費之郵資，迨寄達我國郵局，又可逃漏按件繳納國內郵資，即在寄出回批時更可減少回批件數，其中立心逃漏情節，實較虛報件數或夾帶他件為重大而巧妙，為加強管

122

344

副，而賣取締起見。上述條文，擬增加第四款為「每件進口批信或出口回批不得夾帶其他收款人之批信或其他匯款人之回批，如有違漏，除按件征收兩倍郵資外，另照前項規定之違約金數額罰繳兩倍，倘違約三次。則將其執照吊銷」俾其於偷漏所省之郵資，不足以抵償違約金之罰。不敢再事嘗試，所擬是否有當，敬乞　鑒核示遵。謹呈

三

郵政總局局長

副頁抄送汕頭局

廣東郵政管理局局長梁[illegible]

繕寫

校對　何詠禧

广东邮政管理局局长黎仪燊关于进口批信夹带他件之处理事项给汕头一等邮局的指令（一九四八年五月十九日）

118

廣東 指 穗內 1123 1175

卅七 五 九

六五三/一五〇五七

汕頭一

事由：關於進口批信夾帶他件之處理事項

相關文件：該局本年四月廿二日第六七四/二八七〇七號呈文

一、該局收到馬來亞進口批信總包既發覺其內裝批信多有夾寄收件人以外之他人批信在內，除應即將其夾寄情形及件數驗知原寄局，俾得向原寄人法辦及取締外，並應依照修正批信事務處理辦法第十條第三款之規定，科罰違約金。

二、該項夾寄他件之批信，除作欠資辦理外，如係轉往內地投遞者，並應按章收取國內互寄批信及回批資費。

119

341

二

三、对於有此項夹寄行為之批局入口批信及出口回批，均應每次拆驗，倘因经過拆驗手續，致有延誤或不能趕及寄發情事，則應由批局自取之咎，局方不予考慮。

四、所有查獲夹寄情形，仰依照修正批信事務處理办法第十三條之規定，造具郵件查扣報告單，送呈覈核，並將於何處發覺查獲情形及該發覺人員之姓名具報。

五、所擬將現行修正批信事務處理办理第十条第三款[illegible]修訂一節，現经陳議總局增訂該条第四款，以資取締，俟奉復再令遵。

局長 黎[illegible]

繕寫 盧[illegible]
校對 何[illegible]

广东邮政管理局局长黎仪燊关于查获夹带批信函件给汕头一等邮局的指令（一九四八年五月二十日）

116

廣東 330

指

汕頭一

穗内

卅七 五 廿

六五七/五〇七九

事由：查獲夾帶批信函件

相關文件：該局本年五月五日第六九九二/一七五二號呈文

B4/181

(一)仰澈查該項私運批件如確與領照批局有串同行為，并經相關批信局或批信公會證明屬實者，應援照批信處理辦法第十条第一款征收双倍郵資，并科罰違約金，否則按布諾賽爾國際郵政公約第三十四条第五款及郵政規則第一百四十五条末節前項之規定退還寄件人，並繕驗請原寄局依照該國法例辦理。

(二)核發查獲人獎金，應援照「處理私運郵件案件辦法」第七条之

B4/318

FILE

117

~~339~~

二

規定將科罰之兩倍郵資提出三分之二充獎，如無罰款及郵資收入，准按該辦法第八条之規定，由公款核給獎金壹佰五十萬元，以資鼓勵。

（三）所有處辦情形應造具郵件查扣報告，并將檢扣及給獎經過情形列明。

（四）信差李愈順、羅偉邦及李萬榮留心公務，除核給獎金外，并予傳令嘉獎，以資鼓勵。

副頁抄發人事室

局長 蔡

繕寫 校對 何詠祺

交通部邮政总局关于汕头一等邮局查获马来亚进口批信夹带他件应按现行办法处理及「批信事务处理办法」暂缓修改给广东邮政管理局的指令（一九四八年五月二十五日）

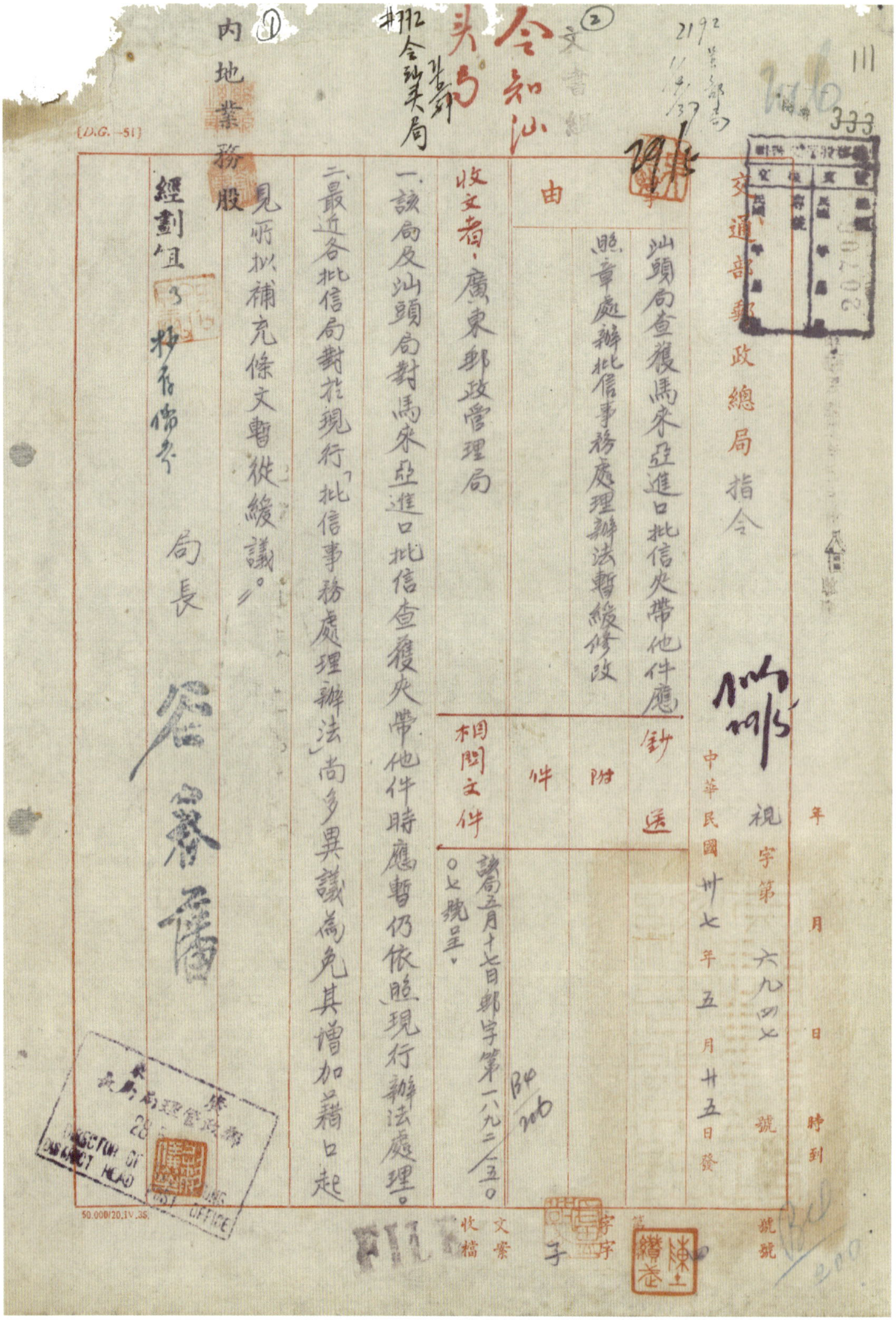
交通部郵政總局指令

視字第六九四七號

中華民國卅七年五月廿五日發

由：汕頭局查獲馬來亞進口批信夾帶他件應照章處辦批信事務處理辦法暫緩修改

鈔送

收文者：廣東郵政管理局

一、該局及汕頭局對馬來亞進口批信查獲夾帶他件時應暫仍依照現行辦法處理。

二、最近各批信局對於現行「批信事務處理辦法」尚多異議為免其增加藉口起見所擬補充條文暫從緩議。

局長 谷春帆

相關文件：該局五月十七日郵字第一八九二/五〇〇七號呈。

交通部邮政总局视察室关于商号业务违反银行法部分之取缔办法处理情况的公函（一九四八年五月二十七日）

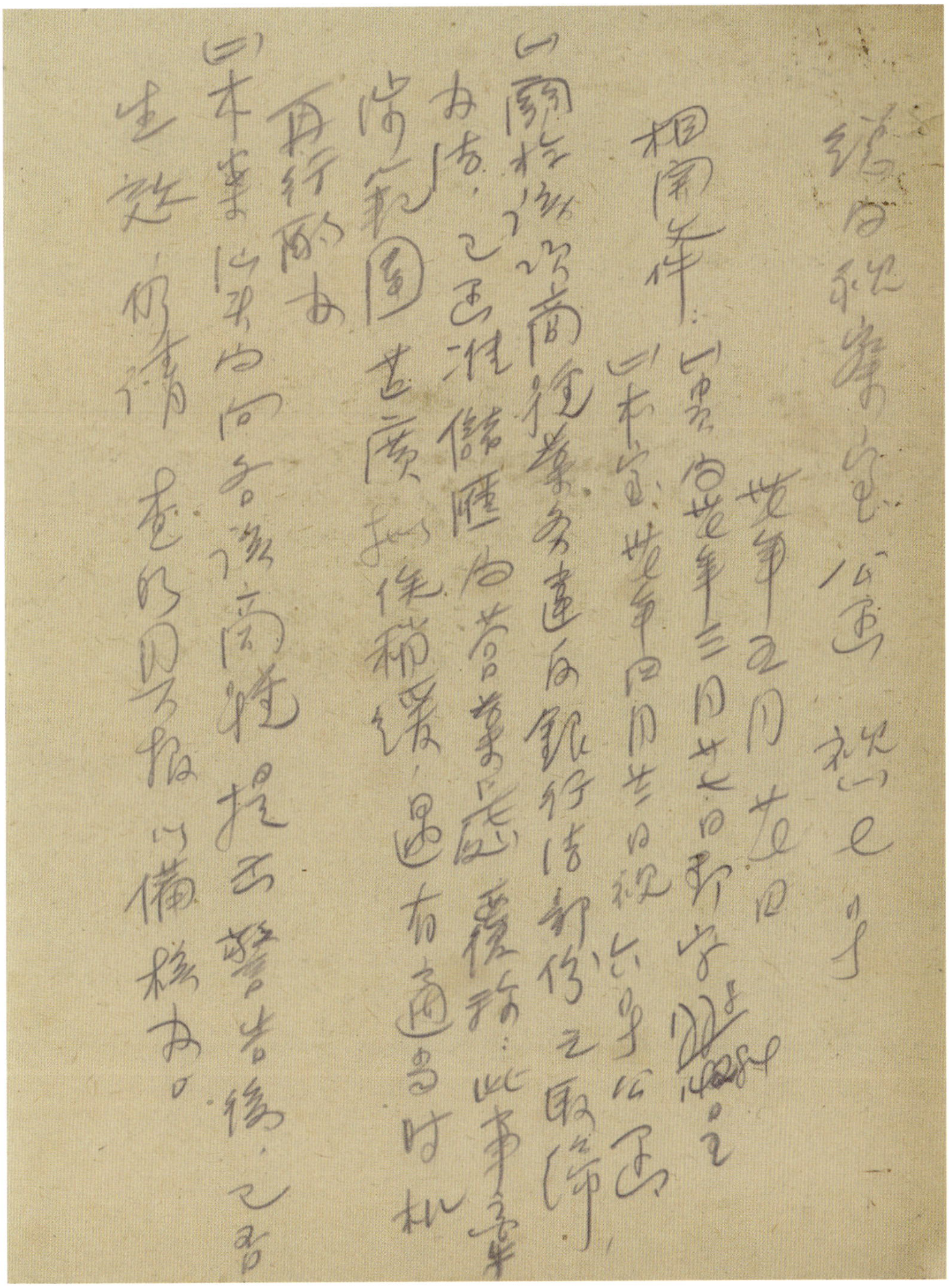

總局視察室公函　視〇〇字第　號

卅七年五月廿七日

相關文件：（一）貴局卅七年三月廿七日郵字[illegible]號呈

（二）本室卅七年四月廿日視六字公函

（一）關於該商號業務違反銀行法部份之取締，

辦法，已函准儲匯局營業處覆稱：此事牽

涉範圍甚廣，擬俟稍緩，遇有適當時機

再行酌辦。

（二）本案如尚向各該商號提出警告後，已否

生效，仍請查明具報以備核辦。

交通部邮政总局关于外洋进口航空批信夹带他件查获时应科罚国际邮资及航空资费给福建邮政管理局并抄发广东邮政管理局及厦门、汕头一等邮局的指令（一九四八年六月三日）

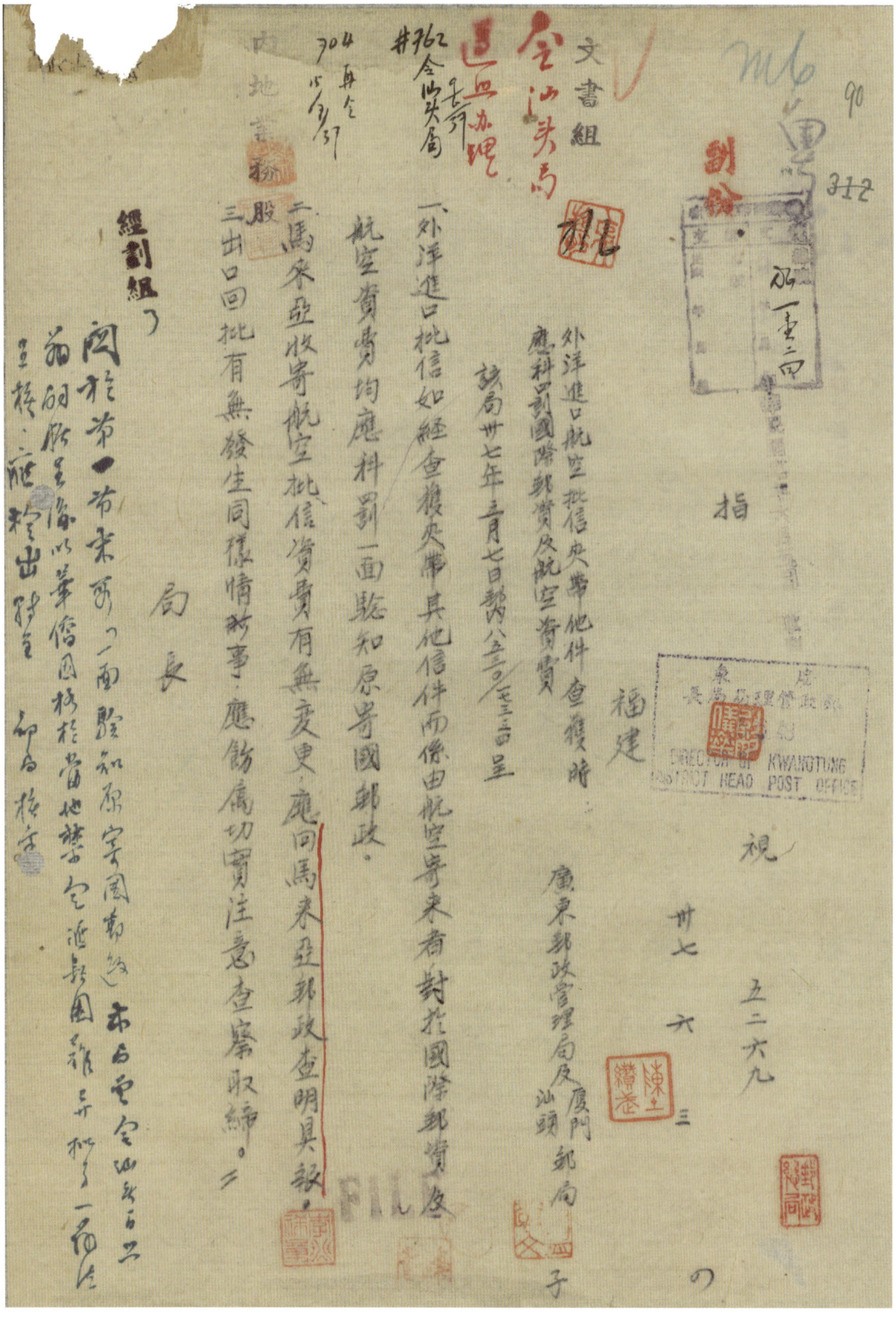

指

福建

視

卅七　六　三

五二六九

外洋進口航空批信夾帶他件查獲時應科罰國際郵資及航空資費

該局卅七年五月七日幣內八三〇／七三四呈

一、外洋進口批信如經查獲夾帶其他信件而係由航空寄來者對於國際郵資及航空資費均應科罰一面驗知原寄國郵政。

二、馬來亞收寄航空批信資費有無變更，應向馬來亞郵政查明具報。

三、出口回批有無發生同樣情弊事，應飭屬切實注意查察取締。

局長

廣東郵政管理局及廈門、汕頭郵局

文書組

經劃組

广东邮政管理局局长黎仪燊关于外洋进口航空批信夹带他件查获时应科罚国际邮资及航空资费给汕头一等邮局的训令（一九四八年六月九日）

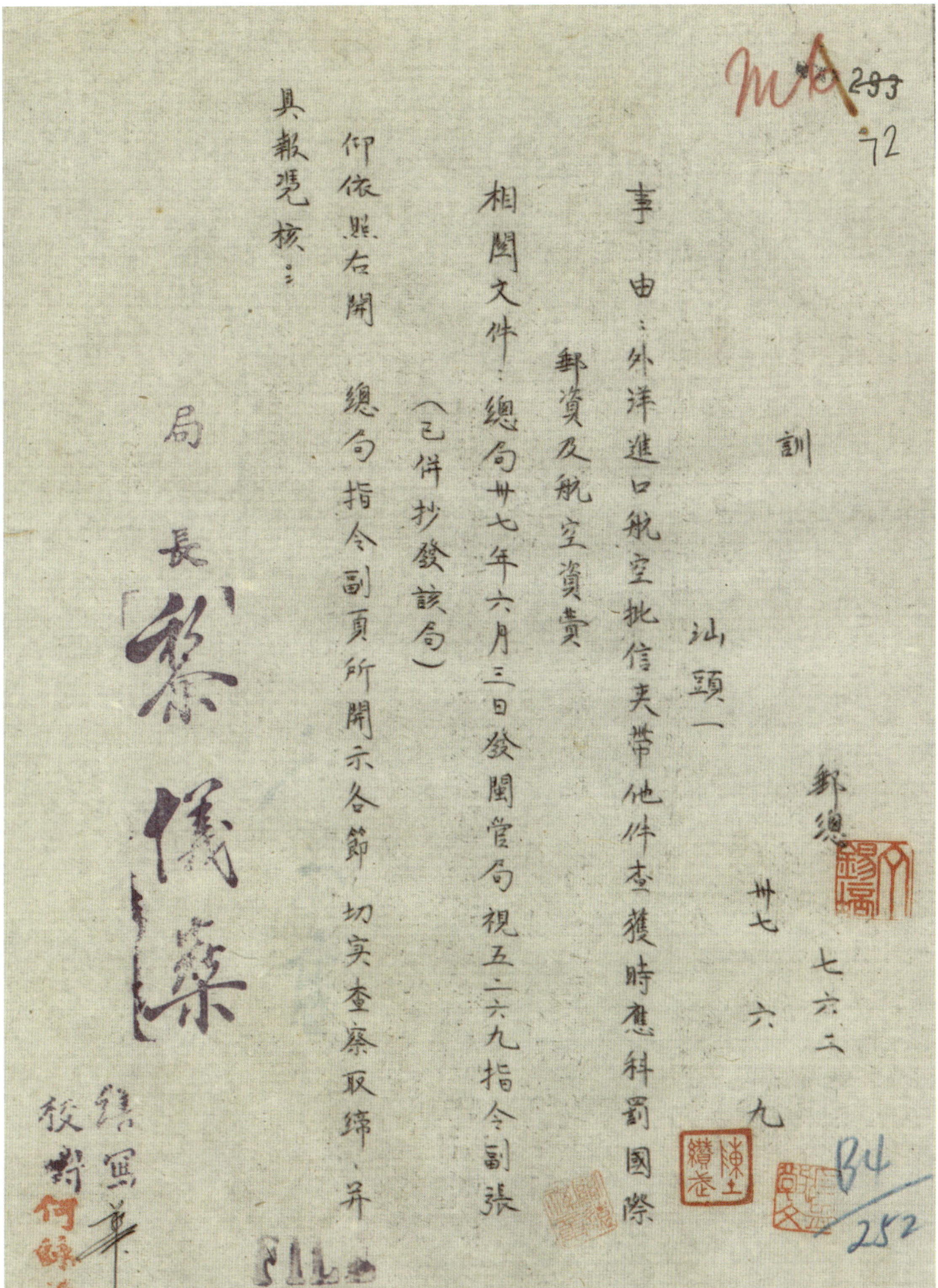

訓 郵總 七六二
卅七 六 九

汕頭一

事由：外洋進口航空批信夹帶他件查獲時應科罰國際郵資及航空資費

相關文件：總局卅七年六月三日發閩管局視五二六九指令副張（已併抄發該局）

仰依照右開總局指令副頁所開示各節，切實查察取締，并具報凴核。

局長 黎儀燊

繕寫
校對

汕头一等邮局关于外洋进口航空批信查获夹带他件科罚办法致广东邮政管理局的呈（一九四八年六月十六日）

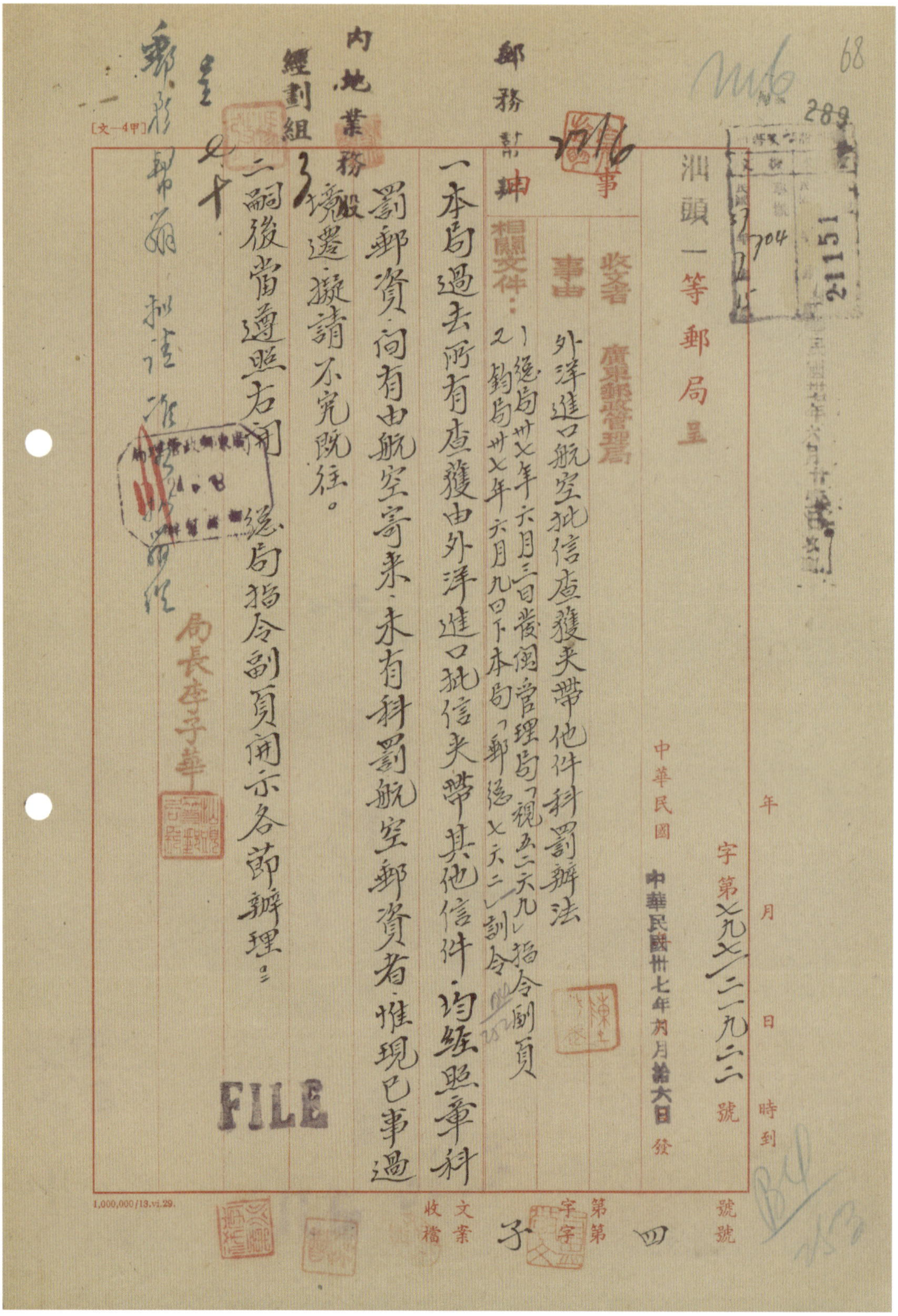

汕頭一等郵局呈

字第七九七/二一九六二號

收文者：廣東郵政管理局

事由：外洋進口航空批信查獲夾帶他件科罰辦法

相關文件：1 總局卅七年六月三日發閩管理局（視五二六九）指令副頁
2 鈞局卅七年六月九日下本局（郵總七六二）訓令

一 本局過去所有查獲由外洋進口批信夾帶其他信件，均經照章科罰郵資，向有由航空寄來，未有科罰航空郵資者。惟現已事過境遷，擬請不究既往。

二 嗣後當遵照右開總局指令副頁開示各節辦理。

局長李子華

中華民國卅七年六月拾六日發

郵務幫辦

內地業務股

經劃組

FILE

[文—4甲]

1,000,000/13.vi.29.

广东邮政管理局局长黎仪燊关于进口批信夹带他件之处置事项给汕头一等邮局的指令（一九四八年六月二十一日）

指

汕頭一

郵內 七七二

卅七 六 廿一

事由：關於進口批信夾帶他件之處置事項

相關文件：該局本年四月廿二日第674/21701號呈文

本局本年五月十九日穗内6553/15457號指令

總局本年五月廿五日視六九四七指令

一、案經呈奉右開 總局指令飭知：

（甲）該局對馬來亞進口批信查獲夾帶他件時，應暫仍依照現行辦法處理。

（乙）最近各批信局對於現行「批信事務處理辦法」尚多異議為免

FILE

66

287

其增加藉口起見，所擬補充條文暫從緩議。

（二）

仰即知照。

二

局長 黎儀燊（公出）

郵務幫辦吳超明代行

陳土鑾

稜

鎮寫

華

汕头一等邮局关于查获函件夹带批信充奖办法致广东邮政管理局的呈（一九四八年七月七日）

內地業務股

汕頭一等郵局呈

收文者：廣東郵政管理局

事由：查獲函件夾帶批信充獎辦法呈祈迅賜示遵

相關文件：本局本年五月廿八日「七五九/二八五八」呈文

附件

鈔送

字第八五一/二○一八號

中華民國卅七年七月七日發

一、本局差工屢次查獲函件夾帶批信，曾由右開呈文請示充獎辦法，迄未蒙指覆，故該項獎金尚未發給。

二、懇請 迅賜批示，俾便辦理。

局長 李子華

FILE

經劃組查明有關指令稿候行

由本年七月廿五日郵局字902號指令示復

广东邮政管理局局长黎仪燊关于查获国际进口邮件夹带批信事项给汕头一等邮局的指令（一九四八年七月十五日）

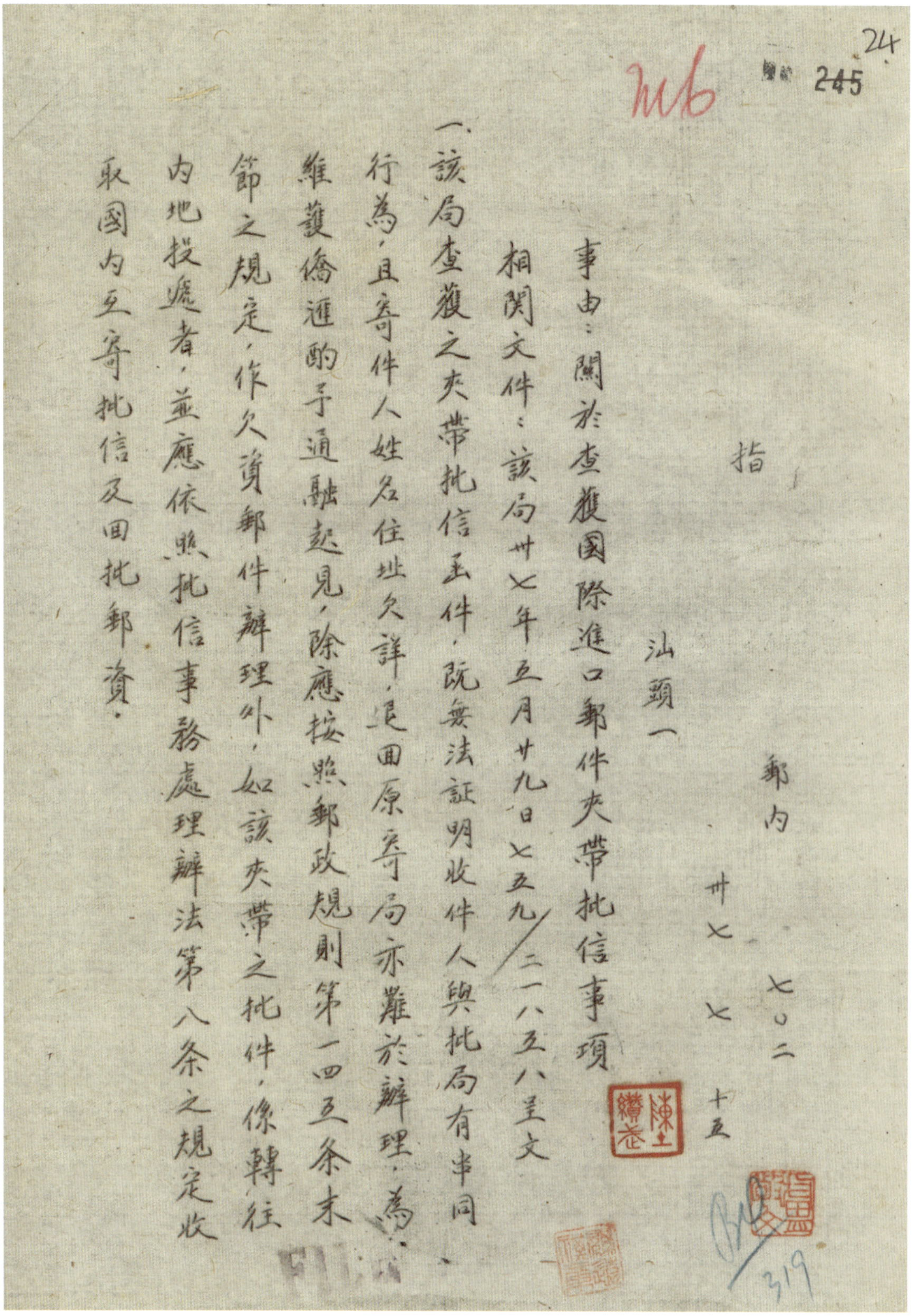
24
245

郵內七〇二
卅七　七　十五

指

汕頭一

事由：關於查獲國際進口郵件夾帶批信事項

相關文件：該局卅七年五月廿九日七五九/二一八五八呈文

一、該局查獲之夾帶批信五件，既無法証明收件人與批局有串同行為，且寄件人姓名住址欠詳，退回原寄局亦難於辦理，為維護僑匯酌予通融起見，除應按照郵政規則第一四五条末節之規定，作欠資郵件辦理外，如該夾帶之批件，係轉往內地投遞者，並應依照批信事務處理辦法第八条之規定收取國內互寄批信及回批郵資。

319

25

~~248~~

二、前核定獎勵查獲夾帶批件員工辦法如後：

（甲）每日每人單獨查獲或数人共同經手查獲之該項夾帶批件其所科罰之兩倍郵資總額超過一百五十萬元之數，照所罰郵資提出三分之弍給獎，同日同一人或同數人查獲數宗者以彙總計算，其每月月終計算查獲次數超過十五宗者，並得列表呈請獎叙。

（乙）照（甲）項計算其所科罰之兩倍郵資總額在一百五十萬元以下准將所罰郵資全数給獎，每月月終計算查獲次数超過十五宗者並得列表呈請獎叙。

（丙）查獲之件如已按章退回原寄人，並無科罰郵資對於

二

查獲人員可於月終列表呈請獎敘，但不予核給獎金。

三、該局所擬對於夾帶批件預收回批國際資費一節，核尚可行，應予照辦，惟國際郵件資費變動頻繁，為免滋糾紛起見，於預收回批國際郵資時應着收件人繕具切結聲明上項預繳之回批國際資費將來交寄回批時，如因國際郵資增加不敷貼納郵資，其所差欠數額甘願如數補足，又上項回批交寄期間暫定為兩個月（自入口之日起計算），逾期不寄其所預繳之回批國際資費全部充公，嗣後交寄時，應另行照章購貼郵票，該項預收國際郵資應作現款列入暫收帳內，俟相關回批交寄時冲銷購票黏貼。

27

~~248~~

四、該局所擬着收件人備具書面保証聲明自即日起一個月後如再有發覺函件夾帶批信情事致被郵局將原件退回不得提出異議一節，應改為向收件人口頭警告，無庸備具書面証明，以省手續。

五、該局造繳之查扣郵件詳情表內列报四月廿七日及五月八日兩天內什差李愈順每天查獲夾帶批件之信函各兩宗，罰貼郵資共為五十四萬元及廿六萬元，而該局所發獎金則按每宗給獎一百五十萬元計算，並非以每人每日所查獲夾帶信函罰貼郵資之總數計給獎金，顯有未合，仰依照上開(二)節(乙)項之規定辦理，相關查扣报告書一份隨令檢退，

四

28

249

應即更正呈核〻

附一件

局長 黎儀燊

五

繕寫

校對

广东邮政管理局局长黎仪燊关于外洋进口航空批信夹带他件科罚事项给汕头一等邮局的指令（一九四八年七月十五日）

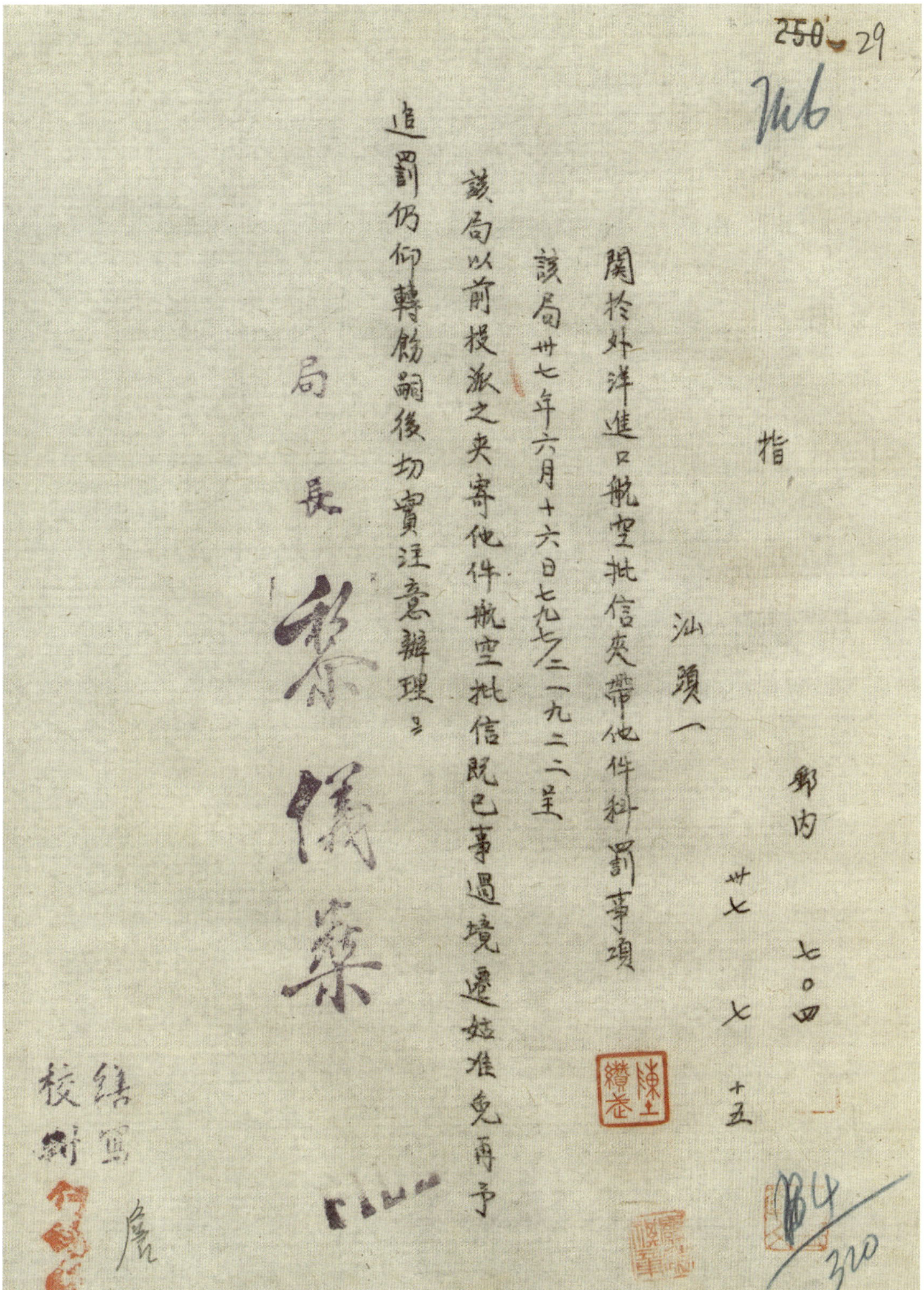

指

郵內七〇四

卅七 七 十五

汕頭一

關於外洋進口航空批信夾帶他件科罰事項

該局卅七年六月十六日七九七二一九二二呈

該局以前投派之夾寄他件航空批信既已事過境遷姑准免再予追罰仍仰轉飭嗣後切實注意辦理之

局長 黎儀燊

繕寫

校對

广东邮政管理局局长黎仪燊关于查获函件夹带批信奖励办法给汕头一等邮局的指令（一九四八年七月二十三日）

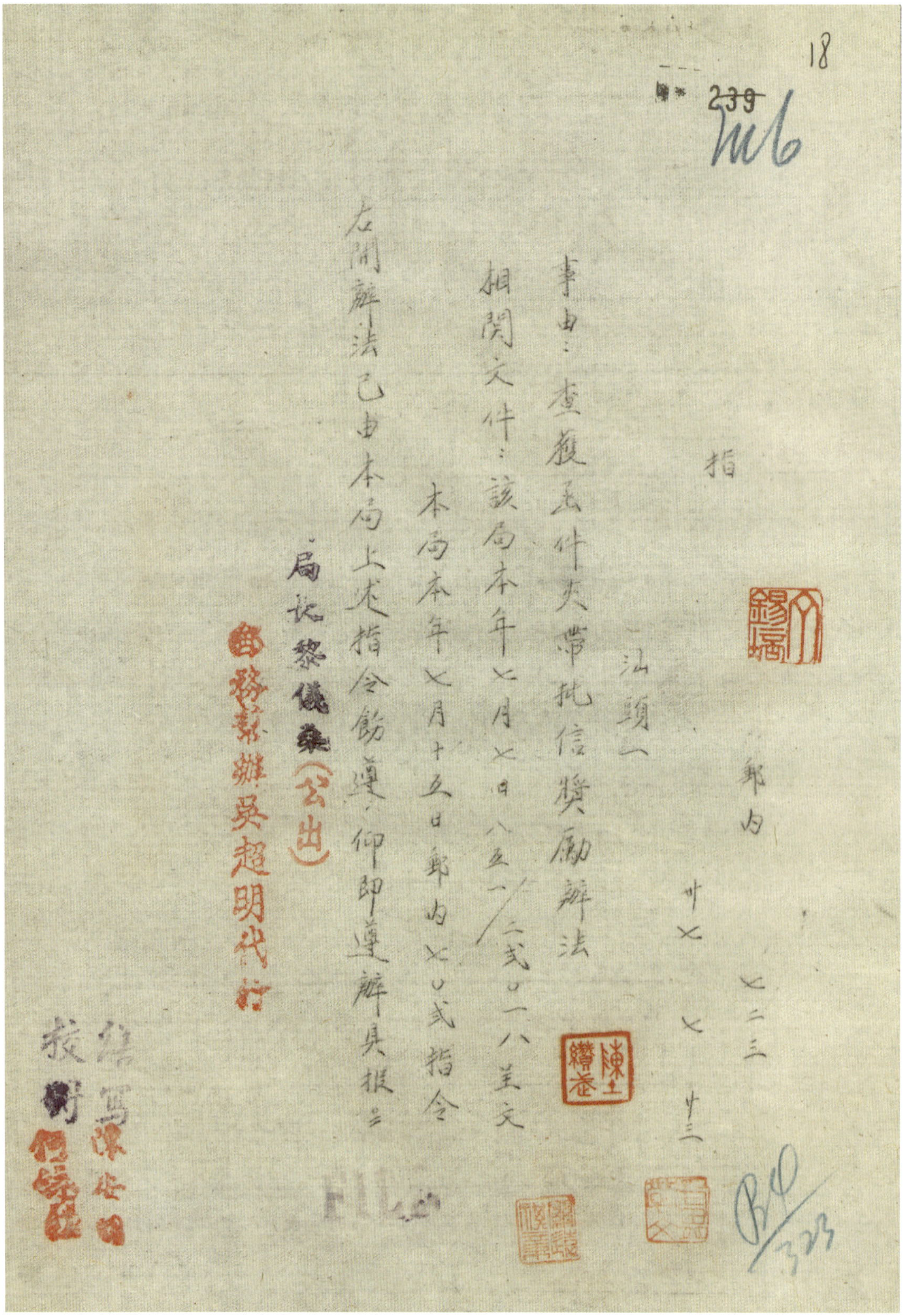

指

郵內　七二三

廿七　七　十三

汕頭一

事由：查獲函件夾帶批信獎勵辦法

相關文件：該局本年七月七日八五一/二式〇一八呈文

本局本年七月十五日郵內七〇式指令

右開辦法已由本局上述指令飭遵，仰即遵辦具報。

局長黎儀燊（公出）

業務處處長吳超明代行

繕寫

校對

广东邮政管理局局长黎仪燊关于汕头一等邮局查获函件夹带批信给汕头一等邮局的指令（一九四八年七月二十三日）

指　郵內　七式二

卅七　七　十三

汕頭一

事由：該局查獲函件夾帶批信

相關文件：該局本年五月十一日七一二/二(七)七五呈文

本局本年七月十五日郵內七二〇指令

仰參照本局右開指令辦理。

局長黎儀燊（公出）

郵務幫辦吳超明代行

广东邮政管理局局长黎仪燊关于汕头一等邮局查获进口批信夹带他件事项给汕头一等邮局的指令（一九四八年七月二十六日）

11

272

廣東郵政管理局

指

郵內 七二四

卅七 七 廿六

汕頭一

事由：關於該局查獲進口批信夾帶他件事項

相關文件：該局卅七年五月廿八日七五五/二一八五三呈

本局本年五月十九日總內六五三/一五〇五七指令

一、該局查獲夾帶他件之進口批信，除應按章征收兩倍郵資及如係轉往內地投遞者，並應收回國內互寄批信及回批資費外，仍應參照批信事務處理辦法第十條第三款之規定，科罰違約金，茲將原繳查扣報告兩份檢退，仰將所科罰之違約金補列呈核。

二、本局右開指令第一節飭着將查獲夾寄情形及件數驗知原

12

233

寄局，俾得向原寄人法辦及取締之辦法准寬限一月施行。　二

(三)發覺人員奬勵辦法，應参照批信事務處理辦法第十一條之規定辦理。

(四)仰將遵辦形具報憑核。

附退報告兩件

局長黎儀燊（公出）

郵務幫辦吴超明代行

繕寫

校對

广东邮政管理局等相关部门关于第213和58号国际挂号信件内银炅被窃一案来往函件（组件）（一九四八年八月三日至一九四九年一月十六日）

炜和给余庆锐的函、第58号国际挂号信件信封（一九四八年八月三日）

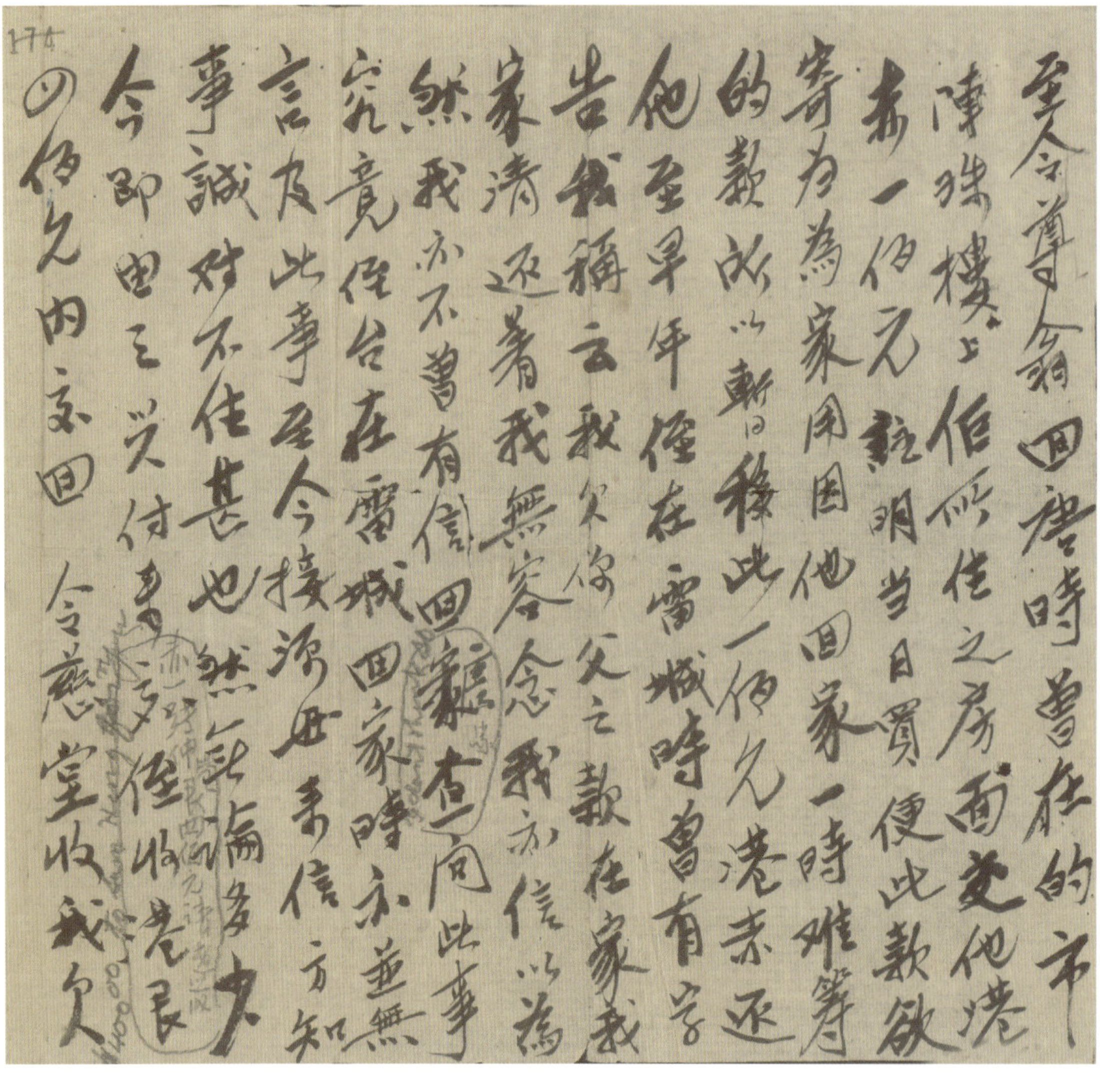

至令尊翁回唐時曾在的市
陳珠樓上伯所住之房内交他港
銀一佰元話明当日買便此款欲
寄为為家用因他回家一時難籌
的款以斷回移此一佰元港銀還
他至早年侄在雷城時曾有字
告我稱云我父[illegible]父之款在家我
家清還着我無容念我亦信以為
然我亦不曾有信回鄉查问此事
究竟侄台在雷城回家時亦並無
言及此事至今接汝母来信方知
事識对不住甚也然無論多大
今即由三兴付来侄收港艮
四佰元内亦回　令慈堂收我[illegible]

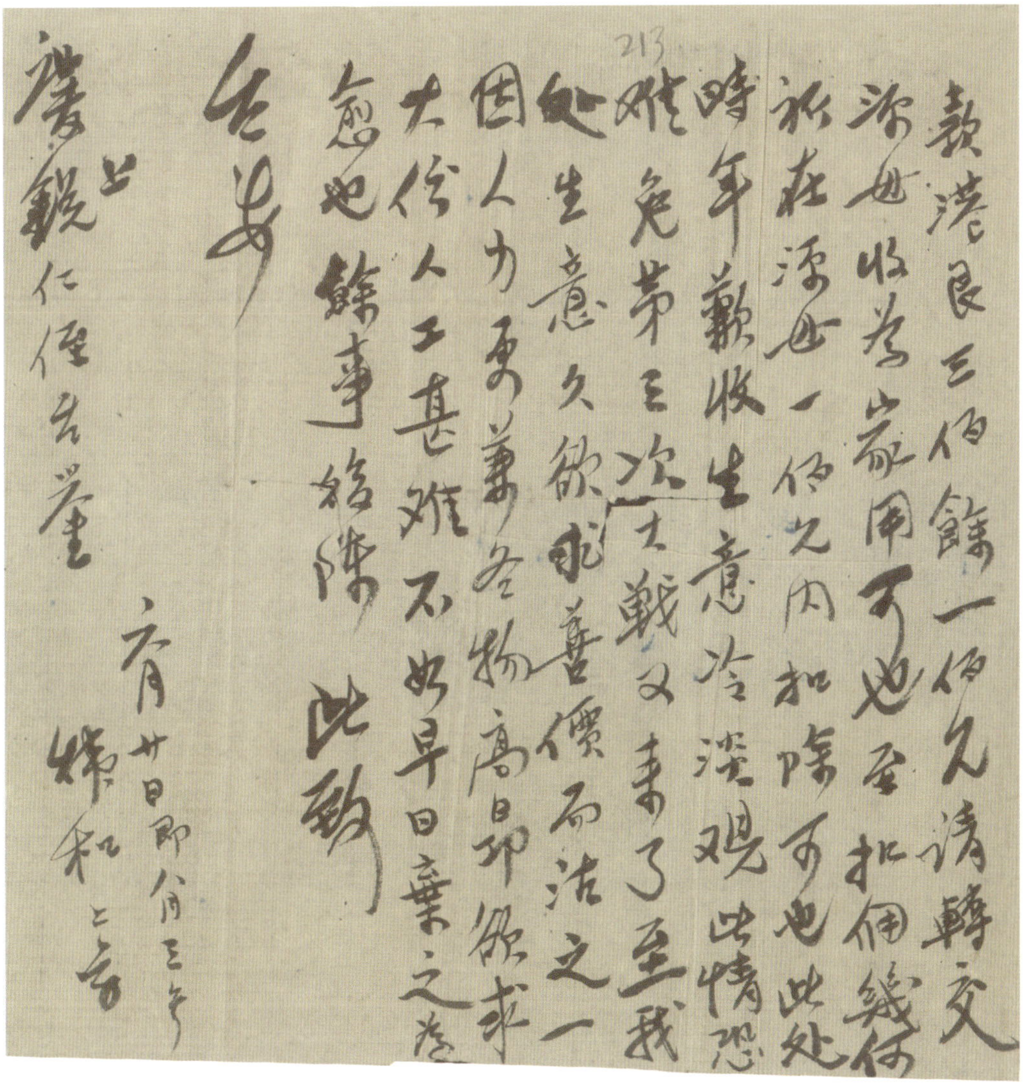

213

款港艮三佰餘一佰元請轉交
添如收為家用可也至於佣錢何
祗在添如一佰元内扣除可也此处
時年歉收生意冷淡艱此情恐
難免弟三次大戰又來了至我
处生意久欲就善價而沽之一
因人力要兼各物高昂欲求
大伙人工甚難不如早日棄之為
愈也餘事后陳　此致
台安
慶錕仁侄台鑒　上
六月廿日即八月三号
緯和　上言

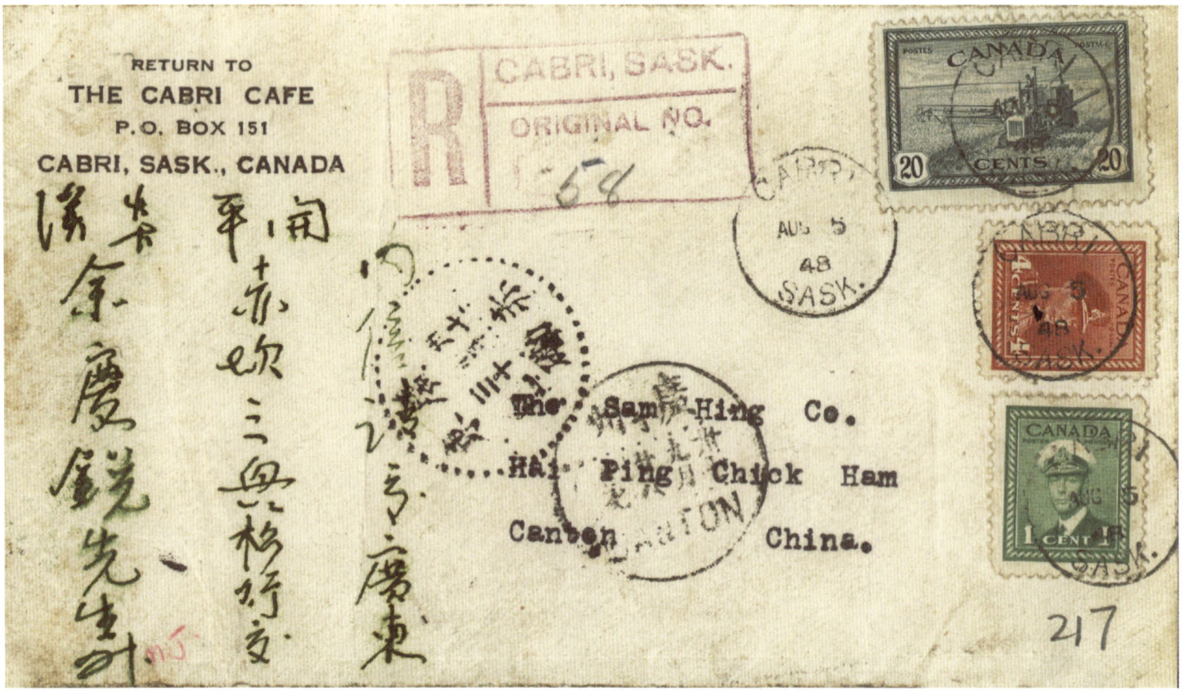
RETURN TO
THE CABRI CAFE
P.O. BOX 151
CABRI, SASK., CANADA
R
CABRI, SASK.
ORIGINAL NO.
CANADA
20 CENTS 20
CANADA
The Sam Hing Co.
Hai Ping Chick Ham
Canton China.
217

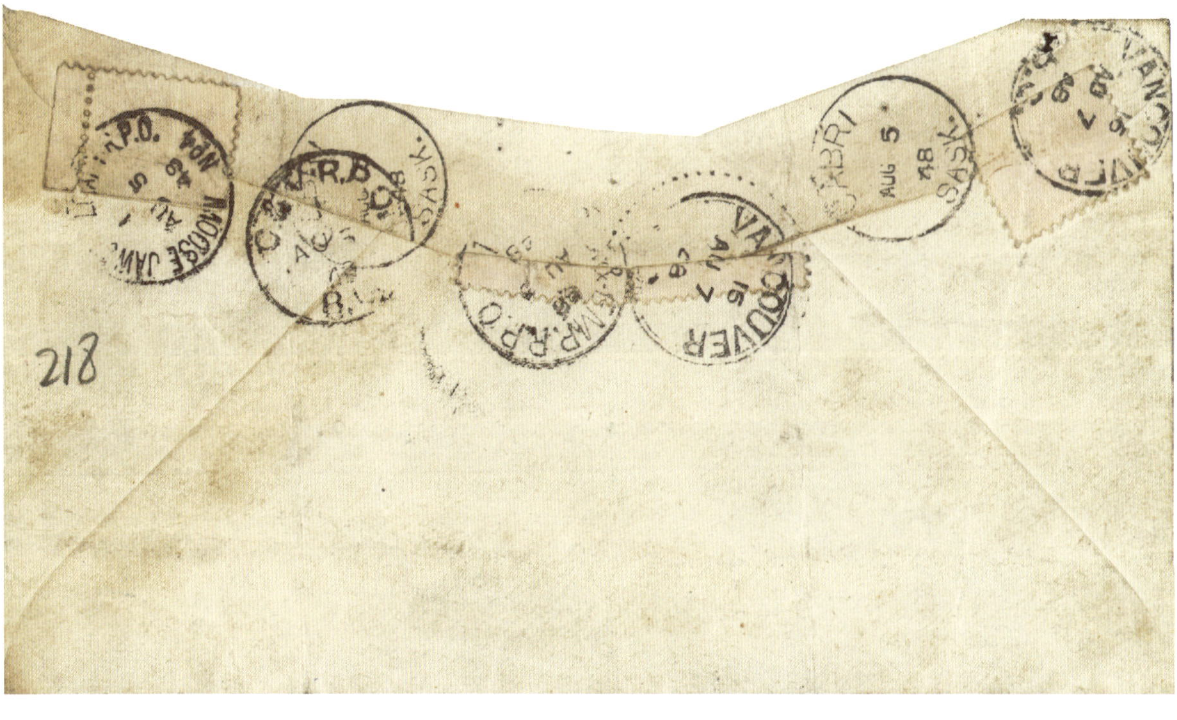
VANCOUVER
CABRI
SASK.
218

关勋彩给关汉杰的函、第213号国际挂号信件信封（一九四八年九月十七日）

第 信 172 211

漢傑小兒知悉：日前接來函，內詳已悉矣。據云為證書所費之
錢，乃全先行竟還。因外匯為加府郵局所阻，是以未能一旦如數
寄返。茲世芳須託廣東月初得牽御業健，故近日困窘，乃擬
振時前往親見與他商談一切。茲有閱新章海員擔工至于其所
定之船期，又要停止，以待海員談判解結，方能開往東亞。
故此乃未能知道于何日放船到家，是以乎即行照例每月所限
之匯率，逐日付來港幣四佰元，此批[illegible]可足夠使用。
剩下錢務須暫即備存，時[illegible]又宜依舊見此對寫信一齊接
給予接筆見字知之。再者，世外祖母近來之信，全先提
及于他想他近安，筆當遠來知，以何但備他仍生存于世。
千新隨時照料于他，免他受于飢寒。而他大姑母之婢等
每要居其本責以顧行，[illegible]足為之要也，此屬。今剩下精詳。
此達吉，遊作凡事要須掛心，此囑，并詢
民三十七年九月十七日 父勳彩

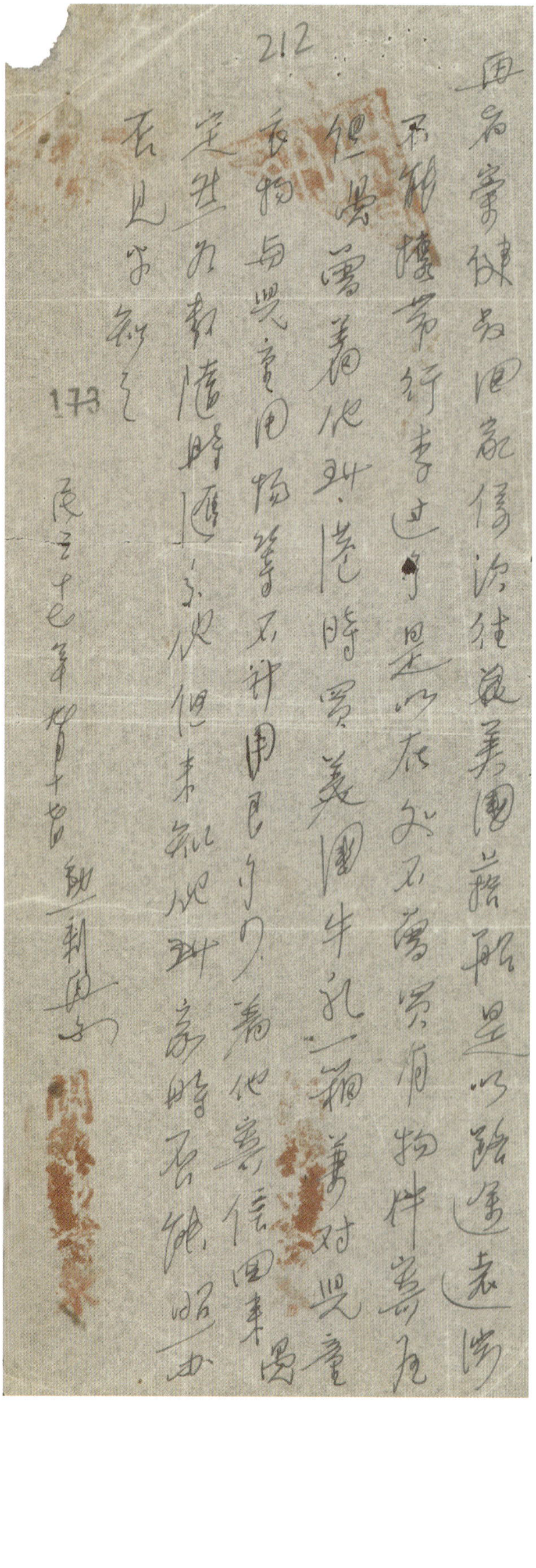
212

再启家慈者：因家信论往徙美国搭船，是以路途遥远，涉

不能携带行李过多，是以衣服不曾买有物件寄回。

但买罐着他到港时买美国牛乳一箱，兼对儿童

衣物与儿童用物等不计用具多少，着他寄信回来，为

定然有动植时通知他，但未知他到家时不能照办。

衣见字知之

173

民三十七年四月十四日 勉利 再字

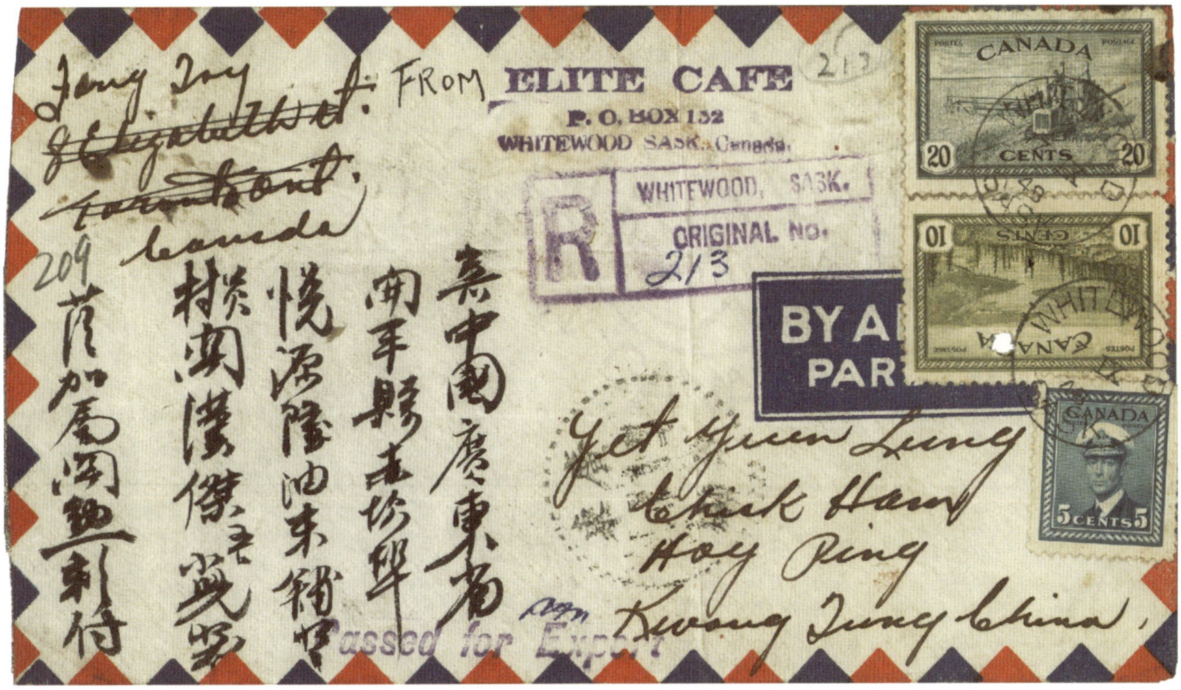
FROM ELITE CAFE
P. O. BOX 132
WHITEWOOD SASK. Canada
WHITEWOOD, SASK.
ORIGINAL No.
213
R
BY A
PAR
CANADA
20 CENTS 20
10
CANADA
5 CENTS 5
Canada
Yet Yuen Lung
Chik Ham
Hoy Ping
Kwong Tung China
寄中國廣東省
開平縣赤坎埠
悦源隆油米舖
Passed for Export
209

VANCOUVER
AP 19
48
210
WHITEWOOD
17 IX
48
SASK.
廣州
CANTON
DESIGN RD 1929 B.-E. LTD

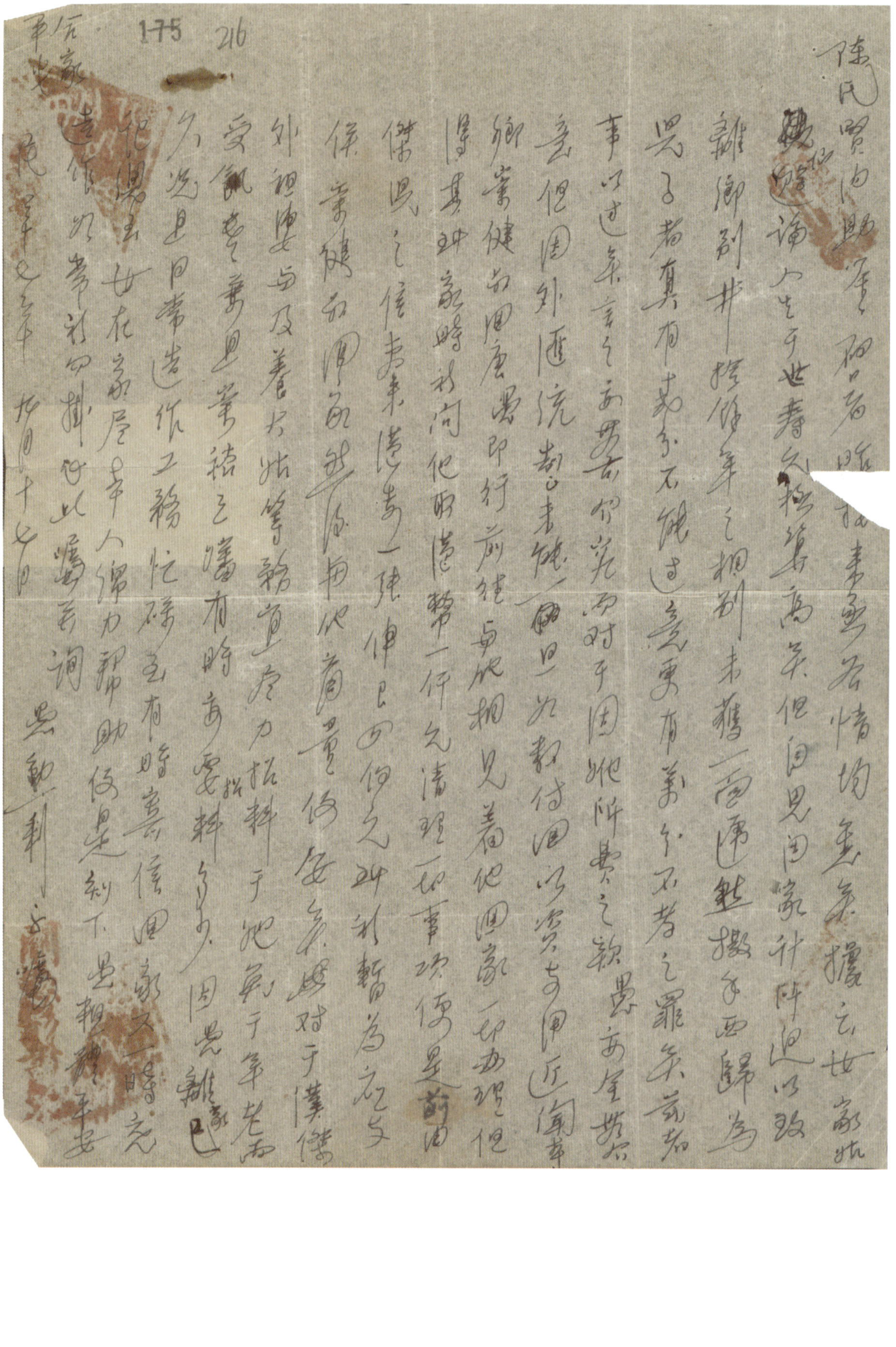

175 216

陈氏贤内助鉴：

启者，昨接来函，各情均悉矣。据云女家姑嫂论人生于世，寿夭短长为实，但自思回家升阶迎以致离乡别井，多年之相别，未获一面，遂罹撒手西归，为愚了者，真有万分不能过意，更有万分不孝之罪矣。至若事以过矣，言之无益。至于今对于因他所费之款，愚妥全数意，但因外汇统制未能一时兑付回，以资支用，近闻叔乡叔健兄回唐，愚即行前往与他相见，着他回家一切办理。但得其回家时，将向他取港币一仟元清理一切事项便是。前由杰兴之信来港，寄一张伸良由侄之外，暂为存支，候叔健兄回乡，然后由他着意候安矣。对于汉杰外祖母安否及养大姑等，务宜尽力招料于他，免于年老而受饥寒，并且叶结之嘱，有时去函要料多少，因愚离家已久远，且日常造作工务忙碌，至有时无信回家，又一时完他归去，女在家居，本人竭力帮助，便是。刻下愚相平安，家遗作以常，对切挂，由此嘱咐询

愚勋彩字嘱

信家平安

民卅七年九月十七日

关勋彩给陈氏的函、第214号国际挂号信件信封（一九四八年九月十七日）

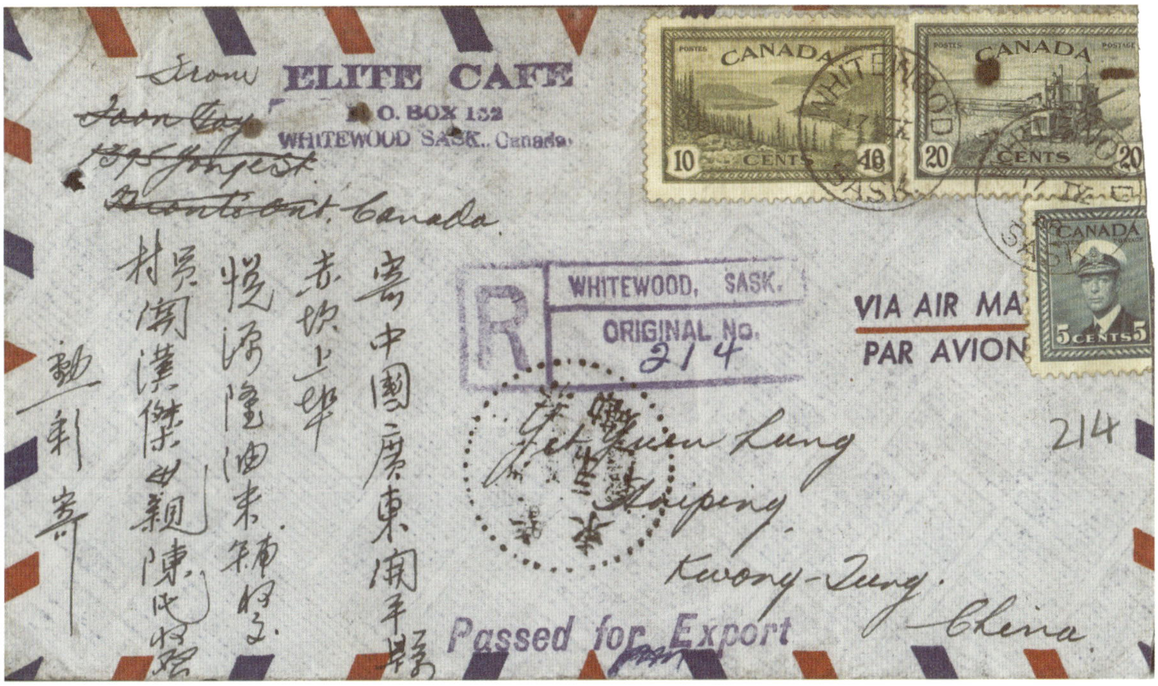
ELITE CAFE
P. O. BOX 132
WHITEWOOD SASK. Canada
CANADA
CANADA
CANADA
WHITEWOOD, SASK.
ORIGINAL No.
214
VIA AIR MA
PAR AVION
寄中國廣東開平縣
赤坎上埠
悅源隆油米轉交
214
Passed for Export

215
WHITEWOOD
SASK.
CANTON

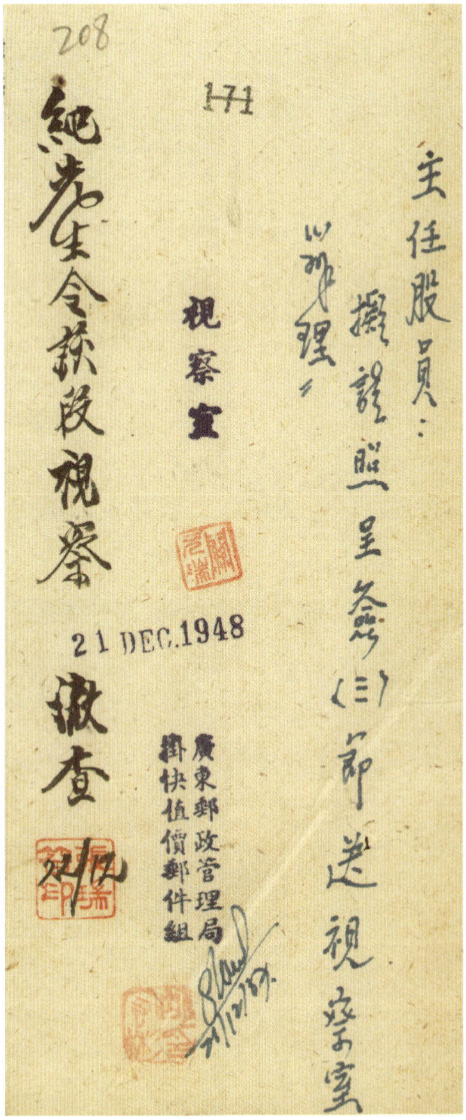
208

171

主任股員：擬請照呈簽（三）節送視察室

以憑辦理

視察室

廣東郵政管理局掛快值價郵件組

21 DEC.1948

總巡令發段視察

徵查

广东邮政管理局挂快值价邮件组关于请照呈签（三）节送视察室办理致主任股员的呈（一九四八年十二月二十一日）

广东邮政管理局挂快值价邮件组关于第213和58号国际挂号信件内银炅被窃一案调查情形及处理办法致主任股员的呈（一九四八年十二月二十四日）

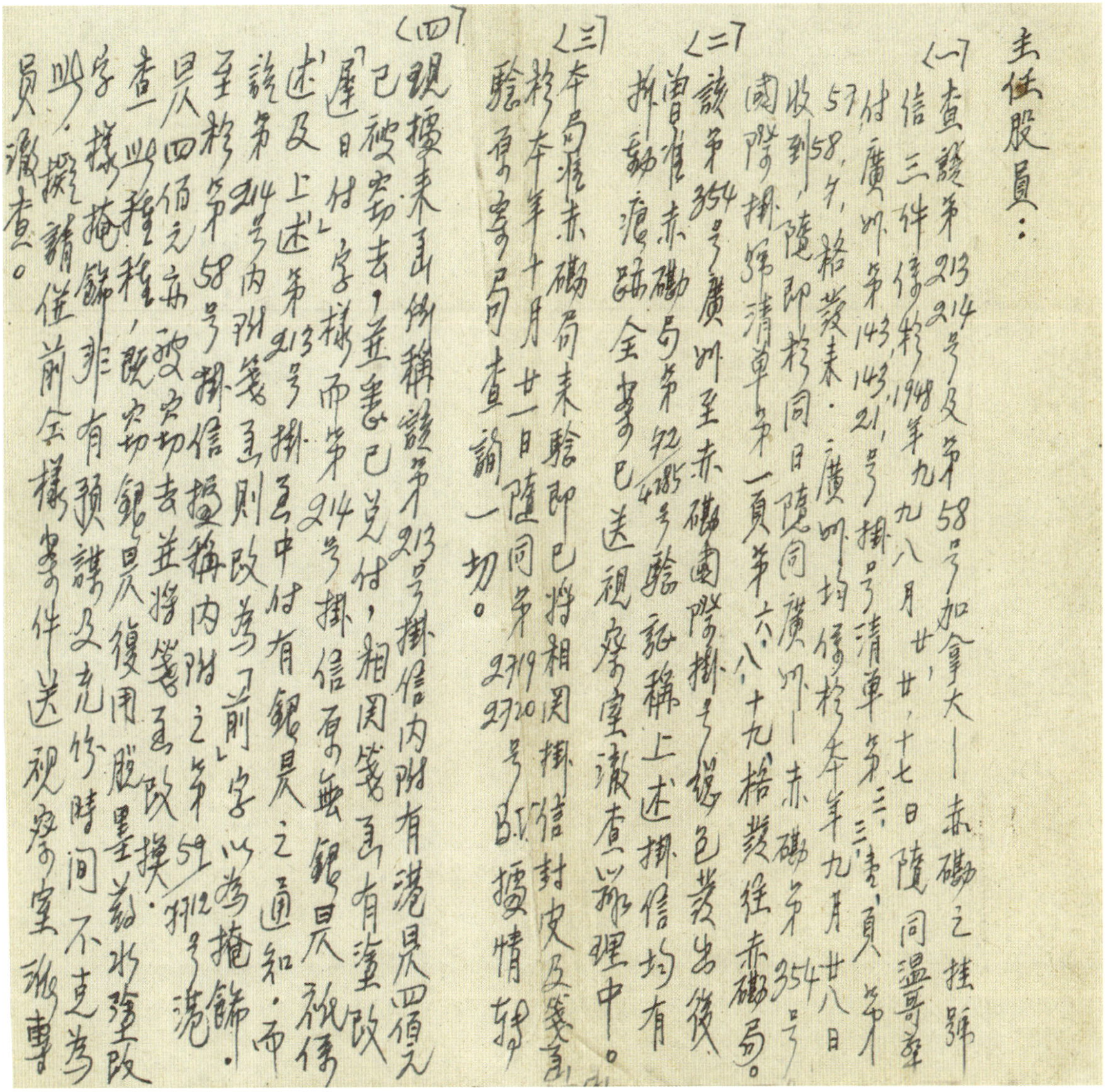

主任股員：

（一）查該第213/214號及第58號加拿大—赤磡之掛號信三件係於1948年九、九、八月廿、廿、十七日隨同溫哥華付廣州第143,143,143/21號掛號清單第三、三、壹頁第57,58,57號格發來。廣州均係於本年九月廿八日收到，隨即於同日隨同廣州—赤磡第354號國際掛號清單第一頁第六、八、十九格發經赤磡局。

（二）該第354號廣州至赤磡國際掛號總包發出後，曾准赤磡局第4172/4185號驗訖稱上述掛信均有拆動痕跡，全案已送稽察室徹查以辦理中。

（三）本局准赤磡局來驗，即已將相關掛信封皮及簽條於本年十月廿一日隨同第2319/2320號函據情轉驗原寄局查詢一切。

（四）現據來函稱該第213號掛信內附有港炅四佰元已被竊去，並表已兌付，相關簽條有塗改「遷」日付」字樣，而第214號掛信原無銀炅，祇係述及上述第213號掛信中付有銀炅之通知，而該第214號內附簽條則改為「前」字以為掩飾。至於第58號掛信據稱內附之第59/4712號港炅四佰元亦被竊切去並將簽條改換。查此種程序，既竊切銀炅復用服墨蘸水塗改字樣掩飾，非有預謀及充分時間不克為此。擬請從前全樣案件送稽察室派專員徹查。

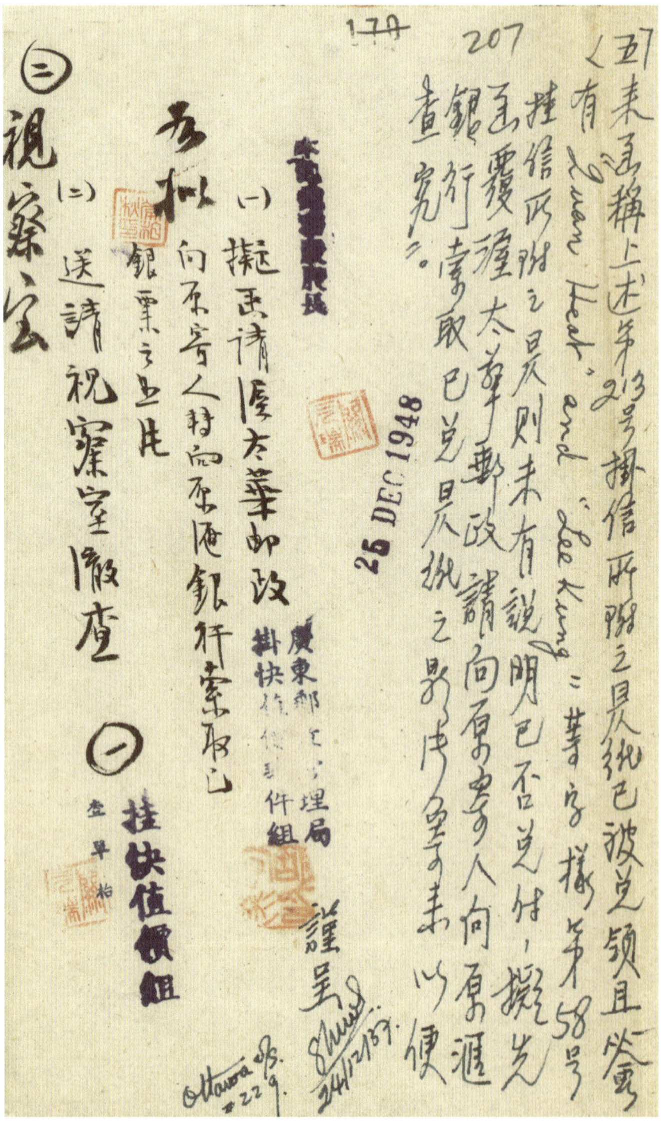

177

207

（五）来函称上述第213号挂信所附之侨汇已被兑领且有Lum Hok及Lee Kung二等字样，第58号挂信所附之侨汇则未有说明已否兑付，拟先函覆澳太华邮政，请向原寄人向原汇银行索取已兑侨汇之影片寄来以便查究。

局长

25 DEC 1948

广东邮政管理局
挂快侨汇邮件组
谨呈

方拟

（一）拟函请澳太华邮政向原寄人转向原汇银行索取已兑银票之照片

（二）送请视察室彻查

㊂ 视察室

㊀ 挂快值价组

Ottawa #229.

24/12

广东邮政管理局关于查明第 213 和 58 号国际挂号信件内银戾被窃一案给渥太华邮局的公函（一九四八年十二月二十七日）

206

~~1509~~

總務股

請至渥太華郵政王復復請將案送視

案室

27 DEC 1948

廣東郵政管理局公函　字第　號

收文者：Ottawa Post Office.

事由：

相關文件：渥太華郵政本年十一月九日第80913號來函（本局收文第2??號）

抄送

附件

中華民國　年　月　日發

據准

貴局本年十一月九日第80913號來函祇悉。關於詢第213號掛信及第58號掛信所稱內附銀戾被竊一節，敬希寄人向原匯銀行查明曾否兌付，索取相關已兌銀戾影件寄來，以便查究為荷。

此致

渥太華郵政

呈

主任股長核閱

廣東郵政管理局
掛快值價郵件組

28 DEC.1948

主任视察员张瑞符关于澈查第213和58号国际挂号邮件被窃银艮一事给张植庭的训令（一九四八年十二月三十一日）

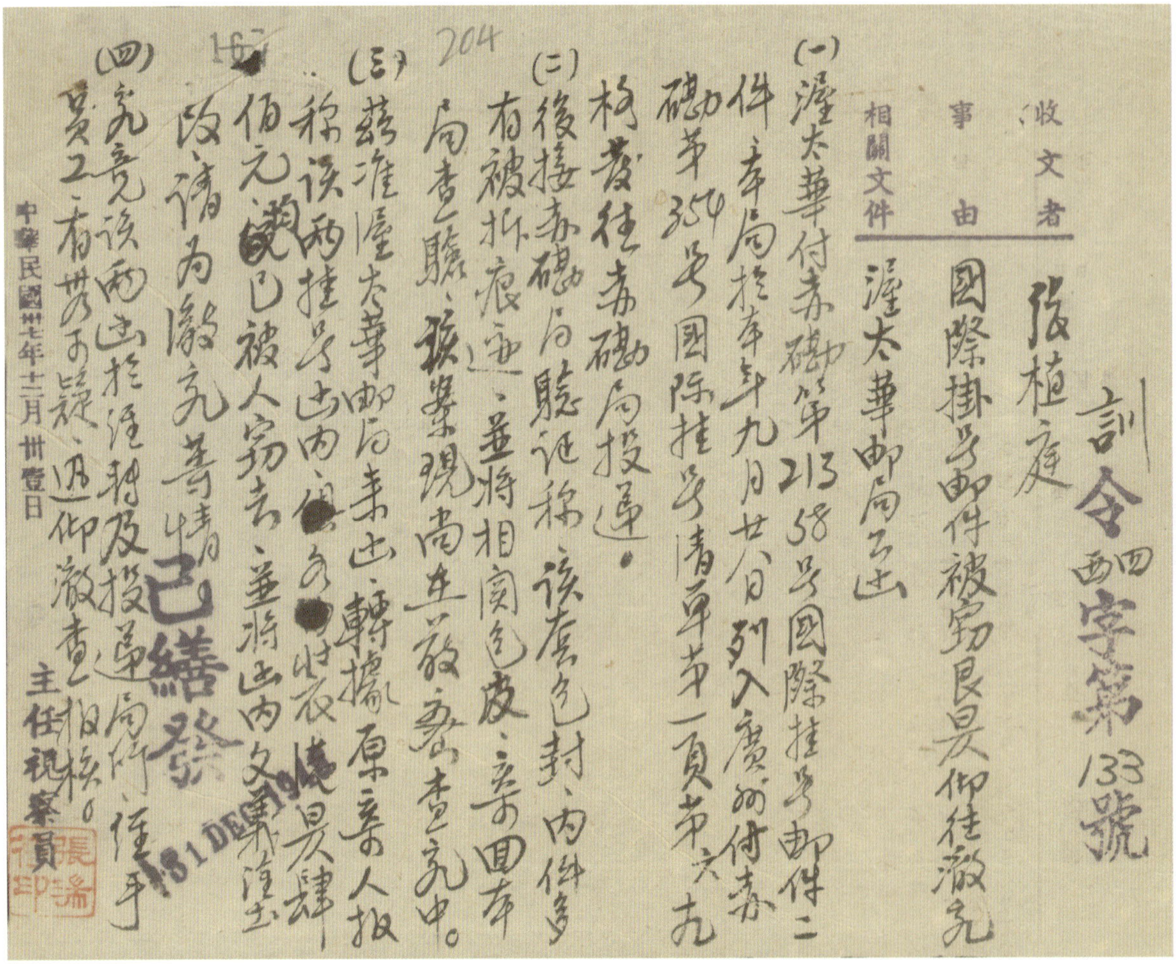

訓令 酉四字第133號

收文者：張植庭

事由：國際掛號郵件被窃艮昃仰徃澈究

相關文件：渥太華郵局公函

(一) 渥太華付赤磡第213、58號國際掛號郵件二件，本局於本年九月廿六日列入廣州付赤磡第354號國際掛號清單第一頁第六九格發往赤磡局投遞。

(二) 後接赤磡局聽証稱，該各包封、內件多有被拆痕迹，並將相関包皮、寄回本局查驗，該案現尚在嚴密查究中。

(三) 茲准渥太華郵局來函，轉據原寄人投稱，該兩掛號函內[illegible]艮肆佰元，均已被人窃去，並將函內文件塗去，故請為澈究等情。

(四) 究竟該兩函於途經封發投遞局所、經手員工，有無可疑，仰迅即澈查具報。

主任視察員 張瑞符印

中華民國卅七年十二月卅壹日

已繕發

31 DEC 1948

167

204

广东邮政管理局第六段邮务视察员张植庭关于呈复澈查国际挂号邮件被窃港戾情形致广东邮政管理局局长黎仪燊的呈（一九四九年一月十六日）

17

16

〔文一4甲〕

視察室
收文 專號 115 民國38年1月18日
復文 專號 民國38年 月 日

廣東郵政管理局第六段郵務視察員呈文

事由	
收文者	廣東郵政管理局局長黎
事由	呈復澈查國際挂號郵件被竊港戾情形
相關文件	管理局卅七年十二月卅日四西字第一三三號訓令

視字第9/38號

中華民國三十八年九月十六日發

年 月 日 時到

號

第 字 號

第 字 號

文案 收檔

遵照右令前往赤磡澈查查該4158號國際挂號郵件二件係廣州於去年九月廿八日由第354號國際挂號清單第一頁第六十九兩格發赤磡赤磡局係於九月卅日收到經辦挂號員工（見視字第8號呈文之說帖）發覺該袋包封內件多有被拆痕跡遂即驗知廣州局上述二件亦在其內乃由經辦人員在局長監視下會同用紙封簽裝入袋內再封妥鎖入挂號柜內併即分別通知第2113號收件人赤坎上埠暢源隆關漢傑第4158號收件人赤坎下埠三夾余慶銳等親自來局收領復查上述挂件到達時係當

第一頁未完

1,000,000/13.vi.29.

18

17

[文一5乙]

視字呈文第9/38號

眾開拆封發抬與局長辦公桌相距甚近在工作員工眾目共睹之下實無竊拆機緣似亦無可疑之點。

（二）職十六日我局第213號收件人關漢傑查詢據稱當日亦磡局通知到該局收領該挂號信開拆時發覺函內句語塗改及無單紙乃去函寄件人查究如有單附返當向原滙銀行止兌追查近接滙款人來函稱該單係NO.126 [illegible] 等字樣惟未講及係何種單在香港何銀行領款云云又據我局第58號收件人余慶銳查詢據稱當日亦磡局通知到該局收領該挂號信開拆時發覺函內箋紙不齊全句語未完滿并無單紙經去函寄件人追查迄未見覆云 職經着該兩收件人迅即再去函原寄人向原滙銀行聲請止兌如該款確經兌付亦攝影單底函付來以便查究矣茲謹將澈究情形呈報。

郵務視察員張植庭

呈自亦磡旅次

第二頁完

郵政公事用紙

4,000,000/27. vi. 30.

汕头一等邮局关于处理进口批信夹带他件一案致广东邮政管理局的续呈（一九四八年八月十一日）

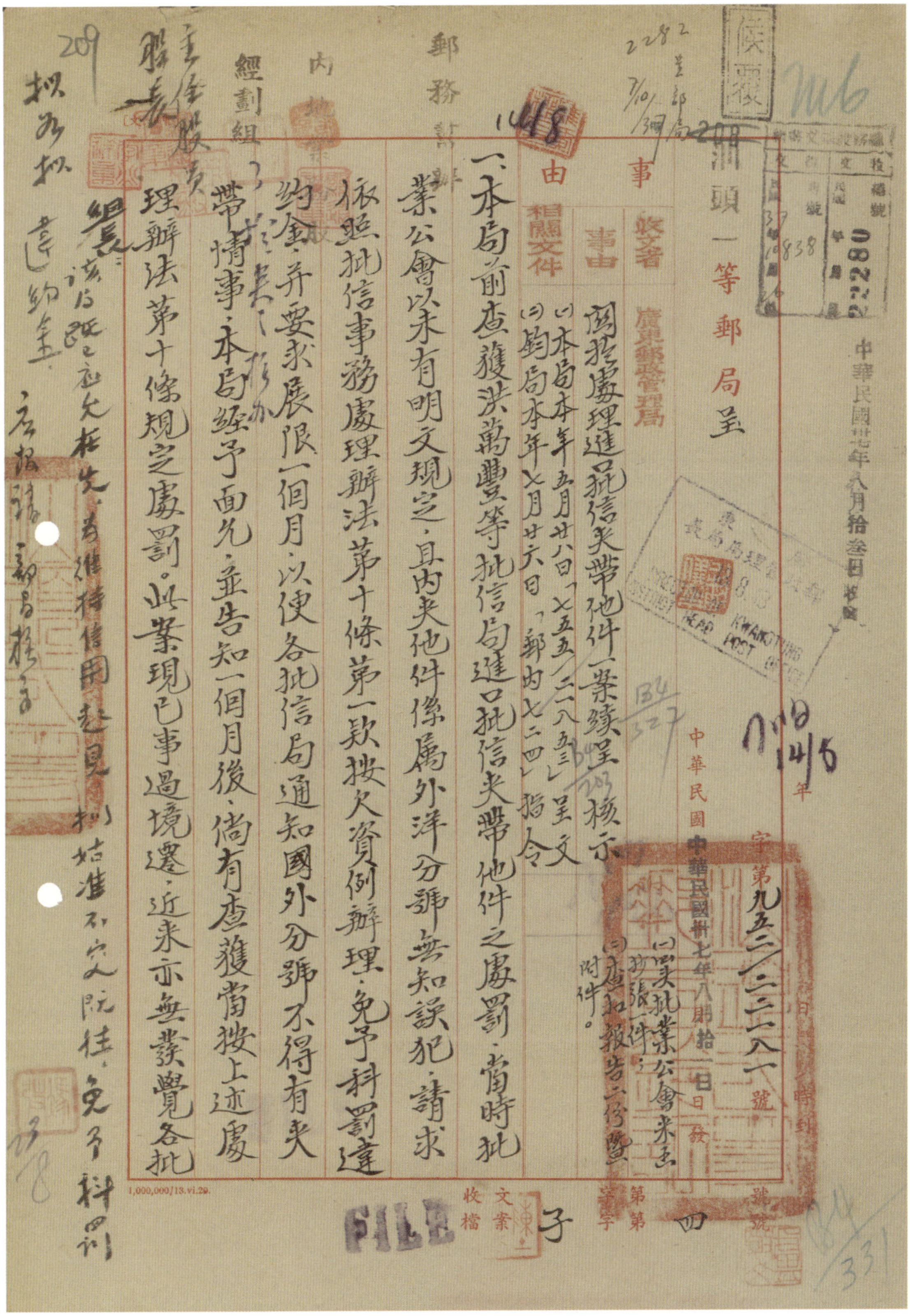

汕頭一等郵局呈
收文者：廣東郵政管理局
事由：關於處理進口批信夾帶他件一案續呈核示
相關文件：(一)本局本年五月廿八日，七五五/二二八五呈文；(二)鈞局本年七月廿六日，郵内七二〇四指令
一、本局前查獲洪萬豐等批信局進口批信夾帶他件之處罰，當時批業公會以未有明文規定，且內夾他件係屬外洋分號無知誤犯，請求依照批信事務處理辦法第十條第一款按欠資例辦理，免予科罰違約金，並要求展限一個月，以便各批信局通知國外分號不得有夾帶情事。本局經予面允，並告知一個月後，倘有查獲，當按上述處理辦法第十條規定之處罰。此案現已事過境遷，近來亦無發覺各批
中華民國卅七年八月拾一日發
字第九五二/二二八一號
附件：(一)呈批業公會來函一件；(二)查扣報告六份
中華民國卅七年八月拾叁日
FILE

210

〔文一5乙〕 209

局夾帶情事，擬請不究既往，以維郵局威信。

二、關於本案獎勵發覺人員辦法，擬為：(一)罰繳欠資，其數額在一百五十萬元以下者，全數撥出充獎；(二)其數額在一百五十萬元以上者，則撥出三分之二充獎，如三分之二折實數額不足一百五十萬元時，亦照一百五十萬元充獎。

三、茲照錄汕頭批業公會相關來函一件，第八及十一號查扣報告二份暨附件隨文呈繳，敬祈

鑒核示遵。

局長李子華

第二頁

郵政公事用紙

4,000,000/27. vi. 36

附一：汕头市侨批业同业公会理事长魏子家关于马来亚进口批信夹带他件情形给汕头一等邮局的公函

211

[文一5乙]

~~210~~

照抄

案據敝會會員洪萬豐有信悦記光益裕等四批局報告稱

"查本年五月間會員等馬來亞方面寄至批包中竟有一封而套夾多封之弊發見後會員等以該項批信有背郵章本決意拒却不收以退回原寄發地將寄發人懲罰惟當時與汕頭郵局雙方討議之下以該項批信係因寄發地政府限制華僑匯款之溢額故有取巧寄出并非僑胞有意逃避郵資若予退回華僑必受該地政府嚴處既非我政府愛護僑胞之旨亦非我國體對外之光當蒙 汕頭郵局長恤憫僑艱原諒批局未與同謀准由衛郵免罰領出發還僑眷而飭批局處事轉知外洋華僑不得再有同樣情事發生在案越日即由公會函知各港批業公會務予防止以重郵章茲請

第一頁

郵政公事用紙

4,000,000/27. vi. 30

212

[文一3乙]

汕頭郵局展期一個月方施用硬性懲罰，而會員等亦自行警告外洋聯號切勿重蹈覆轍，自貽伊戚，故迄今多月，果得奕絕風清，案已解決。詎昨又會員等携件赴郵局寄批，忽奉包封處司蕭催蓋章認罰及記過等，亦得悉之餘，惶駭萬分。若果本案竟為如斯辦理，不特前後歧異，有碍威信，抑且前此郵局長優待華僑之德意轉以陷汕頭批局於今日受過之地位，抑實甚迫，得聯請公會代為據理收回成命，以免無辜受罰」等情。據此，查所稱各節，尚屬實情，相應轉請

貴局查照，尚希收回成命，以免枉抑，如何之處，并希見覆為荷。

此致

第二頁

郵政公事用紙

4,000,000/27. vi. 30.

213

[文一6乙]　　　　號 ~~212~~

汕頭一等郵局局長李

理事長魏子家（印）

郵政公事用紙

第　三　頁

4,000,000/27. vi. 30.

附二：汕头一等邮局邮件查扣报告

汕頭一等郵局郵件查扣報告 第 號

(一) 查扣日期 三十七年四月十九日至五月十九日

(二) 查扣地點 汕頭郵局

(三) 郵件種類及號碼 見附表

(四) 郵件毛重 見附表

(五) 寄件人姓名住址 見附表

(六) 收件人姓名住址 見附表

(七) 違禁情形 各批信局寄來之口批信經已從偷批經員工檢驗屬實洽相符時發覺其中批信多件數目香港銷號址人址驗見收據查核身分字批信中夾帶其他批信。

(八) 處理情形（如科罰款須說明數目） 見附表

(九) 備註 務請呈文備案 張ХХ謹

汕頭一等郵局局長

中華民國三十七年五月廿五日

汕頭一等郵局郵件查扣報告 第十一號（中華民國三十七年次）

（一）查扣日期　三十七年五月廿四日

（二）查扣地點　汕頭郵局僑批組

（三）郵件種類及號碼　見附表

（四）郵件毛重　見附表

（五）寄件人姓名住址　見附表

（六）收件人姓名住址　汕頭光益裕、悦惠豐及有信等批局

（七）違禁情形　左列各批局進口批信總包經僑批組員工核點數目是否相符時發覺其中批信較厚者有夾帶嫌疑，請領批人拆開查獲內夾帶其他批信三數封。

（八）處理情形（如科罰郵資及沒收等）　見附表

（九）備註　參看呈文第 [illegible] 號

汕頭一等郵局局長

中華民國三十七年五月廿八日

附三：汕头一等邮局查扣邮件详情表

三十七年度郵件查扣報告第八號之附件

汕頭一等郵局查扣郵件詳情表

	日期	查獲夾帶批信		查獲地點	批信局名稱	違約金數目	罰再信郵資數目（另按收國內五等郵資未計在內）	發覺人	發給獎金數目	備考
	年月日	原報批信總數	夾帶批信件數							
1	37.4.9.	332	26	汕頭郵局僑批組	洪萬豐	無	$1,560,000-	洪鴻明、孫敦	$1,500,000-	
2	〃 14.	29	2	〃	光益裕	〃	120,000-	洪鴻明	120,000-	
3	〃 〃	101	81	〃	陳四興	〃	4,860,000-	何承雄	$3,440,000-	
4	〃 〃	20	5	〃	森春	〃	300,000-			
5	〃 16.	244	14	〃	悅記	〃	840,000-	孫敦	840,000-	
6	〃 〃	312	77	〃	有信	〃	4,620,000-	洪鴻明	3,080,000-	
7	〃 〃	99	16	〃	光益裕	〃	960,000-	何承雄	1,500,000-	
8	〃 〃	251	10	〃	洪萬豐	〃	600,000-			
9	〃 22.	30	10	〃	光益裕	〃	600,000-	洪鴻明	600,000-	
10	〃 25.	37	5	〃	〃	〃	300,000-	〃	300,000-	
11	〃 30.	61	21	〃	〃	〃	1,260,000-	〃	1,260,000-	
12	〃 〃	4	4	〃	福茂	〃	240,000-	何承雄	240,000-	
13	5. 3.	37	7	〃	光益裕	〃	420,000-	孫敦	420,000-	
14	〃 5.	40	12	〃	〃	〃	720,000-	何承雄	720,000-	
15	〃 6.	833	4	〃	洪萬豐	〃	240,000-	〃	240,000-	
16	〃 10.	396	26	〃	〃	〃	1,560,000-	洪鴻明	1,500,000-	
17	〃 14.	70	7	〃	有信	〃	420,000-	〃	420,000-	
18	〃 17.	241	13	〃	洪萬豐	〃	780,000-	〃	780,000-	
19	〃 19.	265	46	〃	〃	〃	2,760,000-	〃	1,840,000-	
20	〃 〃	111	82	〃	陳四興	〃	4,920,000-	何承雄	4,920,000-	

三十七年度郵件查扣報告第十一號之附件

汕頭一等郵局查扣郵件詳情表

日期	查獲夾帶批信			查獲地點	原寄局名	批館名稱	追納金數目	罰收信郵資數目（另徵收國內互寄郵資不計在內）	發覺人	發給獎金數目	備考
	原報批數總數	夾帶批信件數	重量（公分）								
37.5.24.	110	18	9	汕頭郵局僑批組	新嘉坡	光益裕	無	$ 1,800,000-	何承雄	$1,500,000	
〃 〃 〃	37	23	105	仝上	馬六甲	洪萬豐	〃	2,300,000-	孫敦	$1,530,000	
〃 〃 〃	166	24	46	仝上	新嘉坡	有信	〃	2,400,000-	洪鴻明	$1,600,000	

汕頭一等郵局局長

$217

广东邮政管理局局长黎仪燊关于查获私运批信案给汕头一等邮局的指令（一九四八年八月十一日）

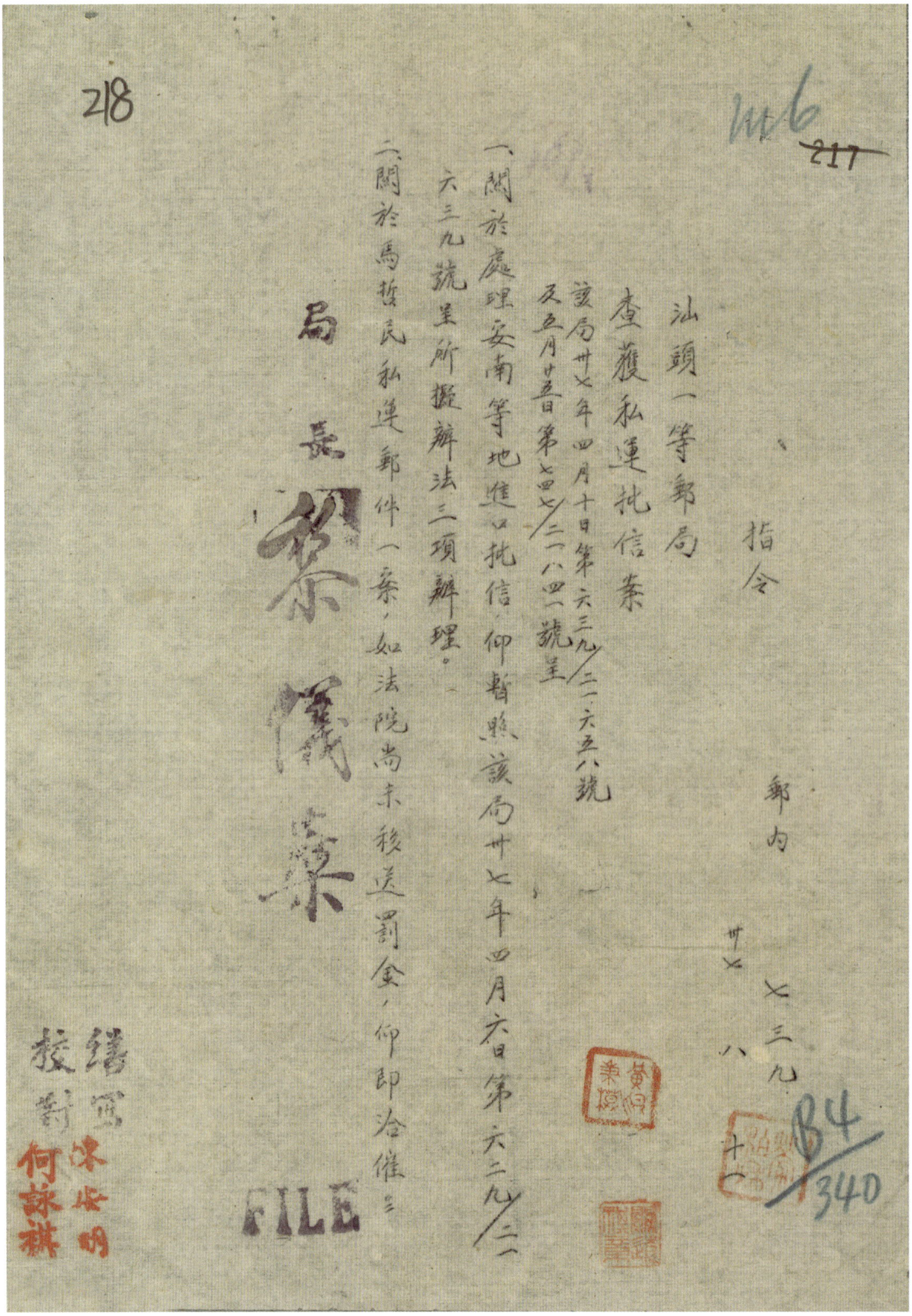

指令

郵內 七三九

卅七 八 十一

汕頭一等郵局

查獲私運批信案

該局卅七年四月十日第六三九/二一六五八號及五月廿五日第七四七/二八四一號呈

一、關於處理安南等地進口批信，仰暫照該局卅七年四月六日第六二九/二一六三九號呈所擬辦法三項辦理。

二、關於馬哲民私運郵件一案，如法院尚未移送罰金，仰即洽催。

局長 黎儀燊

繕寫 陳安明

校對 何詠祺

FILE

交通部邮政总局关于汕头一等邮局为防免批信局私运来往安南、新加坡等地批信及回批拟具暂行办法仰再查报给广东邮政管理局的指令（一九四八年八月十四日）

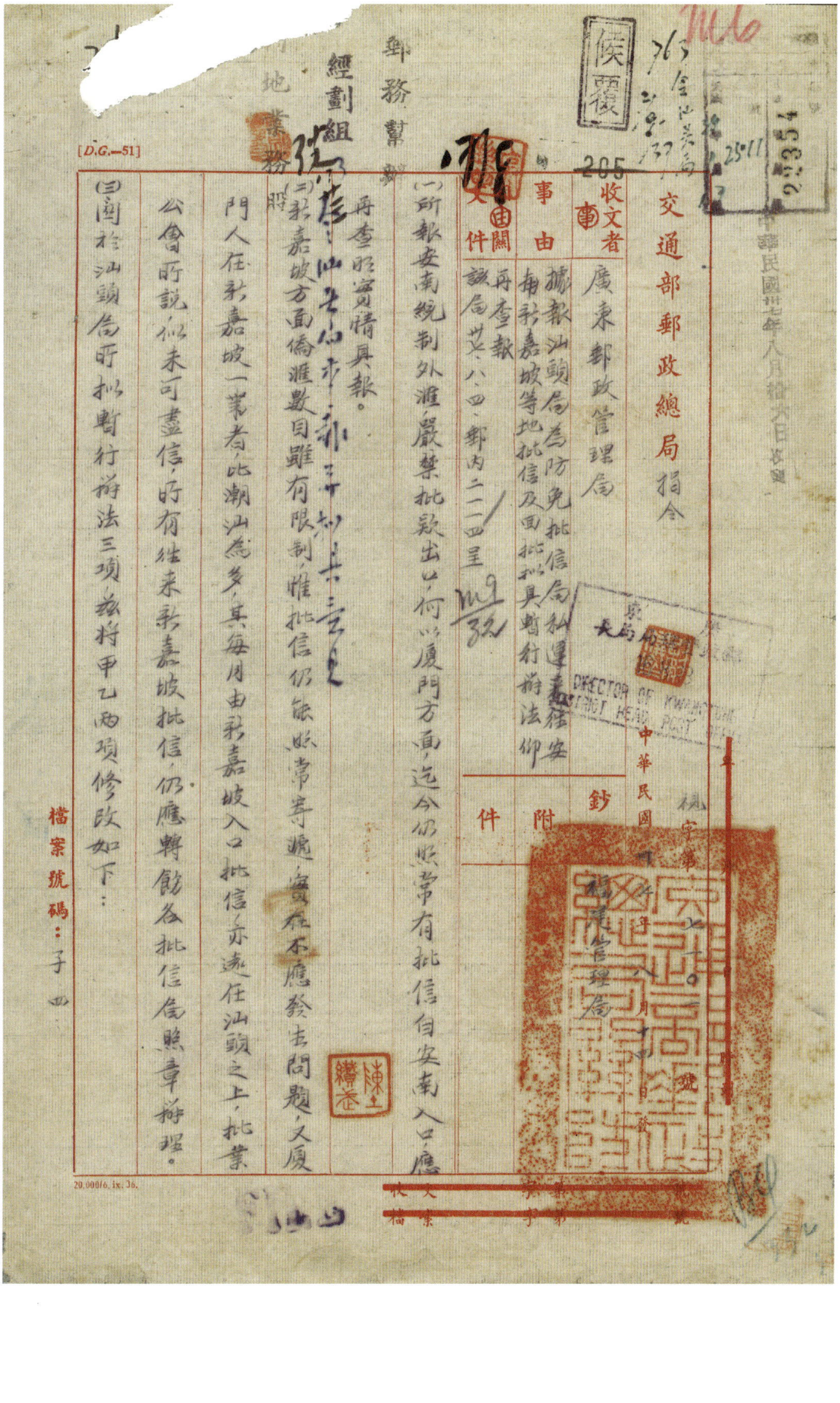

交通部郵政總局指令

收文者：廣東郵政管理局

事由：據報汕頭局為防免批信局私運來往安南新嘉坡等地批信及回批擬具暫行辦法仰再查報

關係文件：該局卅七.八.四.郵內二二一四呈

中華民國卅七年八月十四日發

(一)所報安南統制外滙，嚴禁批款出口，何以廈門方面，迄今仍照常有批信自安南入口，應再查照實情具報。

(二)新嘉坡方面僑滙數目雖有限制，惟批信仍能照常寄遞，實在不應發生問題，又廈門人在新嘉坡一帯者，比潮汕為多，其每月由新嘉坡入口批信亦遠在汕頭之上，批業公會所說，似未可盡信，所有往來新嘉坡批信，仍應轉飭各批信局照章辦理。

(三)關於汕頭局所擬暫行辦法三項，茲將甲乙丙項修改如下：

檔案號碼：子四

207　　~~206~~

[文一5甲]

（甲）凡進口批信，無論任何情形，均應交郵寄遞，不得私運入口，如有違犯，即照章處罰。

（乙）進口批信，經由香港轉來者，如查明係由香港以外之其他各國寄發者，應補納國際郵資。至丙項關於出口回批部份，汕局顧及我郵收入，雖將批信局應納至終點之國際郵資，責令照付，而在香港經轉之包封上祇貼寄往香港之郵資，但各回批自香港至終點，係放任各批局私帶，如被到國達郵政查出，則我郵立場欠正，將難解釋。

查汕頭與安南往來批信寥寥無多，卅五年第二三兩季祇有二〇三八件，卅六年第二三兩季，亦祇有六二一件，若安南方面果禁止外匯，不收批信，則將此項回批改作普通信形式交汕頭局寄至安南，似無不便，應再研究具報。

局長　[signature]

第二頁

郵政公事用紙

200,000/18.x.36.

广东邮政管理局局长黎仪燊关于汕头一等邮局查获批信局私运批信各案给汕头一等邮局的指令（一九四八年九月二日）

199

116

~~198~~

廣東　　指　　郵內七六三

卅七　九　二

汕頭一

事由：關於該局查獲批信局私運批信各案

相關文件：(一)該局卅七年三月二日四月六日及十日五五七/二一五二〇．六二九/二一六三五及六三九/二六五八呈文

(二)本局卅七年三月廿五日及八月十一日穗內六一五/一四二二九及七三九指令

(一)關於潮海關關員先後在豐祥及濟南輪上查獲私運批信各案，現經呈奉　總局本年八月十四日視七一〇一指令批示如下：

(1)廈門方面迄今仍照常有安南批信入口，所報安南統制外滙嚴禁批信出口，究竟實情如何，應詳查具報。

(2)新嘉坡方面，僑滙數目，雖有限制，惟批信仍能照常寄遞不

FILE

200

~~199~~

二

應發生問題，批業公會所稱未盡可信，所有往來新嘉坡批信仍應轉飭各批局照章辦理。

(3)該局所擬办法三項中之甲乙兩項修正如下

(甲)凡進口批信無論任何情形均應交郵寄遞不得私運入口，如有違犯，即照章處罰

(乙)進口批信經由香港轉來者，如查明係由香港以外之其他各國寄發者，應補納國際郵資。

(4)關於出口回批部份該局雖將批信局應納至終點之國際郵資責令照付，而在香港經轉之包封上祇貼寄往香港之郵資但各回批自香港至終点，係放任各批局私帶，如被到達國郵政

201

~~200~~

查出，則我郵立場欠正，難於解釋。

三

查汕頭與安南往來批信寥寥無多，若安南果禁止外匯不收批信，則將此項回批改作普通信形式交該局寄至安南，似無不便，應再研究具報。

(二)統仰詳查研究具報憑核。

局長 蔡儀粲

繕寫 詹啟玉

校對 何詠麟

广东邮政管理局关于严密取缔批信局取巧寄递批信回批给邮局的训令（一九四八年九月二十日）

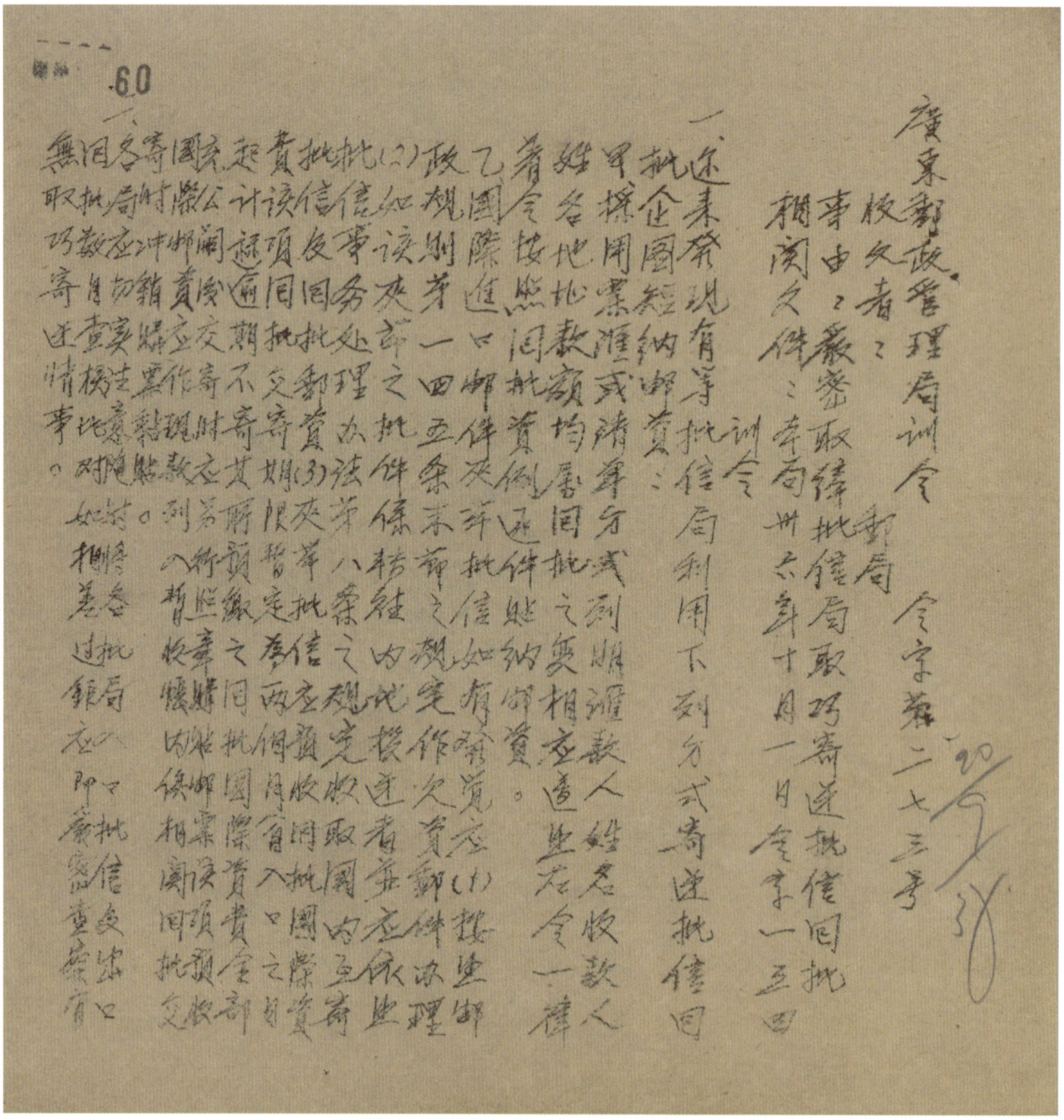
廣東郵政管理局訓令
令字第二七三號
訓令　郵局
事由：嚴密取締批信局取巧寄遞批信回批
一、近來發現有等批信局利用下列方式寄遞批信回
批企圖短納郵資：

广东邮政管理局局长黎仪燊关于汕头一等邮局查获马来亚进口批信夹带他件处理情形给汕头一等邮局的指令（一九四八年十月二十六日）

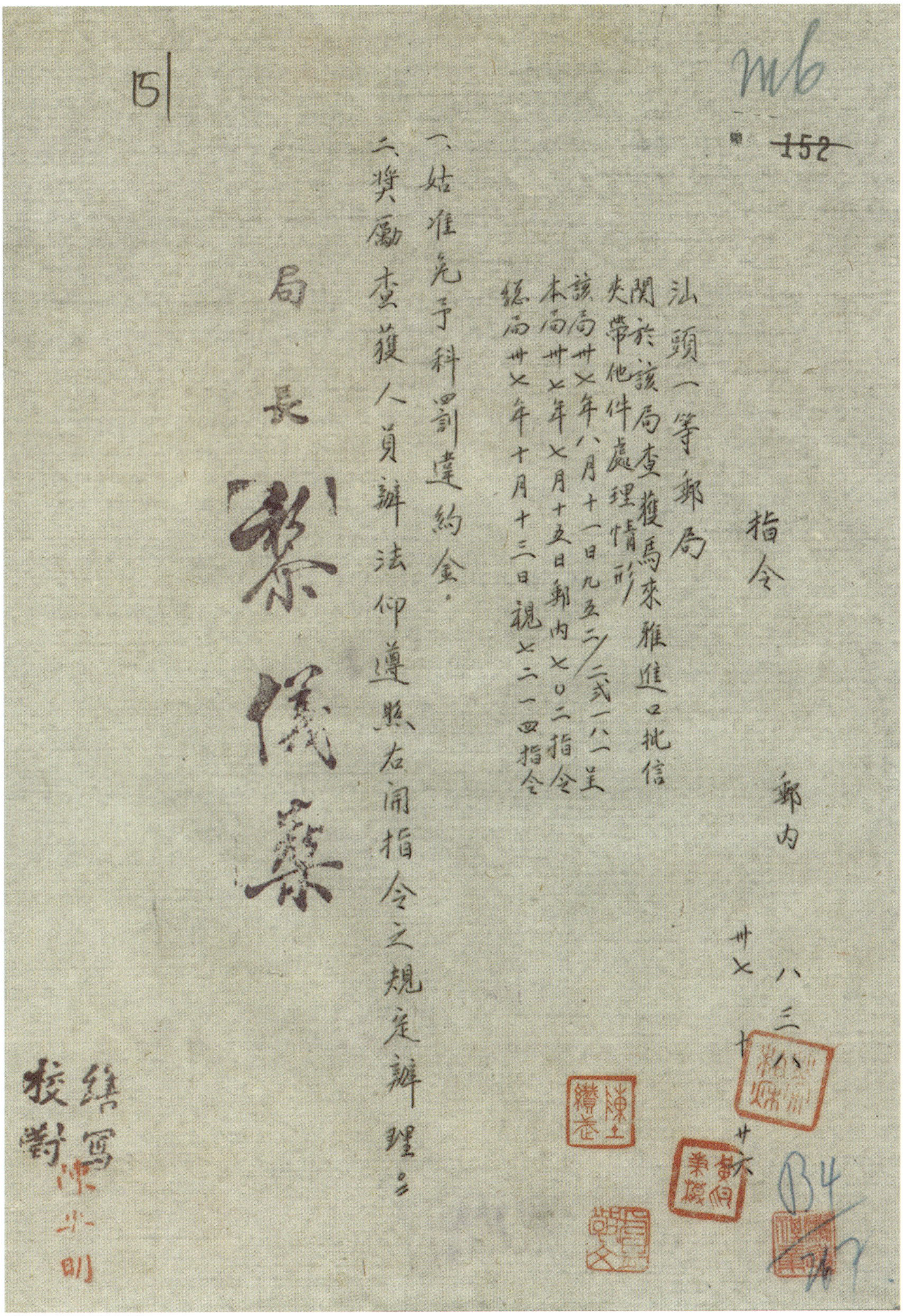
指令
郵內 八三八
卅七 十 廿六
汕頭一等郵局
關於該局查獲馬來雅進口批信夾帶他件處理情形
該局卅七年八月十一日九五二/二弍一八一呈
本局卅七年七月十五日郵內七〇二指令
總局卅七年十月十三日視七二一四指令
一、姑准免予科罰違約金。
二、獎勵查獲人員辦法仰遵照右開指令之規定辦理。
局長 黎儀燊
繕寫 陳少明
校對

汕头一等邮局关于准汕头市政府函请将批信局名称地址及抵汕批信件数列送稽查谨将经办情形呈报核备致广东邮政管理局的呈（一九四八年十月二十九日）

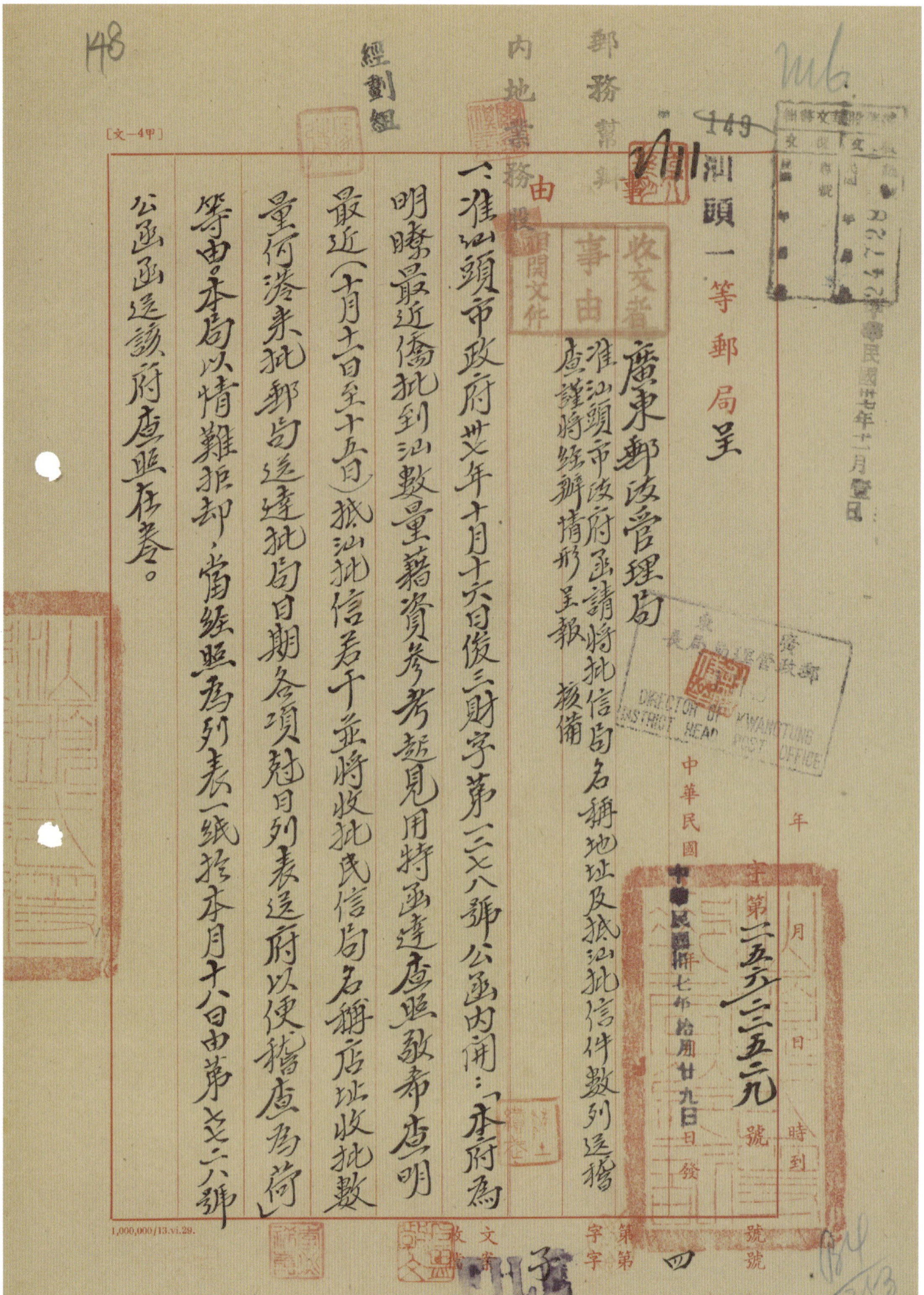

汕頭一等郵局呈

廣東郵政管理局

事由：准汕頭市政府函請將批信局名稱地址及抵汕批信件數列送稽查謹將經辦情形呈報 核備

一、准汕頭市政府卅七年十月十六日復三財字第一三七八號公函內開：「本府為明瞭最近僑批到汕數量藉資參考起見用特函達查照敬希查明最近（十月十一日至十五日）抵汕批信若干並將收批民信局名稱店址收批數量何落來批郵局送達批局日期各項逐目列表送府以便稽查為荷」等由。本局以情難拒卻，當經照為列表一紙於本月十八日由第七七二八號公函函送該府查照在卷。

149

150

[文一５乙]

二、謹將經辦情形呈報　核備。

局長李子華

郵政公事用紙

第二頁

4,000,000/27. vi. 30.

交通部邮政总局关于南洋寄汕头信函内被查获夹寄其他批信核示处理办法给广东邮政管理的训令（一九四八年十一月十六日）

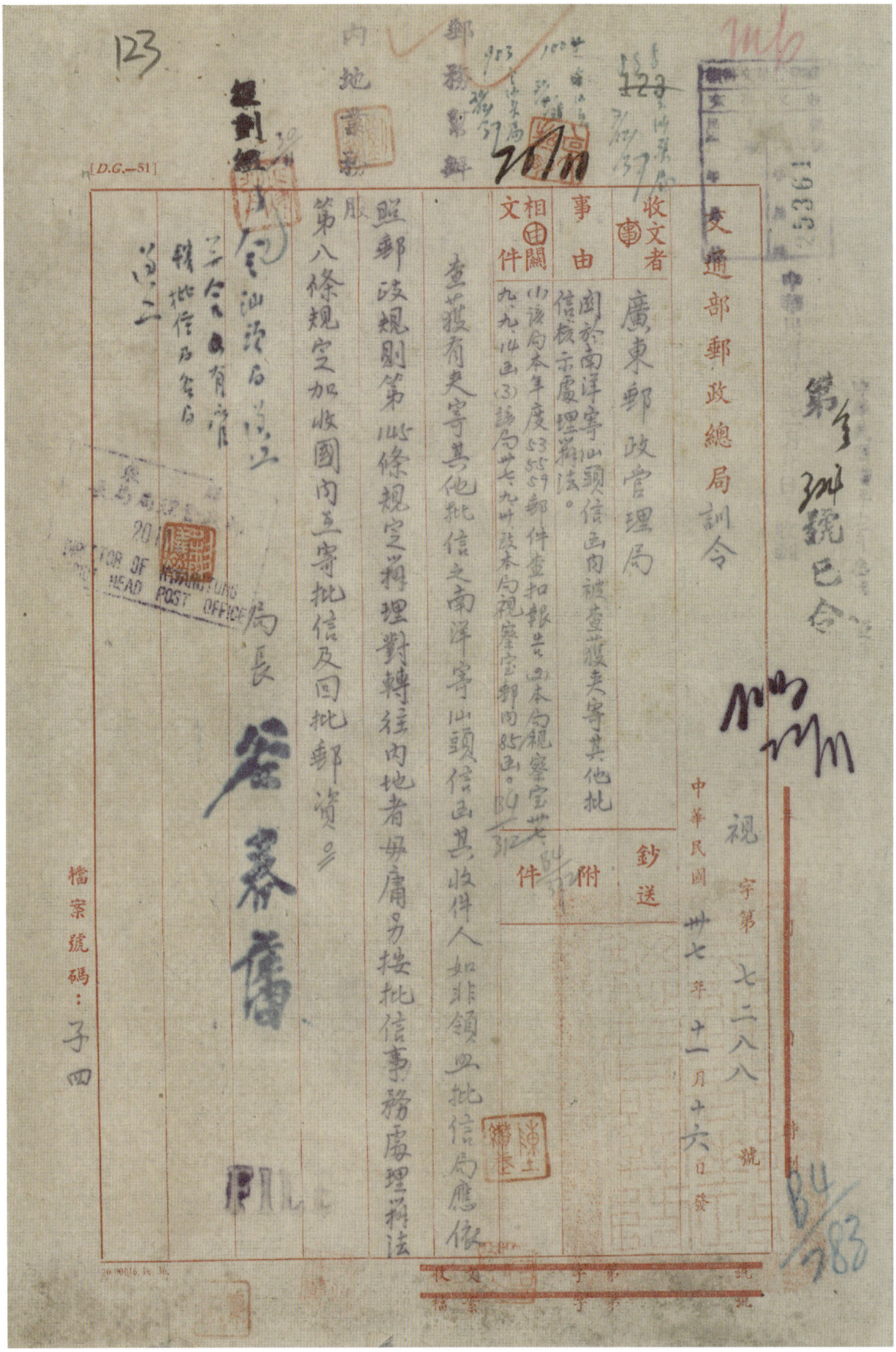
交通部郵政總局訓令

收文者：廣東郵政管理局

事由：關於南洋寄汕頭信函內被查獲夾寄其他批信核示處理辦法。

相關文件：汕頭局本年度53、55、59郵件查扣報告函本局視察室卅七、九、14函（3）該局卅七、九、卅呈本局視察室郵內85函

查獲有夾寄其他批信之南洋寄汕頭信函其收件人如非領照批信局應依照郵政規則第145條規定辦理對轉往內地者毋庸另按批信事務處理辦法第八條規定加收國內互寄批信及回批郵資。

局長　谷春帆

中華民國卅七年十一月十六日發

視字第七二八八號

檔案號碼：子四

交通部邮政总局关于批信事务处理办法内列手续费及违约金原订法币数额应即改收金圆券给广东邮政管理局的训令（一九四八年十一月十八日）

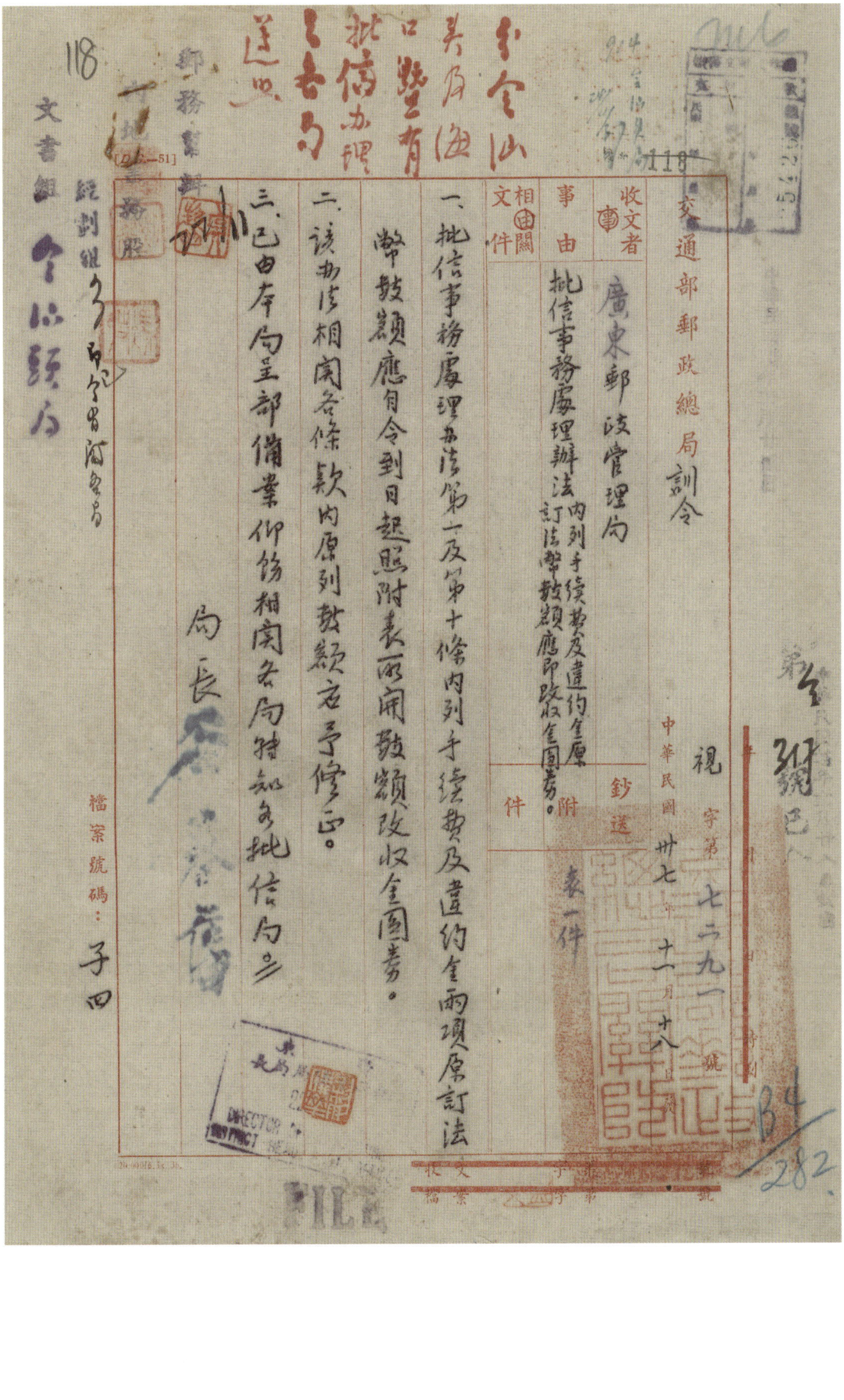

交通部郵政總局訓令

收文者：廣東郵政管理局

事由：批信事務處理辦法內列手續費及違約金原訂法幣數額應即改收金圓券。

相關文件：

鈔送：

附件：表一件

中華民國卅七年十一月十八日　視字第七六九一號

一、批信事務處理辦法第一及第十條內列手續費及違約金兩項原訂法幣數額應自令到日起照附表所開數額改收金圓券。

二、該辦法相關各條款內原列數額應予修正。

三、已由本局呈部備案仰飭相關各局轉知各批信局為要。

局長

檔案號碼：子四

附：批信事务处理办法中关于手续费及违约金改收金圆详情表

119

[D.G.—59a]

第119

批信事務處理辦法中關於手續費及違約金改收金圓詳情表

批信事務處理辦法條款	規費罰金類別	原收法幣數額	改收金圓數額
第一條第一款	批信局換發執照手續費	肆萬元	伍拾圓
第二條	批信局補發執照手續費	肆萬元	伍拾圓
第四條第一款	批信局申請添註或棧舖分號手續費	貳萬元	貳拾伍圓
第十條第二款	處罰批信局私運批信及兼帶國內信件違約金	第一次：拾伍萬元 第二次：叁拾柒萬伍千元 第三次：柒拾伍萬元	第一次：柒拾伍圓 第二次：壹百捌拾柒圓伍角 第三次：叁百柒拾伍圓

20,000/30. viii. 36.

广东邮政管理局局长黎仪燊关于迅将查获批信局私运批信各案详细研究情形具报给汕头一等邮局的训令（一九四八年十一月二十四日）

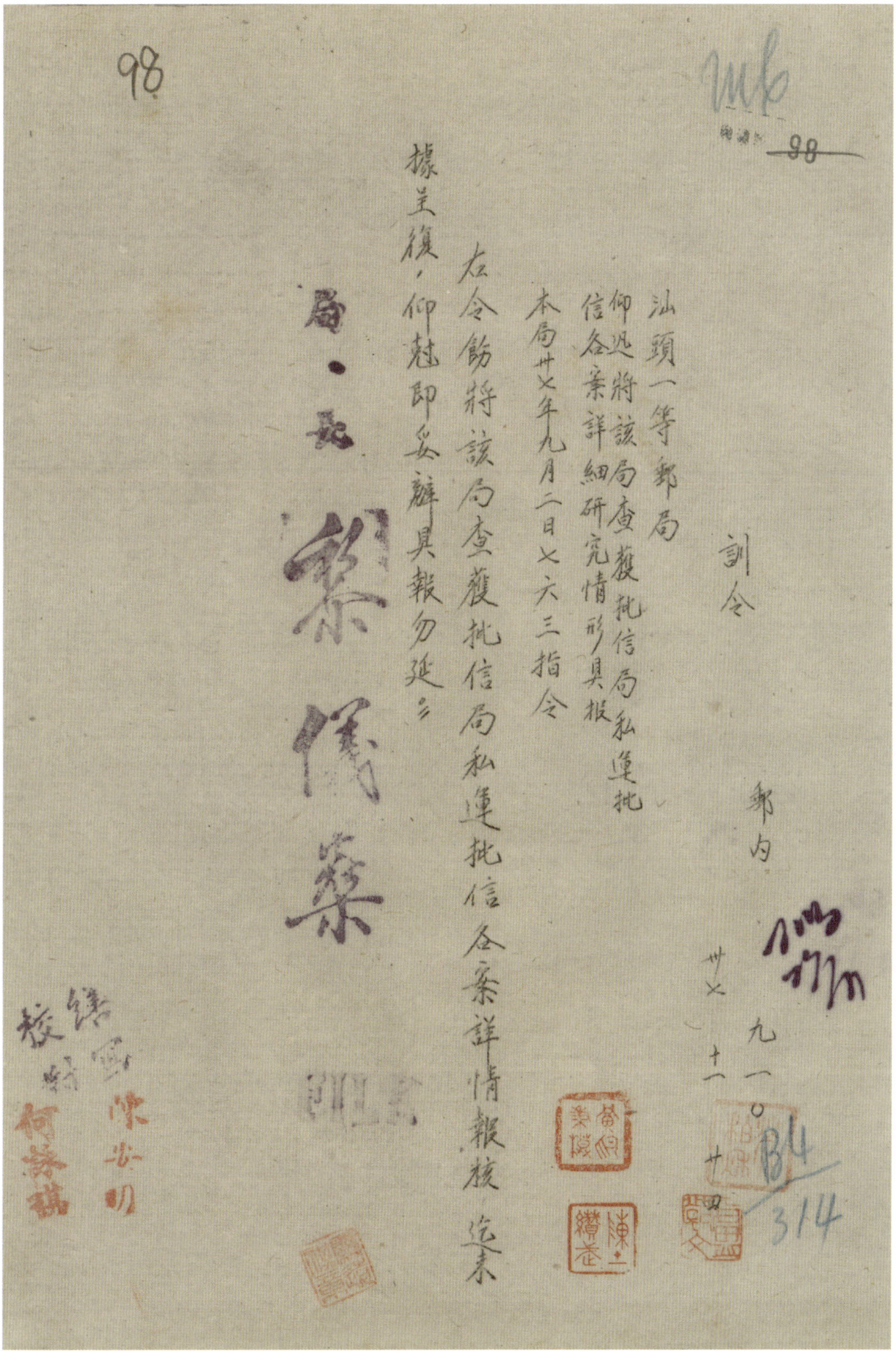
訓令　郵內　卅七　九一〇　十一　廿四

汕頭一等郵局

仰迅將該局查獲批信局私運批信各案詳細研究情形具報

本局卅七年九月二日七六三指令

右令飭將該局查獲批信局私運批信各案詳情報核在案

據呈復，仰趕即妥辦具報勿延。

局長　黎儀燊

繕寫　陳安明

校對　何錫鑄

汕头一等邮局关于潮海关查获无主走私批信二零七件经办情形致广东邮政管理局的呈（一九四八年十一月二十六日）

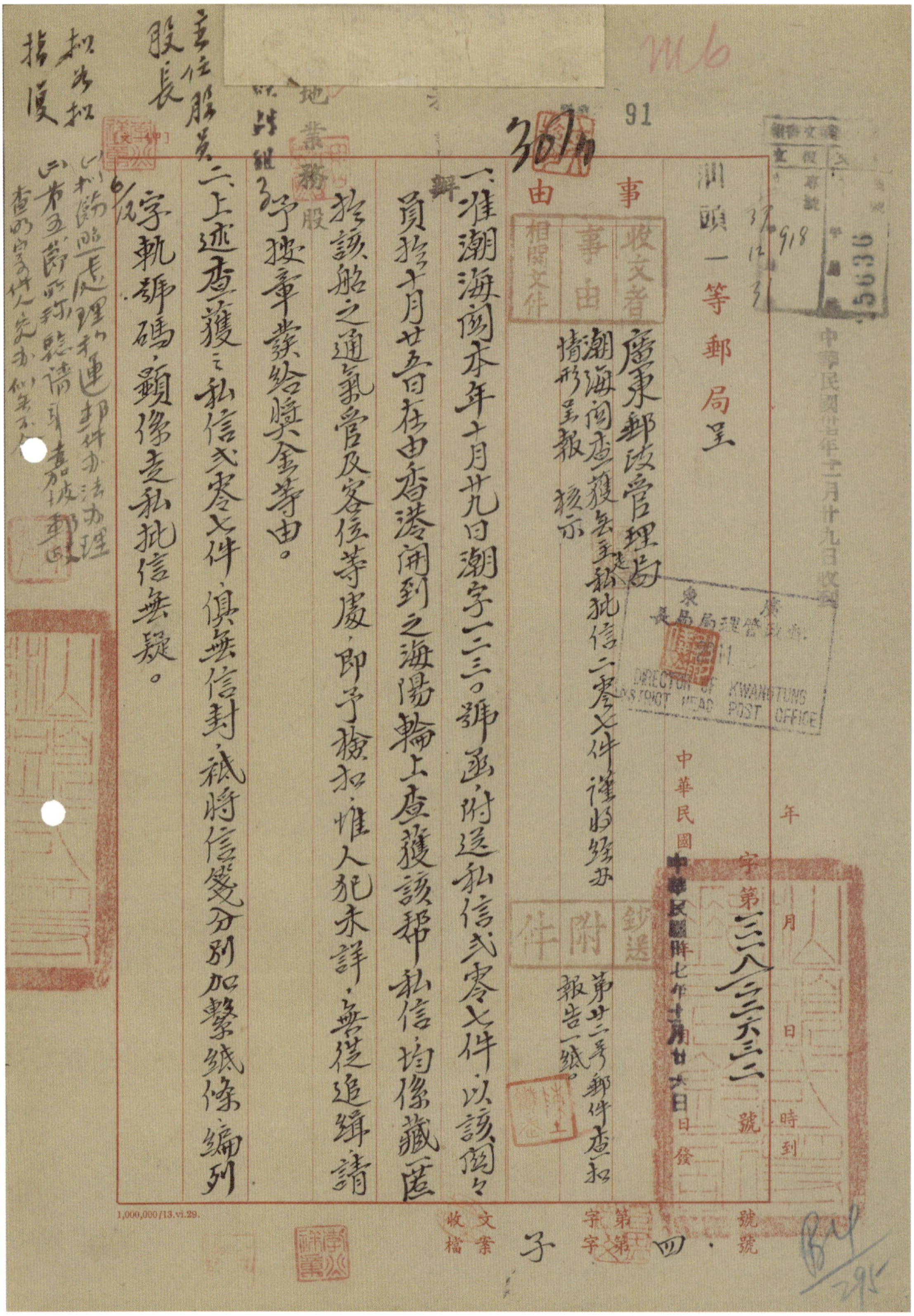

汕頭一等郵局呈

廣東郵政管理局

事由：潮海關查獲無主走私批信二零七件謹將經辦情形呈報 核示

附件：第廿二號郵件查扣報告一紙

中華民國卅七年十一月廿六日發 字第一三八（二三六三二）號

一、准潮海關本年十一月廿九日潮字一二三〇號函，附送私信弍零七件，以該關々員於十一月廿五日在由香港開到之海陽輪上查獲該帮私信，均係藏匿於該船之通氣管及客位等處，即予撿扣，惟人犯未詳，無從追緝，請予按章發給獎金等由。

二、上述查獲之私信弍零七件，俱無信封，祇將信箋分別加繫紙條，編列字軌號碼，顯係走私批信無疑。

92

〔文一8乙〕

三、本局經將此項走私批信逐一檢驗有無寫明批信局字號，以憑根究。檢查結果，其內容祗書「茲逢輪便」、「付批局」或「郵便匯銀若干」等等，似係預先約定，以免被查獲時致受懲處。惟該項私信中有一件寫明高良謨寄交其父者，夾附新嘉坡紙幣五元；又一件寫明介泉寄交其母者，夾附新嘉坡紙幣壹元。當將該紙幣六元函送潮海關撥帳辦理。本局為期破獲本案取巧走私批局以資取締起見，并經派員向各批局嚴密查察，但未能查出有走私跡象，無從處罰。

四、除將該項無主私信作為無法投遞郵件處理，并由公家支出金圓七十五圓送請潮海關充獎該查獲私信之關員外，謹將經辦情形

郵政公事用紙

第二頁

4,000,000/27. vi. 30

93

【文一6乙】

報請 核備。

五、查各該私批，雖無收件人地址，但內有十數件載明新嘉坡之寄件人姓名住址，為澈底根究來源起見，可否懇請新嘉坡郵局向寄件人查明究辦，乞賜 指令祗遵。

局長李子華

第三頁

郵政公事用紙

4,000,000/27. vi. 30.

汕头一等邮局关于查获批信局私运批信各案致广东邮政管理局的呈（一九四八年十一月二十六日）

汕頭一等郵局呈

收文者：廣東郵政管理局

事由：關於查獲批信局私運批信各案

附閱文件：(一)本局本年十一月式十日第一式〇〇/式式六〇六號呈文
(二)鈞局本年十一月十四日郵內九〇號訓令

遵查上述各案，業由右開呈文呈報　鈞核在卷。

局長李子華

中華民國卅七年十一月廿六日發

汕头一等邮局关于查获多宗外洋进口信函内容夹带批信经办情形致广东邮政管理局的呈（一九四八年十一月三十日）

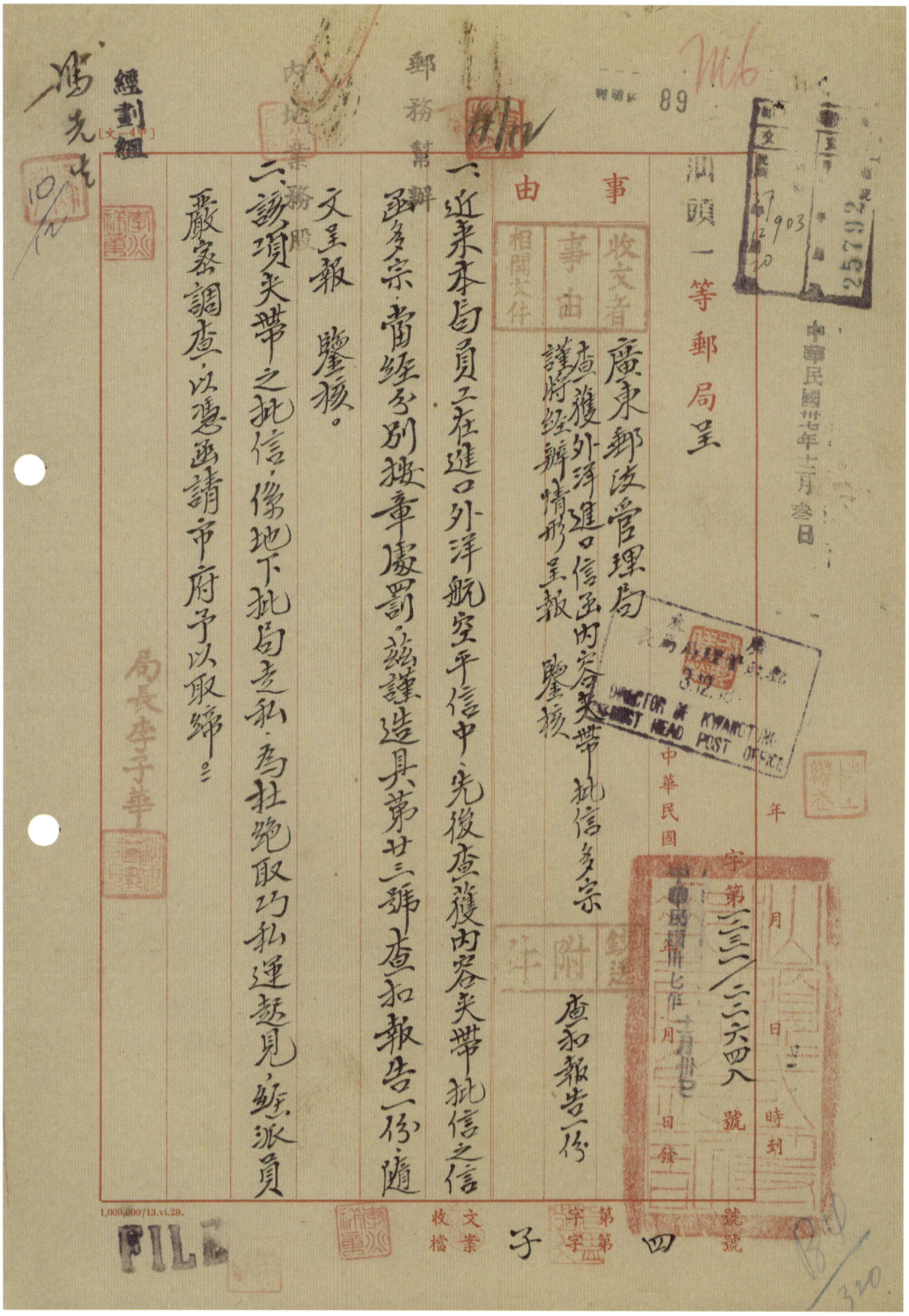

汕頭一等郵局呈

中華民國卅七年十二月叁日

事由

收文者：廣東郵政管理局

事由：查獲外洋進口信函內容夾帶批信多宗謹將經辦情形呈報 鑒核

相關文件：查扣報告一份

字第（三三）/二六四八號

一、近來本局員工在進口外洋航空平信中，先後查獲內容夾帶批信之信函多宗，當經分別按章處罰。茲謹造具第廿三號查扣報告一份，隨文呈報 鑒核。

二、該項夾帶之批信，係地下批局走私，為杜絕取巧私運起見，經派員嚴密調查，以憑函請市府予以取締。

局長李子華

广东邮政管理局局长黎仪燊关于进口国际信函夹寄批信处理办法给汕头一等邮局的指令（一九四八年十二月七日）

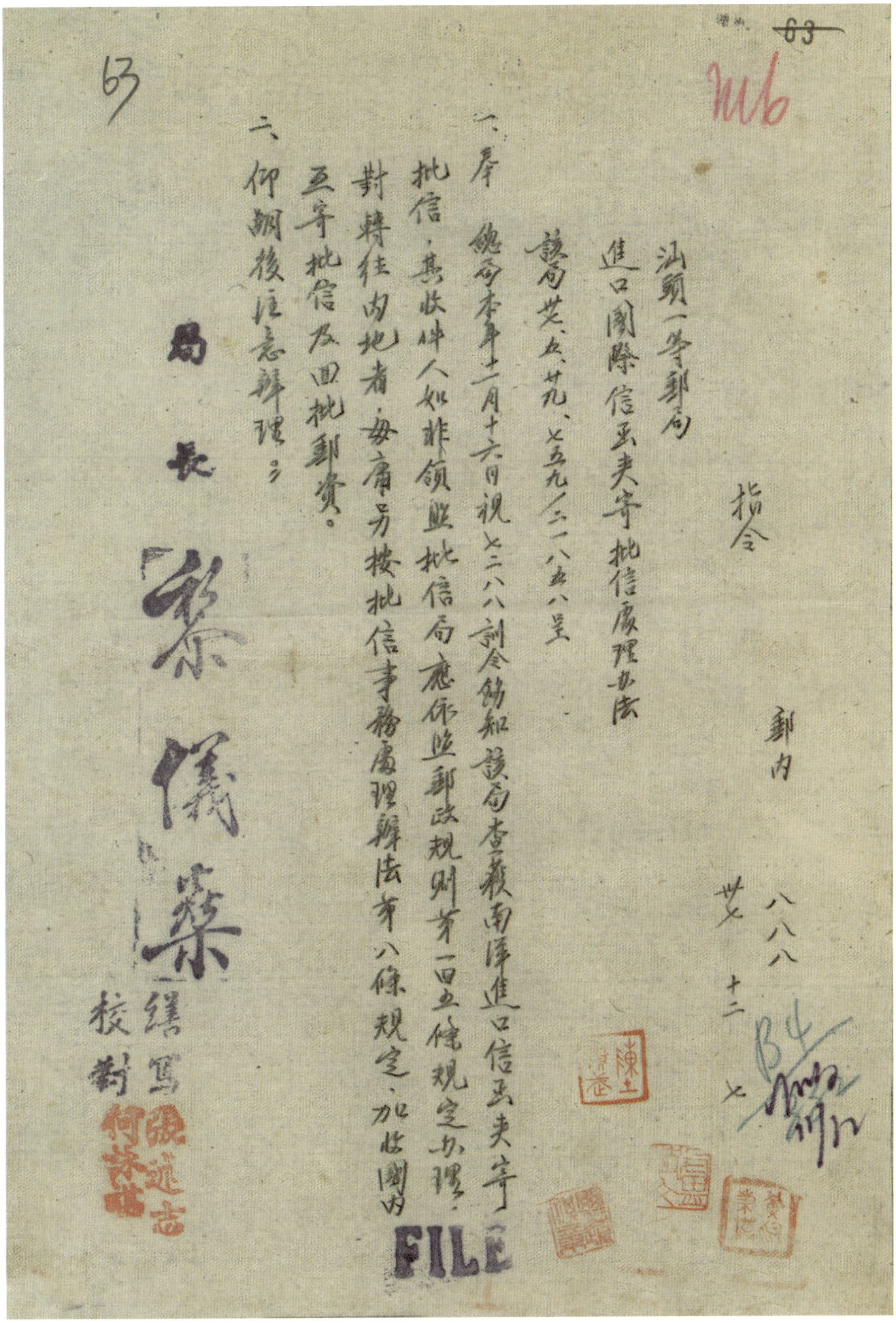

指令　郵内　八八八　廿七　十二　七

汕頭一等郵局

進口國際信函夾寄批信處理辦法

該局廿五、廿九、七五九/二一八五八呈

一、奉

總局本年十一月十六日視七二八八訓令飭知該局查獲南洋進口信函夾寄批信，其收件人如非領照批信局，應依照郵政規則第一四五條規定辦理；封轉往內地者，毋庸另按批信事務處理辦法第八條規定，加收國內互寄批信及回批郵資。

二、仰飭後注意辦理。

局長　黎儀燊

繕寫

校對

FILE

汕头一等邮局关于马源丰批局私运进口暹罗批信之批款结售外汇情形致广东邮政管理局的呈（一九四八年十二月八日）

中華民國卅七年十二月拾日　收到

汕頭一等郵局呈

廣東郵政管理局

事由：呈報馬源豐批局私運進口暹羅批信之批款結售外匯情形

本局本年十一月十八日一一九四/二二五九五（一三三三/二二六五二）呈

一、關於查獲馬源豐批局私運進口暹羅批信一案，迭將經辦情形呈報鈞核在卷。

二、茲准汕儲匯分事處本月七日汕處字第三七號函，略以據馬源豐批局函稱：該幫外匯已由國家銀行匯汕抵銷等由。

三、謹抄同原函呈報核備。

局長李子華

附件：抄錄汕分局處來函一件

中華民國卅七年十二月八日發　字第一三四五/二二六七九號

郵務幫辦　內地業務股　經副股長　馮先生

[文-4甲]

1,000,000/13.vi.29.

附：邮政储金汇业局广州分局汕头办事处关于函复马源丰批局批款结售情形给汕头一等邮局的公函（一九四八年十二月七日）

61

【文一6乙】

照抄

郵政儲金匯業局廣州分局汕頭辦事處公函　汕處第37/1108號　卅七年十二月七日　第一頁

收文者　汕頭一等郵局

事由　函復馬源豐批局批款結售情形請查照

相關文件　貴局本年十二月六日第1174/22575號來文副份

一、本處經於本年十二月一日去函馬源豐批局（副份已送貴局）

二、茲准馬源豐批局本年十二月二日函稱：

「據奉貴處本年十二月一日汕處字第〈1107〉號大函，囑將十二月十日到汕批款八萬八千三百二十八圓伍角之相關外匯迅行辦理結售等由，奉此查批款外匯入汕所取匯路係由外洋批局主持，汕頭批局祇負代照收兌之責任，上開批款外匯經敝局報告暹羅批局後即由暹羅批局於十二月十八日

郵政公事用紙

4,000,000/27. vi. 30.

62

【文一6乙】

匯廣東銀行計於十九日收七萬元二十日收一萬元又於廿五日匯中國銀行六千六百元於廿七日收到前後共匯到汕八萬六千六百元均有數底可核是所有相關外匯已由國家銀行代為匯入抵銷自無另有外匯可向貴處結兌據奉前由相應將情函復　查照希予鑒諒為荷

三相應函復　查照

郵政儲金匯業局廣州分局汕頭辦事處〔官章〕

第二頁

郵政公事用紙

4,000,000/27. vi. 30

广东邮政管理局关于请查明寄往广州开平赤磡第77号挂号信内遗失银昃曾否兑付给渥太华邮政局的公函（一九四八年十二月十一日）

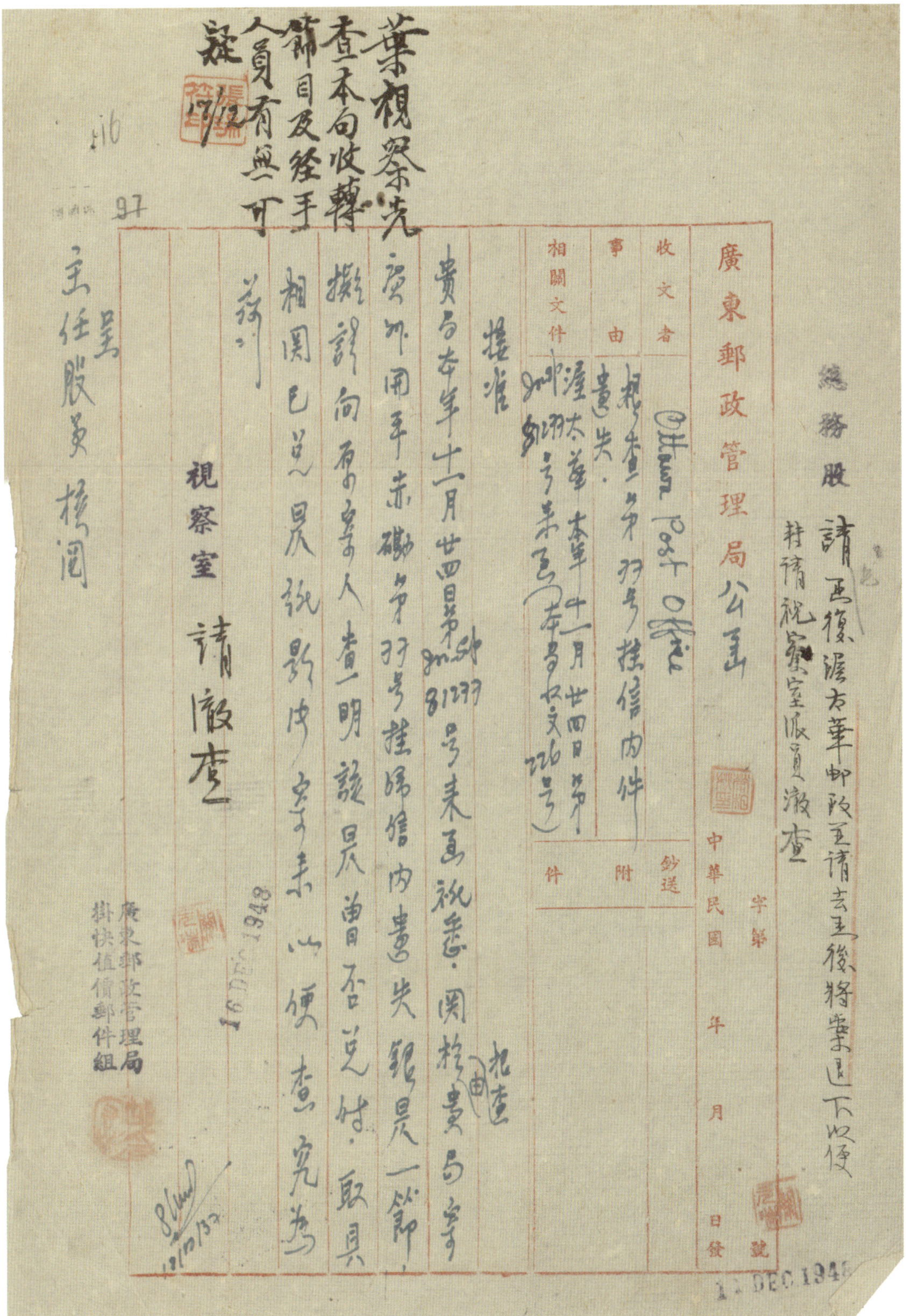

總務股
請函復渥太華郵政局請去函復將案退下以便
并請視察室派員澈查
廣東郵政管理局公函
收文者 Ottawa P.O.
事由 視查第77号挂信内件遺失
相關文件 渥太華本年十一月廿四日第 號來函
鈔送
附件
中華民國 年 月 日發 字第 號
提准
貴局本年十一月廿四日第81233号來函祇悉。關於貴局寄廣州開平赤磡第77号挂號信內遺失銀昃一節，
擬請向原寄人查明該銀昃曾否兌付，取具相關已兌銀昃號數，俾便查究為荷
視察室 請澈查
主任股員 核閱
葉視察先查本局收轉舖目及經手人員有無可疑
廣東郵政管理局 掛快值價郵件組
16 DEC 1948
11 DEC 1948

广东邮政管理局关于函请摄送加拿大国家银行第S13994号兑昃照片给香港中国银行的公函（一九四八年十二月十四日）

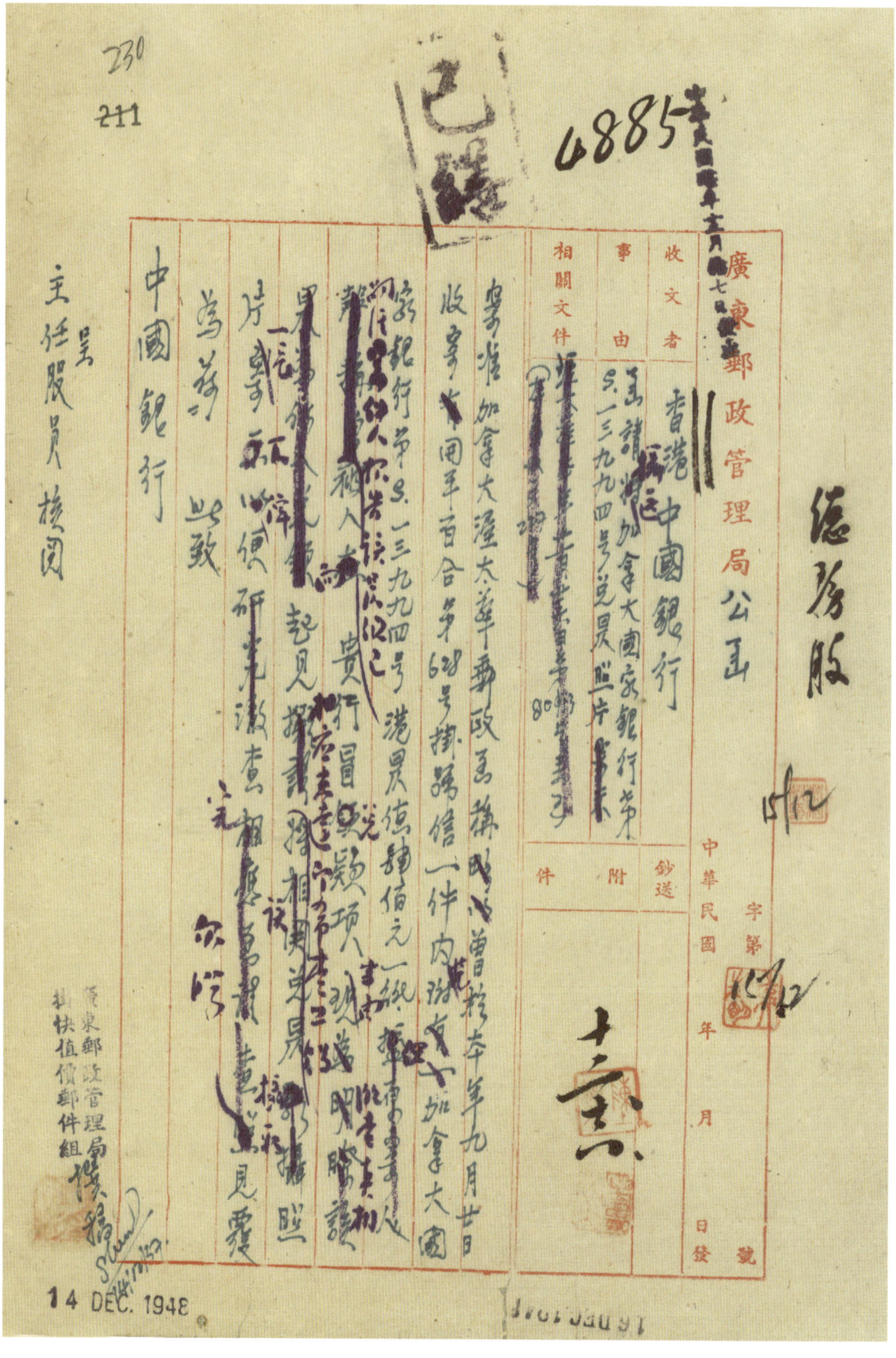
廣東郵政管理局公函

收文者：香港中國銀行

事由：函請摄送加拿大國家銀行第S.一三九九四號兌昃照片

相關文件

鈔送

附件

中華民國 年 月 日發 字第 號

案准加拿大溫太華郵政總局……

此致

中國銀行

主任 呈

經辦員 核閱

廣東郵政管理局掛號快遞價郵件組

14 DEC. 1948

汕头一等邮局关于查获进口国际信函夹寄批信处理办法致广东邮政管理局的呈（一九四八年十二月十五日）

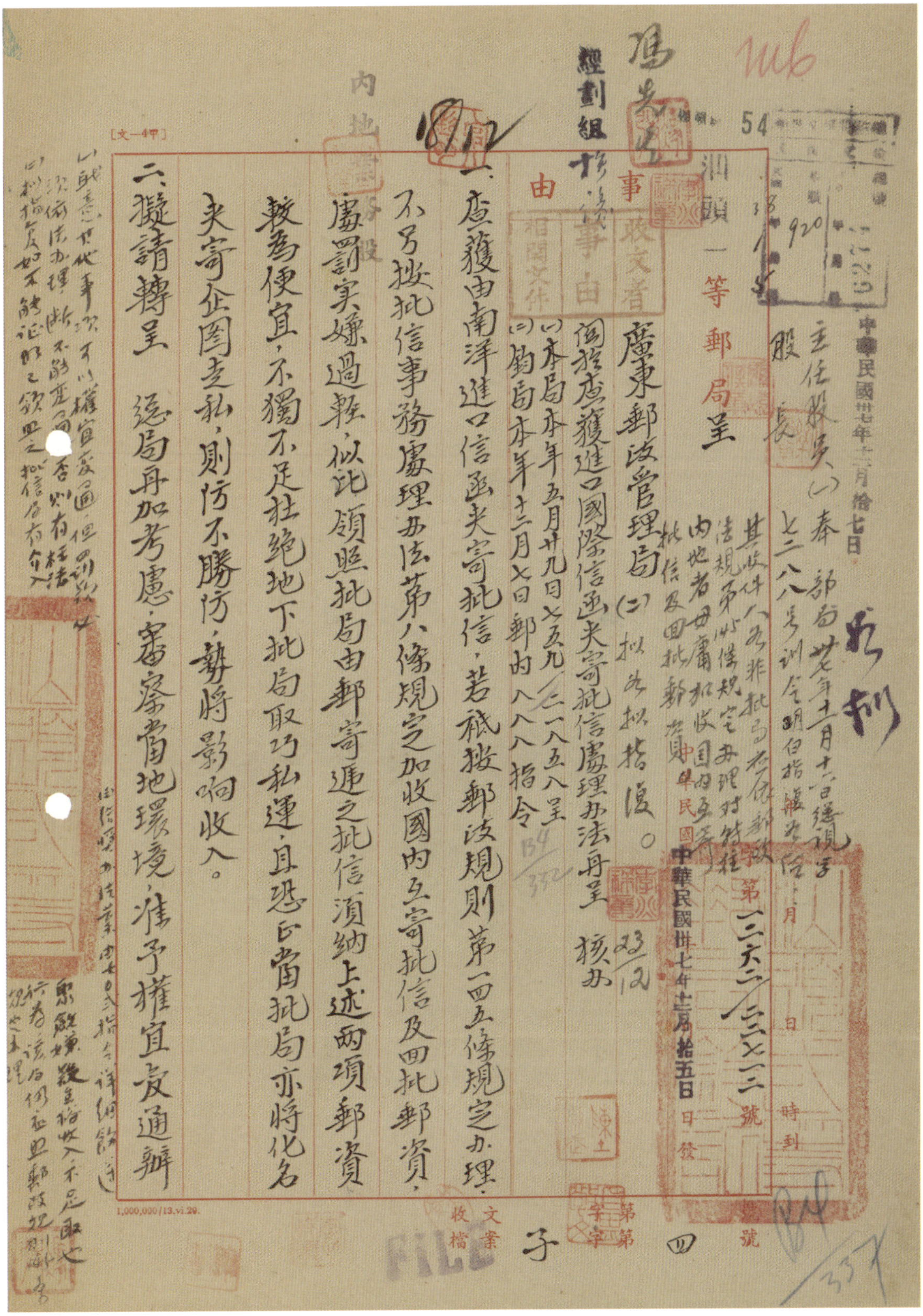

事由：關於查獲進口國際信函夾寄批信處理办法具呈核办

汕頭一等郵局呈

廣東郵政管理局

(一)本局本年五月廿九日七五九/二一八五八呈

(二)鈞局本年十二月七日郵內八八八指令

一、查獲由南洋進口信函夾寄批信，若祇按郵政規則第一四五條規定办理，不另按批信事務處理办法第八條規定之加收國內互寄批信及回批郵資，處罰実嫌過輕，似比領照批局由郵寄遞之批信須納上述兩項郵資較為便宜，不獨不足杜絕地下批局取巧私運，且恐正當批局亦將化名夾寄企圖走私，則防不勝防，勢將影响收入。

二、擬請轉呈 總局再加考慮，審察當地環境，准予權宜變通辦

第（三六二/二七一二）號

中華民國卅七年十二月拾五日發

文案收檔 子字第四號

【丈一5乙】

55

理，仍照前呈所拟办法处罚，并发给查获员工奖金，以资鼓励而杜私运。敬祈

核办示遵。

局长李子华

第二页

邮政公事用纸

4,000,000/27. vi. 30.

广东邮政管理局局长黎仪燊关于汕头一等邮局查获外洋进口信函夹寄批信事项给汕头一等邮局的指令（一九四八年十二月二十日）

指令　郵內九〇三　卅七　十二　二十

汕頭一等郵局

該局查獲外洋進口信函夾寄批信事項　廿三號查扣報告并附件

一、該局卅七年十一月卅日一二三一／二二六四八號呈

二、本局卅七年十二月七日郵內八八八指令

一、該項查獲信函之收件人，既非領照批信局，除應依照郵政規則第一四五條之規定辦理外，併補另收國內互寄批信及回批郵資。

二、繳來相關查扣郵件詳情表第十欄內註明「另需收國內互寄郵資不計在內」等字樣核與上述規定不符，應予糾正。原報告一件還令擲退，仰即查明更正呈核。

局長　黎儀燊

繕寫

校對　何

FILE

主任视察员张瑞符关于请迅速查报第六二八号挂号内件失去港昃一事给张植庭的训令（一九四八年十二月二十二日）

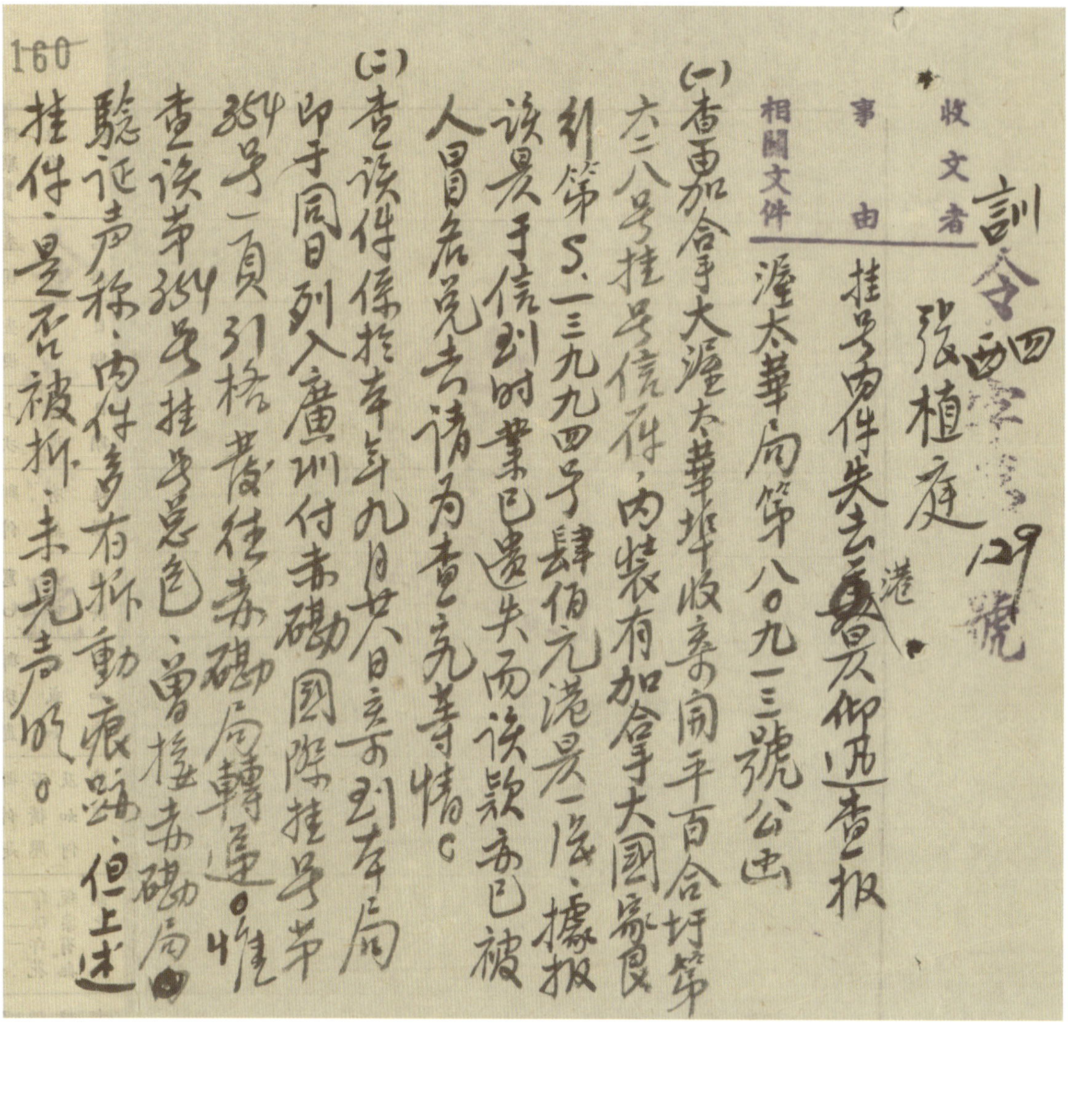

160

訓令 西四字 129 號

收文者：張植庭

事由：掛號內件失去港昃仰迅查报

相關文件：暹太華局第八〇九一三號公函

(一) 查由加拿大暹太華埠收寄開平百合圩第六二八號掛號信件，內裝有加拿大國家銀行第S、一三九九四號肆佰元港昃一張，據报該昃于信到时業已遗失，而該款亦已被人冒名兑去，请为查究等情。

(二) 查該件係於本年九月廿八日寄到本局，即于同日列入廣州付赤磡國際掛号第354号一頁引格，发往赤磡局轉遞。惟查該第354号掛号总包，曾據赤磡局騐証声称：內件多有拆動痕跡，但上述掛件，是否被拆，未見声明。

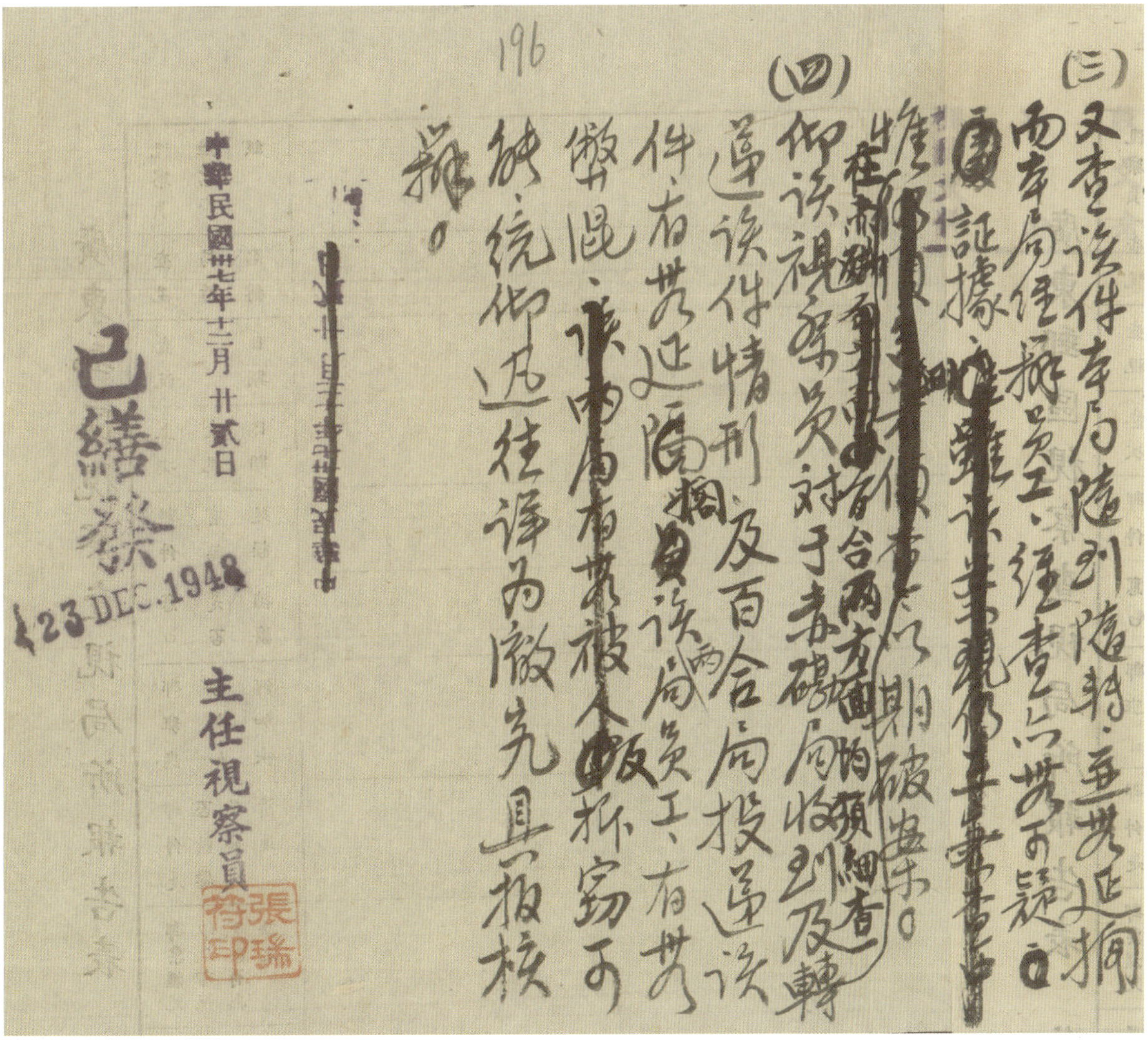
196

（三）又查該件本局隨到隨轉，並無延擱，而本局經辦員工，經查亦無可疑之證據。

（四）惟在兩郵局……合兩方面的須細查。仰該視察員對于春礁局收到及轉遞該件情形及百合局投遞該件有無延擱，該兩局員工有無弊混、兩局有無被人取拆竊取，統仰迅往詳為徹究具報核辦。

中華民國卅七年十二月廿貳日

主任視察員 張瑞符印

已繕發

23 DEC. 1948

汕头一等邮局关于查获外洋进口信函夹寄批信事项致广东邮政管理局的呈（一九四八年十二月二十四日）

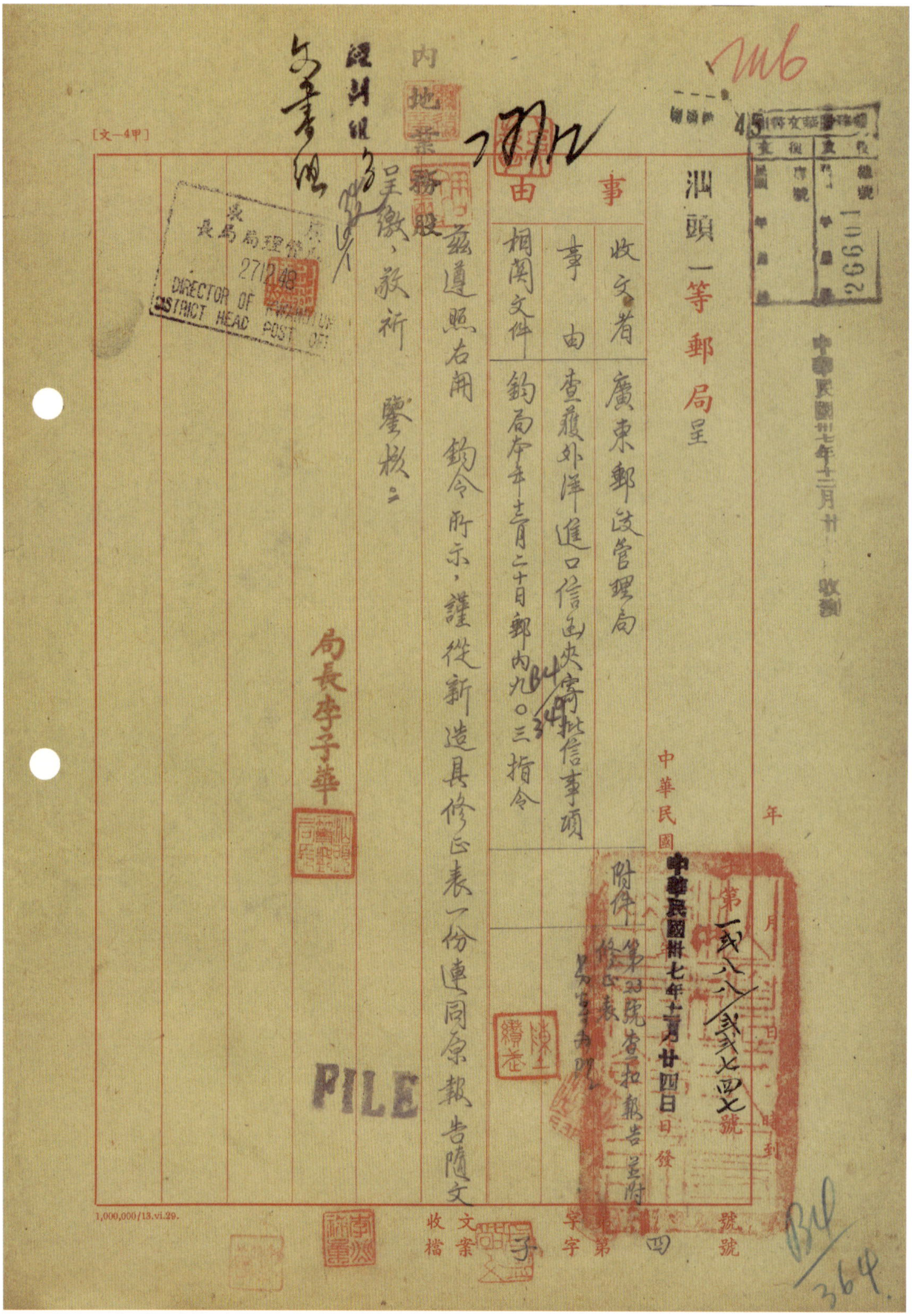

[文—4甲]

汕頭一等郵局呈

收文者	廣東郵政管理局
事由	查獲外洋進口信函夾寄批信事項
相關文件	鈞局本年十二月二十日郵內九〇三指令

茲遵照右開 鈞令所示，謹從新造具修正表一份連同原報告隨文呈繳，敬祈

鑒核。

局長李子華

附件 第33號查扣報告並附修正表

中華民國卅七年十二月廿四日發

第 號

收文 字第 號

檔案 字第 四 號

1,000,000/13.vi.29.

广东邮政管理局关于径议取缔各批信局私运批信办法致交通部邮政总局的呈（一九四八年十二月三十一日）

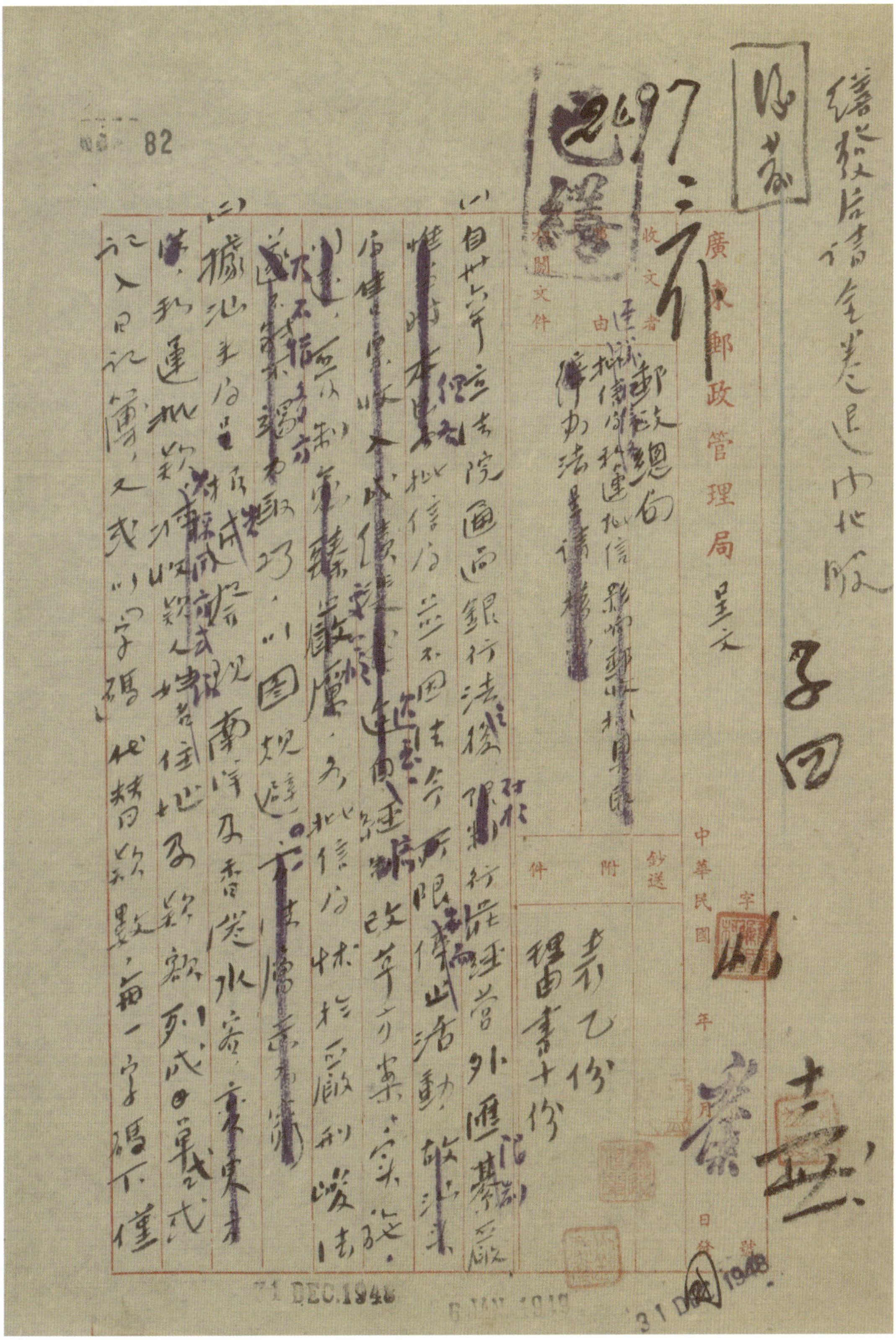

83

廣東郵政管理局 稿紙

第 二 頁

注明人名住址，並不附記批信，亦未載明批信局及其國外
分棧名稱，該[illegible]批信局名義，實屬違反法令，[illegible]
館郵[illegible]准其封發，以[illegible]取締，實屬[illegible]於檢查時，
雖明知其為批信，亦無標[illegible]以致無從辨認，未便
干涉。
（三）此世取締[illegible]
交[illegible]郵[illegible]
其中[illegible]連續四個月無批信及回批往來者[illegible]有十三間，
三個月無批信回批往來者（詳見附表）
核減両元四角之批郵收入[illegible]
（甲）批信局連續三個月無出入口批信，同時作繼續開[illegible]
經營業務者，不論因何理由均作為停業辦理

廣東郵政管理局 稿紙 第三頁

84

依據批信事務處理辦法第五條第十一項之規定取銷其執照，同第十三條規定之時限縮短為半年，並通知其相關國外分號或代理之原寄國郵政，同時函請該國郵政協作取締之批信抽查及停止收寄寄往該國郵政之批信儲包。

理由：批信局私運批信，並不計較區區罰款，所顧慮者厥為取銷執照。上述私運方式，郵局既不能加以合法之制裁，允宜予以消極的約束。惟在本國範圍內取銷其執照，似未能全收杜防之效，而事實上該項走私辦法非僅影響本國郵收，原寄國之郵收亦受其防碍，為根絕其取巧技倆，尤宜通知走私批局所在地之外國郵政採取齊一步驟，并予以進一步之約束。

(四)出口回批多於入口批信者，郵局應按所多出回批數，向批信局補收國內互寄資費，否則取消回批優待收費辦法，按國際郵資十足收費，並按郵政規則第一四四條末節規定辦理。

理由：安南及新嘉坡之批局常因當地政府法令限制

85

廣東郵政管理局 稿紙 第四頁

改用普通信形式付郵或採用回條單寄遞，均

係納足郵資，倘有違反當地郵政法令之處

據此項批信係由批局派伴投遞，有損國內

郵資之抵收，自應如數補納。

（丙）批信局派批專人（利用）[illegible]

往來派批，如經郵局查明屬實，即予吊銷其派

批證件，如形跡可疑（者）而確查有證據者，并按郵政法第

卅六條之規定，會警拘送法院法辦。

理由：派批專人為代批局推行業務之基幹份子，

[illegible] 似應

加強管制，以杜欺弊而維郵益。

（四）以上所擬辦法是否有當，謹檢同本區批信業務概況

86

廣東郵政管理局 稿紙

第五頁

各批信局詳情表一份并理由書十份附呈，敬祈核示遵

27/12

广东邮政管理局局长黎仪燊关于查获进口国际信函夹寄批信处理办法给汕头一等邮局的指令（一九四九年一月五日）

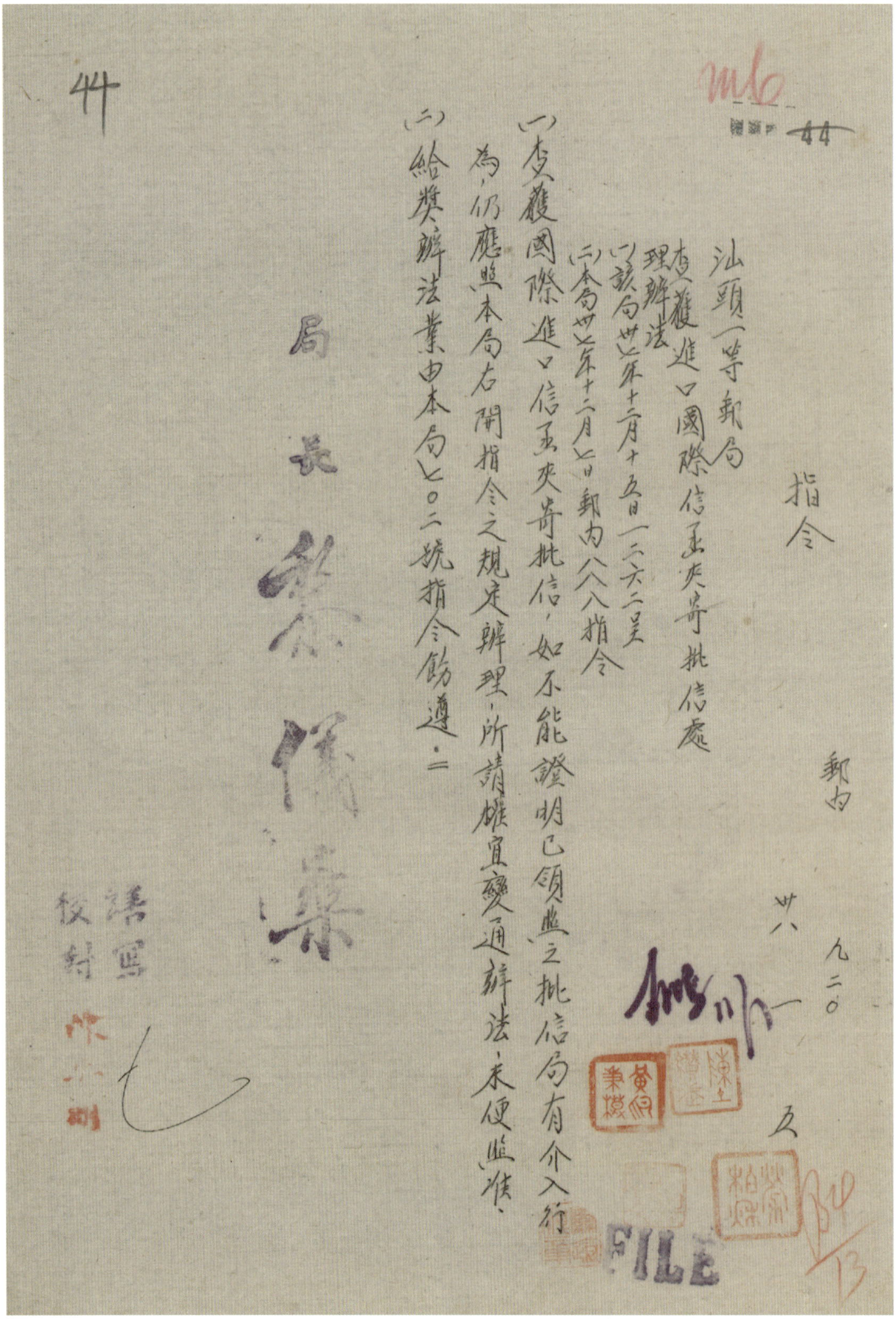
指令 郵內

汕頭一等郵局

查獲進口國際信函夾寄批信處理辦法

（一）該局卅七年十二月十五日一二六二呈

（二）本局卅七年十二月七日郵內八八八指令

（一）查獲國際進口信函夾寄批信，如不能證明已領照之批信局有介入行為，仍應照本局右開指令之規定辦理，所請雖宜變通辦法，未便照准。

（二）給獎辦法業由本局七〇二號指令飭遵。二

局長 黎儀燊

繕寫 校對

广东邮政管理局局长黎仪燊关于潮海关员查获私运进口批信一案给汕头一等邮局的指令（一九四九年一月五日）

42

指令

郵內九二(一)卅八(一)文

汕頭一等郵局

關於潮海關員查獲私運進口批信一案

(一)該局卅七、十一、十八、(一)一九四呈
(二)該局卅七、十二、一、(一)二三三呈
(三)該局卅七、十二、八、(一)二四六呈
(四)本局卅七、十一、廿九、郵內八七二(一)指令

附退第廿一號查扣報告

(一)本案既經訊明該馬燦良確係馬源豐批局股東之一，准仍照該局前呈所擬處罰辦法辦理。

(二)本案既援用批信事務處理辦法辦理，該項奬金自應依照同法第十一條之規定核發，惟該局當時所罰第二次違約金為數過微，姑准改按現行違約金額(壹百八十七元五角)給奬。

(三)相關外匯已由國家銀行匯汕抵銷，在未准當地金管局函詢前，無自動通知金管局必要。

(四)所擬發給有功關員奬章一節，暫緩置議。

43

發還第廿一號查扣報告一紙，仰照更正再議。

局長 [illegible]

繕寫
校對

广东邮政管理局局长黎仪燊关于建议取缔各批信局私运批信办法致交通部邮政总局的呈（一九四九年一月六日）

33

郵內 二四九七

卅八 一 六

呈文

郵政總局

建議取締各批信局私運批信辦法。

表乙份

理由書十份

一．自卅六年立法院通過銀行法之後，對於行莊經營外滙限制綦嚴，但各批信局並不因法令限制而停止活動，迨至經濟改革方案實施，管制更嚴，各批信局怵於觸刑破法，乃不惜多方取巧，以圖規避。

二．據汕頭局報告，近發現南洋及香港水客，私運批款，其採用方式，係將收款人姓名住址及款額列成單式，或記入日記簿，又或以「字碼」代替款數，每一字碼下僅註明人名住址，並不需記批信，亦未載明批信局及其國外分號名稱，似此表面上並無違反法令，不特郵局無法取締，即海關關員於檢查時亦因缺之顯明罪證，未便干涉。

檔案號數：子四

FILE

34

二

三。據報各批局對於上述取巧私運方法，漸普遍採用，查核最近各局造繳之批信統計表，其中連續四個月無批信及回批寄來之批局計有十三間，三個月無批信回批寄來者四間（詳見附表）以致各局經辦之入口批信驟減，而出口回批郵資收入銳退。為杜私運而維郵收計，擬具取締辦法如後：

甲　批信局連續三個月無出入口批信，同時仍繼續經營業務者，不論其何理由均作為停業辦理。茲據批信事務處理辦法第五條第一項之規定吊銷其執照。同條第三項規定之時限縮短為半年，並通知其相關國外分號所在地之寄達國郵政，同時吊銷各該國外分號之批信執照，及停止收寄各該國外分號之批信總包。

理由：批信局私運批信，並不計較區區罰款，所顧忌者厥為吊銷執照。上

35

~~35~~

逃私運方式，郵局既不能加以合法之制裁，尤宜予以適當的約束，惟在本國範圍內而領具執照，似未能全收杜防之效。而事實上該項走私辦法非惟影響本國郵收，原寄國之郵收亦受其妨礙，為保持其收均衡，尤宜通知走私批局所在地之國外郵政採取另一步驟。并予以進一步之約束

乙、出口國批多於入口批信者，郵局應按所多出國批數，向批信局補收國內互寄資費，合應取消國批優待，收費辦法，按國際郵資十足收費，並按郵政規章第一四五條末節規定辦理。

理由：安南及新嘉坡之批局，常因當地政府法令限制或用普通信形式付郵或採用目錄清單寄遞，均係剝削郵資，惟此項批信係由批局派伴攜遞，有損國內資費之徵收，自應如數補納。

四

丙、批信局派批專人利用上述方式自來派批，如經郵局查明屬實，即予吊銷其派批證件，如形跡顯著而有充分證據者，並按郵政法第卅四條之規定，會警拘送法院法辦。

理由：派批專人為代批局進行業務之基本分子，似應加強管制，以杜效尤而維郵益。

四、以上所擬辦法，是否有當？謹檢同本區批信業務停頓各批信局詳情表一份并連同書十份呈繳，敬祈 示遵。——

局長 [illegible]

繕寫 吳

校對 何詠棋

37

批信業務停頓各批信局詳情表（統計至卅七年十一月份止）

地名	批信局名稱	批信業務停頓月份	各該批信局解釋業務停頓緣由	當地批信局總數
松口	豐昌	7,8,9,10,11、	（未據繳理由書）	4
	鍾天年	7,8,9,10,11,	（〃 〃）	
	謝協和	7,8,9,10,11,	（〃 〃）	
	廣通莊	7,8,9,10,11,	（〃 〃）	
河婆	彭宗順	7,8,9,10,11,	地方不靖	1
梅縣	廣記	7,8,9,10,11,	批信改用收條、回信由收款人直接郵寄	5
	梁禎記	7,8,9,10,11,	（拒繕理由書）	
	廣德興	7,8,9,10,11、	回信由收款人直接郵寄	
	熊增昌	7,8,	〃 〃	
嘉積	謙和隆	7,8,9,10,	無特殊理由	11
	華興	9,10,	〃 〃	
	匯安	9,10,11,	鋪屋被佔	
文昌	寶通	8,9,10,	因幣貶值	6
	東南	8,9,	〃 〃	
海口	錦和	10、	（未據繳理由書）	24
	瓊匯通	8,9,10,11,	（〃 〃）	
	錦泰隆	8,9,10,11,	（〃 〃）	
	泰昌隆	8,9,10,11,	（〃 〃）	
	鴻安泰	8,9,	（〃 〃）	
汕頭	賴福記	7,8,9,10,11,	批信改用收條回信由收款人直接郵寄	74
	李華利	9,10,11,	（未據繳理由書）	
	祥炎	9,10,11,	（〃 〃）	
	陳炳春	11.	（〃 〃）	

附呈理由書十份

汕头一等邮局关于潮海关员查获私运进口批信一案致广东邮政管理局的呈（一九四九年一月七日）

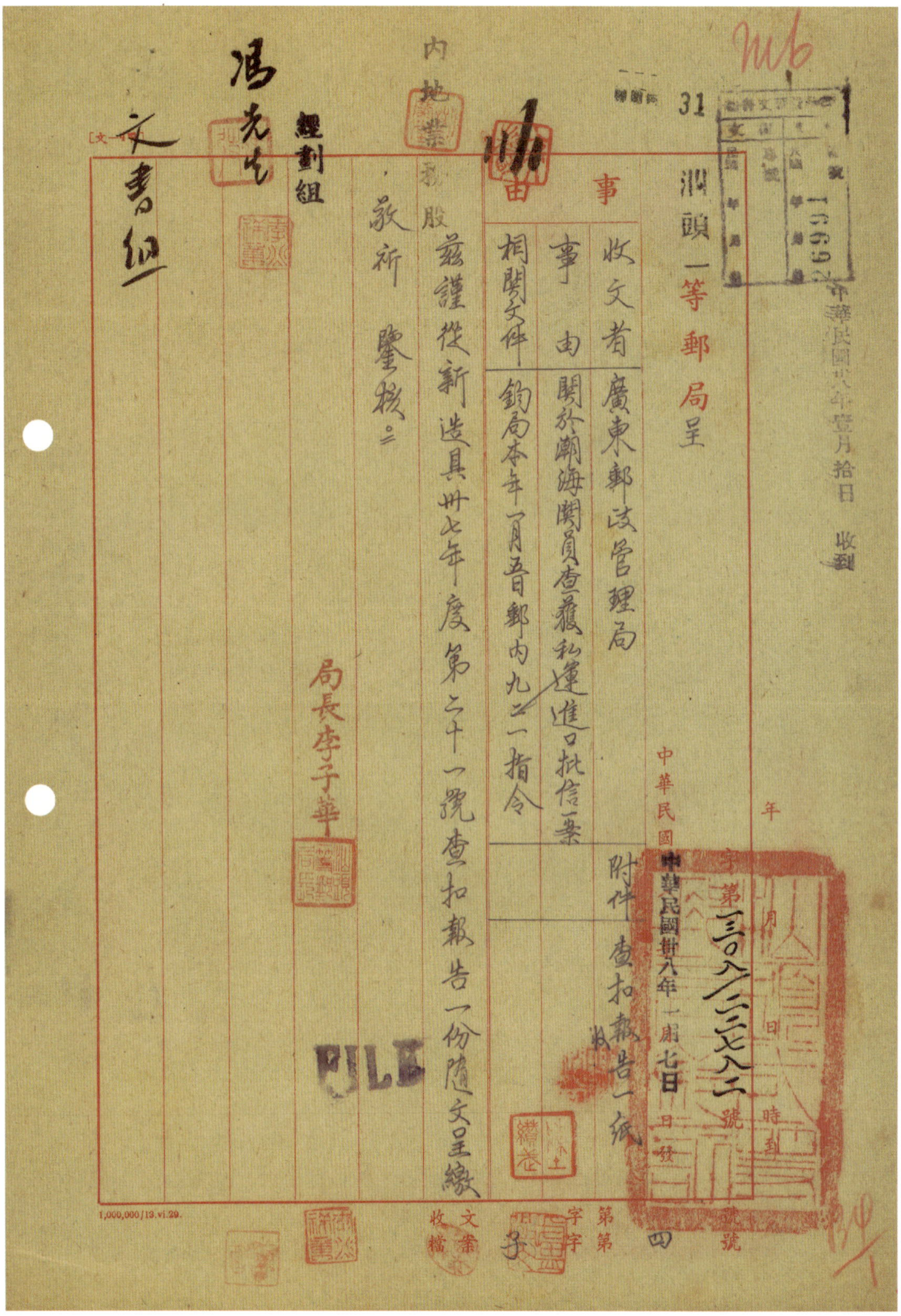

汕頭一等郵局呈

收文者：廣東郵政管理局

事由：關於潮海關員查獲私運進口批信一案

相關文件：鈞局本年一月五日郵内九二一指令

附件：查扣報告一紙

茲謹從新造具卅七年度第二十一號查扣報告一份隨文呈繳，敬祈鑒核。

局長李子華

中華民國卅八年一月七日

字第三〇八/二二七八二號

中華民國卅八年壹月拾日收到

經劃組 內地業務股 文書組

广东邮政管理局第六段邮务视察员张植庭关于呈复澈查第 2456 和 2457 挂号内件被窃情形致广东邮政管理局局长黎仪燊的呈（一九四九年一月十五日）

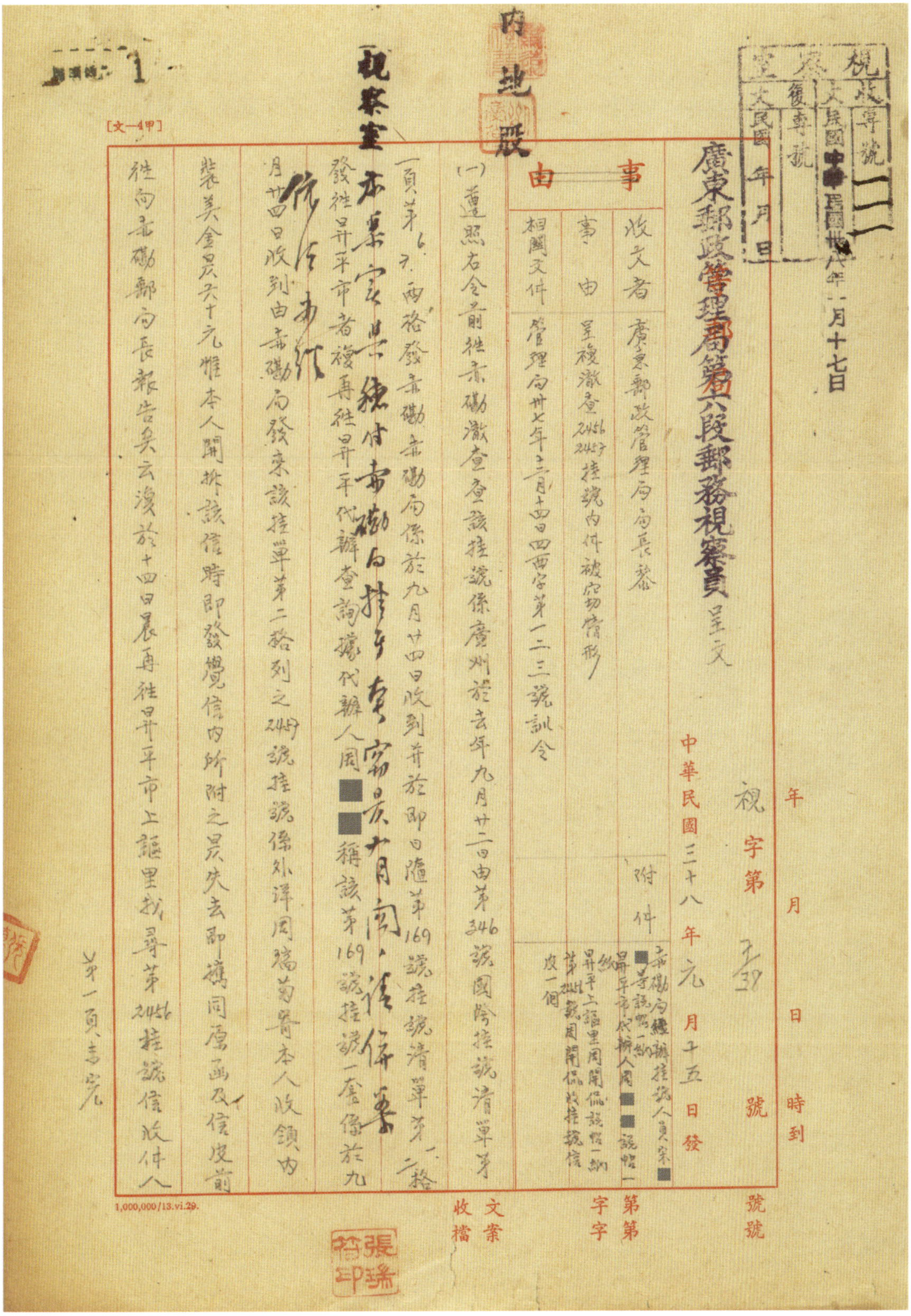
廣東郵政管理局第六段郵務視察員 呈文

收文者：廣東郵政管理局局長黎

事由：呈複澈查2456 2457挂號內件被窃情形

相關文件：管理局卅七年十二月十四日四西字第一二三號訓令

中華民國三十八年元月十五日發 視字第 號

(一) 遵照右令前往赤磡澈查查該挂號係廣州於去年九月廿二日由第346號國際挂號清單第一頁第6、7兩格發赤磡。赤磡局係於九月廿四日收到并於即日隨第169號挂號清單第二格發往升平市，著嶺專往升平代辦查詢。據代辦人周[redacted]稱該第169號挂號一袋係於九月廿四日收到由赤磡局發來，該挂單第二格列之2457號挂號係外洋周瑞菊寄本人收領，內裝美金紙六十元，惟本人開拆該信時即發覺信內所附之紙失去，即攜同原函及信皮前往向赤磡郵局長報告矣云。復於十四日晨再往升平市上瑞里找尋第2456挂號信收件人

第一頁未完

2

［文一5乙］

視字第3258號呈文

周開侃（十二日亦曾赴上開地址找尋但收件人往他處購買物件故十四日再行前往）查詢據稱該第2456號掛號信係外洋周瑞菊付返本人收領本人係於九月廿四日收到惟收到該信開拆時即發覺內裝美金叁拾元被竊去而將原信內書寫叁拾元銀數改為五元併將五元美紙一張夾回入內云 職復向該周開侃查詢代辦人周[redacted]之情形據稱周[redacted]人品忠實可靠且與彼係屬叔侄之關係以前本人曾在義益充當掌櫃彼此信任感情融洽本人（開侃自稱）現開設聯發油糖什貨店號於赤磡上埠但因周[redacted]可為信託故所有掛號信件多願轉由昇平市托代收轉亦不過實與赤磡店鋪交收因本人確不虞該[redacted]叔有竊拆彼之信件情事云查該周[redacted]年逾半百人品尚頗忠誠該周開侃所稱尚亦實在情形至該兩掛號信件由赤磡局收到以至派由收件人收領時亦係同在一日封發手續及經轉時間亦尚嚴密鄉接似無可疑

第二頁未完

郵政公事用紙

4,000,000/27. vi. 30.

3

〔文一5乙〕

視字第538號呈文

之懸職經着該兩收件人去函原寄人即向原寄銀行聲請止兑如該款確經兑付
亦攝影底函付來以便查究又查周開儀乳名為榮德
（二）茲謹將赤磡局經辦掛號有關人員家[redacted]陳[redacted]郭[redacted]號帖暨田竹平市代辦
人周[redacted]及周開儀說帖及第2456號原掛號信信皮等一併隨文呈繳
察核。

郵務視察員張植庭
呈白石磡旅次

第三頁完

郵政公事用紙

4,000,000/27. vi. 30.

附一：昇平市代办人关于挂号信经办情形给视察员张植庭的函（一九四九年一月十二日）

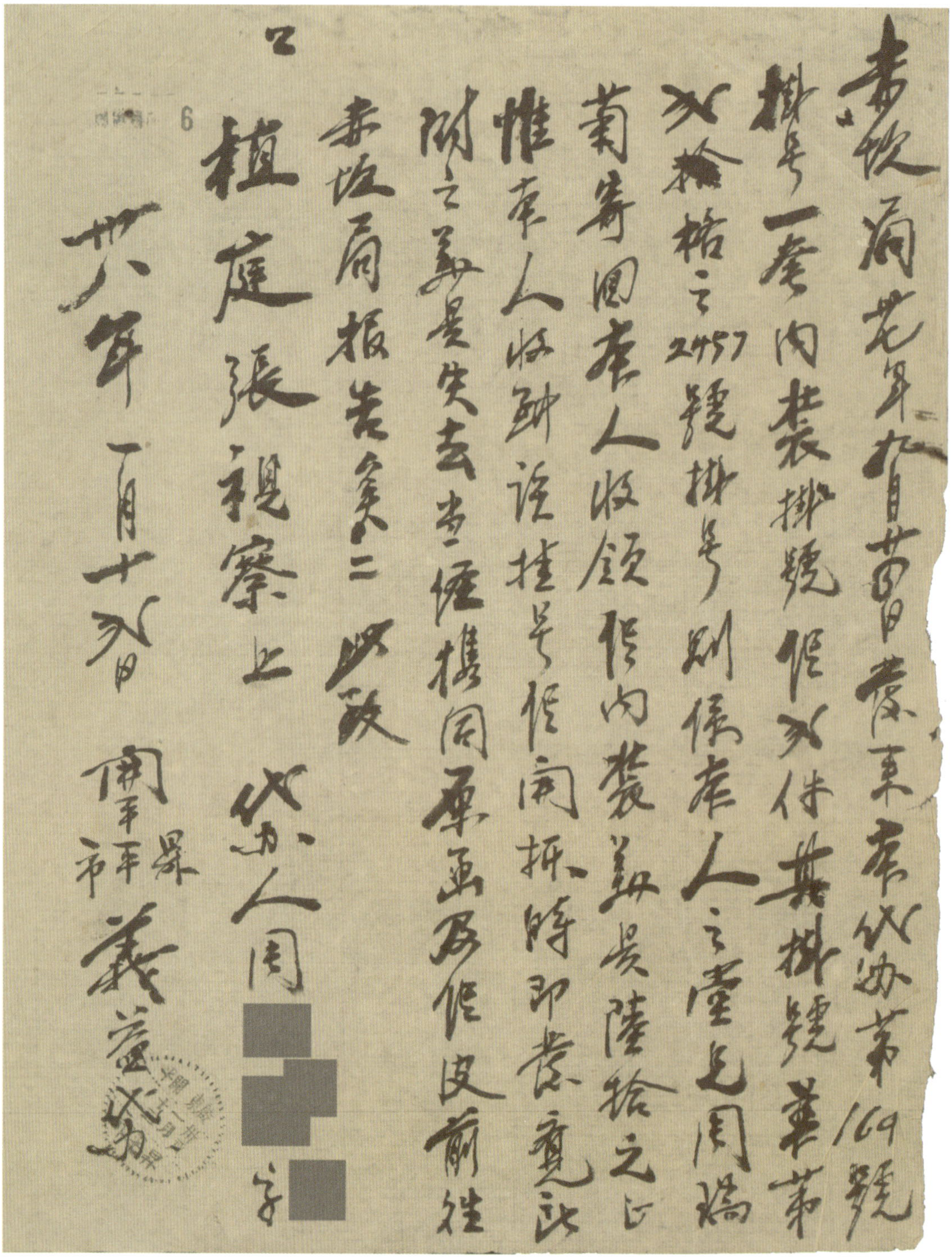
赤坎局卅七年十二月廿三日蒙東市代办第169號
掛號一袋內裝掛號信弍件其掛號華第
弍叁拾之2457號掛號則係寄人之臺見周瑞
蘭寄回寄人收領信內裝美鈔長陸拾元正
惟寄人收到該掛號信開拆時即發覺該
款之美鈔是失去查經據同原函及信皮前往
赤坎局報告矣 此致
植庭張視察上
代办人周[redacted]字
卅八年一月十二日
昇平市關義鑾

附二：昇平市上逗里周开侃关于挂号信经办情形给视察员张植庭的函（一九四九年一月十四日）

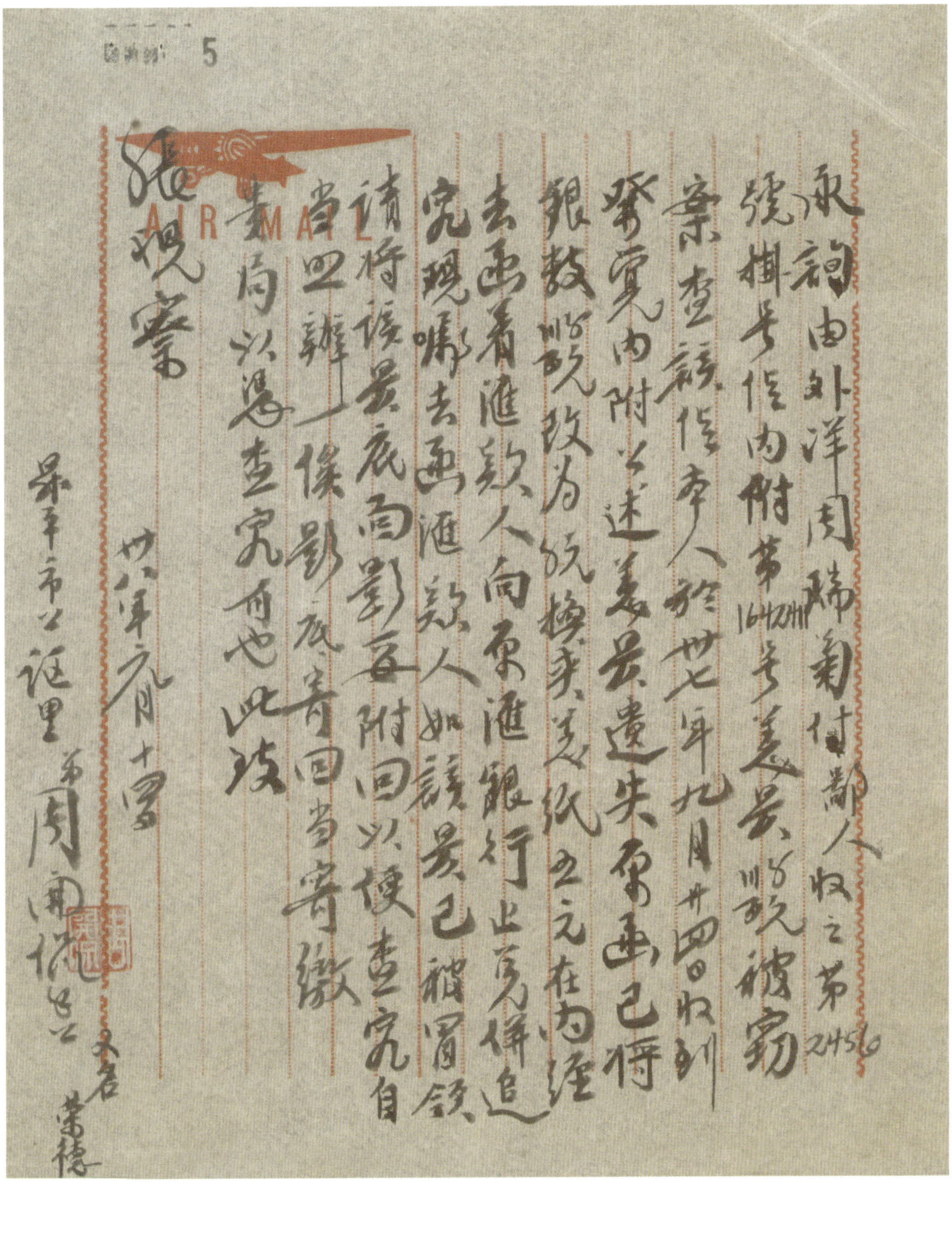

5

承詢由外洋周瑞菊付鄙人收之第24516號掛號信內附第1642〣號美鈔〣8元被竊案查該信本人於卅七年九月廿四日收到發覺內附之述美鈔遺失原函已將銀數〣8元改為紙換美鈔五元在內經去函着匯款人向原匯銀行止兌並追究現據去函匯款人如該員已被冒領請將該員底面影印附回以便查究自當照辦一俟影底寄回當寄繳貴局以憑查究可也此致

張視察

卅八年元月十四

昇平市上逗里 弟周開侃上 文啟 榮德

附三：赤磡邮局经办挂号有关人员关于挂号信经办情形致视察员张植庭的呈（一九四九年一月□五日）

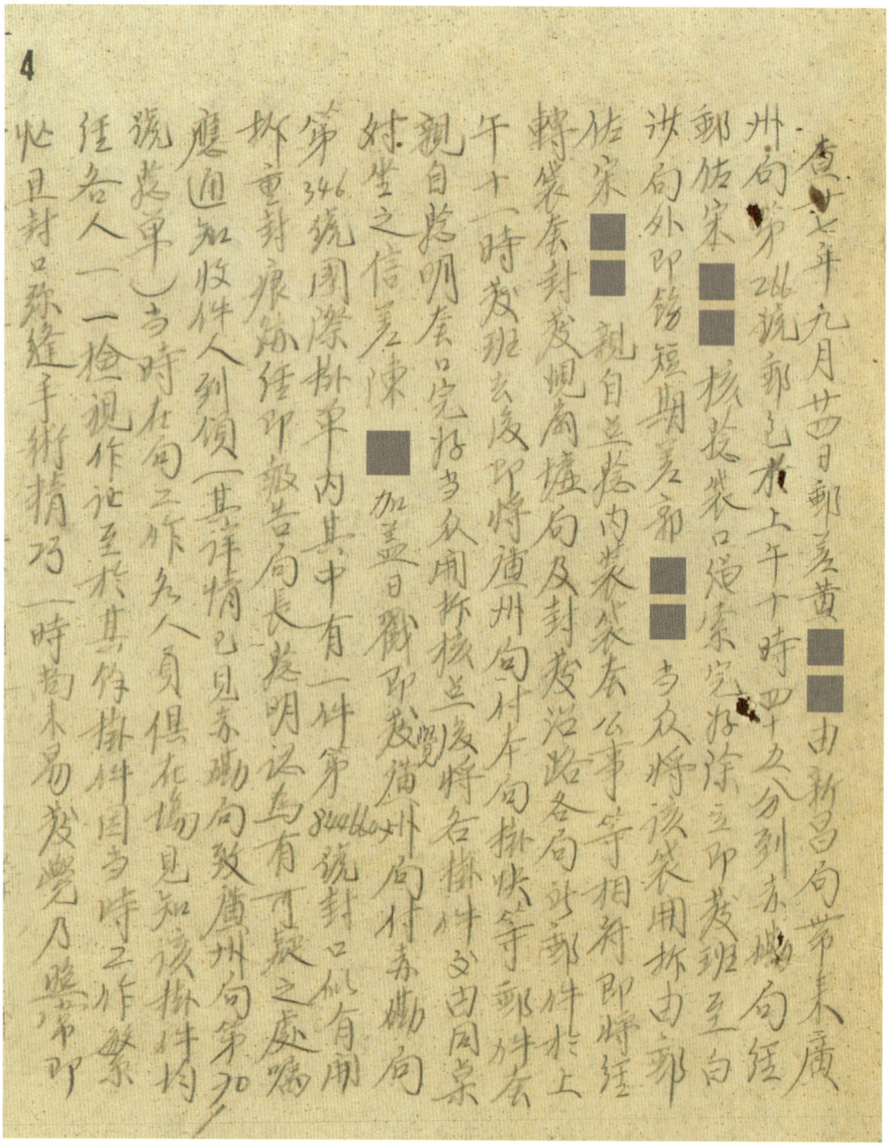
4

查卅七年九月廿四日郵差黃[redacted]由新昌局帶來廣
州局第266號郵包於上午十時四十五分到赤磡局經
郵佐宋[redacted]核点袋口繩索完好除立即發班至白
沙局外即飭短期差郭[redacted]当众將該袋用拆由郵
佐宋[redacted]親自点核內裝各袋公事等相符即將經
轉袋套封發蜆岡墟局及封發沿路各局郵件於上
午十一時發班去後即將廣州局付本局掛快等郵件袋套
親自啟明袋口完好当众用拆核点後將各掛件交由同桌
對坐之信差陳[redacted]加蓋日戳即發當件向付赤磡局
第346號國際掛單內其中有一件第8006604號封口似有用
拆重封痕跡經即報告局長啟明認為有可疑之處循
應通知收件人到領（其詳情已見赤磡局致廣州局第70/
號呈單）当時在局工作各人員俱在場見知該掛件均
經各人一一檢視作証至於其餘掛件因当時工作繁
忙且封口無縫手術精巧一時尚未易發覺乃照常即

將満州局卅七年九月廿三日封由第346號第一頁第67
格付來第2466/2467號美國寄交開平昇平市、義益號
轉交周甫倪周[redacted]收國際掛號信二件轉登入本
碉局卅七年九月廿四日付昇平、市代辦所第169號掛
單本頁第一、二格交由信差陳[redacted]眼同包封成袋加
蓋火漆印於封面俟即日行走冚九回圩郵路郵差
到局時交其帶往昇平、市代辦所送收此為當日
經过之情形也。

謹呈

視察員張

赤坎郵局

郵務佐宋

信差陳

短期差郭

[redacted]

中華民國卅八年一月五日

附四：昇平市上沤里周开侃所收挂号信信皮

广东邮政管理局第六段邮务视察员张植庭关于呈报澈查渥太华付百合第628号挂号信遗失内件情形致广东邮政管理局局长黎仪燊的呈（一九四九年一月十六日）

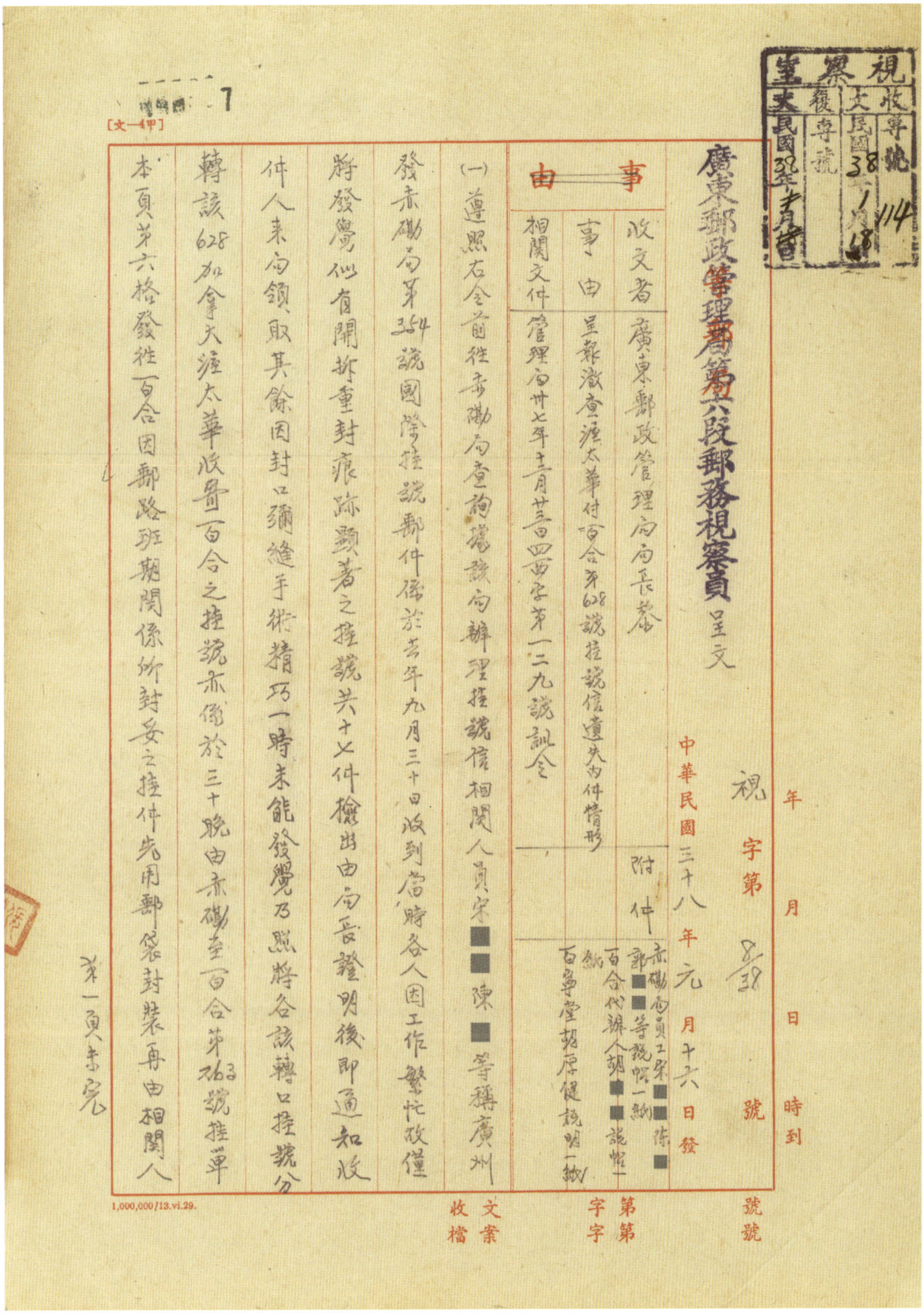
〔文—4甲〕 7

視察室 收文 尋號 114 民國38年1月18日 覆文 尋號 民國38年 月 日

廣東郵政管理局第六段郵務視察員呈文

視字第838號

中華民國三十八年元月十六日發

收文者	廣東郵政管理局局長黎
事由	呈報澈查渥太華付百合第628號掛號信遺失內件情形
相關文件	管理局卅七年十二月廿三日四西字第一二九號訓令
附件	赤磡局員工宋[redacted]陳[redacted]郵[redacted]等說帖一紙；百合代辦人胡[redacted]說帖一紙；百字堂胡厚健說明一紙

（一）遵照右令首徃赤磡局查詢據該局辦理掛號信相關人員宋[redacted]陳[redacted]等稱廣州發赤磡局第354號國際掛號郵件係於去年九月三十日收到當時各人因工作繁忙故僅將發覺似有開拆重封痕跡顯著之掛號共十七件檢出由局長證明後即通知收件人來局領取其餘因封口彌縫手術精巧一時未能發覺乃照將各該轉口掛號分轉該628加拿大渥太華收寄百合之掛號亦係於三十晚由赤磡寄百合第263號掛單本頁第六格發往百合因郵路班期關係所封妥之掛件先用郵袋封紮再由相關人

第一頁未完

1,000,000/13.vi.29.

8

[文一5乙]

視字第838號呈文 第二頁

員蓋章於袋口火漆上然後放入掛號柜內加鎖至翌日取出時仍由相關辦理
人員會同驗明袋口無異然後開出交郵差帶運云復前往百合代辦查詢據
稱赤磡局發來本代辦之263號掛號一袋本代辦係於十月一日收到該第628號掛號
於收到後即行投派由收件人胡厚健親手收領并無在本代辦停留情事云復找
尋該收件人胡厚健查詢據稱該628號掛號係於十月一日收到當開拆時即發覺
內裝附件匯票四百元失去當即將原信退回外洋原寄人該款經原寄人向原寄
銀行領回矣云職經着該收件人胡厚健去函原寄人向銀行查明如該票確經被
人冒充則請攝影票底面照片付來以便查究
(二)查赤磡局封百合圩之掛號因郵路班期關係需在赤磡局停留一夜方能
發出惟對封裝及保管之手續均亦嚴密且封發枱與局長辦公桌相連而

第二頁未完

郵政公事用紙

4,000,000/27. vi. 30

9

[文一5乙]

視字第8/38號呈文 第三頁完

工作員工在眾目共睹之下實無竊拆可能至百合代辦之收到該掛號及投派亦在同一日期似亦無弊混之處至該員究係被何人冒領仍懇鈞局再函該加拿大國家銀行將原影寄来俾便查究。

(三)謹將徹查該件所得實在情形及孝勷局經辦掛號員工宋[redacted]等百合代辦人胡[redacted]及收件人胡厚健等誌帖各一紙一併隨文呈繳。

郵務視察員張植庭

張植庭

呈自孝勷旅次

郵政公事用紙

4,000,000/37. vi. 30.

附一：渥太华邮政局关于第628号挂号信遗失内件给广东邮政管理局的公函（一九四八年十一月二十六日）

Reg. No. 227

Repd.

8 DEC. 1948

CANADA

IN ANY FURTHER CORRESPONDENCE ON THIS CASE PLEASE QUOTE No.

Insp. 80913.

侯复

Post Office Department

OTTAWA, 26th November 1948.

本地業務股

内地業务股

The Director of Posts for Kwangtung,
Canton,
China.

Dear Sir,

A complaint has been received from the sender, concerning the abstraction of an Imperial Bank of Canada Draft, No. S13994, for $400.00 Hong Kong money, from Registered letter No. 628, mailed on the 18th September 1948, by Woo Chong, Mossbank Hotel and Cafe, Box 19, Mossbank, Sask., addressed to -

Bark Ning Tong,
Bark Hop Hoi Ping,
Canton, China.

According to information received by the sender from the addressee, when the letter was delivered it had quite clearly been opened and resealed.

Information furnished by the Bank of China is to the effect that the Draft has already been cashed.

This Registered item was despatched in good condition from Vancouver in Air Mail Despatch No. 143 of the 20th September, entry 42, bill 3, of four Registered Letter Bills totalling 215 Registered items.

No report was received from Canton indicating that this letter was in other than good condition when received in your Service.

Recently, I have referred other similar cases to your Service regarding the abstraction of Bank Drafts from Registered letters posted in Canada, and, from the number of such cases now being investigated, it would suggest that the mistreatment is occurring after the mail reaches China.

15

Would .....

1839.

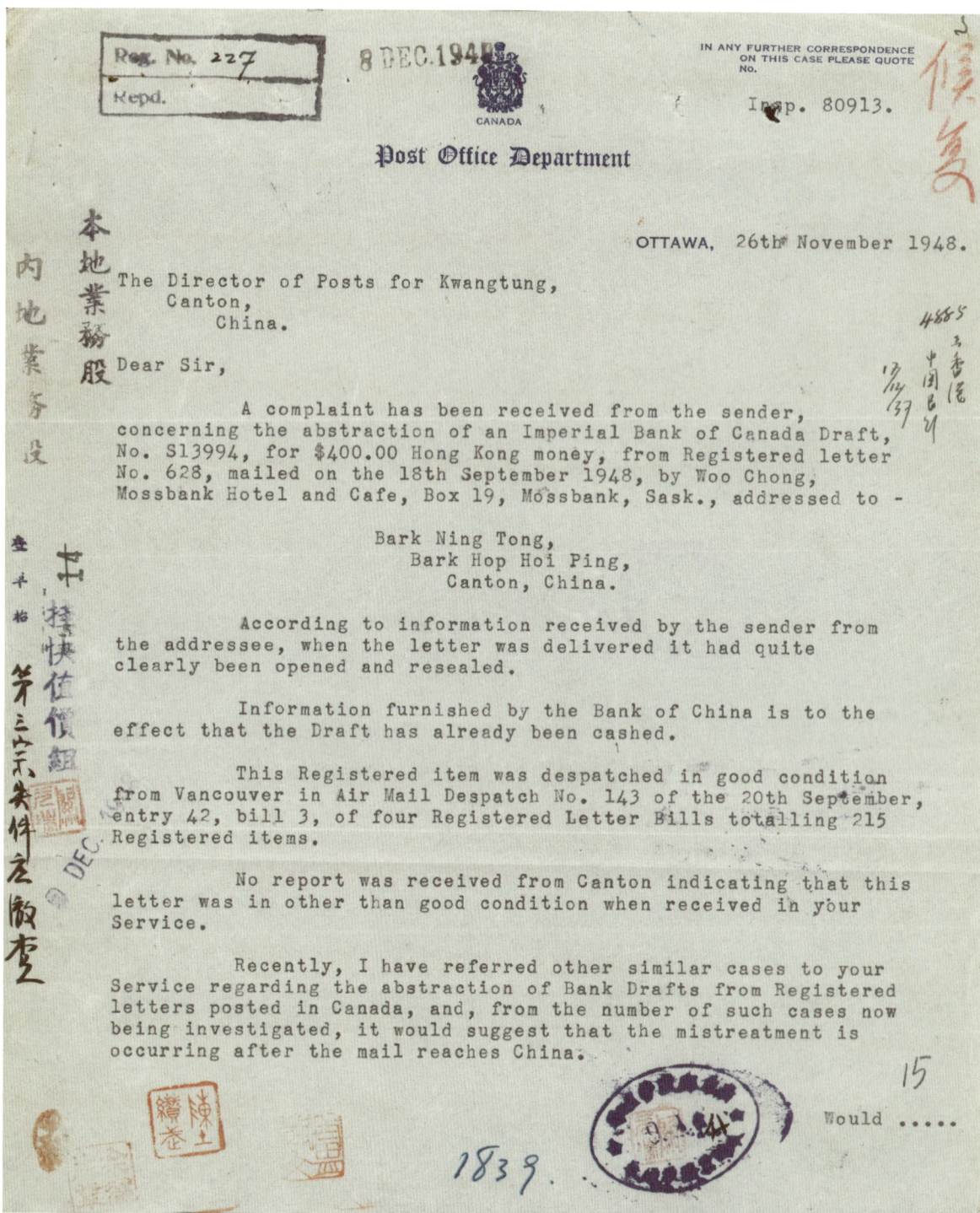

- 2 -

Would you, therefore, please have this case specially enquired into and inform me if responsibility has been placed, and if a recovery can be made from the Bank of China for the value of this Draft.

Yours truly,

W. J. Turnbull
W. J. TURNBULL
Deputy Postmaster General.

16

15

附二：百合代办人关于挂号信经办情形给视察员张植庭的函（一九四九年一月十三日）

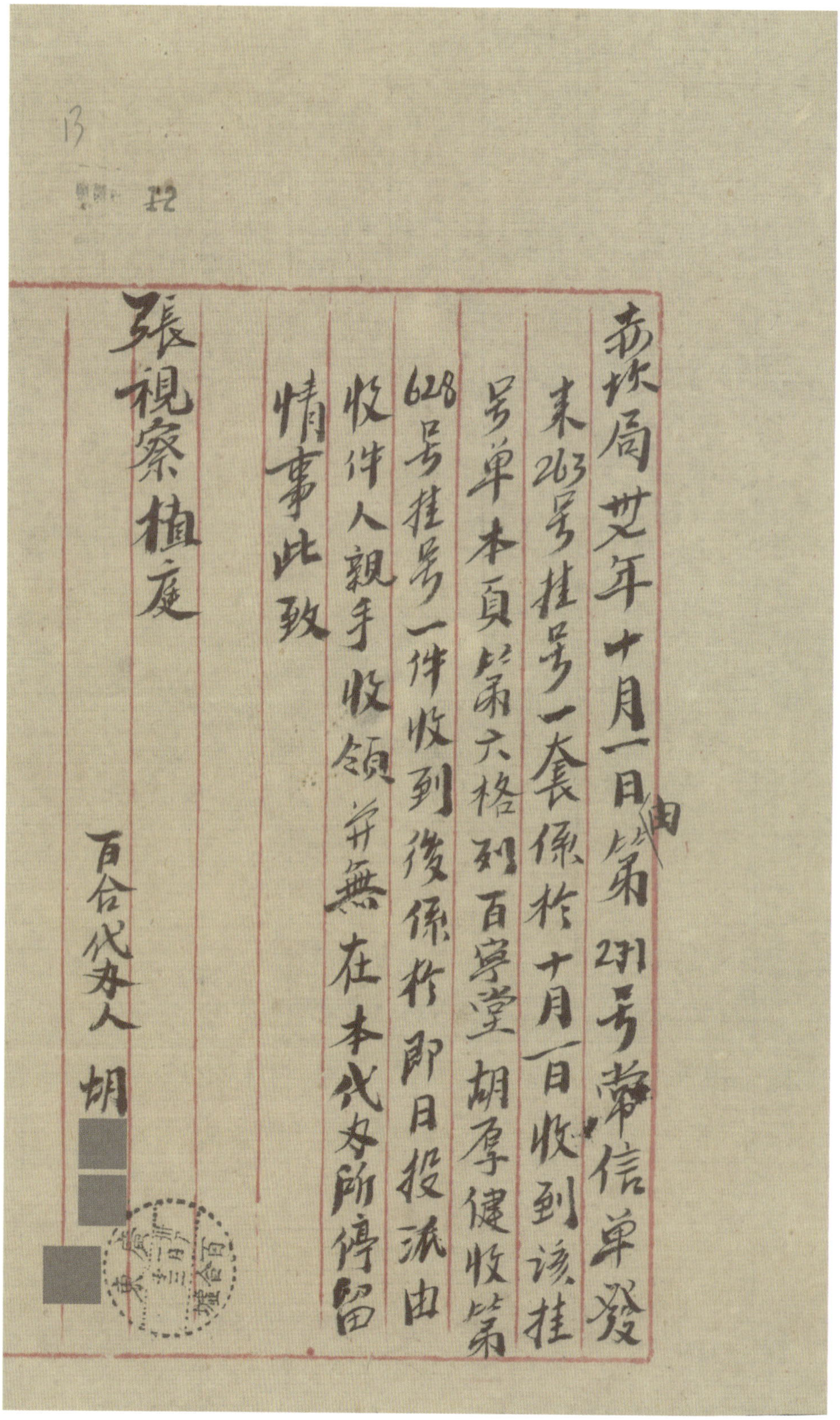

赤坎局卅七年十月一日由第231号常信单發来263号挂号一套係於十月一日收到該挂号单本頁第六格列百寧堂胡享健收第628号挂号一件收到後係於即日投派由收件人親手收領并無在本代办所停留情事此致

張視察植庭

百合代办人　胡[redacted]

附三：收件人胡厚健关于挂号信经办情形给视察员张植庭的函（一九四九年一月十四日）

第　頁

由加拿大胡忠茂寄回本人收第628號掛號信一件係於卅七年十月一號在百合郵局收到當時開拆即發覺內裝附件滙票四百元失落當即將原信退回外洋向原寄銀行取回該項失款至查該票係別人於十月四號在香港中國銀行冒領該款當至該信皮及原函均已退寄外洋未能呈繳

此致

張視察植庭先生

胡厚健

中華民國三十八年一月十四日

附四：赤磡邮局经办挂号有关人员关于挂号信经办情形致视察员张植庭的呈（一九四九年一月十五日）

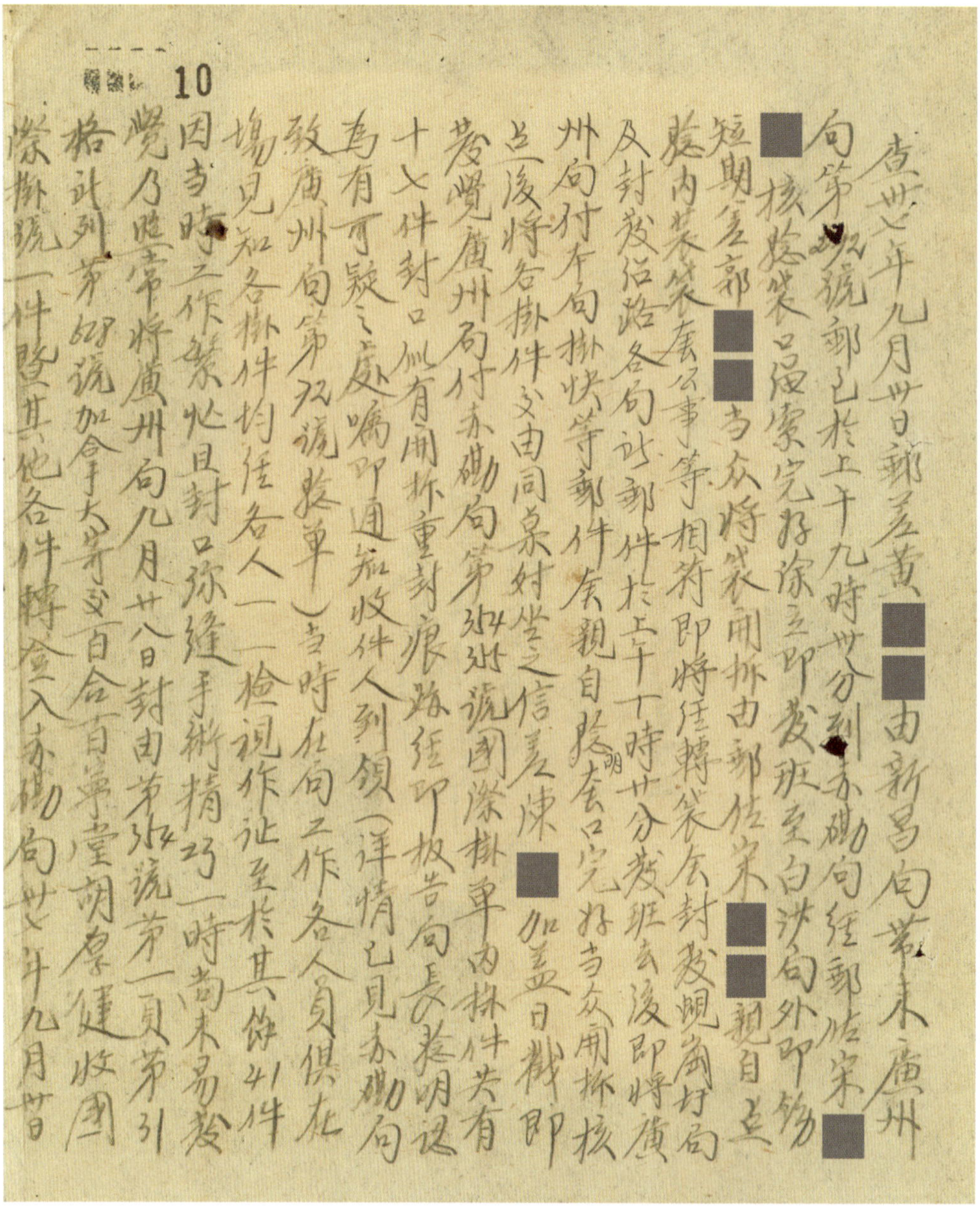
10

查卅七年九月廿日郵差黃[redacted]由新昌局帶來廣州局第5452號郵袋於上十九時卅分到赤磡局經郵佐宋[redacted]核驗袋口繩索完好除立即發班至白沙局外即飭短期差郭[redacted]當眾將袋用拆由郵佐宋[redacted]親自点驗內裝袋表公事等相符即將經轉袋表封發蜆岡圩局及封發沿路各局試郵件於上午十時廿分發班去後即將廣州局付本局掛快等郵件袋親自驗明袋口完好當眾用拆核点後將各掛件交由同泉村坐之信差陳[redacted]加蓋日戳即發覺廣州局付赤磡局第3454號國際掛單內掛件共有十七件封口似有用拆重封痕跡經即報告局長驗明認為有可疑之處囑即通知收件人到領（詳情已見赤磡局致廣州局第28號驗單）當時在局工作各人員俱在場見知各掛件均經各人一一檢視作証至於其餘41件因當時工作繁忙且封口彌縫手術精巧一時尚未易發覺乃照常將廣州局九月廿八日封由第3452號第一頁第31格註列第68號加拿大寄交白合白寧堂胡厚健收國際掛號一件暨其他各件轉發入赤磡局卅七年九月廿日

付百合代辦郵政所第263號尺單本頁第六格之由信差陳[redacted]眼同已封成袋加蓋火漆印於封面由郵路班期同係並將其他已封妥之郵袋用袋袋好由郵佐宋[redacted]及信差陳[redacted]會同蓋章於袋口火漆上然後成袋保存掛號柜內俟翌早十一時會同信差陳[redacted]驗明封存郵袋袋口情形完好無誤乃開袋取出各掛套等之由行走該郵路郵差帶往百合代辦所點收此為當日經過之情形也。

謹呈

視察員張

赤坎郵局

郵務佐宋[redacted]

信差陳[redacted]

短期差郭[redacted]

中華民國卅八年一月十五日

广东邮政管理局局长黎仪燊关于汕头一等邮局拟具防免批信局私运来往安南、新加坡等地批信回批暂行办法致交通部邮政总局的呈（一九四九年一月十七日）

28

MG
28

呈文

郵內

卅八 二五一一 一 十七

郵政總局

汕頭局擬具防免批信局私運來往安南新嘉坡等地批信回批暫行辦法請核示

一、鈞局卅七年八月十四日視七一〇一指令

二、福建管理局卅七年九月二十一日內〇八八〇八呈

三、本局卅七年八月四日郵內一一四呈

一、據汕頭局報告，右開鈞令飭知修正之辦法甲乙丙三項，經遵照實施，並經函准廈門局查復，廈門經營安南批信之批信局爲數無多，所有往來批信回批均以普通信件形式啟寄，入口批信封面，係寫明廈門批局字號，其中多夾寄其他批信十餘件，迨查覺時，即予按章辦理等由，至於新嘉坡批信，雖能照常寄遞，但僑匯數額極有限制，故該地批信局，不能不將逾額批信設法夾寄或另列清單寄遞，其相關出口回批，因封面不寫明銀數，新嘉坡當局無從稽核，仍可交郵寄遞，故該局每月出口回批件數，常比入口批信爲多。

二、該局前擬之丙項暫行辦法，其對於出口安南回批之收寄，並非逐件貼票書識

檔案號數：子四

29

29

二

而係以總包方式寄至香港後，由該地分號將封皮撕去，另行轉遞前途，縱被查出，亦無從證實我國郵政放任走私。若准其作普通信形式寄遞，擬具下列辦法處理：

1安南出入口批信及回批，可改爲普通信形式，交由批局彙交郵局據該寄遞。

2新嘉坡入口批信，如因當地限制僑匯，不能不變通辦法夾附信函，應由批局報明件數，補納國際欠資。如係另列單表或作普通信形式敞寄，亦應由批局報明件數，以便登記。

三．查核該局所擬辦法，仍欠嚴密，而對於各批信局管制既難，實多闕漏，匪特不易澈底執行，抑且助長私運風氣，郵政甚受影響，似不若仍照該局原擬丙項暫行辦法，將回批總包寄至香港後，再行轉遞前途較爲妥善。是否

30

30

有當。仍乞

俯賜考慮示遵。一

局長裘儀桑

三

鍾 校對 何詠棋 抄

交通部邮政总局关于广东邮政管理局建议取缔各批信局私运办法给广东邮政管理局的指令（一九四九年一月十九日）

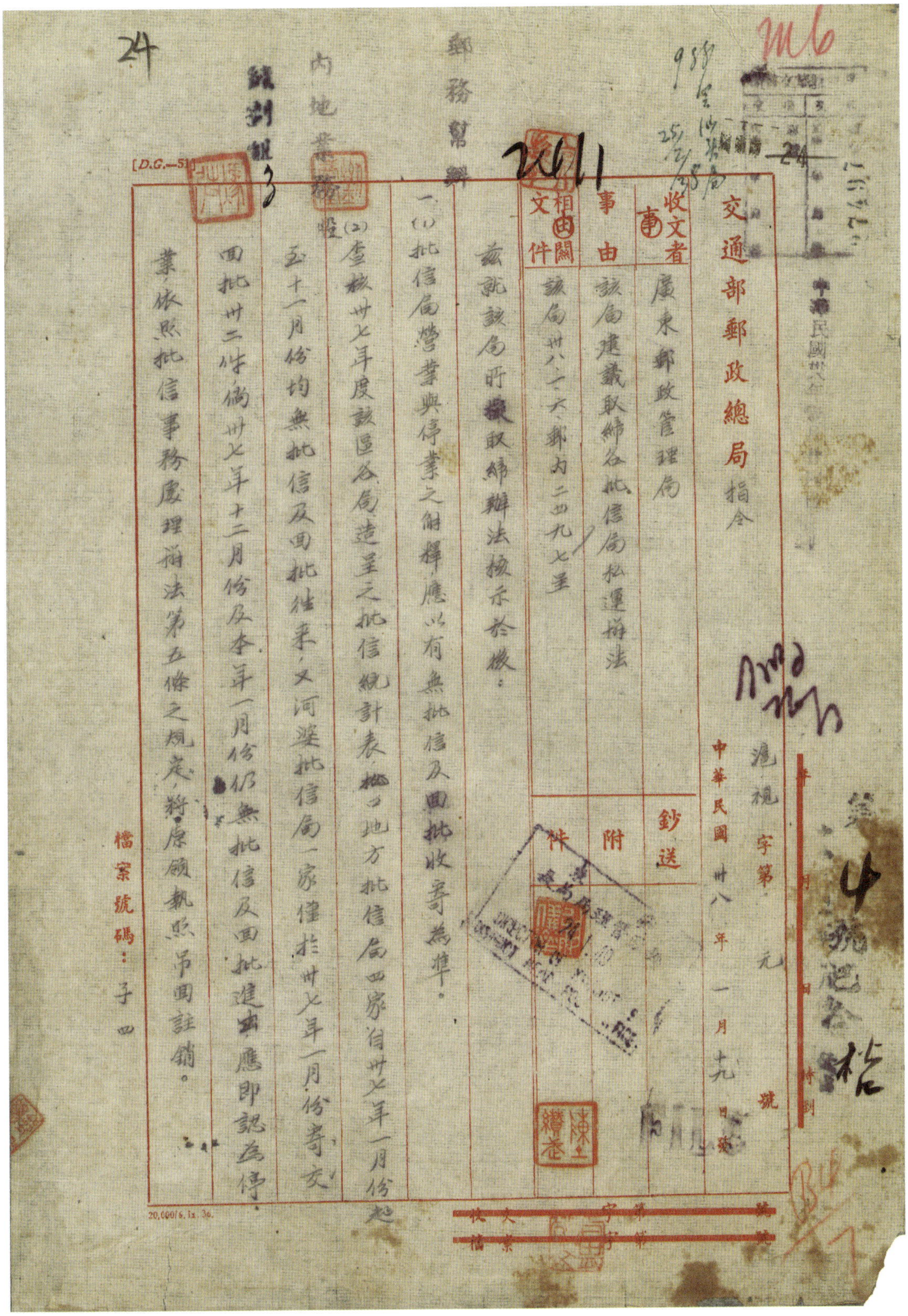

交通部郵政總局指令 滬視字第　　號

收文者：廣東郵政管理局

事由：該局建議取締各批信局私運辦法

相關文件：該局卅八、一、六、郵內二四九七呈

茲就該局所擬取締辦法核示於後：

一、(1)批信局營業與停業之解釋，應以有無批信及回批收寄為準。

(2)查核卅七年度該區各局遞呈之批信統計表，[illegible]口地方批信局四家自卅七年一月份起至十一月份均無批信及回批往來，又河婆批信局一家僅於卅七年一月份寄交回批卅二件，倘卅七年十二月份及本年一月份仍無批信及回批進出，應即認為停業，依照批信事務處理辦法第五條之規定，將原領執照吊回註銷。

中華民國卅八年一月十九日發

檔案號碼：子四

郵務幫辦

內地業務股

25

25

[文一5甲]

(3)其他批信局如未遵令繳具理由書或所陳暫停營業理由並不確實，亦可認為停業，依照同辦法第五條第一款之規定，飭令將執照繳還。

(4)所請修改批信事務處理辦法第五條第三款所規定之時限及通知國外郵政取締各節，均應暫從緩議。

二、(1)汕頭入口批信，如確因安南、新加坡等地政府法令限制，當地批信局迫得改用普通信形式或採用目錄清單付郵而到達汕頭後由國內批信局派人遞送，應飭汕頭局仿照厦門局辦法（見閩管局卅七九廿丙八八〇八呈副寄該局）將是項普通信形式之批信逐件檢出，彙交各批信局，隨即收取轉遞資費，如所寄者為目錄清單，應查明有無附帶匯款人致收款人之附言，以定應否就上項清單逐筆或逐張收取轉遞資費。

第二頁

郵政公事用紙

200,000/18. x. 36.

26

28

[文一5甲]

(2)該局所擬當出口回批多於入口批信者,應按所多出回批數向批信局補收國內互寄資費,欠乏規章依據,未便採取。

三、倘前節所述普通信形式之批信及目錄清單均經汕頭局注意檢出收費,則批信局派批專人無從走私,該局所擬吊銷其派批証件,暫勿庸議。

四、仰轉飭汕頭局嚴密注意查察防杜,如有實例發現,再行呈核。

局長霍錫祥

業務處處長陳峯坤代行

第三頁

郵政公事用紙

200,000/18. x. 36.

交通部邮政总局关于汕头一等邮局为防免批信局私运来往安南、新加坡等地批信及回批原拟办法丙项碍难照准给广东邮政管理局的指令（一九四九年一月二十七日）

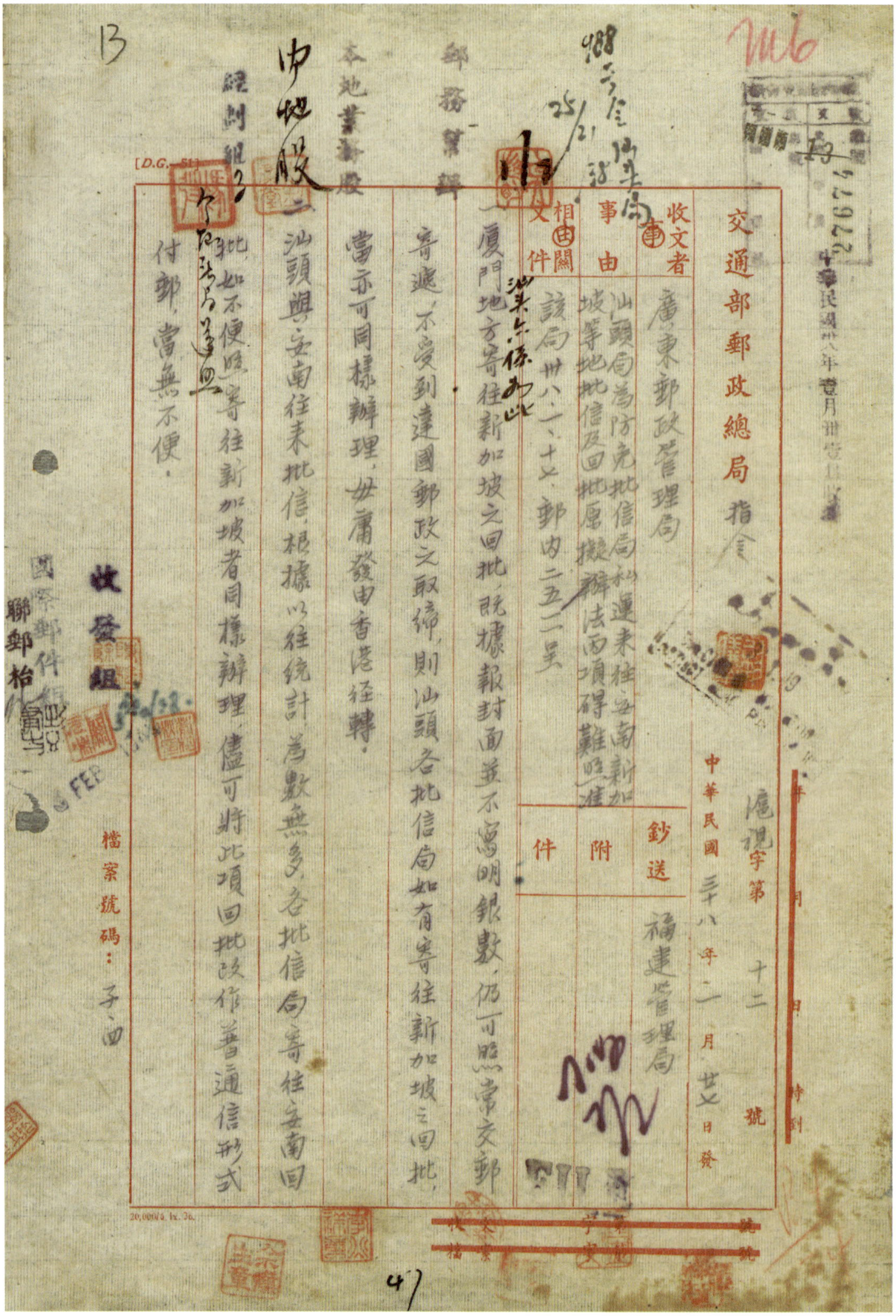

交通部郵政總局指令

收文者：廣東郵政管理局

事由：汕頭局為防免批信局私運來往安南新加坡等地批信及回批原擬辦法丙項碍難照准

相關文件：該局卅八、一、十七、郵內二五一呈

一、廈門地方寄往新加坡之回批，既據報封面並不寫明銀數，仍可照常交郵寄遞，不受到達國郵政之取締，則汕頭各批信局如有寄往新加坡之回批，當亦可同樣辦理，毋庸發由香港經轉。

二、汕頭與安南往來批信，根據以往統計，為數無多，各批信局寄往安南回批，如不便照寄往新加坡者同樣辦理，儘可將此項回批改作普通信形式付郵，當無不便。

抄送：福建管理局

中華民國三十八年一月廿七日發

滬視字第十二號

檔案號碼：子、四

14

[文一5甲]

三汕頭局原擬暫行辦法兩項，碍難照准實施，仍仰轉飭汕頭局曉諭各批信局遵章辦理。

局長霍錫祥
業務處處長陳舉坤代

第二頁

郵政公事用紙

赤磡（开平）二等邮局关于国际邮件被窃银艮案现在办理情形等情致广东邮政管理局的呈（一九四九年二月九日）

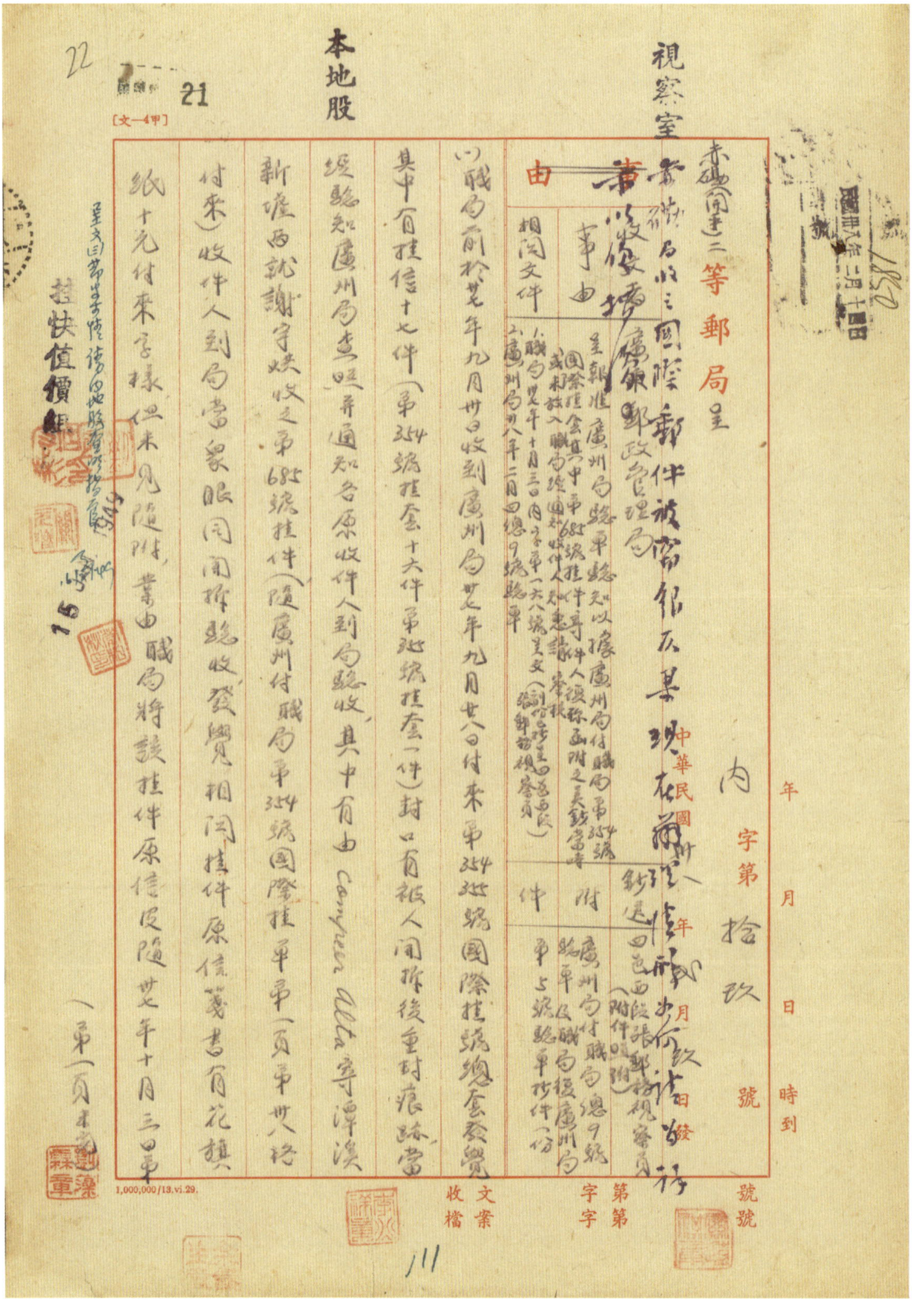
視察室
本地股
赤磡（開建）二等郵局呈
由
相關文件
事由
件
附
（一）職局前於卅七年九月廿日收到廣州局卅七年九月廿八日付來第354 355號國際掛號總套發覺
其中有掛信十七件（第354號掛套十六件第355號掛套一件）封口有被人開拆後重封痕跡當
經驗知廣州局查照并通知各原收件人到局驗收，其中有由Congreen Alta寄潭溪
新墟西就謝守姚收之第685號掛件（隨廣州付職局第354號國際掛單第一頁第卅八格
付來）收件人到局當衆眼同開拆驗收發覺相同掛件原信箋書有花旗
紙十元付來字樣但未見隨附，業由職局將該掛件原信發隨卅七年十月三日第
（第一頁未完）
1,000,000/13.vi.29.

23

22

（文一5乙）

赤坎郵局內字第玖玖號呈文 第二頁未完

75號驗單送廣州局辦理，並得收件人同意先將原信函抄件一份送來，業隨職局石聞呈文呈請察核辦理有案。

(二)現准廣州局石聞驗單以業經驗准Vancouver, B.C.郵政復知詢據上述寄件人稱該美鈔十元當時或未有放入信內交寄等語，爲轉知收件人等由，除經通知收件人知悉並由職局第5號復驗單驗復廣州局外，茲謹抄錄上述往來驗單抄件一份隨文呈請察核。

(三)至於去年九月廿三日及九月廿八日廣州局付職局第346號及第354號國際掛號函各一袋內中掛件均有於未到達職局前曾被人開拆竊取內容一案，迭經職局呈報核辦有案，現各該有關收件人迭次來局催詢查究結果情形，除已一再請其函知外洋寄件人查明有無付寄本

（第三頁未完）

郵政公事用紙

250,000/1.8.31

24

23

（文一5乙）

（赤磡郵局內字第拾玖號呈文 第三頁 完）

紙，如有則從速向相關銀行止兌，并如已被領兌時即速攝映赤底相片寄送以憑查究，并婉詞解釋外，仍請迅賜查明辦理指復，俾便轉知各該有關收件人以釋羣疑，而維郵譽。

赤磡二等郵局局長劉藻霖

劉藻霖章

廣東 赤磡

郵政公事用紙

260,000/1.8,31.

附：广州邮局付赤磡邮局及赤磡邮局复广州邮局验单（一九四九年二月四日、九日）

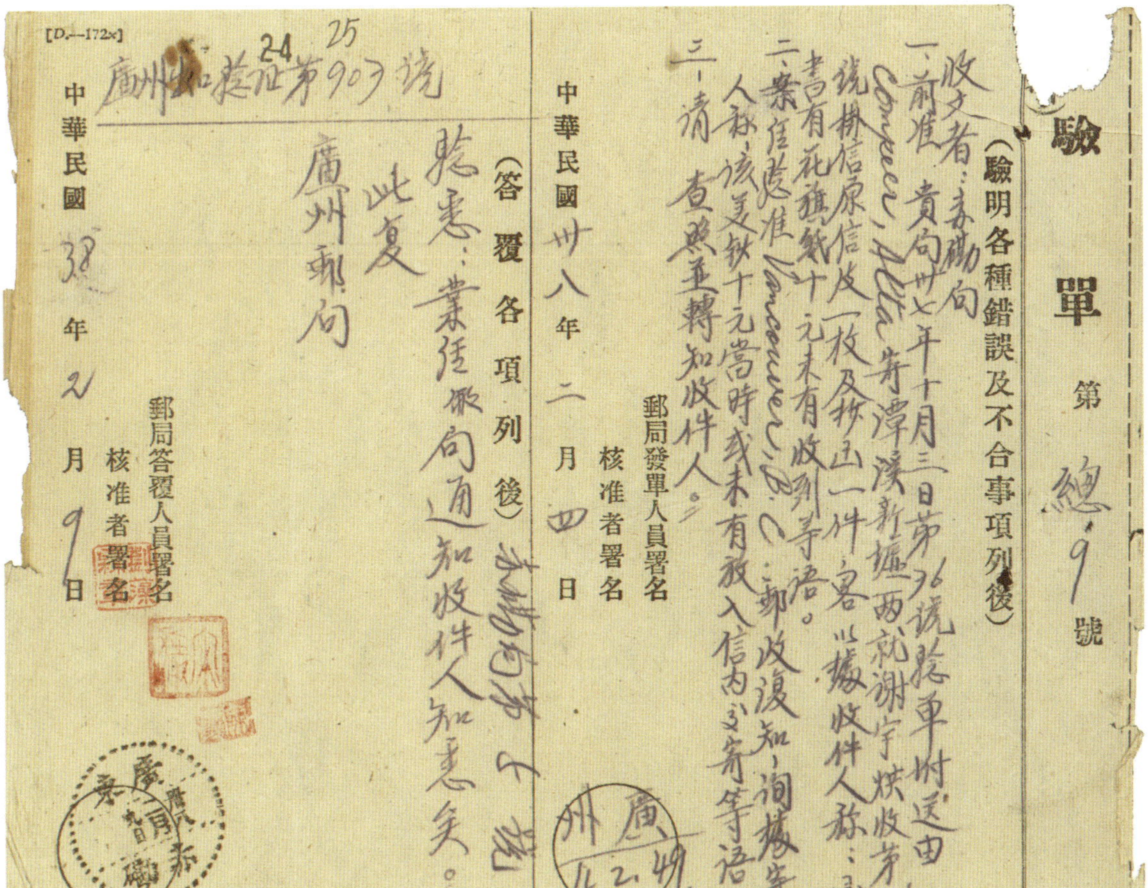

[D.—172×]

24 25

廣州[illegible]第903號

驗單 第 總9 號

（驗明各種錯誤及不合事項列後）

收文者：赤磡局

一、前准 貴局廿七年十月三日第76號驗單附送由Conwell Villa寄潭溪新墟西就湖宇烘收第685號掛信原信皮一枚及抄函一件，略以據收件人稱：函內書有花旗紙十元未有收到等語。

二、業經據准Vancouver B.C.郵局復知，詢據寄件人稱：該美鈔十元當時或未有放入信內云等語。

三、請查照並轉知收件人。

郵局發單人員署名

核准者署名

中華民國廿八年二月四日

廣州 4.2.49

（答覆各項列後）

照悉：業經飭向通知收件人知悉矣。

此復

廣州郵局

赤磡局第6號

郵局答覆人員署名

核准者署名

中華民國38年2月9日

赤磡 [illegible]

20,000x150/11. xi. 36.

广东邮政管理局等相关部门关于第73号国际挂号信内装炅纸被窃一案来往函件（组件）（一九四九年五月七日至七月二十七日）

邮务视察员张植庭关于查复一九四八年份广州经转去赤磡第73号国际挂号信内装炅纸被窃事项致广东邮政管理局长黎仪燊的呈（一九四九年五月七日）

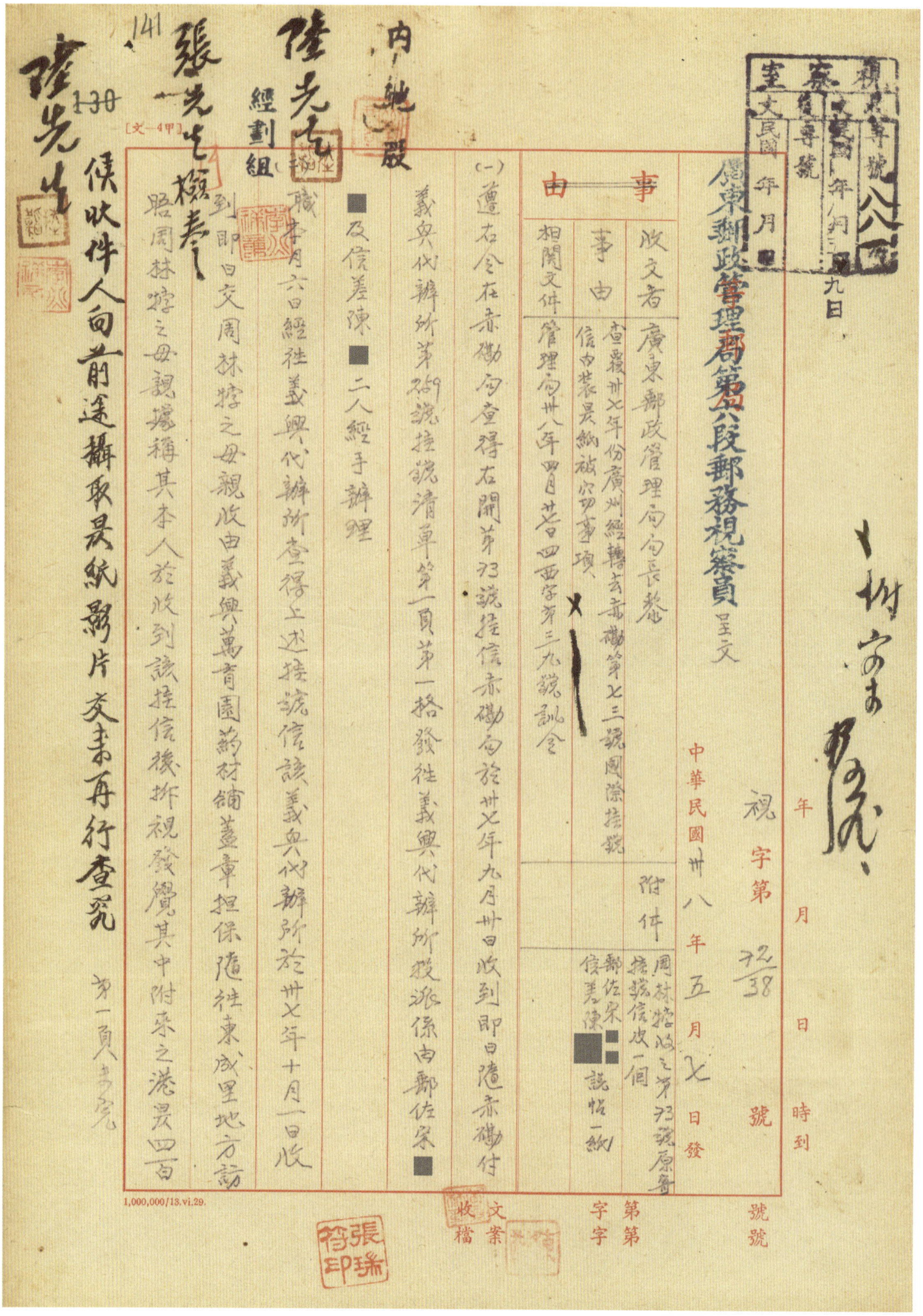

廣東郵政管理局第五六段郵務視察員 呈文

視察室 文書號 八八〇 民國 年 月 九日

收文者：廣東郵政管理局局長黎

事由：查覆卅七年份廣州經轉去赤磡第七三號國際挂號信內裝炅紙被窃事項

相關文件：管理局卅八年四月廿四日西字第三九號訓令

附件：周林桴收之第73號原寄掛號信皮一個　郵佐宋[redacted]信差陳[redacted]說帖一紙

中華民國卅八年五月七日發

視字第72/38號

（一）遵右令在赤磡局查得右開第73號挂信赤磡局於卅七年九月卅日收到，即日隨赤磡付義與代辦所第78號挂號清單第一頁第一格發往義興代辦所投遞，係由郵佐宋[redacted]及信差陳[redacted]二人經手辦理。職本月六日經往義興代辦所查得上述挂號信，該義興代辦所於卅七年十月一日收到，即日交周林桴之母親收，由義興萬育園藥材舖蓋章担保，隨往東成里地方訪晤周林桴之母親，據稱其本人於收到該挂信後拆視，發覺其中附來之港炅四百

第一頁八未完

經劃組　陸先生

張先生擬奉

內地股

陸先生

候此件人向前送橋取炅紙影片交來再行查究

[文一己]

元一號經已失去，業將原信內寄往外洋寄件人周練家查詢，茲據期日到義興
擡起行時由義興代辦所代辦人詢問，謂業接赤磡郵局通知着詢問該日所收之
挂號信信內件是否相符，即速向該局報明，如已失去，亦須速即向外洋原匯銀
行聲請止兌等語，但因已先將信內寄回外洋追查，前來故祇聽候外洋回覆，
業接復稱該具紙已被人冒領，具底有「麥明好」「麥明」二之簽字，而無商店蓋印
等情。除經囑請收件人迅請寄件人攝映具底寄繳辦理外，茲將向收件人洽
索來之第78號原信皮一枚隨文呈繳 察核。

(三)查該第78號挂信係於卅七年九月廿八日由廣州付赤磡第354號國際挂號總包內附
來，經赤磡局發覺該總包已先於未到達之前有被人偷竊內件之嫌疑，迭經該
局先後呈報有案，查磡局各經辦員工尚無可疑之處，除仍着繕具說帖附呈

郵政公事用紙

4,000,000/37. vi. 38.

143　132

[文一8乙]

視字第38號呈文

第二頁完

外至於該義興代辦所主任周[redacted]人頗誠實為當地著名公正紳耆所有掛號郵件亦均由其本人管理亦無任何可疑之點請　鑒核。

郵務視察員張植庭（印：張植庭）

呈自赤坎旅次

郵政公事用紙

4,000,000/37. vi. 39.

附一：周林犋收之第73号原寄挂号信皮

附二：主任视察员张瑞符关于请将一九四八年份广州经转去赤磡第73号国际挂号信内装昃纸被窃事项查复给视察员张植庭的训令（一九四九年四月二十七日）

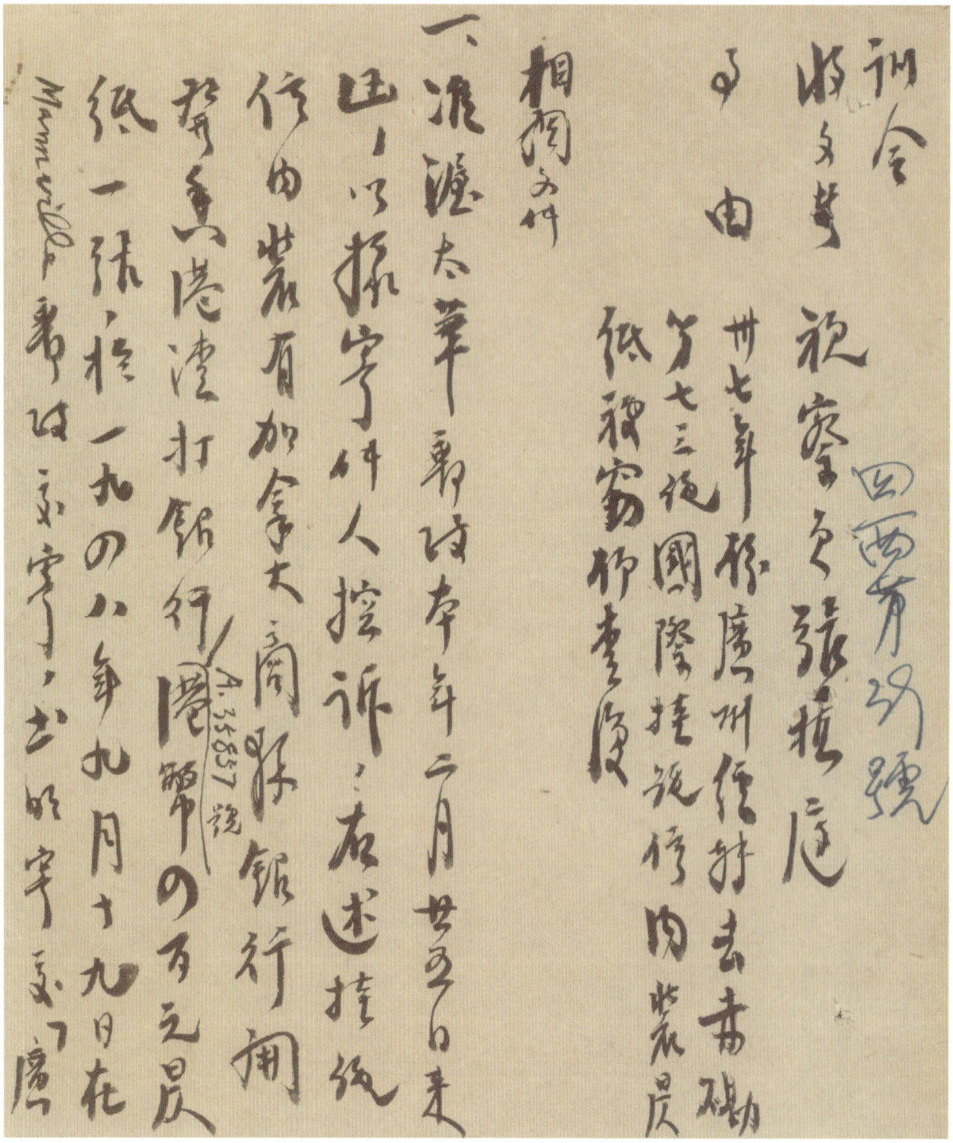

训令
收文者　视察员张植庭
事由　卅七年份广州经转去赤磡第七三号国际挂号信内装昃纸被窃仰查复
相关文件
一、准沪太平邮政本年二月廿五日来函，以据寄件人控诉，右述挂号信内装有加拿大商务银行开发香港渣打银行港币四万元昃纸一张，于一九四八年九月十九日在
A.35857號
Mannville 邮政局寄出，其时寄至广

148

136

東開平義興圩東成里林周林悸收，該信雖經寄到，但係由所業員經剔檢扣留。嗣為查復。

二、該信係於卅七年九月廿八日從同廣州由毒碼第十三號之施國際轉施郵件信第一萬十七號投往毒碼人轉遞。

三、該件毒碼人經對及義興圩代辦所投遞，詳情如何，經手人有無扣留內件嫌疑，仰即分赴查該所徹查，具復候核。此令

中華民國卅七年四月廿七日

已繕發

主任視察 張瑞[illegible]

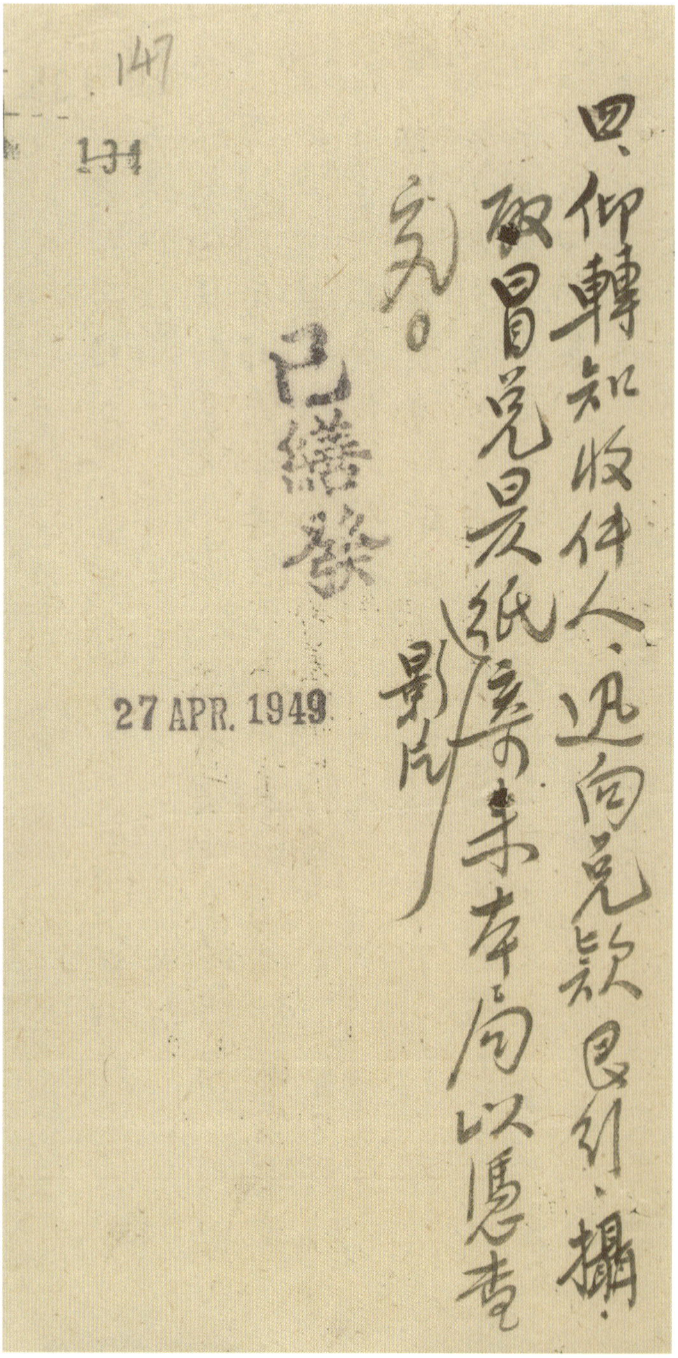
147

~~134~~

四、仰轉知收件人，迅向兌款銀行攝取冒兌單紙影片寄來本局，以憑查究。

已繕發

27 APR. 1949

附三：邮务佐、信差关于第73号国际挂号信处理情形致视察员张植庭的呈（一九四九年五月六日）

146

133

查該第73號外洋寄交義興東成里周林牸收國際掛號信一件，該件係隨廣州局付赤磡局37年9月28日第364號國際掛單第一頁第七格發來，當日到局時，經由職等點核完畢後，隨即將件轉登入37年9月30日赤磡局付義興代辦所第349號掛號清單第一頁第一格封妥成袋，并與其他各郵件用袋妥裝，封固袋口，再用火漆加封，翌日發班時，由職等會同開袋，并會同值走該班郵差簽認無訛後，隨由該郵差帶往義興代辦所交收，此為當日實在之情形也。

謹呈

視察員張

郵務佐宋[redacted]

信差陳[redacted]

中華民國卅八年五月六日

周练家关于又付寄港银四百元收到后即时回音给周林特的函（一九四九年五月三十日）

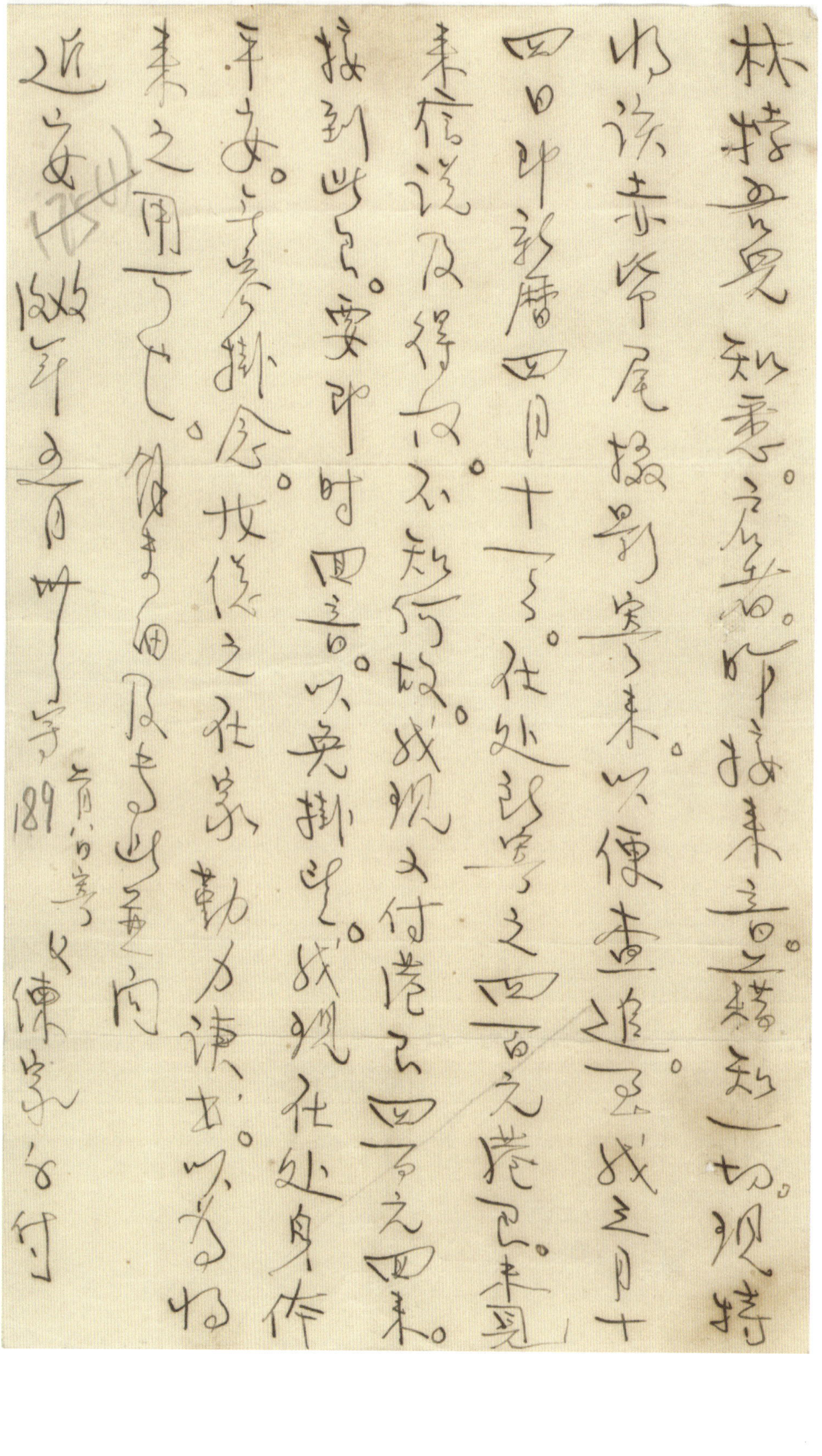

附：第A35857号昃纸影片

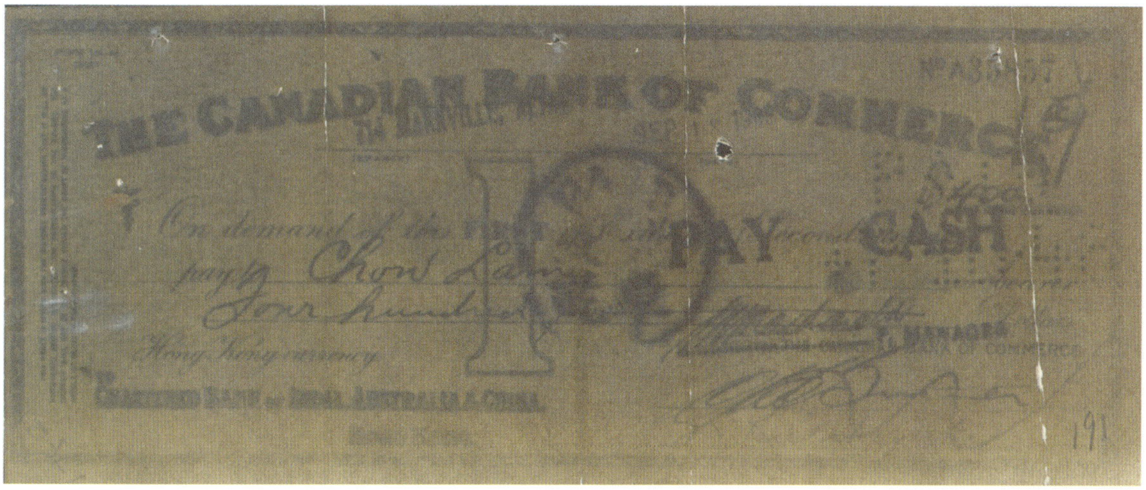

赤磡（开平）二等邮局关于第346和354号国际挂号邮包内件被窃失戾纸案已送官法办拟请将得力人员予以奖叙致广东邮政管理局的呈（一九四九年七月十一日）

赤磡（開平）二等郵局呈

內字第捌拾捌號

中華民國卅八年七月十一日發

收文者	廣東郵政管理局
事由	奉令飭知去年廣州付職局第346、354號國際掛號郵包內件被窃失戾紙案已送官法辦擬請將得力人員予以獎叙
關係文件	鈞局卅八年七月七日赤字第三十號訓令
附件	
鈔送	人事室、四等西段張郵務視察員

事由

(一)奉鈞局右令飭知該項被窃戾紙經嚴密偵查，有關人犯亦經拘解廣州地方法院偵訊，并經該院檢察官本年六月十八日提起公訴等因，足見鈞局據報後辦理迅捷，破案神速，使破壞郵件安全之歹徒亦從此撲滅，今後郵件得以安全。

(二)查該案未發生前，鑒於郵件之重要，職已預早嚴密防範，對屬下員工縝密管理，指導周詳，并飭知各經辦人員提高警覺，加緊注意，審慎辦理，以免疏虞。幸當日經辦該項掛件之郵佐宋[redacted]及信差陳[redacted]尚能

（第一頁未完）

175
162

(文一5乙)

（赤磡郵局內字第八十八號呈文第二頁完）

恪遵指示，小心辦理（有疑點，即報告核辦，故總職加以察驗，認為可疑，即分別驗知及具文呈報鈞局察為查察及採取有效指施，以遏止弊端，以免再有同樣情事繼續發生，而維郵件安全，茲考核事實，該宗佐陳善對於協助辦理，辦事得力，不無微勞，為策有進，以勵來茲起見，擬請將是次協助職辦理該案之上述有功人員二名予以記功獎叙，以為努力工作忠誠服務者示範。

赤磡二等郵局局長劉藻霖

郵政公事用紙

广东邮政管理局关于第354号国际挂号总包内第73号挂信被窃取吴纸案给赤磡（开平）二等邮局的令（一九四九年七月二十三日）

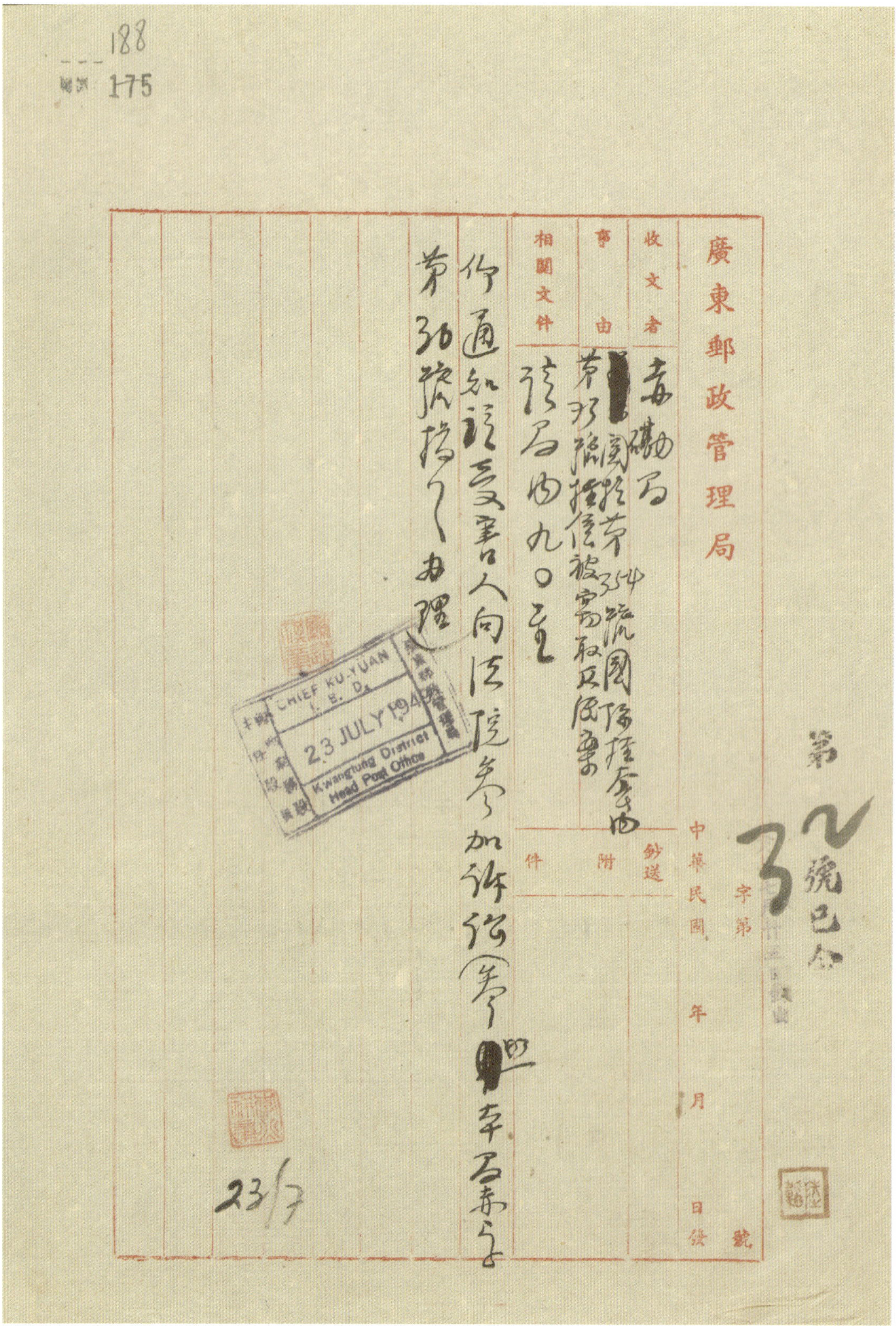

附：主任视察员张瑞符关于请撰稿至法院检察处声请该案附带私讼致董先生的函（一九四九年九月七日）

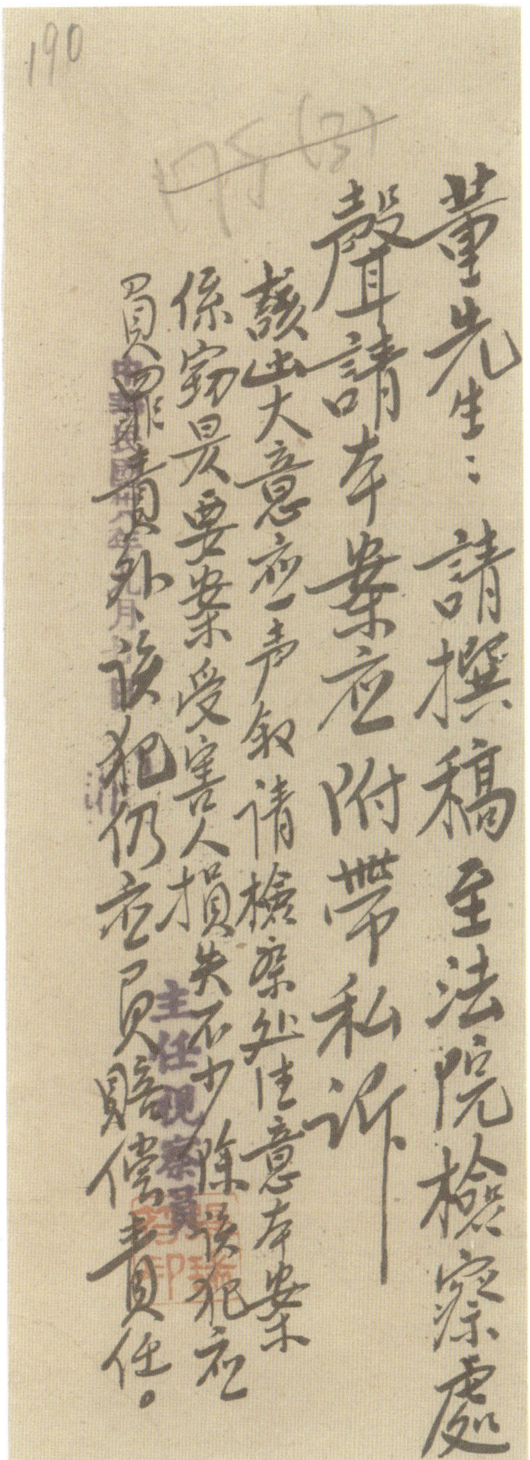

董先生：請撰稿至法院檢察處聲請本案應附帶私訴，藉此大意應聲敘，請檢察處注意本案係竊盜要案，受害人損失不少，陳犯應負罪責外，該犯仍應負賠償責任。

主任視察員

赤磡（开平）二等邮局关于第346和354号挂号邮包被窃失戻纸案之结果情形通知受害人致广东邮政管理局的呈（一九四九年七月二十七日）

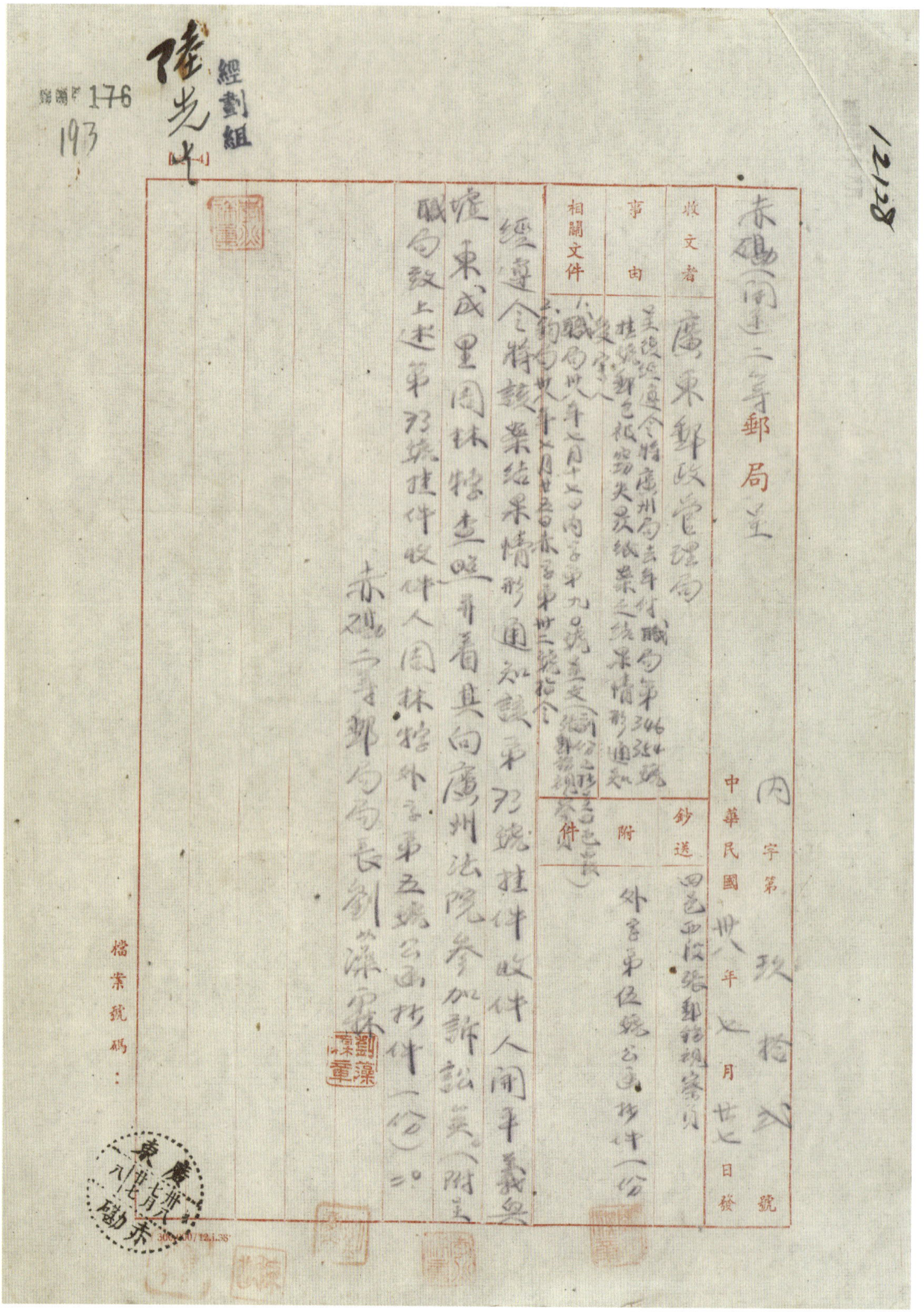
赤磡（開平）二等郵局呈

內字第玖拾貳號

收文者：廣東郵政管理局

事由：呈復經遵令將廣州局去年付職局第346、354號挂號郵包被竊失戻紙案之結果情形通知

相關文件：八、職局卅八年七月十七日內字第九號呈文（附公函抄件一份）；鈞局卅八年七月廿五日赤字第卅三號指令

鈔送：四邑區段郵務視察員

附件：外字第伍號公函抄件一份

中華民國卅八年七月廿七日發

經遵令將該案結果情形通知該第346號挂件收件人開平義興墟東成里周林粹查照，並着其向廣州法院參加訴訟矣（附呈職局致上述第354號挂件收件人周林粹外字第五號公函抄件一份）。

赤磡二等郵局局長劉藻霖

經劃組

檔案號碼：

176

193

12128

广东邮政管理局关于冒兑戾款店章事项给邮政储金汇业局香港分局的公函（一九四九年五月三十一日）

78

公函

郵視 二五〇

卅八 五 卅一

郵政儲金匯業局香港分局

關於冒兌戾款店章事項

貴局港營字第一〇四五七號公函

附表一件並二三〇八二六號戾紙影片二紙

一、該項被人冒兌之戾紙五件，其蓋章之商號設在何處，經飭屬徹查，迄無詳址可尋，仍請貴局詳查各該商號是否在港開設，倘仍無法查明，即請轉向上文欵銀行查詢，并將各該商號確址見示，俾憑查究。

二、茲將各該被人冒兌之戾紙五件詳細節目列表隨函寄奉，至請查照辦理，見覆為荷。

廣東郵政管理局

繕寫

校對